요한복음

확신과 경고

요한복음

확신과 경고

주 성 준 지음

혜안

머리글

퀘스텐베르거(A. J. Köstenberger)는 "신약성경의 책들 중 요한복음과 로마서를 합한다면, 신약신학의 최고봉(the Mount Everest)이라 불러도 이의가 없을 것이다"라고 지적한다. 사실 요한복음과 로마서는 각각 요한과 바울이 자신들이 이해한 복음의 핵심을 기록한 책이며 그 내용에 대한 이해는 신약신학에 있어서 주요한 과제이기도 하다. 예수 그리스도의 복음에 관한 이해에 있어서 요한복음은 소중한 역사적 자료이며, 역사적 예수에 대한 이해뿐만 아니라, 현재의 관점에서 예수의 사역의 의미이해를 위하여 필요한 가장 중요한 자료를 제공한다. 예수 그리스도 복음의 한 축을 이루는 요한복음에 관한 이해를 돕기 위한 수많은 책들이 이미 기록되었다. 실제로 요한복음에 관한 연구물을 다 접하는 일은 한 개인에게는 불가능하다고 해도 과언이 아니다. 그러나 최고봉인 에베레스트 산을 오르기 위해서도 여러 전초기지를 세우고 다양한 변화에 적응하며 등정을 하듯이, 최고봉으로 보기에 전혀 부족함이 없는 요한복음에 담긴 신학적 이해를 증진시키기 위한 작업의 일환으로 이 책을 쓴다.

다른 복음서들과 마찬가지로 요한복음도 예수의 강림, 사역, 무엇보다도 십자가상의 죽음과 부활에 관한 이야기를 다룰 뿐만 아니라 본문을 통하여 아들로서 하나님의 영광을 드러내는 예수에 대한 증거를 통하여 신앙의 확신을 온전케 하려는 분명한 목적을 표현하고 있는 복음서이다. 초기 기독교의 폭발적 성장의 근거로서 예수께서 실제로 자신이 주장했던 메시아이며 하나님의 아들로서 완전한 신성과 인성, 그리고 부활의 역사적 사실을 믿어야 하는 적절한 증거를 요한복음은 제공한다. 비교적 단순한 기본적인 구조를 갖고 있음에도 불구하고 요한복음은 단순한 구조 안에 깊이를 모르는 하나님의 계시를 담아내고 있다. 요한복음을 연구의 대상으로 다루는 일은 그 자체가 엄두가 날 수 없을 정도의 노력을 필요로 할뿐만 아니라, 피곤한 일이기도 하다. 왜냐하면, 방대한 분량의 자료와 업적들을 다 다룰 수 없음이 자명하기 때문이다. 그러나 초대교회 이래로 그리스도인이라면 누구나 자유롭게 대할 수 있는 복음이며 교회의 역사를 통하여 여전히 사랑받는 복음이기에, 용기를 얻어 작업에 임하려 한다. 사실 신앙인으로서 과거를 돌아보는 일은 현실을 이해하고 보다 나은 미래를 설계하기 위하여 꼭 필요하지만, 실제로는 무심하거나 외면하는 경향이 지배적이라면 지나친 생각일까? 말씀을 대하는 그리스도인들과 함께 고민을 나눌 수 있기를 희망하는 동기에서, 요한복음 읽기 안에서 드러난 갈등의 의미를 신앙이 내포하는 긴장의 틀로 살펴보면서 복음에 관한 신학적 이해의 깊이를 더하기를 기대한다.

목 차

서 론

    초대교회 이래로 요한복음은 어떤 다른 성경의 책보다도 영적 가르침을 잘 전해주는 복음서로 사랑을 받아왔다. 신약성경의 책들 중 하나님의 계시를 이해하는 데 있어서 가장 탁월하면서도 수수께끼 같은, 그리고 심오한 의미를 담은 책으로 알려진 요한복음이 초대교회로부터 현재에 이르기까지 교회와 개인에게 끼친 영향을 평가하는 일은 불가능하다고 해도 과언이 아니다.[1] 경우에 따라서는 신약성경의 책들 중 새로운 언어로 가장 먼저 번역된 책이 요한복음이었다. 요한복음에 나타난 비유적 표현들 예를 들어 빛, 물, 떡(빵) 등은 어느 시대를 막론하고 누구라도 이해가 가능하지만, 그럼에도 불구하고 이런 표현들은 복음이 기록될 당시의 역사적 배경과 밀접한 연관성을 전제로 이해할

---

1) 예를 들면, 말리나(Bruce J. Malina)와 로마우(Richard L. Rohrbaugh) [*Social-Science Commentary on the Gospel of John* (Minneapolis: Fortress Press, 1998), ix]는 "신약성경 안에 한 권의 책인 요한복음은 여전히 폭넓은 흥미를 자아낸다. 휴스턴 스미스는, 가장 잘 팔리는 책으로 재판을 거듭하고 있는 '세계의 종교'에서 기독교와 그 창시자를 요한복음의 특색으로 묘사한다"로 시작하여 특히 요한복음이야말로 미국인들 개인에게 가장 큰 영향을 끼치고 있는 것으로 분석한다. 여기서 이 분석을 지지하기 위함이 아니라, 세속화된 현실과는 상관이 없이 여전히 요한복음이 끼치는 영향에 관심이 있어서 옮겼다. 유럽과 미국의 현실이 오늘 이 땅의 현실과 같을 수는 없지만, 진정 하나님을 모르고 무시하는 세대라도 과거를 돌이켜 보는 지혜가 필요한 점은 부인할 필요가 없는 현실이다.

12

필요가 있기도 하다. 다른 복음서들과 비교해 보면 비교적 단순하게
보이는 요한복음의 표현들도 그 속에 담긴 복음에 관한 이해를 제대로
드러내는 일은 결코 간단하지 않다.

요한복음은 예수의 공생애를 그 중심된 내용으로 예수의 정체성과
사역에 대한 이해를 촉구하며, "너희로 예수께서 하나님의 아들 그리
스도이심을 믿게 하려 함이요 또 너희로 믿고 그 이름을 힘입어 생명
을 얻게 하려 함이니라"라고 기록의 목적을 보다 분명히 한다(요
20:31).[2] 저자는 예수 그리스도의 복음을 기록하면서 "말씀"이란 단어
를 사용하여 예수께서 참 하나님이시며 동시에 참 인간이심을 명백히
한다. 시대적 상황과 이해를 떠나서 어떤 사람이 인간이면서 동시에
하나님이란 주장을 이해하는 일은 불가능할 수도 있다. 그럼에도 불구
하고 인간이신 예수께서 하나님이심을 전하기 위하여 "말씀"이란 표현
을 사용하여 창조 이전부터 계신 하나님께서 인간으로 오신 사실을 선
언한다. 이와 같이 독특한 내용으로 복음을 전하는 요한복음은 자체로
"사랑받는 복음서"[3]이며 동시에 독자들에게 "사랑받는 제자"를 소개

2) Nestle-Aland 27판 헬라어 성경의 본문은 "ταῦτα δὲ γέγραπται ἵνα πιστεύίσθητε
ὅτι Ἰησοῦς ἐστιν ὁ χριστὸς ὁ υἱὸς τοῦ θεοῦ, καὶ ἵνα πιστεύοντες ζωὴν ἔχητε ἐν τω
ὀνόματι αὐτοῦÅ"으로 개역성경에서는 "오직 이것을 기록함은 너희로 예수께
서 하나님의 아들 그리스도이심을 믿게 하려 함이요 또 너희로 믿고 그 이름
을 힘입어 생명을 얻게 하려 함이니라"로 번역하였다. 개역성경에서 '믿게 하
려 함이요'란 단어로 번역된 헬라어 동사가 πιστεύίσθητε인 사실은 사본학적
으로는 가정법 과거형과 가정법 현재형 모두가 유력한 증거로 뒷받침되기 때
문이다. 따라서 과거형으로 읽을 경우는 과거에 일어난 행위로서 복음을 기
록한 것으로 보아 아직까지 복음을 알지 못하는 사람들로 하여금 알고 믿게
하려는 목적을, 현재형일 경우는 믿음의 행위가 진행 중인 것으로 보는 이해
에 근거하여 이왕에 믿는 사람들로 하여금 계속해서 믿음을 지키기 위한 목
적을 내포하는 것으로도 볼 수 있다.
3) Gary M. Burge, "Interpreting the Gospel of John," in *Interpreting the New Testament:
Essays on Methods and Issues*, David Alan Black & David S. Dockery, eds. (Nashville:

시켜 준다. 요한복음의 저자는 하나님의 뜻을 분명히 깨달을 수 있도록 하기 위한 적절한 지식과 정보를 제공하며 일관된 자신의 주장을 예수의 공생애 사역의 내용을 통하여 펼친다.[4]

소위 공관복음(Synoptics)이라고 불리는 다른 세 복음서들과는 달리 요한복음은 예수께서는 말씀이 육신을 입으신 분이셨다고 독특하게 진술한다. 예수의 생애를 기록한 복음으로서 공관복음과 요한복음 사이의 차이점은 사람들의 주목을 받기에 충분할 정도이다. 공관복음에 기록된 많은 비유나 격언들과는 달리 요한복음은 예수께서 대화와 설명을 통하여 자신을 따르는 제자들과 무리들을 가르치고 있는 사실을 보여준다. 공관복음에서는 예수의 가르침의 핵심 주제가 "천국(하나님의 나라)"이라면, 요한복음은 예수의 왕권을 강조한다. 한 마디로 요한복음이 예수께서 주와 그리스도이신 사실을 공관복음서들과는 다른 내용과 표현으로 제시하고 있음이 분명하다.[5] 요한이 "오직 이것을 기록함은 너희로 예수께서 하나님의 아들 그리스도이심을 믿게 하려 함이요 또 너희로 믿고 그 이름을 힘입어 생명을 얻게 하려 함이니라"고

Broadman and Holman Publishers, 2001), 357을 보시오.

4) 참고로 문예비평적 관점은 저자의 역할을 기록한 모든 사실을 이미 알고 있는 위치에서 하나님의 목적과 감추어진 가르침을 드러내는 것으로 본다. 문제는 이런 저자의 역할을 역사적 기록에 그대로 적용할 수 있는가 하는 데 있다. 왜냐하면 자신의 주관적 관점을 완전히 배제할 수 없음에도 불구하고 역사적 사실을 기록하기 위하여 저자는 자신의 견해와는 상관이 없이 오직 증거에 근거해서 기록해야만 한다는 일반적 통념이 있기 때문이다. 그러나 복음을 기록한 저자들은 독자들로 하여금 진실을 바르게 이해시키기 위한 적절한 지식과 정보를 일관되게 제시한다. 물론 그렇다고 해서 독자들은 누구나 쉽게 혹은 자동적으로 진실에 대한 바른 이해에 도달할 수 있다는 보장은 없다.

5) S. S. Smalley, *John: Evangelist and Interpreter* (London: Paternoster, 1978), 11-12.

복음을 기록한 목적을 밝혔듯이, 예수를 공관복음과는 다른 관점에서 이해가 가능하도록 돕는다.

요한복음에 대한 배경 이해가 없이 자체의 내용을 탐구하는 일은 여행에 필요한 지도와 일정 계획조차도 없이 여행을 떠나는 것과 별로 차이가 없다. 당연히 요한복음의 저자, 저작의 장소와 시기, 요한복음과 공관복음 사이의 관련성, 요한복음의 배경은 무엇인가, 유대교인가 혹은 그리스-로마 세계를 배경으로 하는가, 복음서의 독자들은 누구인가, 유대교 회당과 어떤 관계를 형성하고 있는가, 요한복음 본문의 통일성 등을 아는 일이 우선일 것이다. 덧붙여서 요한복음에 내포된 신학적 주제를 살피기 위하여 특정한 단어(빛, 보다, 알다), 특징있는 주제(성례와 종말론), 주요 논점(계시, 표적, 지식), 그리고 무엇보다도 기독론(선지자, 왕, 메시아, 인자) 등을 살펴볼 필요가 있다.[6] 적어도 요한복음 이해를 위한 배경으로, 역사적, 사회적, 문학적, 신학적 관점에서 이제까지 진행되어 온 연구들을 우선 살펴볼 필요가 있다.

---

6) Robert Kysar, "The Fourth Gospel in Recent Research," *ANRW* 2.25.3 (1984), 2391-2480; George Beasley-Murray, *John*, 2nd ed., World Biblical Commentary (Waco, TX: Word, 1999), xxxii-xciii.

제1장 요한복음 읽기를 위한 개관

요한복음은 수많은 학자들이 관심을 갖고 연구하고 논의했던 복음서이다. 이런 학자들의 연구와 논의의 내용을 간단히 조망하는 일도 요한복음 이해에 일조할 것이란 점은 믿어 의심할 필요가 없다. 물론 결코 어느 누구도 초대교회 이래로 이제까지 요한복음에 관한 모든 연구를 어떤 형식으로도 다 담아낼 수는 없다. 여기서는 단지 간단히 소개하는 정도에 그칠 것이다. 예수의 생애를 재구성하려는 학자들의 노력은 자신들이 사용하려는 자료들의 신빙성을 확인하는 데서부터 출발한다. 물론 요한복음은 "하나님의 말씀인 성경이 아닌가?"라고 반문하는 사람에게는 이런 노력 자체가 불필요하다고 할 수도 있지만, 견해를 달리하는 사람들은 여전히 과연 신빙성이 있는 자료로 요한복음을 사용할 것인가를 확인하는 노력을 우선한다. 이유가 무엇이든지 교회의 역사를 통하여 이루어진 요한복음에 대한 이해를 살펴보는 일은 요한복음 읽기에 유익한 점에 이의가 없을 것이다.

초대교회 시대 이래로 요한복음은 상당히 신뢰를 받는 지위를 차지하고 있는 복음서이다. 예수께 사랑받는 제자였고, 가장 가까이서 예수를 따랐던 사도가 기록했다는 점에 대한 어떤 의심도 없었기 때문에 가장 가치가 있는 복음서로 간주되었다.[1] 공관복음과는 비교도 되지

---

1) 학자들은 1세기와 2세기 중엽까지 초대교회 안에서 명백한 언급들을 발견하

16

않는 복음 이해의 깊이를 더한다고 믿었다. 한 가지 특이한 점은 이단 (heretics)들도 역시 요한복음을 사랑했다. 2세기경 이집트(Egypt)에서 살던 영지주의자가 쓴 "진리 복음(Gospel of Truth)"은 요한복음의 내용과 상당 부분 병행관계를 이룬다. 요한복음에 대한 가장 오래된 주석도 발렌티누스(Valentinus)의 제자인 헤라클레온(Heracleon)이란 영지주의자가 썼다. 초대교회 역사 안에서 영적 지도자로 강한 영향력을 행사했던 몬타누스(Montanus)는 자신을 요한복음 14~16장의 내용 안에서 묘사되고 있는 보혜사[Comforter; Paraclete (ὁ παράκλητος)]라고 주장했다. 이와 같은 영지주의자들의 요한복음에 대한 집중적인 관심은 상대적으로 초대교회 지도자들로 하여금 요한복음을 그리스도인들에게 가르치는 일을 주저하거나 심지어 반대하게 했다. 그러나 요한복음은 믿고 받아들이는 사람들에게 여전히 깊은 사랑과 은혜를 끼쳤다.[2)]

이레네이우스(Irenaeus)[3)]는 175년경에 교회 안에 발흥하는 소위 영지주의자들을 비판하려는 작업의 결정적 근거를 요한의 성육신 이해 안

기 어려운 현상에 대하여 궁금해 한다[Culpepper, *John, The Son of Zebedee, The Life of a Legend*, 108; David L. Dungan, *A History of the Synoptic Problem* (New York: Doubleday, 1999)를 보시오]. 그러나 프랑스 학자인 브라운(Francois-Marie Braun)은 그의 저서[*Jean le Theologien* (Paris: Gabalda, 1959)]에서 2세기 초에 요한복음은 이집트, 로마, 시리아, 그리고 소아시아 지방 정통 그리스도인들 사이에서 인정을 받았다고 쓴다 브라운은 요한복음의 "사랑하는 제자"는 세베대의 아들인 사도 요한이지만, 요한복음의 저자는 아니고 목격자로서 자료를 제공한다고 설명한다.

2) Martin Hengel, *The Johannine Question* (London: SCM Press, 1989), 1-23을 참고하시오.

3) 이레네이우스(Irenaeus)는 대강 주후 140~202 기간 동안 생존했으며, 서머나 (Smyrna)의 주교였던 폴리캅(Polycarp)의 제자였다. 177년경 리용(Lyons)의 주교였던 폰티누스(Ponthinus)가 감옥에서 순교하면서 그의 뒤를 이어서 주교가 되었다. 그는 기독교 이단이었던 영지주의자들을 비판하기 위하여 기독교 신학을 발전시켰으며, 최초의 조직신학자로 간주되기도 한다.

에서 이끌어 낸다.[4] 4세기경 아리우스(Arius)[5]의 주장을 따르는 사람들
이 피조물이신 예수께서 아버지이신 하나님께 전적으로 종속한다는
주장을 내세울 때, 아타나시우스(Athanasius)와 니케아 공회(the Council
of Nicaea)의 지도자들은 요한복음의 내용 안에서 성육신 신학과 예수
의 온전한 신성을 주장하는 기독론을 근거로 그들을 정죄했다.[6]

중세의 교회도 요한복음의 권위와 가치에 대해서 의심하는 일은 없
었다. 여전히 사랑받는 복음서로서 어거스틴(Augustine)으로부터 아퀴나
스(Aquinas)에 이르기까지 요한복음의 예수를 하나님 아버지를 직접 계
시하는 아들로 간주하였다. 중세의 신비주의와 성례주의 모두가 요한
복음의 언어와 상징적 이미지를 즐겨 사용하였으며 그 증거로 요한복
음에 대한 상당한 분량의 주석서를 들 수 있다.

---

4) 요한복음의 성육신에 대한 이해와 관련된 내용은 E. Harrison, "A Study of John
   1:14," in R. Guelich, ed., *Unity and Diversity in New Testament Theology* (Grand Rapids:
   William B. Eerdmans Publishing Company, 1978), 23-36; M. Meye-Thomson, *The
   Humanity of Jesus in the Fourth Gospel* (Philadelphia: Fortress Press, 1988)을 참고하시
   오.

5) 아리우스(Arius)는 주후 256~336년 동안 생존했으며, 알렉산드리아(Alexandria)
   의 부칼리스(Baucalis) 지역의 장로였다. 주후 318년 알렉산드리아의 주교였던
   알렉산더와 하나님 아버지와 아들이신 예수와의 관계를 설정하는 가르침을
   제시하면서 예수의 속성에 관한 논쟁을 시작하였다. 여기서 아리우스(Arius)는
   예수께서는 피조물로서 아버지 하나님께 전적으로 종속된다는 이론을 제시
   한다. 이 논쟁의 결과로 아리우스(Arius)는 니케아 공회(the Council of Nicaea
   A.D. 325)에서 이단으로 정죄되고 그의 가르침은 올바른 교리적 가르침에서
   제외된다. 그의 가르침을 아리안주의(Arianism)로 부른다.

6) M. Wiles, *The Spiritual Gospel: The Interpretation of the Fourth Gospel in the Early Church*
   (Cambridge: Cambridge University Press, 1960); R. Schnackenburg, *The Gospel according
   to St. John*, trans. C. Hastings et. al., 3 vols. (New York: Crossroad, 1968-82),
   1:193-210; J. N. D. Kelly, *Early Christian Doctrines* (London: A & C Black, 1977),
   52-79, 223-251; E. Malatesta, "John in the History of Exegesis," in *St. John's Gospel
   1920-1965* (Rome: Pontifical Institute, 1967), 157-171을 참고하시오.

그러나 이런 긍정적인 경향은 18세기와 19세기에 걸쳐서 발흥했던 계몽주의로 말미암아 갑작스러운 종결을 고하게 된다. 이 시기는 복음서들을 철저하게 비평적 시각으로 분석하는 작업이 이뤄진 시기이기도 하다. 유럽의 대학들은 초자연적인 종교에 대한 회의와 비판적 시각이 지배하던 시기이기도 하다. 한 가지 예로, 1778년 라이마루스(H. S. Reimarus)[7]의 강의안이 레싱(Lessing)[8]에 의해 유고로 발간되었다. 라이마루스는 복음서란 단지 교회가 만들어 낸 글이며, 예수께서 메시아라고 주장하지 않았다고 주장한다. 그는 심지어 부활은 믿을 수 없는 주장이라고 강조하였다. 이런 일련의 주장들은 역사적 예수를 재발견하려는 관심과 이에 따르는 연구들을 촉발시켰다. 그러나 슈바이처(A. Schweitzer)가 결론지었듯이 역사적 예수를 다시 발견하려는 대부분의 노력들은 이성적이고 합리적인 계몽주의의 기준에 맞추어 재구성한 예수의 이미지일 뿐이었다.[9]

라이마루스(Reimarus) 이래로 지난 150년 동안 "초자연적 사건을 역

---

7) 독일의 계몽주의 학자인 라이마루스(Hermann Samuel Reimarus, 1694~1768)를 슈바이처(Albert Schweitzer)는 역사적 예수를 재발견하려는 논쟁을 최초로 제기한 사람으로 평가한다. 그는 영국의 이신론(Deism)에 근거하여 기독교 정통 교리와 신앙에 대한 사변적 비판을 감행했다.

8) 독일의 철학자인 레싱(Gotthold E. Lessing; 1729~1781)은 작가이며 비평가였다. 그는 종교를 인류가 도덕을 발전시키는 과정에서 발생하는 단계적인 산물로 보았으며, 따라서 종교적 진리란 절대적 가치나 의미를 갖지 못한다고 보았다. 그가 지적한 역사의 진리와 이성의 영원한 진리 사이에 놓여 있는 넘을 수 없는 "추하고 넓은 도랑(the ugly wide ditch)"이란 표현은 인구에 널리 회자된다. 레싱의 논리를 따른다면 기독교가 주장하는 역사적 주장들을 수용하기란 불가능하다.

9) A. Schweitzer, *The Quest of the Historical Jesus: A Critical Study of Its Progress from Reimarus to Wrede*, trans. W. Montgomery (London: A&C Black), reprinted with a new introduction by Delbert R. Hillers (Baltimore: Johns Hopkins University Press, 1998)를 참고하시오. 최초의 독일어 판은 1910년에 출간되었음.

사적 사건으로 볼 수 있는가?", "복음서의 상대적인 가치는 과연 무엇인가?", "과연 예수의 메시지의 핵심은 무엇인가?", "예수께서는 자신을 메시아라고 주장하셨는가?"와 같은 질문들은 학자들에 의해 꾸준히 다뤄지는 연구주제를 이루게 된다. 이런 관점에서 보면 요한복음은 아주 흥미로운 역사를 이루고 있다. 왜냐하면, 요한복음은 공관복음과는 다르게 비교적 적은 숫자의 표적 이야기를 담고 있으며, 다른 복음서에서는 볼 수 없는 예수의 긴 대화 혹은 가르침을 보여준다. 따라서 요한복음의 표적기사가 공관복음의 기적기사보다 더 사실에 가깝다고 보며, 요한복음의 내용은 목격자에 의한 예수에 대한 실체를 보다 깊이 있게 전한다고 본다.[10]

학자들 중에는 복음서 저자들은 각자 특정한 신학적 관점에서 예수에 대한 이해를 기록하기 때문에 결코 역사적일 수 없다고 주장을 내세우며 특히 요한복음의 그런 면을 더 부각시키기도 한다.[11] 이런 관점에서 2세기경의 문학적이며 신학적인 구상에 근거하여 기록한 것으로 보이는 요한복음을 다른 복음서들과 비교할 때, 보다 더 진실성을 결여한 복음서로 판단한다. 결과적으로 요한복음의 내용 중 세례와 관련된 이야기, 최초로 제자를 부르신 이야기, 덧붙여서 겟세마네 동산에서 고민하시는 이야기가 생략된 것은 요한복음의 성격이 "경건을 위하며, 비역사적인 수사"의 의도적인 결과에 기인한다고 본다.[12] 요한복음

---

10) Friedrich Schleiermacher, *The Life of Jesus*, ed. by Jack C. Verheyden (Philadelphia: Fortress Press, 1975)를 참고하시오.

11) David Friedrich Strauss; 1808-1874, *Life of Jesus Critically Examined*, 2 vols., 1835-1836 (reprint 1969); English trans. (1846); ed. by Peter C. Hodgson and trans. by George Eliot, 2 vols. (Philadelphia: Fortress Press, 1972)를 참고하시오. 독일어 초판은 1835-1836년도에 발간되었음.

12) 스트라우스(D. F. Strauss)의 글로 W. G. Kümmel, *The New Testament: The History of the Investigation of Its Problems* (Nashville: Abingdon Press, 1972), 126에서 인용한다. 참고로 A. Schweitzer, *The Quest for the Historical Jesus*, 85-88을 보시오.

과 공관복음 사이의 차이를 도저히 극복할 수 없다는 전제는 결과적으로 신약성경을 연구하는 학자들로 하여금 요한복음과 공관복음 사이에 하나를 신빙성 있는 자료로 선택할 것을 요구하게 된다.

사실 이런 주장을 내세운 대표적인 인물인 스트라우스(D. F. Strauss)13)는 바우르(F. C. Baur)의 영향을 받았다.14) 소위 "튀빙겐 학파(Tübingen School)"의 태두로 알려진 바우르는 모든 역사를 정반합의 과정으로 이해하는 헤겔의 변증법에 지대한 영향을 받았다. 바우르는 초대교회의 역사를 변증법적 관점에서 이해한 최초의 학자였다. 그는 유대교가 정(正) 혹은 명제(thesis)를 형성하고, 헬레니즘(Hellemism)이 반(反) 혹은 반명제(anti-thesis)로 작용하여 기독교란 합(合) 즉 종합(synthesis)을 이룬다고 설명한다. 다시 말해, 베드로로 대표되는 교회의 유대적 요소와 바울로 대표되는 헬레니즘적 요소가 서로 충돌하지만, 결국에는 둘이 합쳐져서 초대교회의 정통교리(early Catholicism)를 형성한다고 주장하기에 이른다.15) 바우르(Baur)는 요한복음을 사도의 가르침과는 상관이 없으며, 예수 당시의 유대지방의 유대교와도 관련이 없고, 비교적 늦은 연대인 2세기 후반의 교회의 다양한 신학적 이해를 수용하기 위한 작품으로 헬라적 공동체에서 생겨났지만 유대교에 대한 이해가 가득히 담긴 책으로 보았다.

---

13) 스트라우스(David Friedrich Strauss)는 자신의 저서 *Life of Jesus Critically Examined* 에서 기적, 천사, 악마와 같이 초자연적인 내용들을 한 마디로 신화로 정의하였다. 이런 그의 주장은 자신을 튀빙겐 대학(Tübingen University)의 신학부에서 문학부 교수직으로 전출되게 만들었으며, 다시 교수직을 취리히 대학(Zurich University)으로 옮기게 되고 결국은 유럽의 신학계로부터 추방을 당하는 결과를 초래한다.

14) Stephen Neill, *The Interpretation of the New Testament 1861-1986* (Oxford: Oxford University Press, 1988), 20-39를 참고하시오.

15) 바우르(Ferdinand Christian Baur; 1792~1860)는 바울의 서신들을 유대인 기독교인들과 이방인 기독교인들을 하나로 만드는 책들로 보았다.

부분적인 수정이 있다고는 해도, 상당한 기간 동안 유럽의 신학계에 안에서 요한복음에 대한 비평적 시각이 대략적으로 유지되었다고 해도 과언이 아니다.[16] 그러나 시간이 지나면서 바우르(Baur)가 제시했던 초대교회 역사에 대한 재구성을 정면으로 비판하는 주장이 제기되었다.[17] 그럼에도 불구하고 예수의 생애를 이해하는 데 있어서 요한복음을 신빙성 있는 자료로 보지 않게 된다.[18] 상당수의 학자들은 아직도 공관복음을 역사적인 신빙성이 더 많은 기본적 자료로 보며, 요한복음의 저자는 역사보다는 신학에 더 관심이 많다는 생각을 갖고 있다. 다시 말해, 요한복음의 내용은 역사적 사실과는 거리가 있으며, 그 배경은 2세기 말 유대지방으로부터 멀리 떨어진 기독교 공동체를 배경으로 하기 때문에 유대교적 요소보다는 헬라적 요소가 더 많은 헬라철학의 용어를 빌어 복음을 기록한 것이라는 생각이다.[19]

---

16) 불트만은 아직도 헬레니즘의 영향을 받았다는 관점을 대변한다[Rudolf Bultmann, *The Gospel of John: A Commentary* (Göttigen: Vandenhoeck und Ruprecht, 1941); trans. G. R. Beasley-Murray, eds. R. W. N. Hoare and J. K. Riches (Philadelphia: Westminster Press, 1971).]. 같은 내용에 대하여 Helmut Koester, *Introduction to the New Testament*, 2vols. (Philadelphia: Fortress Press, 1982), 2:178-98을 참고하시오.

17) 참고로 영국 케임브리지 대학 트리니티 학부(Trinity College in Cambridge University)의 교수인 라이트훗(J. B. Lightfoot; 1828~1889)은 초대교회 교부들에 관한 연구를 통하여 바우르(Baur)가 재구성한 초대교회 역사를 정면으로 비판하였으며, 그의 동료인 웨스트콧(B. F. Westcott; 1825~1901)은 요한복음의 사도적 기원을 다시 입증하였다. 독일 학자 슐라터(Adolf Schlatter; 1852~1938)도 바우르(Baur)와 견해를 달리한다. 이들은 모두 구약성경과 유대교 랍비들의 문헌이야말로 요한복음을 이해하는 데 있어서 가장 유용한 도구라고 본다.

18) 참고로 J. Ashton, *Understanding the Fourth Gospel* (Oxford: Clarendon Press, 1991), 9-43을 보시오.

19) William Sanday, *The Criticism of the Fourth Gospel*, The Morse Foundation Lectures for 1904, Union Theological Seminary (Oxford: Clarendon Press, 1910)을 참고하시오.

아직까지도 학자들 사이에서는 요한복음의 내용을 기록하는 과정에서 유대교의 영향이 더 큰가 혹은 헬레니즘의 영향이 더 큰가에 대한 결정적인 합의가 이루어진 것으로 볼 수 없다는 주장도 있다. 문제는 바로 이 질문에 대한 대답은 실제로 요한복음의 기원과 기록한 연대를 결정하는 데 있어서 대단히 중요한 열쇠를 제공한다는 점이다. 요한복음의 바탕이 유대교에 있다면 요한복음의 기원에 관한 이해를 헬라의 신비종교에서 찾지 않고 1세기 유대교 안에서 찾아야만 한다. 최근에 보르겐(Peder Borgen)은 헬레니즘과 관련이 있는 것으로 보이는 요한의 생각들은 우선적으로 기독교적 사고에 의해 형성된 유대적 환경을 통하여 온 것으로 보아야 한다고 주장을 유의할 필요가 있다.[20] 결론적으로 요한복음은 다른 요한의 저술들과 함께 기독교 안에서 독특한 가르침으로서 위치와 독자적인 전승을 형성한다. 뿐만 아니라, 요한복음의 가르침을 신약성경의 다른 가르침들과 비교해 보면 형식에 관한 차이는 쉽게 발견할 수 있으나, 내용에 관해서는 그렇지 않다고 볼 수 있다. 이런 요한복음의 기원과 배경을 예수와 사도들로부터 오는 것으로 보아도 무방하다.

실제로 요한복음의 저자가 알렉산드리아(Alexandria)의 필로(Philo)에게 얼마나 영향을 받았는가에 대한 논의는 학자들 사이에 다양한 의견이 있다.

20) Peder Borgen, "The Gospel of John and Hellenism, Some Observations," in R. A. Culpepper and C. C. Black, eds. *Exploring the Gospel of John* (Louisville: Westminster/John Knox Press, 1996), 98-123.

1. 개관에 대한 보충

요한복음이 초대교회로부터 오늘날에 이르기까지 교회 역사를 통하여 특히 예수의 신성과 인성에 대한 교회의 신앙고백을 형성하는 일에 결정적인 영향을 끼친 것은 결코 우연이 아니었다. 서양의 계몽시대 이후 요한복음의 역사적 신빙성에 대한 비판적 시각이 대두되었지만, 오늘날 요한복음의 복음으로서 진정성은 교회 안에서 여전히 확고하다.[21]

그럼에도 불구하고 요한복음의 메시지를 해석하는 일은 초대교회에서부터 뜨거운 논쟁의 대상이었다. 잘 알려진 것처럼 초대교회 시대에 이단으로 간주되었던 영지주의자들이 요한복음을 최초로 주석하면서 예수 그리스도의 내속의 은혜에 의한 죄에 대한 구속과 용서와 상관이 없이 구원이란 영적 지식에 근거한다는 자신들의 주장을 뒷받침하였다.[22]

초대교회 역사가인 유세비우스(Eusebius of Caesarea)에 의하면 2세기경 알렉산드리아의 클레멘트는 마태, 마가, 누가복음서들은 외적 사실들에 대한 기록으로, 요한복음은 영적복음으로 보았다.[23] 물론 클레멘트가 사용한 영적이란 단어의 의미를 밝히는 일도 간단하지 않다. 종교개혁시대 이후로 이신론자(Deist)들과 독일의 자유주의 신학자들은

---

21) C. L. Blomberg, "The Historical Reliability of John: Rushing in Where Angels Fear to Tread?" in *Jesus in Johannine Tradition*, eds. R. T. Fortna and T. Thatcher (Louisville, KY.: Westminster John Knox Press, 2001), 71-82을 참고하시오.

22) J. N. Sanders, *The Fourth Gospel in the Early Church: Its Origin and Influence on Christian Theology up to Irenaeus* (Cambridge: Cambridge University Press, 1943), 47-87을 참고하시오.

23) Eusebius, *The History of the Church*, 6, 14, 7. [Greek: E. Schwarz (ed.), Leipzig 1914, reprinted 1955; H. J. Lawlor and J. E. L. Oulton (eds.), 2 vols., London 1927; G. A. Williamson (ed.), Harmondsworth 1987]

다른 복음서들과는 달리 귀신을 쫓아내는 축사를 강조하지 않는 내용을 근거로 복음 이해에 있어서 요한복음을 더 선호하기도 했다. 계몽주의에 근거한 이성주의자들은 역사와 신학을 서로 반대되는 명제로 보았으며, 공관복음서들과 요한복음 사이의 차이점들을 더욱 분명하게 부각시키고, 한 걸음 더 나아가 요한복음은 신학적 편의를 제공하기 위하여 역사적 사실들을 왜곡시켰다고 보았다.[24]

로마에서 열악한 라틴어로 기록한 2세기 후반에 작성된 것으로 알려진 무라토리안 정경(Muratorian Canon) 목록의 9~16째 줄은 요한이 자신의 동료 제자들과 감독들을 권면하기 위하여 기록했다는 내용을 담고 있다.[25] 요한의 제자들 중 하나인 안드레(Andrew)는 "요한은 자신의 명의로 모든 것을 기록하였으며, 모두들 그 기록을 재검토해야만 했다"라고 한다. 이와 같은 지적은 요한복음의 내용은 12제자들이 함께 공유했던 계시를 종합한 것으로 보게 한다.[26] 1740년 무라토리

---

24) 요한복음의 저자와 역사와 신학에 관한 내용이해는 Leon Morris, *Studies in the Fourth Gospel* (Grand Rapids: William B. Eerdmans Publishing Company, 1969), 65이하를 참고하시오. 여기서 유세비우스(Eusebius)가 쓴 교회사(*The History of the Church*, 6. 14)에서 클레멘트가 *Hypotyposeis*에서 요한복음을 '영적복음'이라고 기록했다고 전하는데, 여기서 '영적복음'이란 표현을 20세기의 다수의 학자들처럼 '사실'과 '해석' 사이의 차이를 나타내기 위한 표현이라고 볼 필요는 없다. 왜냐하면 "영적"과 "역사적"이란 단순히 대조 혹은 대비되는 개념이 아닐 수도 있기 때문이다[참고로 D. A. Carson, *The Gospel according to John*, Pillar New Testament Commentary (Grand Rapids: William B. Eerdmans Publishing Company, 1991), 29에서 카슨(Carson)은 '영적'이란 단어는 '비유적' 혹은 '상징적'이란 의미를 나타낼 수 있다고 본다].

25) 참고로 Arnold Ehrhardt, "The Gospels in the Muratorian Fragment," in *The Framework of the New Testament Stories* (Cambridge: Harvard University Press, 1964)는 라틴어 본문을 제공하며, 영어번역본은 Bruce Metzger, *The Canon of the New Testament: Its Origin, Development, and Significance* (Oxford: Clarendon, 1987)을 보시오.

26) A. Ehrhardt, *The Framework of the New Testament Stories*, 19; B. Metzger, *The Canon of the New Testament*, 305-307을 보시오. 참고로 무라토리안 정경의 첫 번째 줄에

(Lodovico Muratori)에 의하여 발견된 무라토리안 정경은 85줄로 이루어
졌으며, 몇몇의 책들을 이단적으로 보아 명백하게 배제하고 있다. 따라
서 요한복음을 정경으로 인정한 사실은 당시 소아시아의 이단들이 내
세웠던 영지주의자인 케린투스(Cerinthus)가 요한복음을 기록했다는 주
장에 대한 분명한 대응이라고 볼 수도 있다.

2세기 초엽의 교회는 요한복음과 요한 서신서 사이를 부차적인 관
계로 이해했다. 클레멘트 1서, 안디옥의 이그나티우스(Ignatius of
Antioch), 서머나의 폴리캅(Polycarp of Smyrna), 순교자 저스틴(Justin
Martyr)의 글과 빌립 복음(the Gospel of Philip), 그리고 타티안(Tatian)의
'디아테싸론(Diatessaron)'에서 요한복음의 흔적을 발견할 수 있는데,[27]
이들의 경우 요한복음에 나타난 개념들과 단어를 사용하지만, 직접적
인 인용은 많지 않다. 따라서 비평적인 학자들은 사도 요한을 직접 언
급하지 않고 있는 사실을 근거로 요한복음이 사도 요한과 상관이 없다
는 주장을 내세운다. 이런 주장은 사도성과 요한 전승의 역사성에 대
한 논쟁을 발생시킨다. 분명히 알아야 할 내용은 이런 비평적인 주장
은 사실이 아닌 문자 그대로 비평적인 가정에 근거한다는 점이다. 실
제로는 2세기 동안 요한복음이 성경에 다른 어느 책 못지않게 널리 논
의되고 인용되었다는 사실들은 이제까지 발견한 파피루스와 사본을
동하여 입승이 가능하다.

앤더슨(Anderson)은 누가가 사도행전 4:19-20에서 기록한 내용이 요
한복음 본문을 반영할 수도 있다는 점을 지적한다.[28] 이와 같은 사실

는 마태복음이 아니라 마가복음으로 시작하여 누가복음으로 이어진다.

27) 참고로 Charles Hill, *The Johannine Corpus in the Early Church* (Oxford: Oxford
University Press, 2004), 75-171, 294-446을 보시오. 힐은 적어도 2세기에 속한 43
개의 자료들이 요한복음을 알고 있음을 살피면서, 영지주의자들만이 아니라
정통교회 지도자들이 요한복음을 더 많이 인용하고 있음을 지적한다.

28) P. N. Anderson, *The Fourth Gospel and the Quest for Jesus*, 10.

이 그동안 주목을 받지 못했던 이유는 사도행전 본문을 보면, '요한'은 단독으로 행동하기보다는 '베드로'와 함께 행동하기 때문이다. 사도행전 4:19-20에 관한 연구를 통하여 앤더슨은 본문의 내용은 두 개의 분리가 가능한 문장으로 구성되며, 앞선 문장이 이어지는 문장에 대한 이해를 돕는다고 주장한다. 일견 사도행전 4:20에서 "우리는 보고 들은 것을 말하지 아니할 수 없다 하니"란 본문에서 "보고 들은 것"이란 구의 병행하는 내용을 요한일서 1:3과 요한복음 3:32에서 찾을 수 있다. 또한 누가는 복음서와 사도행전을 기록하면서 요한복음에 실린 내용을 사용하는 것으로 보이며, 그런 사실을 반영하는 증거를 누가복음의 서론에 해당하는 "우리 중에 이루어진 사실에 대하여; 처음부터 말씀의 목격자 되고 일꾼 된 자들의……"이란 내용을 통해서 확인이 가능하다.[29]

물론 누가가 기록한 복음서와 사도행전에서 찾아 볼 수 있는 증거들은 직접적인 인용이 아니라 간접적인 증거들이다. 여기서 다른 증거를 살펴본다면, 비록 학자들 사이에 교부들이 남긴 자료에 대한 평가에 있어서 견해의 차이는 있지만, 초대교회 교부인 파피아스(Papias of Hierapolis)는 예수의 제자인 사도 요한, 장로 요한, 그리고 아리스톤(Ariston), 세 사람을 언급한다. 이들 세 사람은 모두 예수를 따르지만, 열두 제자 가운데 속했는지 여부는 불분명하다. 장로 요한을 예수께 직접 들었던 자로 보는 파피아스는 기록된 본문보다 살아있는 구전의 목소리를 선호하기 때문에, 그의 의견이 다른 이들의 견해보다 더 오래되었을 수도 있다. 그럼에도 불구하고 파피아스가 저술한 예수의 말씀을 설명하는 다섯 권의 책을 직접 볼 수 없기 때문에 파피아스의 주장은 후세 역사가들이 전하는 단편들과 해석들에 의존하는 형편이

---

29) P. N. Anderson, *The Christology of the Fourth Gospel: Its Unity and Disunity in the Light of John 6* (Valley Forge, P.A.: Trinity Press International, 1997), 274-7을 보시오.

다.30)

　앤더슨의 주장을 살펴보면 다음과 같다.31) 전승을 중시하는 학자들
은 여전히 파피아스가 무엇을 이야기 했고 무엇을 이야기 하지 않았는
가를 정하는 데 있어서 혼란을 겪는다. 우선 '요한,' '장로,' '주님의 제
자들'이란 표현이 '사도 요한'을 지칭하고 있다는 오해는 이레네이우스
가 장로 요한의 추종자를 사도 요한을 추종한다고 오해했던 예를 통하
여 확인이 가능하다. 이레네이우스가 요한복음의 저자를 사도 요한으
로 본 것처럼, 파피아스도 그렇게 보았을 것이라는 추측도 오해의 소
지가 있다. 파피아스가 장로 요한의 제자이기보다는 사도 요한의 제자
였다는 추측을 예로 들 수 있다. 파피아스는 사도 요한과 장로 요한을
구별했지만, 그들을 함께 예수의 제자들로 본다. 유세비우스는 에베소
에 묻힌 두 명의 요한을 구별하며, 한 사람은 사도로 다른 한 사람은
장로로 부른다.

　비판적인 학자들도 예외는 아니어서 살아있는 말씀을 기록된 말씀
보다 더 선호한다는 표현을, 기록된 요한복음을 평가절하하는 의미를
내포한 표현으로 해석하는 오류를 범한다. 또한 사도 요한과의 관련성
을 직접 언급하지 않는 이유도 요한복음의 기여를 경시하는 증거로 보

---

30) 파피아스(Papias)에 관한 연구를 통해서 그는 "제자"와 "장로"란 단어의 사용
　　에 별다른 구별을 두지 않으며, 마태복음이 히브리어로 기록했다가 나중에
　　헬라어로 번역했다는 주장은 학자들이 용납하기 어려운 내용으로 파피아스
　　가 남긴 주장에 부정적인 영향을 끼치고 있다. 마가가 베드로와 동역했으며
　　마가복음을 기록하면서 베드로의 가르침의 순서를 지키지 않았다는 주장도
　　의심과 비판을 불러 일으킨다. 유세비우스는 파피아스의 지적인 한계를 지적
　　하지만, 상당히 많은 참고자료로 사용하기도 한다. 파피아스 자신은 예수를
　　따르던 제자들을 직접 만났다는 주장을 하지는 않으며, 사도 요한과 장로 요
　　한이 죽은 뒤에 에베소에 묻혔다는 전승을 지지하고, 이런 내용이 후대 해석
　　자들을 혼란스럽게 한다.

31) Paul N. Anderson, *The Fourth Gospel and the Quest for Jesus*, 11-12.

며, 이런 관점에서 요한복음의 역사적 가치와 의미를 무시한다. 심지어
필립(Philip of Sides; 4세기)과 조지(George the Sinner; 7세기)가 야고보와
함께 요한도 순교를 했다는 주장을 수용하면서 초대교회 역사와는 거
리가 먼 내용인 사도 요한의 이른 순교를 주장한다.[32] 초대교회 교부
들 가운데 안디옥의 주교였던 데오빌로(Theophilus, Bishop of Antioch)는
마르시온(Marcion)에 대항하는 의견을 제시하면서 최초로 요한복음의
본문을 인용한다.[33] 무라토리안 정경(Muratorian Canon)은 사도 요한이
요한복음을 기록한 사실 관계를 명백히 적시한다. 폴리캅은 2세기 부
활절 기념에 관한 논쟁에서 예수의 품에 기대었던 제자가 '요한'이라고
한다.[34]

2세기 초반에 히에라볼리에 거주하던 파피아스(Papias of Hierapolis)는
지금은 상실된 5권으로 구성된 예수 그리스도의 말씀에 대한 설명을
하면서, 요한복음을 알고 있다고 전한다. 이 내용은 교회의 역사를 기
록한 유세비우스(Eusebius)[35]가 지적하고 제롬을 포함하여 교회 지도자
들도 동의한 내용이었다.[36] 순교자 저스틴(Justin Martyr)은 복음서들이
란 "사도들의 기억들"[37]이라고 말하였다. 그는 요한복음의 내용 중 말
씀(λόγος) 교리를 알고 있었으며,[38] 요한복음을 한차례 인용한 것으로

---

32) 사실 필립(Philip of Sides)과 조지(George the Sinner)가 사도 요한이 이른 시기에
   죽었다고 언급하였다는 주장은 근거가 없는 것으로 보인다. 비록 이른 시기
   에 죽을 수도 있다는 가정이 성립한다고 해도 초대교회의 역사 안에서 증거
   를 찾을 수가 없다. 조지는 오히려 사도 요한이 로마의 황제 도미티아누스
   (Domitianus)가 죽은 후에 밧모(Patmos) 섬에도 돌아왔음을 강조하였다.

33) 컬페퍼는 데오빌로가 요한복음을 최초로 인용한 정통교회 지도자라고 주장한
   다[R. A. Culpepper, *John, the Son of Zebedee* (Minneapolis: Fortress Press, 2000), 122].

34) Eusebius, *History of the Church*, 5.24에서 인용하고 있음.

35) Eusebius, *The History of the Church*, 3.39.

36) Metzger, *The Canon of the New Testament*, 55.

37) Justin Martyr, 1 Apology, 66.3; *Dialogue with Trypho*, 103.8

38) 1 Apology, 46.2; *Dialogue with Trypho*, 105.1

보인다.[39] 저스틴은 계시록에 담겨진 천년왕국설 가르침(계 20:4-10)을 그리스도의 제자 중 한 사람인 요한의 가르침으로 전한다.[40] 로마의 히폴리투스(Hippolytus of Rome)는 현재는 전해지지 않고 있는 『요한의 복음과 계시록』이란 저술에서 복음과 계시록을 요한의 저작으로 인정하면서 로마의 가이우스(Gaius of Rome)의 주장을 반박한다.[41] 순교자 저스틴의 제자인 타티안은 170년경 로마에서 4복음서를 하나로 묶은 책(Diatessaron)을 만드는 기본적인 틀로 요한복음의 개요와 본문의 순서를 사용하였다.[42] 이런 사실들은 당시 교회 안에서 정경으로서 요한복음의 지위를 보여주는 증거로 볼 수 있다.

2세기 중엽 로마에서 학파를 형성했던 영지주의자 발렌티누스(Valentinus)는 요한복음 서론(요 1:1-18)으로부터 신의 기원과 우주의 기원에 대한 추론들을 제시한다.[43] 앞서 밝힌 것처럼 요한복음을 최초로 주석한 사람들은 영지주의자들이었다. 발렌티누스의 제자인 헤라클레온(Heracleon)은 170~180년경 영지주의 관점에서 요한복음에 대한 상세한 주석을 기록하였으며, 오리겐(Origen)은 헤라클레온의 주석의 내용을 자신이 기록한 주석에서 소개하였다.[44] 이레네이우스(Irenaeus; 175년경)와 알렉산드리아의 클레멘트(Clement of Alexandria), 그리고 오리겐(Origen)은 이와 같이 영지주의 관점에서 행해진 주석은 진실성이 결여되었다고 생각했다. 그러나 이런 종류의 요한복음 주석이 영지주

39) 1 Apology, 61.4는 요한복음 3:3, 5의 인용으로 보인다.
40) *Dialogue with Trypho*, 81.4.
41) Metzger, *The Canon of the New Testament*, 150.
42) Andreas J. Köstenberger, *Encountering John: The Gospel in Historical, Literary, and Theological Perspective* (Grand Rapids: Baker Academic, 1999), 210에서 인용.
43) 이레네이우스(Irenaeus)는 영지주의자인 발렌티누스(Valentinus)를 이집트 사람이라고 전한다.
44) 참고로 Elaine Pagels, *The Johannine Gospel in Gnostic Exegesis: Heracleon's Commentary on John* (Missoula: Scholars Press, 1973)을 보시오.

의자들 사이에 널리 퍼지게 되었으며, 결과적으로 정경으로서 요한복음의 지위를 위태롭게 한다. 심지어 몬타누스(Montanus)도 요한복음 14~16장을 근거로 자신을 오실 보혜사 성령이라고 주장하였다. 이 시기에 교회에서 요한복음을 이단으로 간주하여 사용하기를 거부하는 그리스도인들이 나타난다. 그럼에도 불구하고 이레네이우스가 성육신에 관한 가르침을 영지주의에 대항하기 위한 기록으로 간주하여 요한복음을 영지주의에 대항하는 5권의 책에 포함시킴으로써 요한복음이 사도의 전승에 관한 논쟁의 여지를 없앤다. 또한 이레네이우스는 "마지막으로 주님의 품에 누웠던 제자인 요한 자신이 아시아의 에베소에 머무는 동안 복음을 공표했다"라고 증거한다.[45] 따라서 교회 안에서 일부 요한복음에 대한 거부감이 증폭되었지만, 그렇지 않은 지역에서는 정경으로서 지위가 여전히 확고했다.

누가 뭐라고 해도 요한복음과 사도 요한의 관계를 설정하는 데 있어서 명백한 논쟁거리를 제공한 사람은 이레네이우스(Irenaeus)이다. 이레네이우스는 마르시온이 누가복음을 제외한 마태복음, 마가복음, 그리고 요한복음을 무시하는 태도를 논박하면서 4복음서 모두를 옹호한다.[46] 물론 4복음서를 옹호하면서 사도 자신과 그 제자들에 의한 저작이라는 주장을 세운다. 따라서 마태복음과 요한복음은 각각 사도들에 의해 기록되었으며, 마가복음은 베드로의 설교를 기록하고 해석한 저자가, 그리고 누가복음은 바울을 따르는 저자에 의하여 기록되었다고 한다. 이와 같은 이레네이우스의 주장은 확고한 전승 위에 세워졌지만, 비평적인 학자들은 기본적으로 세 가지 질문을 던진다. 첫째로 마르시

---

45) Irenaeus, *Adversus Haereses*(Ad Hae; 이단 반박), 3.1.1 이하, Eusebius, *The History of the Church*(H. E.), 5.8.4에서 인용하고 있음.
46) Irenaeus, *Adv. Haer.*, 3.11. "세상에 네 바람이 있고, 네 모퉁이가 있고, 계시록의 네 생물이 있듯이 복음서도 네 권이다"라고 설명한다.

온에 대응하기 위하여 내세운 이레네이우스의 주장을 역사적인 사실로 볼 것인가 아니면 단지 수사적으로 볼 것인가? 둘째로 이레네이우스가 내세운 계시록의 네 바람과 네 생물을 예로 들어서 복음서가 네 권 즉 완벽한 숫자인 넷으로 제시하는 시도는 진정한 역사적인 증거가 될 수가 없다는 주장이다. 셋째로 4복음서의 저자들을 1세대와 2세대에 속한 저자들과 연관시키기 위해서, 파피아스가 사도 요한의 제자라고 왜곡한 점은, 이레네이우스가 고의적으로 오류를 범할 수도 있다는 주장을 가능하게 한다. 이레네이우스의 주장은 4세기와 5세기에 이르러 교회 교부들이 파피아스를 사도 요한의 제자로 인식하는 결과를 낳는 데 일조를 한다. 이런 결과와는 상관이 없이 파피아스가 장로 요한과 관련이 있는 인물이라는 이해는 아무런 도전도 받지 않았으며, 장로 요한은 예수의 열두 제자에 속하지 않았으나, 요한서신서를 쓴 저자로 인식되었다. 파피아스는 장로 요한을 예수의 제자이며, 요한일서 1:1-3의 목격자와 일치한다고 보았다.

세베데의 아들 요한이 야고보와 함께 요절했다는 그릇된 인용을 제외하고, 저자에 관한 논의에서 요한을 배제하고, 다수 의견은 유세비우스가 남긴 교리적인 가르침의 내용을 선택적으로 수용한다. 유세비우스(Eusebius)가 기록한 초대교회의 역사 안에서 요한과 관련된 내용을 살펴보면 다음과 같다. 우선 클레멘트를 인용하면서, 예수의 승천 이후에 베드로, 야고보와 요한은 교회 지도자로서 우월성을 주장하지 않았고, 오히려 예루살렘 교회의 수장으로 예수의 형제인 야고보를 선택했다고 한다.[47] 로마인들이 예루살렘과 팔레스틴을 점령하고 파괴한 이후, 사도들과 예수의 제자들은 기독교 발전의 흐름 안에서 서로 영역을 나누어 담당하는데, 요한은 아시아를 맡았으며, 죽기까지 에베소에

---

47) Eusebius, *Hist. Eccles.*, 2.1.

머문다.[48] 도미티아누스(Domitianus) 황제의 통치기간 동안 사도 요한은 밧모섬에 유배되었고 거기서 계시록을 기록하였다.[49] 요한은 도미티아누스가 죽은 뒤에 에베소로 돌아왔다.

사도들의 가르침에 대한 진정한 증인으로서 요한은 트라야누스(Trajanus) 황제시기에 이르기까지 에베소에 머물렀다. 이와 관련하여 목회자로서의 돌봄, 신자들에 대한 사랑의 관심, 케린투스(Cerinthus)와 같은 이교도들의 도전, 에베소에서 죽은 남자를 살린 이야기들이 남아 있다.[50] 마태복음과 요한복음만이 예수님의 사역의 회고로 인정되었으며, 요한복음은 다른 복음서들로부터 도움을 얻었고, 예수님 초기 사역을 전하는 것으로 다른 복음서들을 보완하고, 공관복음이 일년간의 사역을 묘사한 내용에 대한 대안을 제공하고, 그리고 구전을 기록하였다. 마태복음과 누가복음이 인간 예수의 족보를 제공하는 반면에 요한복음은 영적인 족보를 제공하는 가장 위대한 복음서이다.[51] 에베소의 감독인 폴리캎은 요한은 주님의 품에 의지하여 기대었던 사람이라고 한다. 그는 요한을 자신을 희생하는 성직자로서 증인인 동시에 선생으로 일컬으며, 또한 에베소에서 잠들었다(죽었다)고 한다.[52]

이레네이우스는 사도 요한과 개인적인 접촉을 했다고 주장하는 폴리캎과 주님을 뵈었다는 다른 이들과의 개인적인 만남을 주장한다. 그리고 이레네이우스는 사도 요한과 다른 사람들이 주님에 대하여 말씀했던 진술을 폴리캎이 재인용했다고 전한다. 여기서 사람들이 전한 내용은 '생명의 말씀의 목격자'로부터 들었던 것들과 주님의 가르침과 기적 이야기들이다.[53] 이레네우스는 또한 폴리캎이 전하는 요한의 가르

---

48) *Ibid.*, 3.1.
49) *Ibid.*, 3.18, 21. Irenaeus의 말을 인용함.
50) *Ibid.*, 3.23, 29; 4.14; 5.18.
51) *Ibid.*, 3.24.
52) *Ibid.*, 3.31; 5.24.

침들이 성경 말씀과 완벽하게 일치한다고 선언한다. 주님의 품에 의지하여 기대었던 요한의 권위는 유월절 축제의 시작으로써 니산월 14일을 지키는 것을 언급한 아시아의 지도적인 감독들 중의 한 사람에 의해 얻어진다. 실제로 소아시아의 교회들은 니싼월(Nissan) 14일을 요일과는 상관이 없이, 유월절 축제를 시작하는 날로 기념한다. 사도행전 4:19에서 사도 베드로가 언급한 "하나님 앞에서 너희 말 듣는 것이 하나님 말씀 듣는 것보다 옳은가 판단하라"를 인용하면서, 로마의 빅터(Victor of Rome)는 소아시아의 모든 감독들을 고립시키려고 한다.54) 요한에 대한 오리겐(Origen)의 주석은 요한이 사랑받는 제자였음을 언급한다.55)

　알렉산드리아의 클레멘트(Clement of Alexandria)는 "마지막으로 요한은 복음서들 안에서 명백해진 외적인 사실들을 파악하였고, 자신의 친구들의 촉구와 성령의 감동으로 인해 영적 복음을 기록했다"56)라고 지적했다. 오리겐(Origen)도 자신이 쓴 요한복음 주석서에서 요한복음 10장 4∼6절을 주석하면서 영적인 진리를 밝히기 위한 필요성 때문에 엄격한 역사적인 적실성을 포기해야 한다고 지적한다. 오리겐은 심지어 요한복음을 복음서들 중 최고라 했다.57) 요한복음은 독자들이 공관복음에 대한 자세한 지식을 갖고 있음을 전제로 더 깊은 의미를 전하기 위하여 공관복음서들과 다른 표현을 사용했다고 보려는 관점은 클레멘트와 오리겐이 기본적으로 보여준 사고의 유형과 동일한 연장선상에 있다고 볼 수 있다. 사실 오랜 기간 동안 요한복음을 연구하는 학자

---

53) *Ibid.*, 5.20.

54) *Ibid.*, 5.24.

55) *Ibid.*, 6.25.

56) Eusebius, *The History of the Church*, 6.14.7에서 인용함.

57) Christoph Ernst Luthardt, *St. John the Author of the Fourth Gospel*, trans. Casper Rene'Gregory (Edinburgh: T & T Clark, 1875), 38을 참고하시오.

들 사이에서 요한복음은 역사적인 진실성보다는 신학적 이해에 더 비
중을 둔 기록이라는 견해가 지배적이었다. 이런 관점은 자연스럽게 요
한복음의 저자가 공관복음을 알았는지 혹은 단지 자료로 사용했는지
의 여부에 관한 질문으로 발전하게 된다.

아리우스(Arius)의 가르침을 따르는 자들이 하나님보다 열등한 피조
물로서 예수를 아버지께 예속적인 아들로 보았으나, 아타나시우스
(Athanasius)와 니케아 공회(Council of Nicaea; 325년)는 그리스도에 관한
요한복음의 가르침이 예수의 신성을 확립하는 결정적 근거를 제공하
는 것으로 보았다.[58] 이런 맥락에서 교부시대 이후로 요한복음은 왜곡
된 예수 그리스도의 본성을 확인하는 중요한 증거로 인정된다. 정경으
로서 요한복음의 위치는 중세시대(Medieval Christendom)에도 확고하였
는데, 실제로 어거스틴(Augustine; 354~430)으로부터 아퀴나스(Thomas
Aquinas; 1124~1274))와 그 이후의 시대에도 하나님 아버지를 직접 계
시한 구세주로서 예수를 보여주는 것으로 간주되었다. 그리스도인들은
신비주의와 성례전에서 사용하는 언어와 상징적 이미지들을 찾을 수
있었던 요한복음을 좋아했다. 실제로 이 시기에 상당수의 요한복음 주
석서가 기록되었다.[59] 칼뱅(John Calvin)도 예외가 아니었다. 그는 요한
복음을 다른 복음서들을 문으로 비유하여 그 문을 열게 하는 열쇠라고
했다.[60] 어거스틴은 요한복음의 내용을 영적인 것으로 간주하는 움직
임을 초래하며, 종교개혁 시기에도 예수님에 대한 요한의 묘사는 근본

---

58) M. Wiles, *The Spiritual Gospel: The Interpretation of the Fourth Gospel in the Early Church*;
R. Schnackenburg, *The Gospel according to St. John*, 1:193-210; J. N. D. Kelly, *Early
Christian Doctrine*, 52-79, 223-51을 보시오.

59) G. M. Burge, *Interpreting the Gospel of John*, 17; A. J. Köstenberger, *Encountering John*,
210에서 재인용.

60) John Calvin, *The Gospel according to St. John*, vol 1, trans. T. H. L. Parker (Grand
Rapids: William B. Eerdmans Publishing Company, 1959), 6.

적으로 신학적이라고 정의한다. 츠빙글리, 루터, 칼뱅과 웨슬리와 같은 종교개혁가들의 강조점은 주로 요한복음을 신학적으로 해석하는 데 있었고, 역사비평적인 방법론과 문학비평적인 방법론의 대두와 예수에 관한 연구가 발전하면서 요한복음의 역사성은 본격적인 도전에 직면하게 된다.

18세기와 19세기로 이어지는 계몽주의의 영향은 복음서들의 역사적 진실성에 대하여 회의적 시각을 갖게 했으며, 유럽의 대학은 초자연적인 종교를 거부했다. 잘 알려진 것처럼 1778년 레싱(G. E. Lessing)은 익명으로 라이마루스(Hermann Samuel Reimarus; 1694~1768)가 남겨 놓은 연구물을 편집하여 유고집을 출간했다. 라이마루스는 예수께서 메시아라고 주장한 사실이 없다면서, 복음서는 교회가 만든 작품이고, 부활은 믿을 수 없는 내용이라고 주장한다. 이때부터 계몽주의 사상을 반영하는 이성적인 방법을 사용하여 역사적인 인물로 예수를 탐색하는 연구들이 학자들 사이에서 일어난다. 라이마루스는 복음서들이 예수를 영적으로 해석하여 제시한다고 주장하였다. 그는 예수의 실질적인 목적은 1세기의 이스라엘을 로마의 점령으로부터 해방시키려 했던 메시아적인 선지자에 가깝다고 생각한다. 이런 관점은 복음서에서 예수를 신학적으로 묘사한 이유가 종교적인지 혹은 역사적인지에 대한 질문을 가능하게 한다. 특별히 예수의 기적과 부활은 역사문헌에 대한 자연주의적인 접근방법을 사용할 때 나타나는 현상처럼 의심스러운 내용이 된다. 이런 흐름 속에서 요한복음은 점차로 공관복음과는 다른 복음서로 분류되며, 특히 역사성에 대하여 심각한 도전에 직면하게 된다. 적어도 라이마루스 이후 150년 동안 세 가지 질문은 복음서 연구에 중요한 잣대로 남게 된다. 세 가지 질문들을 정리해 보면, 첫째로 "역사 현실에 초자연적 요소가 개입할 수 있는가?", 둘째로 "복음서의 상대적인 가치는 무엇인가?", 셋째로 "예수의 메시지의 핵심은 무엇인가?"이다.

종교개혁 이후 영국의 이신론자(deist)들과 독일의 자유주의 신학자들은 요한복음을 선호했는데, 그 이유는 공관복음에서 자주 볼 수 있는 귀신을 쫓아내는 "축사이적(demon exorcism)"에 대한 강조가 상대적으로 부족했기 때문이다. 하제(Karl Hase; 1800~1890)는 요한복음에 기록된 기적 이야기들은 꾸미지 않은 참된 이야기로 간주했다. 슐라이어마허(Friedrich Schleiermacher; 1768~1834)는 요한은 목격자로서 예수에 관한 본질적 내용을 전한다고 보았다. 슐라이어마허(Schleiermacher)의 공헌을 분류하는 작업은 상당히 어려운 과제이다. 일반적으로 신학적인 분석에 지적인 엄격함은 슐라이어마허를 현대신학의 아버지로 부르게 했으며, 기독교 신앙에 대한 이해에 있어서 하나의 분수령을 형성한다. 문학적인 분석을 방법으로 역사적인 예수에 대한 신학적인 이해를 발견하려고 시도했던 슐라이어마허는 요한의 관점이 공관복음의 관점에 비해 우월하다고 본다.61) 그는 요한복음은 사도 요한이 기록했을 뿐만 아니라, 영적인 신앙생활에 대한 심오하고 친밀한 정서를 전달해 준다고 믿는다. 슐라이어마허는 계몽주의의 용어를 사용하여 역사적인 예수께서는 생명을 주는 소망의 핵심을 이루는 하나님의 계시와 구원의 사랑을 가져오시는 분으로 묘사한다. 슐라이어마허는 예수님의 삶을 요한복음을 기초로 재구성하였다.62) 슐라이마허는 공관복음의 많은 부분이 공통점이 없는 부분들로부터 편집과 교정의 과정을 통하여 구성된 사실을 자세하게 관찰했다. 공관복음서들과는 달리 요한복음의 문체와 형식의 현전한 통일성은 요한복음 전승이 더 낫다는 증거이며, 예수의 목적과 활동들을 이해하는 데 있어서 월등한 창을 제공한다고 본다. 슐라이어마허의 감정 혹은 정서에 대한 호소는, 스트라

---

61) Friedrich Schleiermacher, *The Life of Jesus*, trans. S. Maclean Gilmour (Mifflintown, P.A.: Sigler Press, 1864; Philadelphia: Fortress Press, 1975).

62) Schleiermacher, *The Life of Jesus*, xxxii.

우스(Strauss)와 다른 학자들에게서 경멸에 가까운 반응을 낳았으며, 요
한복음과 예수에 대한 연구에 있어서 하나의 전환점을 이루는 역할을
한다.

스트라우스(David F. Strauss; 1808~1874)는 1835년에 『예수의 생애』
란 저술에서 요한복음의 역사적 진정성을 부정적 시각으로 본다.[63] 그
는 독일의 튀빙겐 대학(Tübingen University)의 바우르(Ferdinand Christian
Baur; 1792~1860)에게서 성경을 비평적으로 보는 안목을 배웠다.[64] 슐
라이어마허에 반대하는 스트라우스(Strauss)는 역사적인 예수에 대한 연
구에서 이성적인 사고를 근거로 초자연적인 요소들을 비판적인 시각
에서 판단하면서, 요한복음의 자료를 역사적이 아닌 신화적인 것으로
돌린다.[65] 스트라우스는 복음서 저자들은 역사적 실체와는 상관이 없
이 각자의 신학적 선입견에 따라 복음을 기록한 것으로 본다. 특히 역
사적인 사실과는 무관하게 요한복음을 기록한 것으로 보아 신화나 전
설로 분류해야 한다고 주장한다. 또한 공관복음과 요한복음 사이의 차
이를 부각시키면서 두 전승 사이에 하나를 선택할 것을 요구하면서,
자신은 공관복음의 전승에 우월한 지위를 준다. 부연하면, 요한복음은
다른 복음서와 비교해서 열등한데, 그 이유는 단순히 문학적 구조 안
에 2세기 교리를 담아내기 때문이라고 한다. 그는 세례와 관련된 요
1:29-34과 제자들을 부르신 내용인 요 1:35-51, 그리고 겟세마네 동산에
서 갈등하며 기도하는 모습이 생략된 점이 요한복음을 의식적으로 "경
건을 위한 역사적 사실과는 상관이 없는 윤색"[66]의 결과물로 본다.

---

63) S. Neill, *The Interpretation of the New Testament*, 20-29.

64) *Ibid.*

65) David Friedrich Strauss, *The Life of Jesus Critically Examined*, ed., Peter C. Hodgson,
trans. George Eliot (Philadelphia; Fortress Press, 1972).

66) D. Strauss, & W. G. Kümmel, *The New Testament: The History of the Investigation of Its
Problems*, 126에서 인용됨. 참고로 A. Schweitzer, *The Quest for the Historical Jesus*,

38

바우르(Baur)는 스트라우스의 업적을 뒷받침한다. 그리고 19세기 중반까지 요한의 비역사성은 많은 비평적인 학자들 사이에서 '수정주의'의 견해로 확립되었다. 이 견해는 요한복음과 공관복음은 서로 다르며, 요한복음은 신학적이고 영적이기 때문에, 요한복음은 비역사적이며 역사적인 예수에 대한 비평적인 연구의 자료로서 부적절하고 심지어 오해를 일으킨다고 본다. 수정주의 견해에 여러 문제점들이 있음에도 불구하고, 많은 학자들은 계속해서 이 견해를 위한 믿을 만한 증거가 있다고 가정한다. 예를 들면, 마가복음 우선설의 출현과 함께 공관복음과 요한복음을 대비하는 견해는 잠잠해졌다. 만약 마가복음이 하나의 길을 제시하였고, 마태복음과 누가복음이 마가복음의 뒤를 따랐다면, 이와 같은 견해는 슐라이어마허의 기본적인 접근방식을 지지하게 된다. 스트라우스도 그의 저서 세 번째 수정판의 서문에서 요한복음에 대한 부정적인 견해를 뒤집기 시작했다.[67] 그러나 요한복음의 역사성을 인정하는 이유 때문이 아니라, 이전에 자신이 주장했던 부정적인 결론들에 대한 점증하는 의심 때문이었다. 스트라우스는 요한복음의 출처를 설명하면서 요한복음이 기록되었던 시기의 신화적인 예들이 예수의 가르침과 사역을 묘사하는 틀을 제공했다고 주장한다.

헤겔의 이분법적인 역사이해를 근거로 바우르는 초대 기독교 형성을 유대교와 헬레니즘의 혼합으로 보았다. 바우르는 교회 안에서 유대교를 대표하는 베드로(Peter)와 이에 대항하는 헬라적 이해를 대표하는 바울(Paul) 사이의 갈등이 초대교회 정통교리를 형성하는 데로 발전한다고 주장하며, 신약성경을 이런 구도 안에서 분류하였다. 그의 견해를 따르면 로마서, 고린도전서와 후서, 그리고 갈라디아서는 바울이 이방인 그리스도인을 변증하기 위하여 기록했으며, 마태복음과 계시록은

85-88을 보시오.
67) *Ibid.*, lviii.

유대인 그리스도인들의 반응을 대변하고, 사도행전과 목회서신은 이
둘 사이를 화해와 공감으로 이끌기 위한 문서로 이해한다. 이런 관점
에서 바우르는 요한복음은 헬라어를 사용하는 신앙공동체에서 기록했
지만, 유대교의 요소가 침투한 복음이라고 지적한다. 비교적 늦은 연대
인 150~170년경에 초대 기독교 안에서 다양한 요구를 수용하기 위한
목적으로 기록했다고 한다. 바우르는 요한복음은 사도들의 가르침과
예수께서 활동하던 당시의 팔레스틴 지역의 유대교와는 상관이 없다
고 본다.

바우르(Baur)의 업적은 요한복음을 2세기 중엽 이후에 기록한 것으
로 여기면서, 요한복음의 자료가 목격자의 증거와 상관이 없거나 독립
적이지 않다는 전제 위에, 종교-역사(History of Religion)란 방법을 사용
하여 복음서 자료의 기원에 관하여 설명한다. 게다가 서론에서 볼 수
있는 로고스 신학을 요한복음의 나머지 부분 전체에 투사하면서 요한
복음의 독특한 내용들이 역사적인 기원을 가지기보다는 신화적 기원
을 갖는다는 광범위한 추론을 제시한다. 요한복음의 신학이 헬라적인
요소로부터 기인한 것으로 보며, 동시에 초자연적인 이적을 배제하는
사실주의 관점을 따라서 요한복음을 역사적인 정경의 위치에서 제거
한다. 바우르와는 달리 웰하우젠(Julius Wellhausen)[68]과 슈바르츠(Eduard
Schwartz)[69]와 같은 학자들은 요한복음 전승의 출처를 보다 이전의 자
료들 혹은 이전의 전승들에 두면서 최종적으로 완성된 것으로 본다.
이들의 연구는 후에 불트만이 자료비평적인 종합을 이루는데 사용된
다. 그러나 슈바이처(Albert Schweitzer)의 저서인『역사적인 예수에 대한

---

68) Julius Wellhausen, *Erweiterung und Anderungen in vierten Evangelium* (Berlin: G. Reimer, 1907).

69) Eduard Schwartz, 'Aporien im vierten Evangelium' (four essays), *NGG* (1907-08), 1:342-72; 2:115-48; 3:149-99; 4:497-560.

탐구』는 새로운 논의를 발생시킨다.

 예수의 생애를 비판적인 분석한 슈바이처는 객관적인 관점에서 행하는 역사적인 연구에 주관성이 불가피하게 개입하고 있음을 드러낸다. 그때까지는 어느 누구도 지적하지 못했으나 슈바이처는 학자들에 의한 연구의 결과가 개인적인 관심과 밀접하게 연관되었음을 밝힌다. 이런 지적은 역사적인 인물로서 예수가 했던 말과 행동을 알 수 있는지의 여부에 대한 강한 의구심을 불러 일으켰다. 20세기 전반부에 학자들은 전통적인 자료의 역사를 탐구하게 되었고, 요한복음 연구도 두 가지 방향으로 행해진다. 슈바이처 이후에 이루어지는 요한복음 연구는 1941년 독일에서 출판된 루돌프 불트만의 주석에 의해 한 획을 긋게 된다. 불트만은 자신의 주석서에서 요한복음 자료의 역사적인 기원에 대한 설명을 천명하는 동시에 신학적인 긴장에 내포된 인식의 기원을 설명한다.70) 앞선 학자들의 업적 위에 성경 이외의 자료들을 사용하면서 신학적인 감수성과 언어적인 기술을 발휘한다. 불트만은 특히 네 번째 복음을 구성하는 적어도 네 가지의 서로 다른 주요 자료들을 밝히면서, 또한 각각의 자료들이 독특한 종교-역사적 기원을 갖고 있다고 추론한다. 게다가 이런 자료는 문체, 문맥과 신학적인 증거들을 근거로 구별이 가능하다면서, 헬라와 유대교의 신비설화와 가르침을 출처로 보여준다.71) 20세기 후반부에 이루어진 요한복음 연구는 불트만이 행한 연구에 대한 반응이라고 보아도 무방할 정도이다. 이 시기에 복음서의 자료에 대한 논의는 쇠퇴하고 복음서의 구성과 편집에 관한 논의와 기록의 정황에 관한 이론의 발전과 더불어 새로운 문학비평

---

70) P. N. Anderson, *The Christology of the Fourth Gospel*, 33-169을 참고하시오.

71) D. Moody Smith, *The Composition and Order of the Fourth Gospel: Bultmann's Literary Theory* (New Haven: Yale University Press, 1965): 다섯 가지 서로 다른 자료들의 구성에 대하여, 불트만의 작업에 담긴 의미를 설명한다.

적인 연구가 등장한다.

19세기 요한복음에 대한 학자들의 견해는 여전히 바우르와 스트라우스의 영향에서 벗어나지 못한다. 그렇다고 모두를 동일한 견해를 수용한 것은 아니었으며, 대표적인 예들로는 독일의 슐라터(A. Schlatter; 1852~1938), 영국에서는 라이트훗(J. B. Lightfoot; 1828~1889)과 웨스트콧(B. F .Westcott; 1825~1901)을 들 수 있다. 슐라터는 바우르와 견해를 달리 했으며, 라이트훗은 초대교회 교부들을 철저하게 연구한 결과를 통하여 바우르가 제시한 초대교회 역사형성의 이론을 분쇄하였고,[72] 웨스트콧은 1882년에 자신의 요한복음 주석을 통해 사도의 저작임을 입증했다.[73] 이런 노력에도 불구하고 일반적으로 요한복음을 신뢰할 수 있는 자료로 인정하지 않는 경향이 지배적이었다.

19세기로부터 오늘에 이르기까지 기억해야만 하는 두 가지 중요한 결론을 볼 수 있다. 우선 요한복음보다는 공관복음이 예수의 생애를 이해하기 위한 본질적인 증거라는 인식이다. 이런 인식은 요한복음은 역사에 관한 관심보다는 오히려 신학적 관심에 의해서 기록한 복음이라는 전제가 있기 때문에 가능하다. 결과적으로 요한복음은 역사적인 사실에 기인한 구체적 인물이 아닌, 추상적인 인물로 예수를 기록했다고 본다. 둘째로 요한복음의 배경을 이루는 요소들은 유대교가 아닌 헬라적인 요소들이라는 인식이다. 요한복음의 배경에 대한 이해는 2세기경 요한복음을 기록한 장소가 예수께서 주로 활동하던 팔레스틴 지방에서 멀리 떨어진 지역이며, 헬라철학에서 사용하는 용어를 이용하

---

72) J. B. Lightfoot and J. R. Harmer, trans. and eds. *The Apostolic Fathers* (London: MacMillan, 1889; 2d ed. M. W. Holmes, ed. and trans. (Grand Rapids: Baker, 1992) 를 보시오.

73) Brooke Foss Westcott, *Commentary according to St. John: The Authorized Version with Notes* (London: John Murray, 1882); repr. ed., (Grand Rapids: William B. Eerdmans Publishing Company, 1973)을 보시오.

여 기록한 것이기 때문이라고 본다.[74] 옥스퍼드 대학의 교수인 윌리엄 샌디(William Sanday of Oxford University)는 1910년 『요한복음 비평』이란 제목의 자신의 저서에서 성경신학에서 등장하는 경향을 시대별로 기록하였다.[75] 여기서 샌디는 무조건 요한복음을 거부하는 학자들이 보이는 심각하게 편향적인 인식을 고발한다. 학자들의 편향적 인식은 요한복음을 바울의 가르침과 영지주의를 결속시키는 역할을 하는 매개체로 보아, 유대교의 가르침뿐만 아니라 예수의 생애와 죽음과 같은 역사적 사건들과도 전혀 상관이 없다고 믿는 결과를 초래한다.

요한복음이 헬라적인 요소들에 의해 상당한 영향을 받은 유대교와 신비주의 종교,[76] 그리고 헬라의 철학을 반영하고 있다는 주장에 반하여 기본적으로 유대적인 요소를 재발견하는 일련의 학문적 작업이 있었다. 예를 들면, 비록 아람어로 처음부터 기록되었다고 주장할 수는 없어도, 공관복음과 요한복음 안에서 상당한 아람어의 혼적을 발견한 블랙(Matthew Black)이 행한 연구를 들 수 있다.[77] 실제로 요한복음 안

---

74) 요한복음의 배경을 전적으로 헬라문화에서 찾으려는 관점과는 달리 정통 유대인이며 케임브리지 대학의 교수였던 랍비 아브라함즈(Israel Abrahams)는 대학의 신학부 모임에서 행한 연설에서 "유대인들에게 있어서 요한복음(the Fourth Gospel)의 4복음서 중 가장 유대교적 이다"라고 말했다(S. Neill, *The Interpretation of the New Testament*, 338).

75) William Sanday, *The Criticism of the Fourth Gospel* (Oxford: Oxford University Press, 1910).

76) 세례 요한을 메시아로 보았으며, 이란과 이라크 지방에 살았던 정통 기독교에 상당히 비판적이었던 만디안(Mandean)들은 헬라의 신비종교의 영향을 받았으며, 요한복음의 내용 안에서 이들이 끼친 영향을 볼 수 있다고 주장한다 [Richard Reitzenstein, *Hellenistic Mystery-Religions: Their Basic Ideas and Significance*, trans. John E. Steely, Pittsburgh Theological Monograpy Series, 15 (Pittsburgh: Pickwich Press, 1978)를 참고하시오].

77) Matthew Black, *An Aramaic Approach to the Gospels and Acts* (Oxford: Oxford University Press, 1967)를 보시오.

에서 셈어의 사용에서 흔히 볼 수 있는 병행법(parallelism)과 접속사 없
이 문장을 나열하는 방식의 표현(parataxis)은 아람어가 배경을 이룬다는
주장을 뒷받침하는 증거이기도 하다. 뿐만 아니라, 요한복음의 내용들
은 구약성경을 직접 인용하는 예는 다른 복음서들에 견주어 보면 비교
적 적지만, 요한복음의 주제를 구성하는 핵심적인 내용들이 구약에 나
타난 개념들과 표상들을 반영하는 사실을 발견하기는 어렵지 않다.[78]
버니(C. F. Burney)는 요한복음이 셈어(Semitic)의 영향을 받았을 뿐만 아
니라 아람어로 기록되었다고 주장하였다. 그는 요한복음의 헬라어 표
현이 생동력을 잃은 것처럼 보이는 이유는 원래 아람어로 기록되었던
것을 헬라어로 번역하였기 때문이라고 보았다.[79] 이런 주장은 요한복
음의 저자는 아람어를 사용하는 사람이었지만 헬라어로 복음을 기록
했다는 이론으로 발전시키는 배경을 이루는 것으로 보인다.

라이트훗(J. B. Lightfoot)과 슐라터(A. Schlatter)는 가장 적절한 요한복
음의 해석은 랍비 문헌들과 구약성경으로부터 발전한다고 제안하였
다.[80] 요한복음의 저자는 대부분의 경우 마태복음의 인용과는 다르지
만, 구약성경의 내용을 풍부하게 언급한다. 이 경우 요한복음의 독자들
이 언급하고 있는 구약성경의 내용을 알고 있을 것이라는 가정이 성립
된다.[81] 카슨(D. A. Carson)은 요한복음 본문에 나타난 예수의 가르침은

---

78) 예를 들면, 생명, 빛, 목자, 떡, 포도나무, 사랑, 증인 등을 들 수 있으며, 구약
  의 내용을 성취하시는 하나님의 아들이신 예수를 볼 수 있다.

79) C. F. Burney, *The Aramaic Origin of the Fourth Gospel* (Oxford: Oxford University Press,
  1922).

80) 참고로 Jerome Murphy-O'Connor, *The Ecole Biblique and the New Testament* (Cedar
  Falls, Iowa: Freiburg, 1990), 22-25를 보시오. 1925년에 창설된 예루살렘 성경학
  교(Ecole Biblique)의 설립자인 라그란지(Marie-Joseph Lagrange)는 가장 영향력이
  있는 주석서로 랍비문헌과 구약성경을 근거로 행한 요한복음 주석을 출간했
  다.

81) C. K. Barrett, "The Old Testament in the Fourth Gospel," *Journal of Theological Studies*

유대인들의 절기에 담겨진 신학적인 상징주의를 전제로 하는 것으로 본다.[82] 예를 들면, 요 6:25-59은 유월절과 요 7장은 초막절과 그리고 요 10:22-39은 수전절을 배경으로 한다. 요 5:31-47은 예수께서 대적자들과 논쟁을 하면서 랍비들의 논쟁방법을 사용하고 있음을 볼 수 있다. 출애굽기 16:4의 본문인 "하늘에서 양식을 비 같이 내리리니"의 유대교의 해석을 요 6:26-59에서 볼 수 있으며, 시편 82:6의 본문인 "너희는 신들이며 다 지존자의 아들들이라"에 대한 해석은 요 10:34-38에서 찾을 수 있다. 유대교의 가르침과 밀접한 이와 같은 요한복음의 본문을 헬라문화를 배경으로 하는 사회에서 발견하기란 거의 불가능에 가까울 것이다. 한 동안 요한복음 저자의 언어 사용에 있어서 빛과 어둠, 위와 아래와 같은 이분법적 용법과 진리, 믿음, 영과 같은 추상적 언어 사용은 유대교의 문헌에서 통용되지 않고 있다는 주장이 우세했다. 그러나 1947년 최초로 발견된 사해문서를 연구하면서 예수께서 활동하시던 당시의 유대인 분파주의 사회에서 사용하던 언어가 요한복음의 언어와 거의 동일한 사실을 알게 되었다.[83]

요한복음이 기록될 당시 유대지방의 유대교조차도 헬레니즘 (Hellenism)의 영향을 상당한 기간 동안 받아온 사실을 감안한다면, 요한복음 안에서 그런 자취를 발견하는 일은 당연한 일이기도 하다.[84] 그러나 오랜 기간 동안 헬레니즘(Hellenism)의 영향이 원인이라고 믿었

---

48 (1947), 155-69을 참고하시오.

82) D. A. Carson, "John and the Johannine Epistles," in *It is Written: Scripture Citing Scripture: Essays in Honor of Barnabas Lindars*, eds. D. A. Carson and H. G. M. Williamson (London: Cambridge University Press, 1988), 245-64를 보시오.

83) 참고로 James H. Charlesworth, ed., *John and the Dead Sea Scrolls* (New York: Crossroad, 1990)을 보시오.

84) 네일(Neill)은 "유대인들에게는 4복음서 중에서 요한복음이 가장 유대교적 (Jewish)"이라고 주장한다(S. Neill, *The Interpretation of the New Testament*, 338이하).

던 빛과 어둠, 위와 아래, 생명과 사망과 같은 요한복음의 이분법적 사
고의 틀과 메시아 대망사상들을 유대교 안에서 가장 폐쇄적이고 보수
적인 분파주의 중 하나인 쿰란(Qumran) 공동체의 가르침에서도 찾아볼
수 있다는 사실은 그 자체로 요한복음이 단순히 헬레니즘의 산물로만
볼 수 없다는 증거이다.[85]

따라서 요한복음을 유대교와 상관이 없이 헬라적인 배경만으로 읽
으려는 태도는 더 이상 용납하기 어렵게 되었다. 요한복음의 저자가
예루살렘을 포함하여 유대지역의 지리적 환경에 익숙했던 사실도 고
고학에 의한 발굴과 더불어 밝혀지게 되고, 나일강 유역에서 1920년경
발견된 오늘날 신용카드 크기의 헬라어 파피루스 사본 P^{52}는 가장 오
래된 신약성경 사본으로 요한복음 18장의 내용 중 대강 5절(요
18:31-33, 37-38)을 담고 있는데, 약 125년경에 해당한다.[86] 이 경우 이
집트 나일강 유역에 사본이 전해지기까지의 연대를 감안한다면, 요한
복음 원본의 기록년대를 1세기로 보아도 무방할 것이다. 최근에는 사
본 P^{52}의 연대를 100~125년 사이라는 주장이 제기되고 있다.[87] 이런
경우 요한복음이 초대교회 안에서 수용되기까지는 상당한 기간이 필
요했다는 주장을 반박하는 자료가 되며, 정경이외의 자료로 4개의 서
로 다른 신약성경 본문(막 12:13-15; 요 3:2; 눅 6:46; 막 7:6-7)들을 하나
로 융합시킨 것으로 보이는 파피루스 에거톤 2(Egerton Papyrus 2; 150~

---

85) J. H. Charlesworth, ed., *John and Qumran* (London: G. Chapman, 1972)의 에세이들
　　을 참고하시오.

86) Colin H. Roberts, *An Unpublished Fragment of the Fourth Gospel in the John Rylands
　　Library* (Manchester: Manchester University Press, 1935), 12-16. 참고로 Jack Finegan,
　　Encountering New Testament Manuscripts: A Working Introduction to Textual Criticism
　　(Grand Rapids: William B. Eerdmans Publishing Company, 1974), 85-90을 보시오.

87) Aland and Aland, *The Text of the New Testament* (Grand Rapids: William B. Eerdmans
　　Publishing Company, 1989), 85.

200년경)를 제외하고는 이제까지 발견된 사본들 중 가장 오래된 사본으로 보인다. 물론 일방적이거나 지나친 과장은 금물이다.[88] 왜냐하면 파피루스 자체가 초대교회의 역사에 관해서 스스로 말하는 것은 아니기 때문이다. 쾨스터(Helmut Koester)는 요한복음이 이집트에서만 통용되었다는 견해에 비중을 둔다.[89] 그는 클레멘트(Clement of Alexandria)가 인용한 발렌티누스의 가르침과 히폴리투스(Hippolytus)가 인용한 내이진(Naasene) 사본와 같은 이집트의 몇몇 영지주의 문헌들에서 요한복음을 사용한 증거를 발견할 수 있다고 한다.

실제로 요한복음의 저자는 1세기 당시의 유대지방의 관습과 문화 그리고 지형에 대하여 놀라울 정도의 지식을 보여준다. 요한복음 4장에서 볼 수 있는 사마리아 지역에 대한 설명은 이런 주장을 가능하게 한다. 상당 기간 동안 요한복음의 저자가 예루살렘의 지형에 관하여 무지했다는 주장을 뒷받침한 증거였던, 베데스다 못에 있는 다섯 행각에 대한 설명은, 고고학적 발굴에 의해 사실로 밝혀짐으로써 오히려 예루살렘을 잘 알고 있었다는 증거로 뒤바뀌었다.[90] 로빈슨(J. A. T. Robinson)은 요한복음의 저자가 유대지방의 부분적인 내용에까지 상세히 알고 있는 사실을 잘 정리하고 있다.[91] 요한복음의 저자가 유대지역의 지리에 익숙했을 뿐만 아니라 그의 신학이 철저하게 구약성경의 개념들에 근거하고 있다는 주장이 새롭게 요한복음을 읽을 수 있는 관점을 제공해 준다.

---

88) Bart D. Ehrman, *The Text of the New Testament in Contemporary Research* (Grand Rapids: William B. Eerdmans Publishing Company, 1995), 371-72, note 49를 보시오.

89) Helmut Koester, *Ancient Christian Gospels* (Philadelphia: Trinity Press International, 1990), 245-46을 보시오.

90) 오늘 날 성 안나 교회(St. Anne's Church) 근처에서 발굴이 되었다.

91) 참고로 J. A. T. Robinson, *The Priority of John* (London: SCM Press, 1985), 48-67을 보시오.

그러나 새로운 관점에 관한 논의에 들어가기에 앞서 제2차 세계대
전을 전후한 구미의 학자들의 연구를 좀 더 살펴보기로 한다. 우선 요
한복음 이해에 있어서 중요한 족적을 남긴 학자들을 간단히 소개하면,
주석서를 쓴 호스킨스(Hoskyns)와 다비(Davey),[92] 불트만(R. Bultmann),[93]
바렛(Barrett),[94] 그리고 도드(Dodd)[95]에 의한 두 개의 주제에 의한 탐구,
이어지는 슈나켄베르그(Schnackenburg)[96]와 브라운(Brown),[97] 또 린다스
(Lindars)[98]와 헨첸(Haenchen)[99] 등을 들 수 있다.[100] 물론 일일이 열거할

---

92) E. C. Hoskyns, *The Fourth Gospel*, ed. F. N. Davey (London: Faber and Faber, 1940, 2nd ed. 1947).

93) R. Bultmann, *The Gospel of John*.

94) C. K. Barrett, *The Gospel according to St. John* (London: S.P.C.K,. 1955; Philadelphia: Westminster Press, 2nd ed. 1978). 바렛은 자신의 선생인 도드(Dodd)의 영향을 받았다.

95) C. H. Dodd, *The Interpretation of the Fourth Gospel* (Cambridge: Cambridge University Press, 1953); *Historical Tradition in the Fourth Gospel* (Cambridge: Cambridge University Press, 1963).

96) R. Schnackenburg, *The Gospel according to St. John*.

97) R. E. Brown, *The Gospel according to John*, Anchor Bible 29 and 29A (Garden City: Doubleday, 1966-70).

98) Barnabas Lindars, *The Gospel of John*, New Century Bible (Grand Rapids: W. B. Eerdmans Publishing Company, 1972).

99) E. Haenchen, *John: A Commentary on the Gospel of John*, Hermeneia 2 vols., eds. R. W. Funk & U. Busse, trans. R. W. Funk (Philadelphia: Fortress Press, 1984).

100) 요한복음 연구와 관련하여 1955년 이전의 연구내용은 W. F. Howard, *The Fourth Gospel in Recent Criticism and Interpretation*, rev. C. K. Barrett (London: Epworth, 1955), 1955-75 사이의 연구는 R. Kysar, *The Fourth Evangelist and His Gospel: An Examination of Contemporary Scholarship* (Minneapolis: Augsburg, 1975), 그 외에 자료들은 B. Witherington III, *John's Wisdom: A Commentary on the Fourth Gospel* (Louisville: Westminster John Knox, 1995), A. J. Kostenberger, *John*; Jerome H. Neyrey S.J., *The Gospel of John* (New York: Cambridge University Press, 2007)의 참고문헌 목록들을 참고하시오. 주석서에 대한 평가는 Margaret Davies, "Which Is the Best Commentary? XI: The Fourth Gospel," *Expository Times* 99 (1987), 73-78을 참고하시

48

수 없는 수많은 학자들이 있으며, 그들 중에는 저자가 모르는 중요한 연구업적을 남긴 학자들도 있을 것이다. 그러나 여기서는 개괄적으로 간단히 살펴보는 것으로 소개를 마무리 지을 것이다. 우선 영국 국교회 신학자였던 호스킨스(Sir Edwin Clement Hoskyns; 1884~1937)경은 1919년 이래로 케임브리지 대학의 교수로 재임했으며, 1937년 사망했을 당시 미처 발간하지 못한 요한복음 연구물을 남겼다. 다비(Francis Noel Davey)는 그가 남긴 요한복음의 내용 중 6장에 대한 완성된 연구물과 그 외에 17부분으로 나누어 미완성의 연구물을 600페이지가 넘는 책으로 엮어서 출간한다.[101] 영국 국교회에 속하였으며 하르낙(Adolf von Harnack)의 제자인 호스킨스의 연구는 1930년에 발간된 슐라터(Adolf Schlatter)의 주석을 자료로 사용하는 것으로 보인다. 호스킨스는 불트만을 비평하였으며, 신약성경 읽기에 있어서 구약성경을 독창적으로 주석하고 예수의 신성을 잘 드러내면서 당시의 종교사학파들이 역사적 예수에 대한 견해와는 달리 공관복음을 역사적 사실에 기인한 것으로 보았다. 그는 요한복음을 기본적으로 신학적 산물로 보았으며,[102] 대학에서 사용하는 형이상학 교과서가 아니라 교구 목사와 신실한 평신도를 위한 책으로 보았다.[103] 요한복음의 저자가 누구라고 분명히 밝히지 않지만, 3개의 서신서를 쓴 동일한 인물이며 시리아 지역에 거주했을 것으로 추측한다. 사실 호스킨스는 요한이 쓴 복음과 서신서들의 권위는 단지 신학적 요소에 달려 있는 것으로 간주하며, 요한복음을 읽는 중요한 근거를 "보혜사(ὁ παράκλητος)"(요 16:7)에 둔다. 따라서

오.

101) 각주 26)을 참고하시오.

102) E. C. Hoskyns, *The Fourth Gospel*, 109-110을 참고하시오. 호스킨스는 요한복음의 신학을 강조하면서 죽은 나사로가 과연 살아났는가에 대한 질문에 대한 답을 예로 제시한다.

103) *Ibid.*, 20.

요한복음의 저자는 전승은 어떤 경우를 막론하고 현실에 제한되지 않
는 의미를 제공하며 바로 이런 의미에 의하여 역사 현실에 대한 이해
도 가능한 것으로 본다.[104] 이런 관점에서 요한복음은 그리스도인들을
위한 복음으로 유대인들 논박하는 내용을 담고 있다고 주장한다. 뿐만
아니라 요한복음은 에비온파(Ebionites), 영지주의자(Gnostics), 혹은 다른
어떤 형태의 특정한 부류들을 대항하기 위한 기록이 아니라고 한다.
단지 독자들로 하여금 현실을 거슬러서 사도들의 가르침과 그 배후에
역사적인 인물이신 예수를 볼 수 있도록 하기 위하여 목적으로 복음을
기록했다고 본다. 물론 역사적인 인간 예수에서 그치지 않고 하나님의
아들이시며 말씀이신 예수 안에서 하나님의 영광이 있으며, 하나님께
서는 오직 아들 예수를 통하여 계시하신 사실을 보인다.

　요한복음 안에서 지속적인 히브리 성경의 인용과 암시를 찾아볼 수
있으며, 유대지역을 중심으로 사건이 진행되는 점에서 유대교가 그 배
경을 이루고 있으며, 기독교 혹은 마니교와 영지주의가 배경이 될 수
없다는 논지를 세운다. 불트만이 요한복음의 내용, 특히 서론을 영지주
의 구원자 신화를 중심으로 이해하려 했다면, 호스킨스는 헬라 문화에
의한 영향에는 공감하지만 요한복음의 저자는 하나님의 말씀과 관련
한 가르침을 스토아 철학이 제공하는 로고스 혹은 신적 존재란 개념을
통하여 인식하는 것으로 본다.[105] 호스킨스는 요한복음을 관통하는 중
요한 주제는 교회가 직면하는 예수 그리스도를 통하여 역사하는 성령
이라고 한다. 결과적으로 공관복음에서 사용하는 종말론적 용어는 그
개념이 발전하여 성령이라는 신학적 용어로 드러난다고 지적한다.[106]
요한복음의 본문에 내포된 역사적 사실과 신학적 해석을 분별하는 작

---

104) *Ibid.*, 84.
105) *Ibid.*, 163.
106) *Ibid.*, 122.

업은 불가능하다고 전제하면서, 예수의 생애 가운데 발생한 역사적 사실을 기록한 것으로 본다. 이런 관점에서 요한복음은 신약성경의 다른 책들과 구약성경을 읽기 위한 서론으로서 역사의 예수를 관찰하는 신학적인 초석을 제공한다고 주장한다.[107]

20세기 유럽의 신약학계에서 대단한 영향력을 보였던 루터교인이며 마버그(University of Marburg; 1921~1951)의 신약학자 불트만(Rudolf Karl Bultmann; 1884~1976)은 요한복음을 기록한 관점을 신화적이라고 주장하며, 자신이 정립한 비신화화 이론을 사용하여 본문을 해석하였다. 신약성경 읽기에 있어서 불트만은 독자들로 하여금 현실에 대한 올바른 결정을 내리도록 예수께서 초대하고 있음을 신약성경의 책들이 전한다고 본다.[108] 한 가지 지적할 사실은 불트만은 자신이 행하는 신약성경 이해를 독일의 경건주의 전승과 소위 자유주의 신학의 주류로 볼 수 있는 종교사학파의 방법론을 함께 수용하려는 노력으로 보았다.[109] 20세기 초반에서 중반에 이르는 시기에 이루어진 요한복음에 관한 연구는 불트만이 제시하고 시도했던 질문들과 관련이 있었다.[110] 따라서 그러한 연구들의 관심은 종교의 역사, 문헌의 역사, 그리고 정신세계의 역사에 초점을 맞추고 있다.[111] 사실 불트만이 요한복음 일기에 있어

---

107) *Ibid.*, 255.

108) 예를 들면, R. Bultmann, *The Theology of the New Testament*, 2:65에서 불트만은 요한복음 안에서 세상이 기다리던 메시아이신 예수께서 사람들로 하여금 올바른 삶으로 초대한다고 한다.

109) 불트만(R. Bultmann)은 선생이었던 군켈(H. Gunkel)의 영향을 받았으며 자신의 이론을 "The History of the Synoptic Tradition"에서 밝힌다[*The History of the Synoptic Tradition*, trans. John Marsh (New York, 1963)].

110) 불트만이 요한복음 연구에 끼친 영향을 과소평가할 이유는 없다. 그럼에도 불구하고 요한복음 읽기에 있어서 중요한 질문들에 대하여 불트만은 잘못된 대답들을 제시한다는 비평에 주목해야 한다.

111) R. Bultmann, "Der religions-geschichtliche Hintergrund des Prologs zum Johannesevangelium," in *Eucharisterion, Studies zur Literatur des Alten und Neuen*

서 실존론적 관점을 제시한 이후로 복음 이해에 있어서 인간실존과 관련 공통적 문제에 대하여 복음이 제시하는 신학적 대답을 결정하는 지적 풍토와 문화적 토양에 대한 이해를 무시하기 어렵게 되었다.[112] 무엇보다도 복음을 구성하는 정신들의 근원에 대한 이해는 복음 이해에 있어서 결정적 역할을 하는 것으로 지적풍토와 문화적 토양의 배경과 복음을 구성하는 자료들을 밝히는 작업을 통하여 이루어진다.

불트만은 요한복음을 주석하면서 양식비평을 사용하여 복음서가 기록되기 이전과 이후의 역사로 나누어 재구성을 하면서 어떤 편집자가 원래 복음의 순서를 바꾸고 첨가를 하는 과정을 통하여 신학적 문제의 소지를 완화시켰다는 추론을 적용하였다.[113] 여기서 편집자는 원래 복음의 순서를 제대로 되살리지 못하였으며, 실제로는 자신의 해석을 남기게 된다. 따라서 복음서를 해석하는 목표는 복음서의 최종 형태를

Testaments (Göttingen: Vandenhoeck & Ruprecht, 1920), 2:1-26; "Die Bedeutung der neuerschlossen mandaïschen für das Verständnis des Johannesevangelium," *ZNW* 24 (1925), 100-146: 요한복음 연구에 관한 불트만의 대표적 작업으로 평가되는 두 논문이다. 요한복음 서론에 대한 연구에서 불트만은 과감하게 자신의 신학적인 이해로서 마니문서들을 근거로 자신의 이론을 적용한다. 불트만은 마니문서의 내용이 세례 요한을 추종하는 사람들을 통하여 찬송으로 발전했으며, 여기서 세례 요한은 하나님을 계시하는 메시아가 된다. 세례 요한은 한 분파를 형성하게 되고, 기독교는 이 분파를 이탈하여 형성된 분파인 셈이다. 세례 요한의 선포 혹은 가르침은 신화와 신학, 윤리와 같은 내용들을 담고 있는 마니문서에 의해서 영지주의적인 영향을 받았다고 본다. 예수의 가르침은 세례요한으로부터 왔지만 독자적인 내용이며, 요한은 공관복음의 내용보다 더 오랜 정통 유대교 가르침에 영향을 받은 것으로 본다[참고로 *Primitive Christianity in Its Contemporary Setting* (New York: Collins Fontana, 1960), 194-96을 보시오].

112) John Ashton, "Introduction: The Problem of John," in *Interpretation of John*, ed., John Ashton (Philadelphia: Fortress Press, 1986), 6.

113) Dwight Moody Smith, *The Composition and the Order of the Fourth Gospel* (New Haven: Yale University Press, 1965), 213-38을 보시오.

52

그대로 따르지 않고, 원래 복음의 형태로 회복시킨 본문을 해석하는
데 있어야 한다.[114] 따라서 불트만은 웰하우젠(J. Wellhausen),[115] 슈바르
츠(E. Schwartz)[116]와 마찬가지로 본문비평의 방법을 사용하여 복음서의

114) *Ibid.*, 179-212. 참고로 헨첸은 이런 작업을 정당한 것으로 간주한다(E.
Haenchen, *John*, 1:48-50).

115) 웰하우젠(Wellhausen)은 요한복음 18:1은 14:31 바로 뒤를 이어야 하고 15장~
17장은 요한일서의 저자일 수도 있는 편집자에 의해 나중에 편집되었다고 주
장한다[Julius Wellhausen, *Erweiterungen und Anderungen im vierten Evangelium* (Berlin:
Reimer, 1907), 12; Udo Schnelle, *Antidocetic Christology in the Fourth Gospel*, trans. Linda
M. Maloney (Minneapolis: Fortress Press, 1992), 2에서 재인용]. 참고로 웰하우젠
은 요한복음 5~7장의 순서도 어려움이 있다고 보아 4, 6, 5, 7 장의 순서로
재구성하기도 한다. 성례와 관련이 있는 것으로 보는 요한복음 6:51-59은 편
집자에 의해 본문에 더해졌으며, 요한복음 19:34, 35, 37 등도 요한일서의 저
자에 의해 기록된 것으로 본다. 종말론을 배경으로 요한복음 5:21-29을 읽으
면서 5:21-24과 5:25-29 사이에 이해의 어려움이 있으며, 요한복음 20:1과
20:11 사이의 본문은 잘못 위치한 것으로 본다.

116) 슈바르츠(Eduard Schwartz)의 작업["Aporien im vierten Evangelium I," in *Nachrichten
von der Königlichen Gesellschaft der Wiessenschaften zu Göttingen* (Berlin: Weidmannsche
Buchhandlung, 1907), 342-72; "Aporien im vierten Evangelium II," "Aporien im
vierten Evangelium III," "Aporien im vierten Evangelium IV," in *Nachrichten von der
Königlichen Gesellschaft der Wiessenschaft zu Göttingen* (Berlin: Weidmannsche
Buchhandlung, 1908), 115-48, 149-88, 497-60]은 웰하우젠과 대화를 나누며 행해
졌으며 요한복음 본문 전체를 다루지 않지만, 여전히 본문이해에 있어서 중
요한 연구로 남아 있다[Udo Schnelle, *Antidocetic Christology in the Fourth Gospel*,
trans. Linda M. Maloney (Minneapolis: Fortress Press, 1992), 3-4에서 재인용]. 슈바
르츠는 예수께서 "사랑하는 제자"가 원래 본문에 속한 여부를 질문하며 요한
복음 13장과 수난기사를 분석하면서 "사랑하는 제자"는 본문을 편집하는 이
른 과정("Aporien im vierten Evangelium I," 346이하)에서 요한복음 13, 18, 19장
에 기록되며 요한복음 21장의 "사랑하는 제자"는 추후에 삽입되었으며 부차
적 관점에서 에베소의 요한으로 인정한다고 지적한다("Aporien im vierten
Evangelium I," 362-363). 슈바르츠는 최초의 편집자로 요한 1서를 기록하였으
며 요한 2, 3서에서 장로인 인물로 요한 1서와 복음서의 결론을 동일한 신학
적 성향을 따르게 하며 이 경우 성찬은 특히 중요한 역할을 한다고 본다. 요
한복음의 형태를 최종적으로 공관복음처럼 다듬는 인물로 파피아스(Papias)에

원문을 재구성하는 작업을 진행한다.[117] 그럼에도 불구하고 불트만은
웰하우젠이나 슈바르츠와는 대조적으로 본문비평적 작업에 신학적 해
석과 역사적 해석을 첨가한다. 다시 말해 본문비평에서 드러나는 현상
을 신학적인 개념을 적용하여 해석하는 연구가 그의 대표적인 업적이
된다. 이런 맥락에서 문제가 있다고 판단되는 본문의 순서와 같은 단
락[118] 안에서 발생하는 신학적 이해의 충돌은 편집자에 의한 것으로
판단하며, 이외의 경우는 저자가 기록된 자료를 사용하면서 발생한 것
으로 간주한다.[119]

예를 들면, 불트만은 요한복음의 서론에 해당하는 요 1:1-18을 70페
이지에 해당하는 단도직입적인 주석을 행한다. 그는 요한복음의 서론

의해 알려진 소아시아 사람인 익명의 장로로서 에베소의 요한과 동일한 인물
로 알려지면서 복음서와 서신서들이 정경에 속하게 된다고 이해한다. 물론
슈바르츠도 편집자가 행한 작업과 마지막 가필자가 행한 작업을 정확히 구분
하는 일이 때로는 불가능하다고 생각하지만, 마지막 가필자의 역할을 더 크
게 본다. 예를 들면, 요 1:14를 가필한 경우라고 주장한다("Aporien im vierten
Evangelium I," 367).

117) 웰하우젠(J. Wellhausen)과 슈바르츠(E. Schwartz)는 구약성경과 고대문헌을 연
구한 학자들로 역사적인 성찰에 문서비평의 방법을 적용하였다. 이들은 요한
복음 본문의 연대기적인 무질서를 원래 본문을 후대에 다시 재편했기 때문으
로 보며, 비로 이 원래 본문이 역사적이며 신학적인 의미와 가치를 제공한다
고 믿는다.

118) 요한복음 본문이해와 관련하여 신학적 해석에 있어서 어려움을 드러내는 대
표적인 단락은 성례와 종말을 주제로 하는 단락이다.

119) J. Wellhausen, *Das Evangelium Johannis* (Berlin: Reimer, 1908), 6-7; E. Schwartz,
"Aporien im vierten Evangelium IV," 497, 그리고 불트만도 자신들이 행하는 작
업 자체로 문제가 있고 한계가 있음을 잘 알고 있다(Schnelle, *Antidocetic
Christology in the Fourth Gospel*, 5에서 재인용). 이런 맥락에서 "과연 불트만의 전
제를 따르는 본문비평의 작업을 통하여 재구성한 본문이 과연 존재하기는 했
을까?" 불트만이 행하는 본문비평이 원래 본문을 재구성하리라는 보장도 여
전히 하나의 가설일 뿐이다. 오히려 현재 기록된 본문을 있는 그대로 인정하
고 해석하는 방법이 가장 설득력이 있다고 보아도 무방하다.

을 영지주의의 구원자 신화를 바탕으로 하는 그리스도인 공동체의 찬
양으로 보며, 영지주의 관점에서 이해한 계시에 관한 가르침의 한 부
분으로 요한복음 안에서 예수의 강론의 근거를 이룬다고 본다.[120] 영
지주의와 관련이 있는 본문들은 솔로몬의 지혜서, 이그나티우스
(Ignatius)의 편지, 기독교 영지주의자들의 자료모음, 마니교 문서들과
같은 자료들에 의하여 영향을 받았고, 특히 불트만 자신이 제시한 구
원자 신화는 복음 이해에 있어서 결정적인 역할을 한다. 불트만의 요
한복음 본문에 대한 회의적 시각은 본문이 역사적인 인물로 예수를 재
구성하는 데 별로 도움이 되지 못하기 때문에 복음서 본문에 담긴 신
화적인 요소들을 제거하고 실존주의 범주를 통한 본문 재해석으로 발
전한다. 이런 전제 위에 불트만은 영지주의와 관련이 있는 자료라고
판단한 본문을 해석하면서 복음서의 저자가 물질과 정신을 나누는 형
이상학적 이분법에 충실했다고 생각하지 않는다. 복음서 저자는 영적
기록으로 복음의 형태를 만들고 후에 편집의 과정을 거쳐서 교회에 전
해졌다고 보며, 예수의 사역은 하나님을 알리는 아들이며, 하나님의 영
광은 성육한 말씀으로 드러나고, 이 말씀인 예수 자신과 그의 말씀이
하나님을 알게 하는 지식을 전한다.[121] 불트만은 본문비평 작업을 하
면서 자료의 형식에 따라 "계시-설교" 자료, "표적" 자료, 니고데모와
사마리아 여인, 그리고 날 때부터 소경인 사람 이야기들과 같은 "혼합"
자료, 그리고 "수난과 부활" 자료로 구분한다.

　불트만의 주요 연구는 요한복음의 저자가 자신이 아는 자료들을 하
나의 지속적인 이야기로 만들었으며, 현재와 같은 형식의 복음은 최종
편집자에 의해 형성되었다는 전제 위에 그 과정과 내용을 밝히는 데
있다. 그런데 이와 같은 연구를 위해서는 무엇보다도 복음서를 구성하

---

120) R. Bultmann, *The Gospel of John*, 16.
121) *Ibid.*, 67.

는 데 사용된 자료들은 그 자체로 항상 동일한 어휘와 문체를 유지한 다는 전제가 필요하다. 이런 전제를 따라서, 저자 혹은 편집자의 어휘 와 문체와 다른 문장은 다른 자료를 사용하여 기록한 것으로 판단한 다.122) 예를 하나 든다면, 불트만은 요한복음 1:22-24은 저자가 기록한 본문 속에 나중에 편집자가 삽입한 문장이라고 읽는다. 요한복음의 저 자는 세례 요한은 단지 선지자이며 그리스도이신 예수를 위한 증인일 뿐이라고 생각한다.123) 그러나 문장의 흐름을 따라가면, 요 1:22-24은 1:21과 1:25 사이의 흐름을 연결하는 일과 전혀 상관이 없는 것으로 보 인다. 실제로 정체성을 묻는 질문에 세례 요한은 자신이 메시아가 아 니라고 대답(요 1:20-21)하였지만, 이어지는 요 1:22-24에서 자신의 정 체성을 밝히는 내용은 논리적인 흐름으로 어색하며, 당연히 요 1:25로 이어지는 것이 자연스럽다고 한다. 따라서 요 1:22-24은 이사야서 40:3 에 대한 전통적인 해석을 알고 있던 편집자에 의하여 삽입문장으로 봐 야한다는 견해를 내세운다. 이런 관점에서 요 1:26은 요 1:31로 연결되 는 것이 자연스럽다. 왜냐하면 26절과 31절은 "안다(οἶδα)"라는 동사를 사용하며, 25절에서 세례 요한에게 주어진 질문124)에 대한 답들로 보 이기 때문이다.

역시 이런 맥락을 따르는 분석을 행하면서, 불트만은 요 1:27은 공관 복음의 전승125)을 따르는 부가적 언급이고, 요 1:28은 단락의 본래 결

122) R. Kysar, *The Fourth Evangelist and His Gospel*, 14.
123) R. Bultmann, *The Gospel of John*, 84-85.
124) 요 1:25~"또 물어 가로되 '네가 만일 그리스도도 아니요 엘리야도 아니요 그 선지자도 아닐진대 어찌하여 세례를 주느냐?'"
125) 공관복음의 전승으로 마가복음 1:7("그가 전파하여 가로되 나보다 능력 많으 신 이가 내 뒤에 오시나니 나는 그의 신들메를 풀기도 감당치 못하겠노라")을 예로 든다. 요 1:27("곧 내 뒤에 오시는 그이라 나는 그의 신들메 풀기도 감당 치 못하겠노라 하더라")과 비교해 보시오.

론126)으로 원래는 요 1:34 뒤에 위치했었으며, 요 1:28-30의 순서가 잘
못된 것처럼 보이는 이유는 편집자가 그런 순서의 자료를 갖고 있었기
때문이라고 한다.127) 불트만은 요한복음 본문을 자신이 세운 전제를
따라서 재구성하는 작업을 실천에 옮겼다. 요한복음 1장도 헬라어 본
문에 번호를 붙여 순서를 새롭게 재구성하였으며128) 유사한 형태의 작
업을 요한복음 4~6장,129) 13~17장130)에도 적용한다. 불트만이 행한
독창적이고 복잡한 본문의 편집과 구성에 대한 이론이 그의 최대 업적
이라고 단정할 수는 없다. 물론 요한복음 읽기에 있어서 불트만은 문
장의 흐름이 매끄럽지 못한 부분131)을 이해하는 데 나름대로 업적을
남겼지만, 요한복음의 문체적인 통일성 내지는 일관성을 전제로 하는
연구는 1970년에 본격적으로 있게 된다. 불트만 자신이 요한복음 저자
의 신학적 이해로 분석한 내용을 근거로 요한복음 3~12장의 내용을
예수를 통하여 이 세상에 계시된 하나님의 영광으로 묘사하고, 그 내
용을 이해하기 위한 단서로 요 1:5, 9-11 본문을 빛과 어둠 사이의 대결
로 지적한다. 이런 분석을 배경으로 불트만은 하나님의 계시가 '심판'
과 '분열'이라는 위기를 이 세상에 초래한다고 주장한다. 불트만은 동
일한 맥락에서 요한복음 13~20장의 내용은 그리스도인들에게 계시된
하나님의 영광으로 혹은 어둠을 이긴 빛의 승리로 이해한다. 다시 말
해, 요한복음 13~20장의 내용을 요 1:12-18에 대한 조망으로 본다. 이

126) 요한복음 안에서 단락의 결론에 해당 절로는 요 1:28; 6:59; 8:20; 12:36을 예로
든다.
127) R. Bultmann, *The Gospel of John*, 85.
128) *Ibid.* 불트만이 제시한 순서는 요 1:1, 20, 21, 25, 31, 33, 34, 28, 29-30이다.
129) *Ibid.*, 111.
130) *Ibid.*, 461. 요 13:1-30은 제자들과 나눈 최후의 만찬; 13:31-35, 15:1-16:33, 13:36-14:31은 고별 강론과 대화들이며; 요 17:1-26은 고별 기도이다.
131) "aporias": 성경 본문 읽기에서 문장의 전이와 흐름이 어색한 것을 일컫는 단어.

와 같은 불트만의 연구는 후학들에게 영향을 끼치게 된다. 덧붙여 "표적 자료"에 관한 불트만의 이론도 여전히 중요한 연구업적으로 평가를 받는다. 학자들 중에는 요한복음의 저자는 "계시-설교" 자료를 사용했다는 불트만의 관점을 따라서 저자를 예수님의 가르침을 구성 혹은 편집한 사람으로 보기도 한다.132) 그러나 대부분의 학자들은 그의 학문적 성취를 따르지 않는다.133) 무엇보다도 불트만이 제시했던 영지주의 구원자 신화를 근거로 한 요한복음 읽기에는 오히려 치명적인 오류 내지는 약점이 되었다.

제2차 세계대전의 종전은, 신약연구 일반과 마찬가지로 요한복음 연구에 있어서도 변화의 분기점에 해당한다.134) 종전 이후 도드(C. H. Dodd), 바렛(C. K. Barrett), 라이트훗(Robert Henry Lightfoot), 슈나켄베르그(R. Schnackenburg)와 브라운(R. E. Brown) 등이 요한복음 연구에 기여한 주요 학자로 등장한다. 성경읽기의 방법론으로는 편집비평이 등장하는 시기이기도 하다. 요한복음의 저자와 자료를 밝히는 작업에 상당히 회의적인 분위기임에도 불구하고 새롭게 알려지는 사본들과 문서들 그리고 고고학 연구의 성과물은 신약성경 읽기의 전영역에 영향을

---

132) Robert T. Fortna, *The Gospel of Signs: A Reconstruction of Narrative Source Underlying the Fourth Gospel* (New York and London: Cambridge University Press, 1970); W. Nicol, *The Semeia in the Fourth Gospel* (Leiden: Brill, 1972); Howard M. Teeple, *The Literary Origin of the Gospel of John* (Evanston: Religion and Ethics Institute, 1974)을 참고하시오.

133) 모르간(Robert Morgan)은 불트만의 신학은 기독교 신앙을 위한 핵심인 기독론을 모호하게 만들었으며, 구속사와 제도상의 교회, 그리스도 안에서 삶, 성례와 미래에 대한 소망을 과소평가했다고 지적한다[*A Dictionary of Biblical Interpretation*, eds. R. T. Coggins & J. L. Houlden, 95를 보시오].

134) D. Moody Smith, " Johannine Studies," (271-96) Bibliography in *The New Testament and Its Modern Interpreters*, eds. E. J. Epp and G. MacRae S.J. (Atlanta: Scholars Press, 1989), 271. 스미스는 요한문헌 연구의 개관을 잘 제시한다.

끼치게 된다. 실제로 학자들이 당연시하던 요한복음 읽기에 있어서 회의적인 시각을 제공하던 전제들도 심각한 지적이고 비평적인 도전 앞에서 무력화되었다. 19세기와 20세기 전반에 지배적인 영향력을 발휘했던 회의적인 시각은 요한복음을 2세기 중엽의 기록으로 간주하며, 헬라문화를 배경으로 하고, 역사적인 가치를 결여하고 있으며, 유대지역에서 활동한 나사렛 예수와의 연관성도 거의 없다는 전제를 수용한다. 그러나 상황의 변화에 따라서 시각의 변화도 있게 된다. 그 변화의 내용은 요한복음을 공관복음과 같은 기독교 이해에 있어서 중요한 전승으로 보게 되며, 요한복음의 저자도 정통 기독교 신앙을 전하는 인물로 그리고 세베대의 아들인 사도 요한이 요한복음과 어떤 형태로든 관련되어 있음을 주장하게 되었다.[135]

케제만(Ernst Käsemann; 1906~1998)은 불트만의 제자이면서 동시에 불트만(R. Bultmann)에 대한 비판의 한 축을 형성했으며 마인츠, 괴팅겐, 그리고 튀빙겐 대학에서 교수로 재임하였다. 그는 1953년 10월 20일 마버그(Marburg)에서 행한 연설에서 역사적인 예수에 대한 연구의 필요성을 다시 역설하였다.[136] 케제만은 20세기 후반부의 전반에 걸쳐 활약한 독일 루터파 개신교 학자로 알려져 있다. 그는 초대교회에 관한 지식의 한계를 강조하였기 때문에 자주 오해를 받았다. 실제로 정경, 정통, 요한복음, 초대교회 교리, 그리고 종말론과 같은 주제들과 관련한 논쟁에서 다수의 학자들은 케제만의 견해를 따르지 않았다.

요한복음 읽기와 관련하여 케제만이 괴팅겐 대학에서 행한 연설은 스승인 불트만의 견해를 반박하는 내용이었다. 그는 불트만이 저술한

---

135) R. E. Brown, *The Gospel according to John*, xxii을 참고하시오.
136) 불트만의 또 다른 제자인 보른캄(Gunther Bornkamm)도 복음서가 역사적인 예수에 대한 신앙(종교)적인 이해를 줄 수 있다면, 나사렛 예수의 역사적 평가를 돕는 자료도 된다고 주장한다[G. Bornkamm, *Jesus of Nazareth* (New York: Harper & Row, 1965)].

요한복음 주석은 쟁점을 이루는 저자에 관한 논쟁으로 인해 자체의 중
요한 주석의 가치에도 불구하고 상당히 회의적으로 여겨지는 것은 결
코 우연이 아니라고 지적한다. 케제만 자신도 요한복음의 역사적인 위
치에 집착하면 할수록 더욱 추측에 빠져든다고 한다. 이런 회의는 모
든 가능성을 다 소진하고 나서야 비로소 정당화 될 수 있지만, 그런 경
우는 결코 일어나지 않을 것이며, 요한 3서를 생략할 수 없는 데서 그
이유를 찾는다.[137] 그는 요한복음의 저자와 요한 3서의 저자는 정통의
결정을 수용하기를 거부하는 장로(ὁ πρεσβύτερος; presbyter)이며, 절대 권
위를 주장하는 감독이 세운 사람에 의해 교회에서 쫓겨났다고 본다.
일반적인 견해와는 달리 케제만은 요한 3서에서 언급된 디오드레베를,
쫓겨난 상황에서 이방인 선교를 위하여 자신이 주동이 되어 세운 교회
에서 권위를 가진 사람으로, 요한 3서의 저자를 이단적이고 말썽을 부
리는 사람으로 본다.[138]

케제만은 요한복음 서론에서 요 1:5-13은 역사 안에서 드러난 계시
자들에 대한 언급이며, 요 1:14은 이전에 일어난 상황에 아무 것도 더
하지 않는다고 본다. 따라서 서론은 연결되는 하나님께서 이 세상에
머무시는 내용을 담고 있는 복음서 전체와 완벽하게 일치한다고 주장
한다. 자신의 선생인 불트만과는 달리 인간이 되신 말씀을 하나님의
영광이 결코 가리지 않았다고 지적한다. 예수는 인간이시며 동시에 하
나님을 인간이란 조건 가운데 계시한다고 말한다. 이런 관점에서 요한
복음 서론은 복음서의 요약이 아니며, 단순히 헬라세게에 속한 독자들
에게 소개하기 위한 글도 아니라고 한다. 따라서 요한복음 서론은 "복

---

137) E. Käsemann, "Heretic and Witness," in *Zeitschrift für Theologie Kirche* 48 (1951), 293
을 보시오. S. P. Kealy, *John's Gospel and the History of Biblical Interpretation* Book 2,
669에서 재인용.
138) *Ibid.*, 301을 참고하시오.

음과 같이 신학적으로만 이해해야 하며, 그리스도의 실재를, 1900년 전에 속한 세상 역사에서, 종말적 하나님의 아들이며 새로운 세상의 창조주로 증거한다"라고 주장한다.[139] 역사비평적인 방법은 요한복음 저자에 대한 전통적인 견해를 무너뜨렸지만, 그에 대한 적절한 대안을 제시하지 못한다고 비판한다.[140] 브라운은 이와 같은 불트만을 비판하는 케제만의 입장이 쿨만(O. Cullmann)의 입장과는 반대된다고 분석한다. 다시 말해 케제만은 요한복음의 유일성을 지나치게 강조하기 때문에 결과적으로 다른 신약성경의 책들과 관련이 없는 것처럼 보이게 한다는 지적이다.[141]

영국 감리교인이며 더럼 대학(Durham University) 신학부 교수였던 바렛(C. K. Barrett)은 요한복음 읽기에 나름대로 상당하게 기여한 것으로 보이며, 특히 1978년에 발간된 요한복음 주석의 개정판에서 자신의 앞선 견해와 상당한 차이가 있음을 밝힌다.[142] 그는 요한복음의 통일성을 전제로 하여 이적들과 성례, 그리고 종말론으로 한 주제로부터 다른 주제로 이어가면서 대화하는 형식으로 복음을 이해한다. 실제로 바렛은 "예수가 복음이고 복음이 예수이다"라고 표현한다.[143] 바렛은 요한복음의 저자가 칠십인경(LXX; Septuagint)과 히브리어 성경, 유대교의 종말론, 랍비들의 주석, 헬라의 플라톤 사상과 스토아 철학의 가르침, 그리고 빛과 어둠의 이분법적 사고의 틀을 알고 있었을 것이라고 추정

---

139) 케제만(E. Käsemann)이 1957년 밝힌 요한복음의 서론의 구조와 목적에 대한 가르침의 내용을 Kealy, *John's Gospel and the History of Biblical Interpretation* Book 2, 669에서 재인용.

140) E. Käsemann, *The Testament of Jesus: A Study of the Gospel of John in the Light of Chapter 17* (Philadelphia: Fortress Press, 1968), 1.

141) R. E. Brown, *An Introduction to the New Testament Christology* (London: Chapman, 1994), 200.

142) C. K. Barrett, *The Gospel according to St. John*, vii.

143) *Ibid.*, 70.

한다. 무엇보다도 헬라문화가 어떤 형식으로든지 요한복음을 기록하는 데 영향을 끼친 것으로 보며, 특히 디아스포라 유대인들의 헬라세계에 대한 이해가 요한복음의 중요한 배경을 이룬다고 본다.[144] 그는 알렉산드리아에 거주했던 유대인 필로가 요한복음의 저자에게 어떤 형태로든지 영향을 끼친 것으로 본다.[145] 다시 말해 요한복음은 유대교와 관련된 자료들이 비유대적인 영향에 의해 전통적인 유대교의 표현방식과는 다른 표현방식을 따라 기록한 복음이라고 보는 것이다.[146] 바렛은 요한복음을 유대교와 헬라적인 요소들을 사용하여 예수의 우주적 중요성을 통합하여 제시하는 것으로 판단한다. 따라서 공관복음이 종말적 위기를 바탕으로 예수를 전한다면, 요한복음은 그와 같은 순수하게 종말론적 요소로부터 벗어난 해석을 제공해 준다고 본다.[147] 실제로 바렛은 예수를 하나님과 인간에 대한 궁극적인 진리이며, 창조주이며 종말의 심판주, 참 하나님과 참 사람의 형상, 하나님과 사람 사이를 화해시키는 중보자로 제시한다. 예수를 또한 성령을 증거하고, 성령을 주시는 분이며, 교회의 사명을 감당케 하는 능력이고, 교회 권위의 근거라고 한다.

바렛은 요한복음의 저자가 자신의 기록 목적에 적합하게 예수께서 하신 말씀과 사역들을 자료로 사용하는 데 있어서, 마가복음을 자료로 사용하지만, 누가복음은 마가복음과 같은 정도로 사용하지 않는 것으로 본다. 부연하면 교회 전승으로 내려오는 복음을 새로운 표현을 사용하여 기록하면서 영지주의자들의 위협에 적절하게 대처하고 새롭게 믿는 신자들을 가르치고, 신앙에 대한 바른 이해를 제공한다고 이해한

---

144) *Ibid.*, 33.
145) *Ibid.*, 40.
146) *Ibid.*, 120.
147) *Ibid.*, 74.

다.[148] 바렛은 예수께서 "사랑하는 제자"를 열두 제자들 중 한 사람으로 간주하는 데 어려움이 없다. 그러나 예수께서 "사랑하는 제자"로 보이는 세베대의 아들 요한은 에베소로 이주하여 그곳에서 죽었고, 익명의 제자가 요한복음 1~20장을 기록한 것으로 본다. 요한복음 21장의 저자는 베드로와 예수께서 "사랑하는 제자"를 동등한 위치에 있는 동역자로 묘사함으로써, 비록 베드로가 초대교회 사역에 있어서 선두 역할을 하지만, 예수에 관한 가르침에 있어서 "사랑하는 제자"가 보증인 역할을 하는 것으로 묘사한다고 본다.[149]

웨일스 회중교인으로 케임브리지에서 가르쳤으며 사후(1973)『타임』지에 요한연구에 있어 위대한 학자로 기사화되었던 도드(C. H. Dodd; 1884~1973)도 역시 요한복음의 배경을 연구하면서 문학과 종교의 영향을 12가지 주요 사상들로 나누어 살피면서 요한복음의 쟁점과 구조를 밝힌다.[150] 도드는 디벨리우스(Dibelius)와 마찬가지로 신약성경의 저자들은 누구든지 접근할 수 있는 사도들의 설교를 발전시킨 것으로 이해한다. 초대교회는 단순히 전승의 일부분들을 단편적으로 전했을 뿐만 아니라, 예수의 생애와 관련한 개괄적인 전승을 생애의 순서와 활동 무대를 배경으로 전하고 있으며, 적어도 마가복음은 그런 사실을 보여준다고 생각한다. 요한복음 또한 사도들의 설교와 관련하여 6가지 기본 주제를 발전시킨 내용을 포함한다고 본다.[151] 도드는 헬라 철학자 플라톤(Plato)의 영향이 신약성경에 깊숙이 침투하고 있으며, 특히 '요한복음'과 '히브리서' 안에서 동방사상에 의하여 변형된 모습을 찾을 수 있다고 서술한다.[152] 이런 이해가 결코 요한복음이 가치가 없는 복

148) *Ibid.*, 26.
149) *Ibid.*, 583-87.
150) C. H. Dodd, *The Interpretation of the Fourth Gospel*.
151) S. S. Smalley, *John: Evangelist and Interpreter*, 192-3.
152) C. H. Dodd, *The Authority of the Bible* (London: Nisbet & Company, 1928), 200.

음이라는 견해를 입증하는 것은 아니다. 도드는 그에 앞선 100년 동안의 성경을 역사로 읽으려는 비평적 성경읽기와 상관이 없이 요한복음의 가치를 높게 평가한다.[153]

　도드(Dodd)는 유대교와 더불어 헬레니즘의 영향이 함께 담긴 복음으로서 요한복음을 평가한다. 그는 이집트에서 발견되었던 헬라어로 기록한 신비 문헌으로부터 하나님을 알리는 목자가 이방인들에게 구원을 주는, 하나님을 아는 지식이 얼마나 중요하며, 생명과 빛으로 표현되는 신관이 얼마나 광범위하게 퍼져있는지를 밝혔다. 이레네이우스와 히폴리투스가 밝혔던 영지주의 체계는 나일강 상류지역에서 1945년 발견된 나그 함마디(Nag Hammadi) 문서를 통해 헬라문화와 유대교의 가르침보다는 오히려 동양의 신비주의로부터 유래했을 가능성이 더 많은 것이란 주장이 대두된다. 도드는 영지주의 신화가 기독교 이전에 형성되었다는 생각을 단지 추론에 지나지 않는다고 보았다. 도드는 이란에서 발견된 세례 요한의 추종자들의 가르침을 따르는 신자들이 믿는 구원자 신화를 내세우는 리츠바르스키(Lidzbarski)의 이론과 이를 잇는 라이첸스타인(Reitzenstein)과 불트만(Bultmann)의 주장을 1~8세기 기독교 이단들 중 어느 누구도 주장하지 않는 이유를 들어서 신뢰할 수 없다는 주장을 세운다. 결과적으로 요한복음 배경 연구에 관련하여 헬레니즘에 의한 영향보다는 유대교의 영향에 대한 연구의 필요성을 지적한다.[154]

　대부분의 학자들은 The Interpretation of the Fourth Gospel을 도드가 남긴 최대 업적으로 평가한다. 이 책에서 도드는 요한복음 저자의 사상, 언어, 그리고 복음서 배경 이해를 위하여 신비문서,[155] 헬라 유대교,[156]

---

153) Ibid., 228-9.

154) C. H. Dodd, The Present Task of New Testament Studies (Cambridge: Cambridge University Press, 1936), 40을 보시오.

64

랍비 유대교, 영지주의, 마니교 등의 요소를 살핀다. 도드가 행한 영생, 하나님을 아는 지식, 진리, 영, 말씀(로고스), 빛, 영광, 그리고 심판과 같은 주제들을 가지고 요한복음 본문에 나타난 상징들에 관한 연구는 여전히 상당히 유용한 업적으로 남아있다. 이 연구의 진정한 가치는 필로(Philo)와 헬레니즘의 영향을 다루면서 동시에 성경과 관련된 자료들도 비중있게 다루고 있기 때문이다. 이런 이유로 도드의 연구는 요한복음 연구에 있어서 신앙과 관련된 언어에 대한 풍성한 연구결과를 접하게 한다. 요한복음을 장별로 다루면서 도드는 "시(Poem)"라는 제목 아래 요 1:1-18을 서론으로, 요 1:10-51을 증언으로 다룬다. 이어서 "표적의 책(Book of Signs)"이란 제목 아래 요 2~12장을 다루고, "수난의 책(Book of Passion)"이란 제목 아래 요 13~20장을 다루며, 21장은 후기(postscript)로 취급한다.

　"표적의 책(Book of Signs)"은 아래 소개하는 것처럼 7개의 단락으로 나뉜다. 1. 새로운 시작(요 2:1-4:42), 2. 생명을 주는 말씀(요 4:46-5:47), 3. 생명의 떡(요 6장), 4. 빛과 생명: 현현과 거절(요 7~8장), 5. 빛에 의한 심판(요 9:1-10:21)단락과 부록(요 10:22-39), 6. 생명이 사망을 이김(요 11:1-53), 7. 죽음을 통한 생명: 십자가의 의미(요 12:1-36), 그리고 이상의 11장에 대한 후기(요 12:37-50)로 구성된다. 여기서 요한복음 2~4장의 내용은 표적의 책 전체를 바르게 읽도록 하는 가장 중요한

155) 헬라와 로마시대 근동지방에서 발견되는 헬라와 동방 사상의 영향을 받은 문헌. 참고로 C. H. Dodd, *The Interpretation of the Fourth Gospel*, 12-16을 보시오. 신비주의 문서의 내용은 요한복음 저자의 사상의 일면을 엿보게 한다고 전한다 (53).
156) *Ibid.*, 55-58. 요한복음과 헬라 철학은 상징적 표현의 사용에서 유사점을 지적한다. 로고스(ὁ λόγος)에 대한 설명에서 필로(Philo)와 요한 사이의 사상의 유사점을 발견하는 일은 어렵지 않지만, 요한복음에서 로고스는 인간이 되었지만, 필로의 로고스는 비인격체일 뿐이다.

관점을 제공한다고 도드는 본다. 왜냐하면 육신으로 오신 말씀으로 인하여 시작된 생명과 관련한 새로운 질서가 이어지는 새로움을 드러내는 상징들인 새 포도주, 새 예배, 새 생명, 새 신랑, 새 생명을 주는 물, 새 백성을 통하여 검증되기 때문이다. 뿐만 아니라 이 새로움을 드러내는 상징들은 첫 번째 표적(요 2:11)과 두 번째 표적(요 4:54) 사이에 놓인다. 눈여겨봐야 할 대목은 요한복음을 푸가 음악과 같다고 하며, "한 주제가 소개되고 발전하여 일정한 지점에 도달하면, 두 번째 주제가 소개되고 이어서 첫 번째와 두 번째 주제가 함께 얽혀지고, 다시 세 번째 주제가 이어진다. 어떤 주제는 사라졌다가 나중에 다시 되살아나고, 다르게 결합되기도 하지만, 모든 경우 조화를 이루는 변주이다"[157] 라는 도드의 설명이다.

도드는 요한복음 연구에 두 번째 중요한 업적을 저술하면서, 이 책을 앞선 연구의 부록에 대한 추가 연구임을 밝힌다.[158] 앞선 연구에서 밝힌 것처럼 도드는 요한복음을 단지 역사적 기록으로만 고려하지 않는다. 그럼에도 불구하고 역사적인 면을 고려해야 할 것을 주장한다.[159] 도드는 공관복음의 역사성을 인정해 주는 것처럼 요한복음의 역사적인 성격을 거부할 이유도 없다고 생각한다. 이런 맥락에서 두 번째 연구에서 도드는 요한복음의 본문들 중 공관복음의 내용과 유사한 것으로 보이는 본문들을 철저하게 연구하면서, 적어도 요 13:16, 12:25, 13:20, 20:23과 같은 본문들은 공관복음을 자료로 사용하지 않았으며, 공통의 구전으로 내려오는 자료를 독자적으로 독특하게 표현한 것으로 본다.[160] 요한복음 3:22-30에 대한 연구를 통하여 이 본문은 요

---

157) C. H. Dodd, *The Interpretation of the Fourth Gospel*, 383.
158) 도드는 양식비평을 적용하여 수난 이야기, 공생애 사역, 세례 요한과 처음 제자들, 어록 등을 연구한다(C. H. Dodd, *Historical Tradition in the Fourth Gospel*).
159) C. H. Dodd, *The Interpretation of the Fourth Gospel*, 444-453을 참고하시오.
160) C. H. Dodd, *Historical Tradition in the Fourth Gospel*, 348-349를 보시오.

한복음의 문체와 신학관의 차이를 지적하고, 오히려 다른 복음서의 전승과 연관이 있으며, 정경 형성 이전의 전승일 수도 있다고 결론짓는다.[161] 요한복음의 역사적 전승에 관한 전체 연구의 결론도 역시 자신의 추론에 근거하여 공관복음의 자료들과는 상관이 없는 구전의 전승을 자료로 사용하여 요한복음 저자가 독자적인 표현으로 사용하여 복음을 기록한 것으로 본다.[162] 도드는 공관복음은 역사적인 사실을 있었던 그대로 보여주는 반면에 요한복음은 영적인 지식 즉 상징에 담긴 추상적인 신학을 전한다는 19세기 비평적인 성경읽기의 전제에 대해 전면적으로 도전하고 나선다.[163]

도드는 예수의 수난을 전면에 내세우고, 이어서 예수의 공생애 사역을 연구하고 마지막으로 세례 요한과 제자의 이야기를 연구한 결과로 요한복음, 마가복음, 누가복음에서 예수에게 기름을 부은 이야기는 서로 다른 전승을 따르며,[164] 특히 병을 고치는 이야기는 공관복음의 이야기들과 공통점이 없다고 주장한다.[165] 죽은 나사로를 살린 이야기의 배경을 이루는 전승은 설교와 가르침의 과정을 통하여 형성되었으며, 요한복음의 저자는 자신이 원하는 독특한 메시지를 전하기 위해 전승을 따르는 이야기를 변형시켰을 것으로 본다.[166] 세례 요한에 관한 전승은 상당히 이른 시기의 자료를 포함하고 있지만, 저자가 접하는 자

---

161) *Ibid.*, 287. 도드는 정경형성 이전 자료들은 주로 유대지역의 유대교와 관련이 있다고 본다(426).

162) *Ibid.*, 424.

163) Paul N. Anderson, *The Christology in the Fourth Gospel* (Tubingen: Mohr, 1996), 8을 참고하시오. 앤더슨은 도드의 이런 주장이 헹겔(M. Hengel), 로빈슨(J. A. T. Robinson), 린다스(B. Lindars), 모리스(L. Morris)와 같은 학자들에 의해 이어지고 있음을 밝힌다.

164) C. H. Dodd, *Historical Tradition in the Fourth Gospel*, 172.

165) *Ibid.*, 194.

166) *Ibid.*, 232.

료는 주위의 환경에 의해 이미 발전적인 영향을 받았다고 한다. 심지어 도드는 예수께서 하신 상징적인 말씀들인 요 7:24, 16:21, 11:9-10, 8:35, 10:1-5, 3:29, 5:19-20을 예로 들면서 공관복음 자료들의 변형으로 볼 수 없다는 결론을 내린다.[167] 한 마디로 말해 도드는 철저하게 요한복음의 저자가 전승의 자료를 사용하고 있다는 점에는 공감을 하지만, 공관복음을 자료로 사용하기보다는 구전의 자료를 사용한다는 주장을 세운다. 결론적으로 도드는 요한복음의 저자가 복음을 기록한 근거는 유대지역에서 여전히 유대교 회당을 떠나지 않고 있는 유대인 그리스도인과 관련된 정황을 반영하며, 시기적으로 유대인들이 로마에 저항을 일으킨 66년 이전에 해당한다고 이해한다.[168]

사실 요한복음을, 순서를 따르는 하나의 이야기로 형성되기까지의 과정을 재구성하는 일은 결정적인 난제에 속한다.[169] 여기서 모두가 동의할 수는 없지만 요한복음 연구에 있어서 널리 알려진 학자인 브라운(Raymond E. Brown; 1928~1998)이 남긴 요한복음 구성의 단계를 밝힌 이론을 살펴보기로 하자.[170] 브라운은 5단계에 걸쳐서 요한복음이 완성된 것으로 본다. 처음 두 단계는 아직 책으로 기록하지 않은 단계

---

167) *Ibid.*, 386-87.

168) C. H. Dodd, *Historical Tradition in the Fourth Gospel*, 426.

169) 만일 공관복음에 관한 연구와 달리 요한복음과 비교할 만한 자료가 없는 상황에서 요한복음이 형성되는 역사를 재구성하는 일이란 불가능한 것으로 보이고, 또 그 방법이 전적으로 가정에 의한 것이라면, 차라리 현재의 본문 그대로 보는 편이 나을 수도 있다. 또한 학자들은 요한복음을 근거로 신앙공동체와 신앙의 발전적 형성에 흥미를 느끼지만, 실제로 본문을 이해하는 데 도움이 될 수 있을지는 회의적이다. 신앙공동체와 신앙의 형성에 관한 연구는 R. E. Brown, *The Community of the Beloved Disciple* (New York: Paulist, 1979)과 J. Louis Martyn, *History and Theology in the Fourth Gospel*, 2nd ed. (Nashville: Abingdon Press, 1979)을 참고하시오.

170) R. E. Brown, *The Gospel according to John*의 서론을 보시오. G. M. Burge, *Interpreting the Gospel of John*, 72-75을 참고하시오.

이고, 나머지 세 단계는 기록으로 전하는 단계를 형성한다. 브라운은 복음은 다양한 차원에서 읽혀져야만 한다고 본다. 그는 요한복음도 단지 예수의 이야기만이 아니라, 신앙공동체의 이야기도 함께 전한다고 생각한다. 브라운은 세 가지 면에서 복음을 이해한다. 첫째로 사도들이 어떻게 예수를 이해하며, 그리스도인들에게 전달하려는가에 대하여 복음서들이 말해 준다고 본다. 둘째로 복음서들은 사도들이 복음서를 기록하기 이전에 인식했던 예수 그리스도에 대한 이해도 보여준다. 셋째로 복음서들은 역사적 예수의 사역과 가르침을 재구성하는 데 있어서 제한적인 방법들을 제공한다.[171]

브라운은 요한복음 자체가 초대교회를 들여다보는 창문의 역할을 할 뿐만 아니라, 초대교회의 발전의 개관을 보여주는 것으로 판단한다. 이런 관점에서 요한복음의 이야기들을 연구하면 요한복음의 역사를 이해할 수 있다고 보면서, 요한복음 형성을 다섯 단계로 나누어 살펴본다. 첫째 단계는 그리스도인들 사이에 전해지는 예수의 가르침을 수집하는 단계이다. 둘째 단계는 세례 요한을 추종하는 무리로부터 온 사람들과 사마리아인 그리스도인들이 합쳐지면서 기독론에서 신성을 강조하고, 예루살렘 성전에 대한 편견을 나타낸다. 이런 추측을 뒷받침하는 증거를 요한복음 1~4장의 내용을 통해서 밝힌다. 또한 이런 주장을 세우는 사람들이 회당에서 축출되는 것으로 본다. 셋째 단계는 복음이 최초로 기록된 단계이며 교회의 지도자에 의해 구조와 내용이 다듬어진다. 이 교회는 세상과 다양한 갈등과 충돌을 지속적으로 일으킨다. 넷째 단계는 교회 안에서 갈등이 발생하여 분열로 치닫는다. 요한복음과 요한 서신서들에 나타난 주제가 이런 배경을 반영한다. 다섯

---

171) R. E. Brown, *The Community of the Beloved Disciple*, 17.

째 단계는 결국 교회는 두 개의 파로 분열하고, 하나는 정통교회를 형성하고 다른 하나는 영지주의 영향력 안으로 들어간다.

상당수의 학자들은 브라운의 재구성에 대하여 비판을 하고 나선다. 그렇지만 브라운 자신은 요한복음을 하나의 완성된 형태의 문서로 이해하기 위한 잠정적인 이론을 제시했을 뿐이다. 어느 누구도 역사적 정황을 완벽하게 재구성할 수는 없다는 사실은 이미 대부분이 공감을 하는 사안이다. 이런 관점에서 앞서 지적했던 불트만(R. Bultmann)을 비롯하여 맥그레고(G. H. C. MacGregor), 쾨스터(H. Koester) 등의 학자들은 주석을 하는 과정에서 본문을 분해하고 재구성하는 작업이 필요하다고 본다. 그러나 정경으로서 요한복음 본문을 있는 그대로 인정하면서 신학적 의미를 찾는 주석가들로 브라운(R. E. Brown), 바렛(C. K. Barrett), 모리스(Leon Morris), 비슬리-머레이(George R. Beasley-Murray) 등을 예로 들 수 있다. 이들은 요한복음 전체를 통일된 본문으로 간주하면서, 신학적 메시지를 발견하는 연구에 임한다.

복음서 읽기에서 공관복음은 역사를, 요한복음은 신학을 대변한다는 대조를 사용한 읽기는 더 이상 적합한 방법으로 인정받지 못한다. 실제로 요한복음은 종종 다른 복음서와 비교해 볼 때 더 정확한 역사적인 정보들을 제공한다. 그러나 공관복음과 요한복음을 비교할 때 드러나는 상이점들에 관한 만족할 만한 답을 찾는 연구는 여전히 진행되고 있는 과제이다. 브라운이 저술한 요한복음 주석은 역사에 초점을 두고 있지만, 대단히 신학적이다. 브라운은 도드(Dodd)의 견해와 마찬가지로 요한복음을 공관복음과는 상관이 없는, 독립적이며 상당히 이른 시기에 유대지역에 전해지던 욥기, 솔로몬의 지혜서, 집회서 등의 구전전승을 사용했다고 본다.

브라운이 행한 요한복음 이해를 잠시 살펴보면 다음과 같다.[172] 요한복음 1:1-18을 브라운은 요한이 속한 교회에서 불리던 그리스도-찬양

(Christ Hymn)으로 다룬다. 그는 요 1:1-18을 빌립보서 2:6-11, 골로새서 1:15-20, 그리고 디모데전서 3:16과 비교하면서, 유사하다는 결론을 내린다. 브라운은 요한복음이 실제로는 요 1:6을 서두로 하여 기록되었으며, 나중에 찬송시가 삽입된 것으로 추측한다. 요 1:1-18을 찬송시로 연구하면서 브라운은 4개의 운율이 요 1:1-2, 3-5, 10-12(b), 그리고 14, 15을 형성한다고 분석한다. 그는 편집자에 의하여 찬송시 안에 세례 요한의 선포에 관한 이야기인 요 1:6-9, 12(c)-14, 16을 삽입한 것으로 본다. 뿐만 아니라, 서론의 말씀은 하나님께서 인간과의 교제(대화)로서 메시지를 전하는 사람 자신이 메시지 자체라고 한다. 창세기의 서두가 여기서 반복되며, 하나님께서 새로운 시대를 말씀으로 창조하시는 내용이라고 주장한다.173) 브라운은 요한복음에서 "유대인"이란 단어는 예루살렘에 거주하면서 예수를 대적하는 유대교의 지도자들인 대제사장과 바리새인이란 단어와 호환해서 사용가능하다고 본다.174) 여기서 "이스라엘"이란 표현은 적대적인 "유대인"과는 달리 우호적인 표현이라 할 수 있다.

요한복음 배경 이해와 관련하여 데이비스(W. D. Davies)를 비롯하여 다른 학자들의 주장에 동조, 85년경에 유대인들에 의해 구성되고 시행되었던 18개의 기도문 중 12번째 기도에서 미님(minim)과 이단자들에 대한 저주는 기본적으로 유대인 그리스도인으로 간주한다.175) 이런 이해를 근거로 요 9:22, 12:42, 그리고 16:2에서 사용하는 출교(출회)로 번역한 헬라어 ἀποσυνάγωγος는 1세기 말경 예수를 구세주로 믿고 따르는 유대인들의 이스라엘로부터의 완전한 추방을 의미한다고 이해한다.176)

---

172) 이어지는 단락은 R. E. Brown, *The Gospel according to John*의 내용을 요약한 것이다.

173) *Ibid.*, 23.

174) *Ibid.*, LXXI.

175) *Ibid.*, LXXIV.

브라운은 요한복음의 현재 본문이 복잡한 편집의 과정을 거쳐서 완성 되었다고 생각하지 않는다. 오히려 제자들이 요한의 가르침을 집적하 거나 합작으로 완성한 것으로 본다.

브라운의 견해를 따르면 요한복음이 현재와 같은 형태를 갖춘 때는 대략 80년과 110년 사이이다. 장소는 알렉산드리아나 시리아의 안디옥 이 아닌 에베소이며, 세베대의 아들인 사도 요한을 저자로 본다.[177] 그 는 사도 요한이 목격자로 복음을 제시한 내용을 "이것들"(요 19:35)로 간주하며, 요 21:24의 "이 사람"에게 전한 것으로 본다. 브라운은 불트 만이 7명 혹은 8명을 가능성 있는 인물로 추정했던 것과는 달리 4명으 로 추정하며 "사랑하는 제자"를 예수에 관한 전승을 전한 사람으로, 복 음서 저자와 장로를 세 서신서들의 저자로, 그리고 복음서를 최종적으 로 편집한 사람으로 제시한다.[178] 역사비평적 방법들이 답할 수 없는 질문들에 대하여 서사비평을 대안으로 사용하지 않았던 브라운은 요 한복음에 관한 연구가 초대교회의 역사와 신앙과 신학에 대한 더 많은 내용들을 밝히게 될 것을 전망한다.[179]

위르츠베르그(Würzburg)에서 가르친 가톨릭 신학자인 슈나켄베르그 (Rudolf Schnackenburg)는 예수에 관한 연구에 있어서 신앙(faith)이 가장 중요하다는 견해를 밝힌다.[180] 복음서란 기본적으로 초대교회 그리스

---

176) *Ibid.*, 374, note 22를 참고하시오.

177) R. E. Brown, *The Community of the Beloved Disciple*, 33을 보시오.

178) *Ibid.*, 24를 보시오.

179) R. E. Brown, *The Churches the Apostles Left Behind* (London: Chapman, 1984), 112 이하 를 보시오. 이런 연구들은 복음서가 기록되기 이전의 시기와 요한을 중심으 로 하는 신앙공동체를 1세기 중엽 유대교와 유대인 그리스도인들과의 관계를 근거로 연구하거나, 1세기말경 얌니아(Jamnia) 시기의 요한을 중심으로 하는 신앙공동체가 회당과 다른 그리스도인 공동체와의 사이에 형성된 관계에 대 한 연구, 그리고 서신서들을 근거로 하는 복음서가 기록된 이후 신앙공동체 의 발전에 관한 연구를 예로 든다.

72

도인들이 신앙의 관점에서 고백한 내용이라는 점에 주목한다. 그는 역사비평적인 방법에 의한 복음서 연구가 제시하는 서로 다른 결과를 수용하는 어려움을 호소한다. 슈나켄베르그는 10년의 간격을 두고 3권의 요한복음 주석서들을 펴낸다.[181] 슈나켄베르그는 1959년 로빈슨(J. A. T. Robinson)의 주장을 지나치게 일방적으로 본다. 그는 타티안(Tatian)이 디아테싸론(Diatessaron)에 남긴 주장을 근거로 요한복음에 공관복음과 동등한 가치와 의미를 부여한다. 시리아의 안디옥(Antioch in Syria)에서 2세기경(170~183) 변증가로 활동했던 데오필루스(Theophilus) 감독이 제시했던 로고스 교리가 요한복음의 로고스에 대한 가르침보다 더 폭이 넓으며, 동시에 명백하게 요한을 성령에 감동된 사람으로 부르며 요한복음 본문을 인용하는 사실을 밝힌다.[182]

슈나켄베르그는 요한복음을 기본적으로 두 부분으로 나누어 이해한다. 첫째 부분은 요한복음 1~12장으로 "예수께서 세상에 자신을 알리다"란 제목을 붙이고, 둘째 부분은 요한복음 13~20장으로 "자신의 무리와 함께 하신 예수"로 정하며, 요한복음 13장을 복음의 새로운 부분으로 본다. 요한복음 서론은 초대교회 로고스-찬송시에서 유래되었으며, 첫 번째 구절의 절정은 "이 말씀은 곧 하나님이시니라"에 있다고 한다. 성육신을 알리는 요 1:14은 요 1:1을 반영하면서 서론의 정점을 형성한다고 이해한다. 요한복음의 본문을 재구성하면서 예수의 갈릴리 사역의 절정을 담고 있는 요한복음 6장[183]을 요한복음 5장 앞에 놓고 요 5:47 뒤에 요 7:15-24을 놓는다.[184] 이런 배치는 예수께서 갈릴리에 계실 때 오병이어의 표적을 행하시고, 이어서 예루살렘에서 안식일에

180) R. Schnackenburg, *Jesus in the Gospels* (Louisville: Westminster John Knox, 1995).
181) R. Schnackenburg, *The Gospel according to St. John*.
182) *Ibid.*, 1:199.
183) *Ibid.*, 2:10.
184) *Ibid.*, 1:46-47을 보시오.

병자를 고치시며, 이 치유표적은 초막절 기간 내내 충돌의 긴장을 더하는 촉매역할을 한다. 슈나켄베르그는 브라운의 견해와 동일하게 예수께서 행하신 고별 강화인 요한복음 15~17장은 요 14:31 뒤에 편집자에 의해서 나중에 삽입된 내용으로 본다. 이 외에도 요 3:31-36은 세례 요한의 선포가 아니며, 그 이유는 내용 자체도 문제가 있을 뿐만 아니라, 분명히 예수의 말씀이라는 표식을 하지 않았기 때문이라고 한다.[185] 니고데모와의 대화도 요 3:12에서 끝나며, 요 3:22-30이 즉시 이어져야만 하지만, 현재의 본문은 순서가 잘못 정해졌다고 분석한다. 슈나켄베르그는 편집자 혹은 교정자가 원래 저자의 본문에 상당 부분을 고쳤다고 생각하며, 요 21장과 요 15~17장은 그와 같은 주장을 뒷받침하는 증거라고 한다.

슈나켄베르그는 요한복음을 구성하는 처음 내용들은 공관복음의 전승과 동일한 연대에 해당하는 전승으로 보며, 요한복음의 저자는 자신이 기록한 복음을 읽는 독자들이 공관복음의 전승에 해당하는 내용들을 알고 있다고 추정한다고 지적한다. 이런 관점에서 요한복음의 주요 관심사는 "종말에 계시와 구원을 가져오는 위대한 인물을 뚜렷하게 묘사하고, 이 세상에서 살아가시고 우리들 가운데 머무르셨던 로고스(말씀)의 찬란한 영광을 나타내고, 과거에 주어진 구원 사건들의 지속적인 중요성을 보이는 것이"[186]라고 한다. 누가 요한복음의 저자이든지 나그 함마디(Nag Hammadi) 문서 혹은 솔로몬의 시(Odes of Solomon)에서 드러난 영지주의의 영향을 받아서 복음을 기록하지 않았다고 본다. 동시에 갈릴리 어부였던 제자가 요한복음의 영적인 위치에 도달할 수 없다는 주장을 수용할 필요도 없다고 한다. 요한복음의 내용, 언어, 사상을 고려해 볼 때, 저자는 헬라인으로 사도의 제자였으며, 학파의 일원

---

185) *Ibid.*, 1:47.
186) *Ibid.*, 1:43.

이거나, 요한복음에 기록된 예수의 가르침을 전파하는 존경할 만한 설교자와 동역하는 사이였을 것으로 추정한다. 슈나켄베르그는 "사랑하는 제자"는 상징적인 존재가 아니라 역사적인 실존 인물이었다고 본다. "사랑하는 제자"란 표현은 요한복음의 저자를 포함한 사도 요한의 제자들이 자신의 선생을 "예수께서 사랑하는 제자"로 표현하는 데 익숙하며, 이 존경을 표시하는 호칭으로 요한복음이 기록되기 이전의 구전의 단계에서 요한을 나타내는 "나"란 대명사와 대체한 사람으로 결론짓는다.[187] 여기서 "사랑하는 제자"란 복음을 위하여 권위가 있는 어떤 인물을 내세우기 위한 표현이 아니라, 이미 신자들에 권위자로 알려진 인물의 권위를 그가 죽은 후에도 유지하고 기록된 복음을 그의 지속적인 증언으로 주장하기 위함이라고 한다.[188]

요한복음 연구에서 불트만이 제시했던, 적어도 완성된 형태의 세 자료와 하나의 미완성 자료를 최초의 저자가 편집을 시도했고 최종 편집자에 의해 극적인 편집이 행해졌다는 주장은 여러 학자들에 의하여 비판과 도전을 받게 된다.[189] 요한복음은 자체로 동일한 특징을 드러내며 기록된 자료들을 사용한 증거가 없다는 주장이 대두되었다. 1958년 스위스 학자인 윌켄스(Wilhelm Wilkens)는 "사랑하는 제자"가 기록하였으며 후에 강론 자료를 더하면서 편집을 했던 것으로 추측하는 '표적 복음'을 제시한다.[190] 윌켄스는 문서양식을 분석하는 작업은 신학적인 말씀분석과 함께 행할 것을 주장하면서 세 단계에 걸쳐서 동일한 저자가 요한복음을 기록한 것으로 분석한다. 첫째 단계는 요한복음에 기록

---

187) *Ibid.*, 1:101-104를 보시오.

188) *Ibid.*, 3:380을 보시오.

189) Eugen Ruckstuhl과 Eduard Schweitzer 등은 요한복음의 문체의 통일성을 주장한다.

190) Whihelm Wilkens, *Die Entstehungsgeschichte des vierten Evangeliums* (Zollikon: Evangelischer Verlag, 1958); idem., *Zeichen und Werke* (Zurich: Zwingli Verlag, 1969).

된 거의 모든 내러티브 자료를 기록한 '표적복음'을 기록하였다. 둘째 단계에서는 강화자료를 첨가하면서 상당한 분량으로 확대되었다. 셋째 단계는 유월절 자료에 의한 신학적인 영향 아래서 재배치가 이루어지고 본문이 약간 늘어나면서 현재의 복음서가 형성된다. 윌켄스는 십년이 지난 후에도 요한복음 읽기에 있어서 기본적인 자세를 유지하면서 요한복음 신학에 대한 이해를 제시한다. 그는 케제만이 요한복음에서 예수의 비하를 부인한 점을 비판한다. 그는 선재하신 하나님의 아들이신 예수께서 요셉의 아들로 "나는 ~이다"라고 한 말씀에서 역설을 발견한다. 명백한 성육신을 수용하면서 영지주의에 반대하는 표적복음이 수난기사에 담겨 있다고 주장한다. 요한복음의 저자가 편집과 재배치를 통하여 예수의 수난을 강조하며, 최종단계에서 성전청결 사건을 복음의 앞부분에 그리고 성례를 6장에 배치를 한다고 본다.

　스미스(D. Moody Smith)는 요한복음에서 예수께서 메시아임을 보이는 기적들로서 불트만이 '표적 자료(Semeia Quelle)' 혹은 '행위(erga)'라고 불렀던 자료들을 주석하고 비판하였다.[191] 그러나 불트만이 하지 못했던 연구를 하나의 완성된 형태로 성취한 학자가 포트나(R. T. Fortna)이다.[192] 포트나는 헬라어 본문으로 구성된 가설의 표적 자료를 분석하고 이 자료가 단지 기적 이야기를 수집한 것이 아니라 진정한 복음이며 예수의 가르침은 없지만, 수난과 부활 이야기를 통하여 절정에 이른다는 주장을 세운다. 요한복음 읽기에서 슈바르츠(E. Schwartz)가 지적한 내러티브 자료 안에서 발견할 수 있는 불일치, 분리와 부정합, 심지어 모순을 지칭한 'aporia'는 편집의 과정을 통하여 자료를 첨가했던

---

191) D. Moody Smith, *The Composition and Order of the Fourth Gospel: Bultmann's Literary Theory* (New Haven: Yale University Press, 1965).

192) Robert Tomson Fortna, *The Gospel of Signs: A Reconstruction of the Narrative Source Underlying the Fourth Gospel* (Cambridge: Cambridge University Press, 1970).

증거로 설명하기도 한다.[193] 포트나도 현재의 복음을 원래 본문을 편집했을 것이라는 가설을 전제로 연구를 진행한다. 여기서 그는 불트만이 실제 기적 이야기였다고 보는 본문들[194]과 그것들과 관련된 요약 혹은 편집에서 발생한 설명 사이의 관계를 살피면서 불트만이 신학적인 선입견과 문체에 대한 판단을 사용했다고 지적한다. 이런 선입견과 판단은 부적절하며 내적 비판에 직면하게 한다고 본다.

포트나가 적용한 주요한 비판은 기적 이야기에서 찾을 수 있는 'aporia'에 대한 분석으로, 'aporia'는 요한복음이 완성되기 이전의 자료에 대한 첨가가 행해진 사실에 대한 증거라고 설명한다. 포트나는 문장의 형식을 분석하면서 기적 이야기 자체가 독특한 언어와 형식을 따른다고 보면서, 요한복음의 기적 이야기들은 공관복음의 자료와 유사하며 요한복음의 고유한 자료가 아니라고 설명한다. 포트나가 세운 가설은 기적 이야기와 수난 이야기를 동시에 포함하며, 결과적으로 이미 독특한 문장의 특징을 갖춘 요한복음 이전 자료에 의하여 덧씌워졌다고 본다.[195] 요한복음의 저자와 독자는 이중언어를 구사하며 전도를 위한 목적에서 예수가 메시아임을 알리기 위한 기록으로 결론짓는다.[196] 포트나는 헬라어 본문을 통하여 단어와 문체의 일관성을 이루며 요한복음의 본문과는 상관없이 정교하게 다듬어진 하나의 이야기를 완성하였다.

포트나는 자신의 연구에 약간 변형된 기준을 사용하여 헬라어를 번역한 영어 문장으로 좀더 길고 더 자세한 분석을 제시한다.[197] 새로운

---

193) *Ibid.*, 2.
194) 요한복음 2:1-12; 4:46-54; 5:19; 6:1-13; 9:1-7; 11:1-44; 21:1-6.
195) R. T. Fortna, *The Gospel of Signs*, 217.
196) *Ibid.*, 225.
197) R. T. Fortna, *The Fourth Gospel and Its Predecessor: From Narrative Source to Present Gospel* (Philadelphia: Fortress Press, 1988).

연구에서 포트나는 요한복음 이전의 자료와 편집에 의한 부분을 굵은 글자체로 표시한다. 20부문으로 나누어진 본문에 대한 이해는 '요한복음 이전의 자료'(SG)와 '요한복음 편집'(4G)에 근거한 분석으로 뒷받침된다. 포트나는 예수를 메시아로 입증하는 '요한복음 이전의 자료'인 일곱 혹은 여덟 개의 기적 이야기들과 메시아로서 예수께서 왜 죽임을 당했는가를 밝히는 수난 이야기를 요한복음의 저자가 사용하여 최종적으로 복음을 완성했다고 본다.

편집비평 등을 사용하여 요한복음을 분석한 결과들을 살피면서, 스미스(D. Moody Smith)는 요한복음의 기초를 이루는 것은 강화 혹은 말씀 자료이며, 요한일서를 쓴 저자를 마지막 편집자로 본다.[198] 스미스는 요한복음 이야기 전승이 독자적이란 견해에 동의하면서 동시에 요한복음 강화 전승의 존재를 뒷받침하는 증거로 본다.[199] 그는 예수의 말씀은 역사적인 인물 예수께서 하신 말씀이라기보다는 오히려 보혜사 성령이 오실 것이라는 약속의 성취를 통하여 성령의 감동을 받은 부활 체험 이후의 신앙공동체가 전하는 말로 본다.[200] 스미스는 요한복음의 전승과 설교의 배경이 기본적으로 유대교와 관련이 있다고 생각했지만, 요한복음에 나타난 기독론이 하나님의 능력을 행사하는 인물로 예수를 묘사한다고 본다. 실제로 스미스는 수난 이야기와는 별도로 일련의 기적 이야기들이 존재했을 가능성을 수용한다. 스미스는 복음의 확산이 표적 자료만으로는 충분하지 못하며, 세례 요한의 제자들로부터 시작되었을 개연성이 있으며 그들로 하여금 예수를 따르는 계

---

198) D. Moody Smith, *Johannine Christianity: Essays on Its Setting, Source, and Theology* (Columbia: University of South Carolina Press, 1984), 1-36; idem., "Johannine Christianity: Some Reflections on Its Character and Delineation," in *New Testament Studies* 21 (1975): 222-48.

199) D. M. Smith, *Johannine Christianity*, 24.

200) *Ibid.*, 16.

기를 제공한 기적 이야기들과 유대인들로 하여금 예수를 메시아로 확신케 했던 수난 이야기가 그런 역할을 했다고 본다.

마틴(J. Louis Martyn)은 요한복음의 역사와 신학의 이해에 있어서 상당한 반향을 불러 일으켰던 책을 펴냈다.[201] 요한복음 9장에서 저자는 이중구조로 이루어진 내용을 담아내고 있다는 주장을 편다고 마틴은 설명한다. 다시 말해 날 때부터 눈이 먼 사람은 예루살렘에 거주하는 유대인으로 로마제국의 다른 도시에 있는 분리된 교회의 신자를 대리한다는 주장을 편다. 이 교회는 기적을 이루는 예수를 구세주로 믿기 때문에 회당에서 쫓겨난 사람들의 모임이었다. 마틴은 여기서 회당에서 예수를 믿는 유대인을 축출(파문)한 사실은 유대교에서 지켜지고 있는 18개의 기도문 중 12번째에 해당하는 이단자들을 향한 기도(저주)의 결과로 이해한다. 그는 역사적인 정황을 재구성하면서 야네브에서 가말리엘 2세의 지도 아래 있던 학파가 85년경에 이 저주문을 삽입하였으며, 예수를 메시아로 믿는 유대인들을 색출하기 위한 방편으로 적용했다고 본다. 유대교 내에서는 아직까지 기적을 행하는 메시아를 적시한 사실이 없기 때문에, 유대교 율법사들은 예수를 단지 마술사이거나 사기꾼이라고 생각했다는 추측이다. 따라서 예수를 사람들을 미혹하는 사람으로(요 7:12, 47), 한 분 이상의 하나님을 믿게 한 사람으로 간주했다고 본다. 이런 관점은 유대교의 문서들을 통하여 뒷받침되는데, 180년경 미쉬나(Mishnah, Sanhedrin 7, 10-11)의 여러 부분에서 기적을 약속하는 "이단에 미혹된다"는 기록을 볼 수 있으며, 이런 미혹은 곧 이단에 이끌리며(신 13:2-3, 6), 율법의 가르침을 따르면 마땅히 죽음에 처

---

201) J. Louis Martyn, *History and Theology in the Fourth Gospel* (Louisville: Westminster John Knox, 3rd ed., 2003; Nashville: Abingdon Press, 1978, 2nd ed., 1979; New York: Harper & Row, 1968). 참고로 마틴(Martyn), *The Gospel of John in Christian History: Essays for Interpreters* (New York: Harper & Row, 1978)을 보시오.

해야 하는 마술과 주술을 행하는 일로 이어진다. 바로 이와 같은 혐의가 예수를 믿는 유대인들에게 주어진 것으로 본다. 이런 혐의는 구체적으로 율법사들에 의하여 법으로 정해져 유대 이외의 유대인 거주지에 있는 회당에서 시행되었으며, 이때를 요한복음이 기록되기 이전으로 본다. 그러나 요한복음을 읽는 신앙공동체는 메시아를 대망하는 신앙의 내용으로 기적을 회구하지 않았으며, 분명히 예수를 하늘에서 주는 떡을 먹이는 모세와 같은 선지자(신 18:15)로 보았다. 그러나 이런 신앙의 실질적인 내용과는 상관이 없이 그들이 기적을 행하다 십자가에서 처형을 당한 예수를 메시아로 믿기 때문에 핍박을 받고 죽임을 당해야만 했다.

마틴은 유대교가 전적으로 지향하는 유일신 사상과는 다른 신앙의 길을 걷는 자로서 예수를 믿는 유대인을 회당에서 축출하였다고 보며(요 9:22; 12:42; 16:2), 이런 견해를 요한복음 읽기에 적용한다. 그는 요한복음 1:35-40을 유대인들을 위한 복음 증거로 보며, 최초의 설교자는 사람들이 예수를 찾아와서(요 1:39, 46, 47) 그가 메시아인 사실을 알게 된다(요 1:41, 45)고 표현했을 것이라고 생각한다. 그러나 요한복음의 저자가 공관복음에서 예수께서 제자들을 부르신 내용을 근거로 예수께서 먼저 빌립을 부르신 것으로 표현을 달리 했다고 본다. 요한복음이 처음 읽혀지기 시작했을 당시에는 회당에서 복음을 전할 수 있었으며 유대인들이 예수를 믿는 성과가 있었다(요 2:11; 4:53; 6:14). 이때는 유대교 안에서 예수를 믿는 사람들이라 해도 어떤 사회적 단절이나 거리감을 느낄 수 없던 시기였다. 그러나 시간이 지나면서 회당에서 추방을 당하고 순교자가 발생하면서 자생적으로 분리된 공동체를 형성한다. 아마도 이 시기에 로고스 찬양시를 사용했을 것으로 본다. 마지막 단계에서 이제까지의 과정을 통하여 형성된 복음의 부분들을 하나의 복음으로 완성시킨다.[202]

요한복음 읽기와 관련하여 린다스(Barnabas Lindars)는 요한복음의 저자가 자신이 행한 일련의 설교를 하나의 책으로 묶었다고 본다.203) 린다스는 다른 사람들이 지적하는 예수가 하나님이심을 나타내기 위한 방법으로 보이는 시간상의 단락과 주제의 단절, 반복적으로 발생하는 표적 이야기들에 동의하지만 하나의 독립된 설교들로 신앙공동체를 유지하기 위한 방책으로 사용한 것으로 본다. 다시 말해 실제로 발생한 사건인지 여부를 떠나 기독교를 박해하는 상황에서 신앙을 지키려는 절박한 요구에 부응하는 설교로 이해한다.204)

예수의 삶과 사역에 대한 새로운 역사적인 연구를 요청하면서, 로빈슨(J. A. T. Robinson)은 '새로운 탐구(the New Quest)'이 예수의 삶과 사역에 대한 새로운 역사적인 연구를 요청하면서, 새롭게 재개된 역사적인 예수에 대한 탐구가 요한복음에 대한 과소평가를 마감하지는 않았으며, 여전히 가장 확실한 자료로 여기는 공관복음을 중심으로 연구가 진행된다. 이런 흐름은 마가복음 연구에 더하여, Q자료에 대한 연구들이 발생했고, 예수의 말씀에 대한 연구에 도마서에 관한 연구를 포함하게 된다. Q자료는 예수께서 승천한 이후 20년이 지난 때에 수집되었을 것이라고 추측하며, 몇몇 학자들은 초기 Q자료를 바탕으로 나중에 도마서가 형성되었을 것이라는 견해를 내세운다. 한 마디로 도마서가 상당히 이른 시기에 형성될 수 있다는 가정을 세운다. 도마서를 이런 가설에 근거하여 이해하려는 경향을 특히 '클레몬트 학파(Claremont School)'의 연구에서 볼 수 있으며, '예수 세미나(Jesus Seminar)'에서는 참

---

202) 마틴(Martyn)은 브라운(R. E. Brown)이 제시한 5 단계의 형성과정의 견해를 수용한다. 브라운의 이해를 버지(Burge)가 도표로 제시했다(G. M. Burge, *Interpreting the Gospel of John*, 73).

203) Barnabas Lindars, "Traditions behind the Fourth Gospel," in *L'Evangile de Jean*, ed., M. de Jonge (Gembloux and Leuven, 1977), 107-24.

204) Barnabas Lindars, *Behind the Fourth Gospel* (London: SPCK, 1971), 47.

석자들의 투표에 의해 예수께서 직접하신 말씀을 결정하는 과정에서 정경인 요한복음보다 도마서를 더 높게 평가하기도 한다. 이런 일련의 내용들은 예수를 진지하게 연구하는 사람들은 요한복음의 사용을 가급적 금해야 한다는 분위기가 형성되었음을 보여준다.

　이와 같은 경향을 대표하는 '예수 세미나(Jesus Seminar)'의 연구 결과는 2권의 책을 통하여 발표되었다.[205] '예수 세미나(Jesus Seminar)'의 연구 결과인 2권의 내용 중 요한복음 전체를 통하여 예수의 말씀으로 인정하는 본문은 "선지자가 고향에서는 높임을 받지 못한다"(요 4:44) 단 하나뿐이다. 물론 행위와 관련하여 인정이 가능한 본문들도 크게 예외는 아니어서, '세례 요한의 제자'라는 추측(요 1:35-42을 참고하시오), "이 사람은 배우지 아니하였거늘 어떻게 글을 아느냐"(요 7:15), "안나스는 그 해의 대제사장인 가야바의 장인"(요 18:13), "예수를 가야바에게서 관정으로 끌고 가니"(요 18:28), 그리고 매를 맞고 빌라도에게 넘겨졌다가 십자가형에 처해지는 내용들(요 19:1, 16, 18) 뿐이다.[206] '예수 세미나(Jesus Seminar)'는 고고학적 연구를 고려하지 않는다. 그러나 요한복음에 대한 보다 철저하고 포괄적인 역사적인 연구를 행할 때 얻을 수 있는 결과를 배제하는 자세를 수긍하기 어렵다. 일부 사람들에게 새로운 탐구의 정점을 보여주는 작업인 '예수 세미나(Jesus Seminar)'가 과연 '역사적인' 예수를 찾는 작업인가 아니며 '현대적인' 예수를 만

---

205) Robert W. Funk, Roy W. Hoover & the Jesus Seminar, *The Five Gospels: The Search for Authentic Words of Jesus* (New York: Macmillan, 1993); Robert W. Funk and the Jesus Seminar, *The Acts of Jesus: The Search for Authentic Deeds of Jesus* (San Francisco: Harper SanFrancisco, 1998).

206) Marcus Borg, "The Jesus Seminar from the Inside," in *QRT* 98 (2002), 21-7. 보르그 (Borg)는 '적어도(at least) 18%에 해당하는 본문이 진정성을 갖는다는 표현과 '단지(only)' 18%의 본문이 진정성이 있다는 표현은 분명히 다르다고 주장한 다.

드는 작업인가에 대하여 질문해야만 한다. "역사의 예수"와 "현대화된 예수"는 서로 다른 실체일 수도 있다는 전제를 분명히 염두에 둬야만 한다.

지난 30년 어간에, 학제간(interdisciplinary) 연구의 방법들을 역사적인 예수 연구에 적용해 왔고, 이러한 경향을 역사적 예수에 대한 '세 번째 탐구(the third quest)'로 부른다. 이와 같은 새로운 시도는 현대적인 사고의 범주를 1세기 지중해 연안의 세계에서 살던 사람들이 사물을 인식하는 방법을 대체하여 적용한다. 학제간의 연구들이란 사회학, 종교 인류학, 심리학과 새로운 문학비평적인 방법론들을 사용하며, 복음서에 나타나는 내러티브(narrative)를 분석하고, 예수와 그의 사역을 새로운 관점에서 이해함으로써 어떻게 내러티브를 더욱 의미있게 읽을 것인가에 관한 모색을 의미한다. 이런 모색의 예로, 예수를 유대교를 개혁하는 인물로 보기, 하나님의 사랑을 근거로 정결 규례에 도전하는 일, 선지자로서 예수의 사역에 정치와 경제적인 면들을 고려하는 것, 예수를 1세기의 카리스마적인 지도자들과 비교하는 연구들이다.[207] 요한복음 원문연구에 있어서, 문학-비평적으로 접근하려는 새로운 조류는 다양한 면에 있어서 생기를 불어 넣었으며, 특히 요한복음의 정황을 분석하는 이론들과 수사학적 도구들의 적용은 종종 의도된 청중들에게 있어서 함축적인 의미를 전달하게 한다. 요한복음 내러티브에 대한 몇몇 상세한 설명이 실제로 복음서 저자의 수사적인 관심을 밝히는 데 기여하는 것으로 보이지만, 수사적인 요소들 모두가 원래 의도되었다는 주장은 증거를 제시할 수 없는 주장이다. 그럼에도 불구하고 새로운 문학비평적인 방법에 의한 요한복음 연구는 저자에 대한 이해, 공관복음과의 상이점, 편집과 구성, 역사성 등에 관한 확신여부와 상관이

---

207) John Riches, *A Century of New Testament Study* (Cambridge: Lutterworth Press, 1993)을 참고하시오.

없이 이루어질 수 있다. 이런 맥락에서 역사적인 예수는 연구와 직접 연관성이 없으며 본문은 만들어진 문학작품처럼 취급하지만, 본문에 등장하는 많은 요소들이 내포하고 있는 역사적인 이해를 완전히 피할 수는 없다. 따라서 요한복음에 대한 역사적인 분석은 완전히 풀리지 않은 과제로 남게 된다.

역사비평적 관점에서 이루어진 연구들은 요한복음의 전승을 교회의 주류가 아닌 1세기 말경의 분파에 의한 것으로 보려는 경향이 강하다. 따라서 이런 관점에서 이루어진 요한복음 연구를 살펴보면, 사도 요한이 자신의 이름으로 복음서를 썼다는 전통적 견해에 대한 비판적 시각들이 오히려 지배적 견해를 형성하고 있다. 학자들은 사도 요한 개인이 아닌 "요한 학파(Johannine school)" 혹은 요한과 목적을 같이 하는 집단이나 모임이란 뜻의 "요한 써클(Johannine circle)" 혹은 "요한 공동체(Johannine community)"라는 표현을 사용해서 요한복음의 최종 저술이 완성된 것으로 보려 한다.[208] 물론 이런 종류의 주장들도 사도 요한에게 복음의 기원을 두고 있지만, 요한복음의 내용은 사도 요한의 가르침을 계승하는 이런 집단이나 모임의 역사적이며 실존적 삶의 내용을 반영한다는 견해를 내세운다. 따라서 초대교회의 전승을 그대로 수용하는 자세를 버리고 그 전승이 이루어지기까지의 과정에 주목한다.

---

208) 대표적인 학자들로 마틴(J. L. Martyn)과 브라운(R. E. Brown)을 들 수 있다(J. L. Martyn, *History and Theology in the Fourth Gospel*; R. E. Brown, *The Community of the Beloved Disciple*를 참고하시오). 이 밖에도 R. A. Culpepper, *The Johannine School*, Society for Biblical Literature Dissertation Series 26 (Missoula: Scholars Press, 1975); Oscar Cullmann, *The Johannine Circle*, trans. John Bowden (Philadelphia: Westminster Press, 1976); E. Schussler Fiorenza, "The Quest for the Johannine School: The Apocalypse and the Fourth Gospel," *New Testament Studies* 23 (1977): 402-427; Francois, "The Johannine School: A Gnostic Tradition in Primitive Christianity," *Bib* 69 (1988): 371-385; M. Hengel, *The Johannine Question*을 참고하시오.

역사비평적 관점을 전제로 하는 연구들은 역사적 배경을 재구성하는 작업에 관심이 있으며, 요한복음의 내용을 예수 공생애 당시 상황만이 아닌 기록 당시의 역사적 배경을 통하여 이해한다. 한 가지 예를 들어보면, 요한복음 9장 22절은 예수 공생애 사역 당시를 묘사하는 내용이 아니라 유대교의 회당에서 예수를 메시아로 받아들이는 유대인 기독교인이 축출되는 역사적 배경을 나타내는 구절이라는 주장을 내세운다. 물론 이런 가설에 근거한 역사의 재구성이 가능하더라도 그런 재구성이 복음 이해를 위한 역사적 가치와 의미를 갖는다고 단정하기는 어렵다. 이런 맥락에서 근래에 이르러 카이저(R. Kysar)는 요한복음의 독법의 다양성을 인정한다고 해도 자신이 그런 가설에 단 한번이라도 동조했던 사실에 대한 후회를 피력하였다.[209] 역사비평적 연구들이 갖는 중요한 공통점들은 본문에 대한 의미를 밝히는 일이란 역사적 배경에 대한 이해를 떠나서는 불가능하다는 전제와 본문의 정확한 의미란 저자가 본문을 기록하면서 의도했던 의미라는 전제로 집약할 수 있다. 따라서 역사비평적 작업은 본문의 배경을 재구성하고 본문이 지시하는 내용들을 밝히는 일에 초점을 맞춘다. 이와 같은 역사비평적 작업이 갖는 한계로서 완벽한 역사적 재구성이 불가능하다는 이해는 이미 상식이 되었으며, 그러므로 이런 한계를 극복하려는 노력 또한 다양한 형태로 이루어지고 있다.

사실 복음은 역사 속에 이루어진 사건을 기록한 것이며, 따라서 복음을 당시의 기록들과 비교하여 살펴보는 일은 자연스러운 일이기도 하다. 복음을 이런 관점에서 살펴보면, 우선 요한복음 자체가 문헌으로서 어떤 부류에 속하는가를 질문할 수 있다. 복음서란 무엇인가? 과연

---

209) R. Kysar, "Expulsion from the Synagogue: A Tale of Theory," *Society of Biblical Literature* 모임에 제출한 논문, Toronto (November): 23-26; idem., *Voyages with John: Charting the Fourth Gospel* (Waco, TX: Baylor University Press, 2005), 1-6.

요한복음은 어떤 복음서인가? 사실 소위 공관복음서와 요한복음 사이의 관계를 밝히는 일도 아직까지 전적으로 동의할 수 있는 결론을 이룬 것으로 보이지 않고 있다. 20세기 후반에 이르러 한편으로는 요한복음이 공관복음과는 상관없이 독립적으로 기록되었다는 견해가 우세하지만, 여전히 상당수의 학자들은 요한복음이 어떤 형태로든지 공관복음과 관련이 있다고 주장한다.[210] 한 가지 흥미로운 예를 든다면, 문학적 양식을 근거로 요한복음의 독자성을 잘 입증했던 스미스(Smith)는 자신의 책을 개정하면서 요한복음이 공관복음 설화(narrative)와 접촉을 만들려 했다고 주장했다.[211] 만일 고유한 자료를 사용하여 요한복음을 기록하였다면, 포트나(Fortna)가 입증하려는 "표적 복음"이 가장 설득력이 있는 주장으로 보인다.[212]

비록 요한복음과 공관복음 사이의 관련성, 다시 말해 요한복음이 하나 혹은 그 이상의 공관복음서를 자료로 사용했다는 주장을 입증하기는 어렵지만, 대부분의 학자들은 요한복음을 쓴 저자가 공관복음서의 전승을 공유했을 것이라고 추론한다.[213] 적어도 요한복음의 저자는 아래와 같은 내용을 알고 있었다. 세례 요한이 예수를 증거했던 일, 예수께서 병자(중풍병자, 눈먼 자)를 고치시고 죽은 나사로를 살리신 일, 오

---

210) R. Kysar, *The Fourth Evangelist and His Gospel*은 요한복음과 공관복음 사이의 관계에 대한 학자들의 견해를 밝힌다.

211) D. Moody Smith, *John Among the Gospels: The Relationship in Twentieth-Century Research* (Minneapolis: Fortress Press, 1992)와 *John Among the Gospels*, 2nd ed. (Columbia: University of South Carolina, 2001), 211을 참고하시오.

212) R. T. Fortna, *The Gospel of Signs: A Reconstruction of the Narrative Source Underlying the Fourth Gospel*, Society of New Testament Studies Monograph Series 11 (Cambridge: Cambridge University Press, 1970) & *The Fourth Gospel and Its Predecessor: From Narrative Source to Present Gospel* (Philadelphia: Fortress Press, 1988)을 참고하시오.

213) R, E, Brown, *An Introduction to the Gospel of John*, ed. Francis J. Moloney (New York: Doubleday, 2003), 90-105.

병이어의 표적과 물 위를 걸으신 일, 예루살렘에 입성하셨던 일, 식사
하는 자리에서 여인이 예수의 발에 향유를 부은 일, 성전에서 장사꾼
들을 내쫓으신 일, 예수께서 체포되어 심문과 재판을 받으시고 십자가
형에 처해진 일, 예수의 시신을 무덤에 봉했던 일, 빈 무덤과 부활하신
예수께서 제자들에게 나타나신 일. 이와 같이 공관복음과 동일한 전승
을 알고 사용했는지에 관한 여부의 유무와 상관없이 요한복음의 저자
는 예수에 관한 전승의 상당 부분을 알고 있는 것으로 보인다.

　요한복음과 공관복음의 관계와 요한복음의 저자가 사용했을 법한
자료를 밝히려는 연구의 목적은 복음서 본문의 배경을 이루는 저자의
사고를 조망해 보려는 데 있다. 복음서의 정체와 문학적 장르를 밝히
는 일은 복음서의 내용 이해에 있어서 결정적인 영향을 미칠 수밖에
없는 관점을 밝히는 일과 다르지 않다. 실제로 서사비평(narrative
criticism)의 등장은 요한복음 이해에 상당한 영향을 미쳤다. 근래에 요
한복음의 문학적 예술성에 관한 연구가 더 활발히 진행되고 있는 점도
이런 사실과 밀접한 관련이 있다. 그럼에도 불구하고 문학적 관점에
의하여 진행되고 있는 연구들이 역사적 혹은 신학적 문제를 배제하고
독자적인 영역에 치우치는 현상에 대한 우려를 금할 수 없다. 사실 문
학적 관점에 의한 연구는 역사비평적 방법(historical-critical method)이 초
래한 회의론에 의한 난국을 타개하는 대안으로서 대두되었다. 이런 문
학적 관점에 의한 복음서 연구가 묘하게도 그 자체에 치우치면서 방법
론에 관한 또 다른 회의론을 불러일으키고 있다. 결과적으로 문학적
관점에만 집착하는 연구는 의미를 발견하는 일에 집중하지만, 요한복
음이 영적 메시지를 담고 있는 역사적 산물이란 사실을 무시하는 오류
에 빠질 수밖에 없는 단점을 보인다.

　따라서 요한복음의 역사적 배경과 문학적 양상들이 중요하다고 해
도 이런 요소들은 요한복음이 내포하고 있는 신학적 메시지를 바르게

이해하기 위한 도구에 지나지 않는다는 사실을 전제로 요한복음에 대한 이해를 추구해야만 한다. 요한은 예수가 누구이신지 그리고 예수를 믿고 따르는 제자의 삶은 무엇인지, 무엇보다도 하나님의 아들이신 메시아 예수를 믿고 영생을 얻도록 하기 위하여 복음서를 기록하고 있음을 명백히 하고 있음을 전제로 하기 때문에, 이 전제가 요한복음의 연구와 논의에 있어서 중심된 논제를 이루는 일을 당연한 것으로 받아들여야 할 것이다.

초대교회로부터 1700년이 지나는 동안 교회는 요한복음의 저자와 역사적인 사실에 대하여 심각하게 질문을 하지 않았다고 해도 과언이 아니다. 물론 예외적인 경우는 있었지만, 요한복음은 목격자에 의하여 기록된 정경으로서 위치가 확고하였다. 요한복음을 읽는 사람들은 복음서들을 비교할 때 드러나는 차이점들은 단지 신학적인 이해에 의한 혹은 독특한 전승에 의한 자료로 인한 차이로 여겼다. 복음을 이해하는 과정에서 요한복음이 더 나은 역사적인 사실을 제공한다고 보기도 했으나, 대부분의 사람들은 복음서들 사이의 차이점에 주목하기보다는 전체를 조화롭게 읽는 데 만족하였다.[214] 요한복음의 역사성에 관한 질문은 저자와 사도성에 대한 질문으로 정해지기도 한다. 킬리(Kealy)가 제공하는 자료를 살펴보면, 18세기가 지나기까지 이런 질문들에 관한 연구의 내용은 2세기 증인들에 대한 기본적인 이해와 유세비우스가 남긴 영향에서 크게 벗어나지 않고 있음을 알 수 있다.[215]

계몽주의의 영향에 의한 이성적이고 합리적인 사고를 근간으로 하는 지적 성취는 17세기 과학의 시대를 열고, 기술의 발전은 실증적인

---

214) Augustine, *Harmony of the Evangelists*; Johannes Albrecht Bengel, *Gnomon Novi Testamenti* (Tübingen, 1745)들은 대표적인 예이다.

215) Sean P. Kealy, *John's Gospel and the History of Biblical Interpretation*, Book 1 & Book 2, Mellen Biblical Press Series 60a & 60b (New York; Ontario; Wales: Edwin Mellen Press, 2002), 1-399.

방법론을 사용하여 가설을 검증하는 길을 열었다. 이런 흐름은 신앙의 영역에서도 예외가 아니어서, 종교적인 권위에 대하여 이성을 근거로 하는 비판적인 검증을 요구하는 주장들이 자리를 잡는다. 18세기 철학의 영역에서 자연주의 성향과 19세기 역사비평적인 방법론의 등장은 교회가 지지해 온 성경 읽기의 내용과 관점에 대한 검증과 비판을 야기하였다. 결과적으로 전통을 지키기 위한 노력과 함께 비판적인 대안을 제시할 필요가 발생하였다.

요한복음 읽기도 예외가 될 수는 없었다. 정경으로 받아들였던 요한복음의 역사성과 저자에 대한 확고한 이해에 대한 강력한 비판과 도전이 제기되었다. 과학적인 비판과 도전은 때때로 방법론에 집착하는 한계를 보이며 증거를 충분히 다루지 못하는 모순을 보이고, 전통을 변호하는 입장도 학문적인 진지함을 수용하기보다는 전통을 고수하는 데만 치중한다는 비판을 면하기 어렵다는 문제를 보인다. 앤더슨 (Anderson)이 지적하는 것처럼 "새로운 이론들이 요한복음의 수수께끼를 푸는 방법으로 제시되었지만, 각각의 이론은 자체로 문제점들을 안고 있다. 어떤 방법을 사용하든지 학자들은 그 방법의 특정한 강점들과 약점들을 염두에 둘 필요가 있고, 늘 자신의 도구를 향상시키려고 모색하며 중요한 문제들에 접근해야 한다."216)

요한복음의 역사적 가치에 대한 회의적인 태도는 저자와 요한복음의 독특한 내용, 그리고 출처에 관한 질문에 대한 답을 하면서 발생하였다. 17세기까지는 요한복음을 목격자에 의한 기록으로 간주하는 견해에 별다른 이의가 없었다. 그러나 요한복음과 공관복음을 비교하는 연구가 진행되면서 전승에 의하여 수용되었던 역사적인 진실성에 대한 비판적인 견해가 힘을 얻게 된다. 19세기와 20세기에 걸쳐서 학자

---

216) P. N. Anderson, *The Fourth Gospel and the Quest for Jesus: Modern Foundations Reconsidered* (London: T & T Clark, 2006), 8.

들 사이에서는 요한복음을 역사적인 기록에서 배제하려는 일반적인 태도가 형성되었다. 이런 과정에서 비판적인 방법론을 사용하여 요한복음의 출처를 찾으려는 노력도 함께 진행되었다. 역사를 연구하는 과정은 종교를 비교하여 연구하는 작업, 전승 발전에 대한 연구, 그리고 자료에 대한 분석으로 전환한다.

요한복음의 역사적인 기원에 대하여 긍정적인 연구들이 대부분이었지만, 이런 연구들은 비판적인 방법론을 사용하는 학자들의 연구를 발전시키기보다는 오히려 비판적인 연구들을 외면하거나 무시하는 경향을 보인다. 이런 경향은 전통적인 방법에 근거한 연구들이 역사비평적인 방법들을 그대로 수용하기 어려운 현실에 대한 반응과 유사하다. 20세기 중반 이후 역사비평적인 방법에 의한 연구를 우회하는 새로운 돌파구로 문예비평적인 방법론을 적용하는 연구가 요한복음에 대한 의미있는 해석을 제공하는 도구로 등장한다.

제2장 요한복음은 누가, 언제, 어디서, 왜, 어떻게, 기록했는가?

요한복음의 기록이 일어난 역사적 기원의 배경과 관련하여 생각할 때 우선 다루는 내용은 저자에 관한 내용일 것이다. 사실 요한복음의 저자에 대한 이해가 복음서를 이해하기 위한 필요와 관련이 있다고 생각하는 것은 당연한 이치이다. 전통적으로 요한복음의 저자는 예수의 열두 제자들 중 한 사람인 사도 요한이 그의 말년에 에베소에서 이 복음서를 기록하였다고 말한다. 그러나 분명히 알아야 할 내용은 요한복음의 내용 안에서 저자 자신이 스스로 이름을 밝힌 적은 없다는 사실이다. 이런 사실 때문에 학자들 사이에서 과연 저자가 누구인지, 언제, 어디에서, 그리고 어떻게 복음을 기록하였는지에 관한 광범위하고 철저한 논의들이 행해질 수 있었다. 복음의 기원에 관하여, 각각의 이론들이 내포하고 있는 중요성을 일일이 열거하기조차 힘들 정도로 많은 이론들이 지속적으로 제시되었고 지금도 진행 중이다. 그렇기 때문에 본장에서는 저자가 누구인지를 알아내기 위해서 요한복음 자체의 증거를 근거로 판단하는 내적 증명(내증)과 요한복음 이 외의 교회 안에서 전해지는 증거들을 근거로 판단하는 외적 증명(외증)의 두 가지 방법을 사용하려 한다.

1. 저자

요한복음의 저자가 요한이라는 사실을 요한복음의 내용 안에서는 직접 찾을 수는 없다. 그러나 초대교회 안에서 4개의 복음서들이 함께 읽히기 시작할 때부터 이미 "요한에 의한 복음", 혹은 "요한에 의한"이 란 제목이 붙어 있었다. 저자에 대한 직접적인 증거를 복음서 안에서 찾아볼 수 없기 때문에 단순히 다른 복음서와 비교해 볼 때, 요한복음 의 저자를 찾는 일이 더 어렵다고 말할 수는 없다. 그럼에도 불구하고 오늘날 상당수의 학자들은 공관복음서들을 이름을 붙여서 부르는 일 에는 별로 이의가 없지만, 요한복음의 경우에는 "제4복음서"라고 하는 익명성을 더 선호한다. 그러나 실제의 경우는 그 반대라고 해도 무방 하다. 왜냐하면, 마태복음, 마가복음, 그리고 누가복음도 저자에 대한 직접적인 언급이 없기는 마찬가지이다. 오히려 요한복음에서는 "예수 께서 사랑하는 제자"(요21:20-24; cf. 13:23-25; 19:26-27; 20:2-8; 21:7)가 복음을 기록하였다고 생각하는 일이 더 자연스럽기 때문이다. 정경으 로서 신약성경의 권위에 대한 이해를 사도들의 가르침과 연관시키는 일은 어렵지 않다. 사도들은 예수의 사역의 목격자(행 1:22)이며 교회 의 기초인 예수의 복음을 전파한 증인들이었다(엡 2:20). 그러므로 사 도들이란 예수의 가르침을 그대로 전달하는 권위자들로 신약성경의 저자로 혹은 그 내용을 직접 제공한 사람들이었다.

교회의 전통적인 가르침은 요한복음의 저작자를 세베대의 아들이며 예수를 따르던 제자들 중의 한 사람이었던 사도 요한으로 본다. 요한 복음의 본문에는 저자의 이름이 직접 밝혀져 있지 않으나 "예수의 사 랑하시는 그 제자"(요21:20, 23, 24)와 동일 인물로 생각한다. 본문의 내 적 증거에 의하면 그는 유대인으로 유대인의 절기와 풍습, 장례법 등 에 익숙하고 히브리어와 아람어에 대한 풍부한 지식을 갖고 있는 것으로 간주할 수 있다. 특별히 그는 팔레스틴의 지형을 잘 알고 있는 것으로 보아 팔레스틴에 거주한 유대인으로 보인다. 그는 사건의 직접적인 목격자로서 "우리가 그 영광을 보니"(요1:14), 혹은 "이를 본 자가 증거하였으니"(요19:35)라고 기술하고 있다. 따라서 저자는 열두 제자 중 한 사람이었음에 틀림없다. 요한복음 전체를 통하여 사도 요한이라는 단어는 한 번도 나타나지 않는다. 단지 다른 제자, 또는 사랑하시는 형제라고만 기록되어 있다. 추측컨대, 책을 저술하는 사람이 자기의 이름을 말하지 않는 것은 자연스러운 심리 작용일 수 있다. 알렉산드리아의 클레멘트(Clementof Alexandria; 주후 2세기), 오리겐(Origen; 주후 185~245), 이레네이우스(Irenaeus; 주후 130~200) 등 초대 교부들도 사도 요한이 요한복음을 기록했다고 증언했다. 특히 폴리캅(Polycarp; 사도 요한의 제자)의 제자 이레네이우스는 초대교회의 유력한 증언을 들어 저자가 세베대의 아들 요한이라고 증거했다(180년경).

저자를 밝히는 작업은 요한복음에 기록된 내용을 근거로 살피는 내증과 교회의 전승으로 내려오는 내용을 통하여 입증하는 외증이란 두 가지 방법이 있다. 상당 기간 동안 교회의 가르침에 근거한 외증을 따라서 요한복음의 저자가 사도 요한이라는 주장이 지배적인 주장이었다. 그러나 외증을 따른다고 해서 내증을 무시할 필요는 없을 것이다.

1) 내적 증거

요한복음의 저자가 누구인지를 밝히기 위한 목적으로 복음서 자체의 내용을 살펴보려면, 몇 가지 중심적인 구절을 접하게 된다. 우선 복음을 기록한 사람에 관하여는 "이를 본 자가 증거하였으니 그 증거가 참이라 저가 자기의 말하는 것이 참인 줄 알고 너희로 믿게 하려 함이니라"(요 19:35)는 직접적 진술을 볼 수 있으며, 이 진술은 복음서의 마지막 부분에 다시 반복해서 "이 일을 증거하고 이 일을 기록한 제자가 이 사람이라 우리는 그의 증거가 참인 줄 아노라"(요 21:24)는 진술로 등장한다. 이 진술들이 요한복음의 저자의 정체를 이해하는 데 있어서 중요한 역할을 하고 있음은 의심할 여지가 없다. 물론 구체적이고 직접적인 표현이 아니라 3인칭 남성 단수를 나타내는 대명사를 사용한 간접적 표현에 대한 이해에 있어서 상당한 차이가 있음도 분명하다.

하나님의 영광은 요한복음 전체를 관통하는 주제이며, 이 주제와 관련하여 요한복음의 저자는 일관된 진술을 기록한다. 예를 들면 요한복음의 저자는 "말씀이 육신이 되어 우리 가운데 거하시매 우리가 그 영광을 보니 아버지의 독생자의 영광이요 은혜와 진리가 충만하더라"(요 1:14)고 서론에서 주장한다. 여기서 1인칭 대명사의 복수형인 "우리"는 누구를 지칭하는가? 그 대답은 요한복음 2장에 기록된 예수의 첫 번째 표적의 마지막 구절인 "예수께서 이 처음 표적을 갈릴리 가나에서 행하여 그 영광을 나타내시매 제자들이 그를 믿으니라"(요 2:11)를 근거로 보면 바로 그 "제자들"임이 분명하다. 사실 복음서 안에서 "제자들"이란 단어는 하나의 해석으로만 한정지을 수가 없는 표현이다. 그러나 "말씀이 육신이 되어 우리 가운데 거하시매 우리가 그 영광을 보니 아버지의 독생자의 영광이요 은혜와 진리가 충만하더라"(요 1:14)는 본문에서 우리는 인칭 대명사 1인칭 복수형이며, 이 단어는 성육신하신 예수를 직접 목격한 제자들 중 하나가 요한복음의 저자라는 점을 잘 반영하고 있지 않은가? 과연 이 제자는 누구일까? 그리고 요한은 누구일까? 복음서의 저자가 요한이라면, 어떻게 사랑받는 제자와 요한이 동일한 인물이라고 생각할 수 있을까?

복음서를 살펴보면, 베드로와 안드레, 두 형제와 함께 예수를 따르는 제자들 가운데 첫 번째로 언급되는 형제인 다른 두 제자가 있는데, "세베대의 아들 야고보와 그의 형제 요한"(막 1:19; 마 4:21; 눅 5:10)이다. 요한복음에서 이 두 사람은 "세베대의 아들들"로 단지 한 차례만 언급된다(요 21:2). 복음서에서 야고보와 요한은 대부분의 경우 함께 등장한다. 예를 들면, 어떤 사마리아 촌이 예수의 일행을 받아들이지 않았을 때, 제자인 야고보와 요한은 "주여, 우리가 불을 명하여 하늘로 좇아내려 저희를 멸하라 하기를 원하시나이까?"라고 말하기도 했다(눅 9:54). 심지어 예수께서는 이 둘에게 "보아너게(Βοανηργές)" 번역하면 "우뢰의 아들(Βροντῆς)"이란 이름을 붙여주셨다(막 3:17). 그들은 "주의 영광 중에서 우리를 하나는 주의 우편에 하나는 좌편에 앉게 하여 주옵소서"라고 예수께 직접 요구하기도 했다.[1]

경우에 따라서는 두 사람 모두가 베드로와 함께 동행하기도 하는데, 변화산이 그 예들 중 하나이며(막 1:19; 마 4:21; 눅 5:10), 겟세마네 동산에서(막 14:33; 마 26:37), 그리고 회당장 야이로의 딸을 살리실 때(마 5:37; 눅 8:51) 등이다. 또 때로는 바다에서 물고기를 잡을 때와 마찬가지로 베드로와 안드레 형제, 그리고 야고보와 요한 형제가 함께 등장하기도 한다(막 1:29; 13:3). 사실 공관복음 전체를 통해서 요한이 홀로 말하거나 행동하는 경우는 단 한 번만 나타나는데, 요한이 예수께 "주여! 어떤 사람이 주의 이름으로 귀신을 내어쫓는 것을 우리가 보고 우리와 함께 따르지 아니하므로 금하였나이다"라고 말한 경우이다(눅 9:49). 예수께서는 "금하지 말라. 너희를 반대하지 않는 자는 너희를 위하는 자니라"라고 대답하셨다(눅 9:50; 참고 막 9:39-40).

그러나 앞서 밝힌 것처럼 요한복음 19장과 21장의 내용을 통하여 예수의 지상 사역에 관한 사도적 증인인 사실을 감안한다면, 요한복음을 기록한 사람은 베드로와 사랑받는 제자를 포함한 제자들 중에서 예수께서 사랑했던 바로 그 제자로 볼 수 있다. 일단 예수께서 사랑하는 제

---

1) 마가복음 10:37을 보시오. 참고로 마태복음 20:21에서는 요한과 야고보의 어미가 아들들을 대신하여 요구한다.

자로 보면서 저자에 대한 이해를 발전시켜 보면 다음과 같다. 요한복음에서 예수께서 사랑하시는 제자에 관한 내용이 처음 등장한 곳은 예루살렘에서 마지막 제자들과 만찬을 나누었을 때였다(요 13:23). 그는 예수의 품에 의지하여 누워서 만찬을 먹고 있었기 때문에 열두 제자 중 한 사람이었다. 뿐만 아니라, 요한복음 13~16장에서 거명된 베드로, 빌립, 도마, 가룟 유다, 야고보의 아들 유다는 아니었다. 이 제자는 예수의 십자가 상의 죽음에 대한 직접적인 증인이었으며, 예수께서 십자가에 매달리셨을 때, 예수로부터 어머니를 부탁받았다(요 19:26~27). 그는 또한 베드로와 함께 예수께서 부활하셨던 빈 무덤에 들어가 보고 믿었던 제자였다(요 20:8). 이 제자는 사도 베드로와 함께 자주 등장하는 것으로 보아 둘 사이는 상당히 친밀한 관계로 보인다. 그는 요한복음 21장에서 디베랴 바다에서 고기를 잡고 있던 제자들 중 한 사람이었으며, 베드로에게 예수를 "주"라고 가르쳐 주었던 제자였다. 실제로 고기를 잡으러 나섰던 제자들은 "시몬 베드로와 디두모라 하는 도마와 갈릴리 가나 사람 나다나엘과 세베대의 아들들과 또 다른 제자 둘"(요 21:2)이었으며, 이들 중 한 사람이 "사랑받는 제자"였다. 앞서 지적한대로 이들 중 이름이 거명된 베드로, 도마, 나다나엘은 익명의 "사랑받는 제자"가 아니다. 따라서 세베대의 두 아들 중 하나이거나, 다른 제자 둘 중에 하나이다. 세베대의 아들이라면, 야고보와 요한 중 한 사람인데, 야고보는 사도행전 12:2을 보면 헤롯 아그립바에 의해 주후 42년에 처형을 당한 사실로 보아, 요한복음 21:23에서 죽지 않겠다는 예수의 말씀에 배치되는 것으로 간주할 수 있다. 따라서 익명의 사랑받는 제자는 사도 요한으로 볼 수 있다.

(1) 사랑받는 제자

공관복음을 읽으면 베드로, 야고보와 요한은 (때로는 안드레를 포함하여) 예수의 제자들 중 특별히 친밀한 관계를 형성하고 있으며, 그들이 예수 사역의 중요한 때 예수와 함께 동행했던 사실을 발견하는 일은 어렵지 않다. 그리고 예수께서 사랑하는 제자는 그들 중 한 사람일 것이라는 추측이 가능하다. 그러나 어떻게 해서 이 두 형제 중 한 사람이 요한복음에 나타난 소위 예수께서 사랑하는 제자와 일치하게 되었으며, 그래서 요한복음의 저자로 알려졌을까? 요한복음의 내용을 살펴보면 소위 예수께서 사랑하는 제자는 분명히 예수께서 택하신 열두 제자들 중 한 사람이라는 추측이 가능하다(요 6:70-71). 그는 예수를 도와서 함께 일을 했으며 십자가에 달리시기 전에 제자들과 함께 나누신 마지막 만찬의 장소에 있었고(요 13:23-15), 만찬을 먹을 때, 예수의 품에 의지하여 누워서 말하던 제자였다(요 13:23; 21:20).

적어도 몇 차례에 걸쳐서 베드로가 예수께서 사랑하시는 제자가 아니라는 판단을 내릴 수 있는 근거를 복음서 안에서 발견할 수 있다. 첫째로, 소위 최후의 만찬에서 베드로는 예수께서 사랑하는 제자에게 "말씀하신 자가 누구인지 말하라"고 물었다(요 13:23-25). 둘째로, 예수께서 부활하신 아침에 예수께서 사랑하는 제자가 먼저 빈 무덤으로 달려갔으나, 나중 달려간 베드로가 먼저 무덤에 들어갔고, 그 후에 사랑하는 제자가 들어가 보고 믿었다(요 20:2-8). 셋째로, 디베랴 바다에서 물고기를 잡고 있던 제자들을 찾으신 예수를 보고, 예수께서 사랑하는 제자가 베드로에게 "주시라"고 말하였다(요 21:7). 넷째로, 예수께서 베드로의 미래를 말씀해 주셨을 때, 베드로는 예수께서 사랑하는 제자에 관하여 질문하였지만, 예수께서는 베드로와 상관이 없는 일이라고 대답하셨다(요 21:20-24).

위의 경우들과 비교해서 다른 경우를 살펴 볼 수 있는데, 예수께서 십자가 위에 달리셔서, 사랑하는 제자에게 자신의 어머니를 돌보아 줄 것을 말하는 자리에 베드로는 없었다(요 19:26-27). 또 사랑하는 제자란 직접적인 언급은 없지만, 당연히 그 제자였으리라고 판단할 수 있는 경우들도 있는데, 베드로의 형제 안드레와 함께 있던 제자(요 1:35-41), 그리고 베드로를 대제사장 집의 뜰로 안내했던 제자(요 18:15-16)가 예수께서 사랑하는 제자로 보인다. 그리고 요한복음에서 베드로와 예수께서 사랑하는 제자는 예수의 사역의 내용을 통해서 대부분의 경우 거의 함께 지내는 모습을 볼 수 있다.

그러면 혹시 예수께서 사랑하시는 익명의 제자가 베드로의 형제인 안드레는 아닌가? 복음서의 내용을 통해서 안드레는 항상 그 이름을 직접 언급하는 사실로부터 그런 가능성을 배제할 수 있는 이유를 찾아 볼 수 있다. 예수의 열두 제자들 대부분의 경우에도 동일한 추론이 가능하다. 예를 들면, 빌립의 경우(요 1:43-46; 6:5-7; 12:21-22; 14:8-10), 도마의 경우(요 11:16; 14:5; 20:24-28; 21:2), 그리고 유다(요 14:22)와 나다나엘(요 1:45-49; 21:2)의 경우에도 직접 이름을 거명하며 이야기를 전개한다. 요한복음 안에서 예수께서 사랑하는 사람으로 마르다와 마리아 그리고 나사로가 등장한다(요 11:5). 죽었다가 다시 살아난 나사로를 예수께서 사랑하는 제자로 보아 그가 다시 죽지 않을 것이라는 말이 전해졌다고 주장할 수도 있다(참고, 요 21:23). 그러나 왜 11장과 12장에서는 이름을 사용하다가 갑자기 21장에서만 이름을 사용하지 않는가에 대한 답이 궁색하다. 이제까지 내용을 살펴보면, 예수께서 잡히시기 전에 제자들과 함께 만찬을 나누실 때, 분명히 참석했던 세베대의 아들들의 이름은 직접 거명되지 않고 있으며, 그 자리에 사랑받는 제자가 있었다. 공관복음에서 세베대의 아들들은 예수께 보좌에 앉으실 때, 하나는 우편에 다른 한 사람은 좌편에 앉기를 허락해 달라고 요구했으며(막 10:37), 이 같은 주장은 그들이 이미 예수의 일행이 식사를 함께 나눌 때면 예수의 좌우편에 앉아서 먹었기 때문이라는 추측을 가능하게 한다. 물론 이런 생각도 하나의 가정에 지나지 않지만, 그럼에도 불구하고 이 두 사람이야말로 사랑받는 제자가 앉은 자리에 가장 근접할 수 있는 인물들로 볼 수 있다.

"예수께서 사랑하는 제자"는 베드로와 함께 갈릴리 바닷가로 물고기를 잡으러 간 일곱 명 중 한 사람이었으며, 요한복음 21장 2절에 언급된 "시몬 베드로, 디두모라 불리는 도마, 갈릴리 가나 사람 나다나엘, 세베대의 아들들, 그리고 다른 두 제자들" 중 하나였을 것이다. 여기서 요한복음의 특징 중 하나로 "사랑받는 제자"의 이름을 부르지 않고 있음을 감안한다면, 시몬 베드로, 도마, 나다나엘은 "사랑받는 제자"가 아니다. 그렇다면 세베대의 두 아들들 중 하나이거나, "다른 두 제자들" 중 하나이다. 세베대의 아들들 중 야고보는 42년경에 헤롯 아그립바에 의해 죽임을 당했기 때문에[2] 요한복음 21장 23절의 내용을 근거로 초대교회에서 "사랑받는 제자"는 죽지 않았다고 했다면, 그는 해당이 되지 않는다. 이제까지 살펴본 내용을 정리해 보면 요한복음에서 저자는 사도이며, "사랑받는 제자"이며, 열두 제자들 중 한 명이지만, 베드로, 빌립, 도마, 가룟 유다, 야고보의 아들 유다는 아니다. 요한복음 21상 2설에 거론된 일곱 명 중 하나이지만, 시몬 베드로, 도마, 나다나엘은 아니다. 세베대의 아들 요한이거나 요한복음 21장 2절에서 거론된 "다른 두 제자들" 중 하나이다.

이런 결과는 공관복음과 사도행전의 내용을 통하여 검토해 보면, 마태(레위), 열심당 시몬, 알패오의 아들 야고보, 세베대의 아들 요한이 남게 된다. 여기서 마태일 가능성은 희박하다. 그는 마태복음의 저자로

---

2) 사도행전 12:1-2~"12:1 그 때에 헤롯 왕이 손을 들어 교회 중 몇 사람을 해하려 하여; 요한의 형제 야고보를 칼로 죽이니".

널리 알려져 있기 때문이다. 게다가 열심당 시몬과 알패오의 아들 야고보일 가능성도 거의 없다. 이 두 사람은 요한복음의 저자로 제안된 적이 없기 때문이다. 사실 초대교회의 사역에서 베드로와 함께 나란히 규칙적으로 등장했던 요한이 유력하다.3) 결론적으로 요한복음의 내증과 다른 신약성경의 내용을 통해서 세베대의 아들 요한이 요한복음의 저자라고 말할 수 있다.

이제까지 살펴본 것처럼 요한복음의 저자에 관한 내적 증거란 우선 간접적인 증거란 의미이다. 앞에서 제공한 논리적 사유를 보다 더 구체적으로 입증하려는 시도를 행했던 웨스트콧(Westcott)4)이 자신의 주석의 서론부분에 제시했던, "증거의 중심 범주들"은 아직도 유용한 자료이다. 흥미로운 점은 실제로 아직까지 어느 누구도 그의 증거에 대

---

3) 누가복음 22:8; 사도행전 3-4장; 8:14-25; 갈 2:9을 보시오.

4) 웨스트콧(Brooke Foss Westcott; 1825~1901)은 케임브리지 신학교의 교수(1870 ~84)로서 그리고 더람(Durham)의 주교(1890~1901)로 활동한 사회운동가이며 신학자였다. 호르트(Hort)와 라이트훗(Lightfoot), 그리고 웨스트콧(Westcott) 세 사람은 영국교회(Anglican Church) 안에서 "케임브리지 삼인방 (Cambridge Three)"으로 널리 알려졌다. 이 세 사람은 독일의 하르낙(Harnack)과 마찬가지로 스트라우스(Strauss)의 주장에 대한 비판적 견해를 영국에서 제시하였다. 그들은 성경신학의 도구로서 역사비평적 방법을 급진적인 전제와는 상관이 없이 사용 가능한 도구로 사용할 수 있음을 증명하였다. 이들은 또한 바우어(Baur)로 대표되는 튀빙겐 학파(Tübingen school)의 주장에 대한 대응으로 신약성경 전체를 주석하는 작업을 하였다. 웨스트콧은 요한복음 이해에 있어서도 교부들의 가르침을 새롭게 환기시키고 본문을 주석하면서 새로운 관점을 제시하였다. 그가 제시한 요한복음 이해를 위한 중요한 세 쌍의 주제는 "증인과 진리, 영광과 빛, 그리고 심판과 빛"이었다. 요한복음은 이 세 쌍의 주제를 동시에 보여주면서 신앙과 불신앙이란 주요 주제로 나누인다고 주장한다[요한복음 주석 (MacMillan, 1881), xliv]. 웨스트콧은 공관복음과 요한복음의 차이를 신학적 목적 때문으로 본다. 분명한 사실은 요한복음을 이해하는 데 있어서 웨스트콧은 역사적 목격자였던 사도 요한이 기록하였으며, 복음서 본문을 있는 그대로 받아들인다.

하여 이의를 제기한 적은 없으나, 단지 사람들에 의해 잊혀졌을 뿐이다. 웨스트콧(Westcott)이 제시한 요한복음의 저자에 대한 증거들을 대강 소개하면 다음과 같다.

⑵ 네 번째 복음의 저자는 유대인이다.

A. 그는 당시 유대인들의 견해를 잘 아는 사람이었다.

1. 메시아 대망사상 – 요한복음 1:21; 4:25; 6:14 이하; 7:40 이하; 12:34 이하.

2. 여자를 대하는 태도 – 요한복음 4:27

3. 종교 학파의 중요성 – 요한복음 7:15

4. 디아스포라 유대인을 얕잡아 본다 – 요한복음 7:35

5. 유대인과 사마리아인 사이의 적대감 – 요한복음 4:9

B. 그는 유대인의 율례와 관습에 익숙한 사람이었다.

1. 이방인의 뜰에 들어가는 행위는 제사의례에 저촉된다 – 요한복음 18:28

2. 장막절을 "생수"와 "세상의 빛"으로 상징적으로 보여 준다 – 요한복음 7:8; 8:12

3. 절기의 마지막 날이 "큰 날"이다 – 요한복음 7:37

4. 혼인식의 관습들을 안다 – 요한복음 2:1-10.

5. 장례의 관습을 안다 – 요한복음 11:17-44

C. 사용하는 단어, 문장의 구조, 대구법과 숫자의 상징성, 생각의 표현과 전개 등이 본질적으로 히브리인의 특징을 보인다. "이야기에 담겨진 심상은 구약에 근거한다. 헬라어를 사용하지만, 그 언어가 담고 있는 정신은 히브리인이다."[웨스트콧(Westcott), 서론, vii].

D. 저자의 종교적 삶의 근거는 구약이다.

1. 유대지방이 성육신의 본향이다: "자기 땅에 오매, 자기 백성이"
   ─ 요한복음 1:11

2. 유대교가 기독교의 출발점이 되는 사실을 지속적으로 보여준다.

   a. 저자는 성경을 결코 폐할 수 없다는 점을 자명한 것으로 본다
      ─ 요한복음 10:35

   b. 예언서에 기록된 내용을 진리로 본다 ─ 요한복음 6:45

   c. 구약의 예표들을 그리스도께서 자신에게 적용하신 것으로 언급한다.

      i. 뱀 ─ 요한복음 3:14

      ii. 만나 ─ 요한복음 6:32

      iii. 바위에서 솟아난 샘물 ─ 요한복음 7:37이하.

⑶ 요한복음의 저자는 팔레스틴 유대인이다.

A. 저자는 팔레스틴 지역에 관한 분명한 지식이 있다.

1. 요단 너머에 있는 베다니(요 1:28)는 오리겐 당시에는 잊고 있는 지역이었으며, 예루살렘 근처의 베다니(요 11:18)와는 구별이 된다. 예루살렘 근처의 베다니는 예루살렘으로부터 5리(15 스타디아) 떨어져 있다고 한다.

2. 살렘 근처의 에논(요 3:23)은 성경의 다른 어느 곳에서도 언급되지 않고 있으며 이런 사실이 저자가 그 지방을 잘 알고 있음을 잘 보여준다.

3. 지형에 대한 지식이 분명하다 ─ 특히 예루살렘의 지형을 잘 알고 있다.

   a. 베데스다의 못 ─ 요한복음 5:2

b. 실로암 못 — 요한복음 9:7

c. 기드론 시내 — 요한복음 18:1 [a-c 까지는 공관복음에 나타나지 않는다]

d. 가바다(박석)와 재판석 — 요한복음 19:13

e. 성전에 관한 언급이 구체적이다.

　i. 46년 동안 지어져 왔다 — 요한복음 2:20

　ii. 연보궤 — 요한복음 8:20

　iii. 솔로몬의 행각 — 요한복음 10:22

B. 저자가 인용하는 구약성경 말씀을 보면, 저자는 헬라어 성경인 칠십인 경에 의존하지 않는다. 그러므로 저자는 적어도 히브리어를 읽고 사용할 수 있다. 이런 예들을 살펴보면 아래와 같다.

1. 히브리 성경과 칠십인 경이 일치할 경우:

a. 요한복음 12:38을 이사야서 53:1과 비교하시오.

b. 요한복음 19:24을 시편 22:18과 비교하시오.

c. 요한복음 10:34을 시편 82:6과 비교하시오.

d. 요한복음 15:25을 시편 34:19과 비교하시오.

2. 히브리 성경과는 일치하지만, 칠십인 경[LXX (Septuagint)]과는 다른 경우:

a. 요한복음 19:37을 스가랴서 12:10과 비교하시오.

b. 요한복음 6:45을 이사야서 54:13과 비교하시오.

c. 요한복음 13:18을 시편 41:9과 비교하시오.

3. 히브리 성경과 칠십인 경은 서로 일치하지만, 인용구는 다른 경우:

a. 요한복음 2:17을 시편 69:9과 비교하시오.

4. 히브리 성경과 칠십인 경의 내용이 일치하지 않으며, 인용구도 다른 경우:

a. 요한복음 12:14-15을 스가랴서 9:9과 비교하시오.

b. 요한복음 12:40을 이사야서 6:10과 비교하시오.

5. 저자가 임의로 다양한 구약의 구절들을 번역한 경우

  a. 요한복음 19:36을 출애굽기 12:46, 그리고 민수기 9:12과 비교하시오.

  b. 요한복음 7:38은 구약에서 병행되는 구절을 찾을 수 없음

  c. 요한복음 1:23을 이사야서 40:3과 비교하시오.

  d. 요한복음 6:31을 시편 78:24, 그리고 출애굽기 16:4, 15과 비교하시오.

6. 요한복음에서 구약의 인용구들 중 칠십인 경과 일치하면서 히브리 성경과 다른 경우는 없다.

C. 저자가 표현하는 로고스 사상은 알렉산드리아 계통의 사상이 아닌 팔레스틴 계통의 사상이다. 저자는 로고스를 나사렛 예수 안에 드러난 하나님의 계시로 본다. 그러나 필로는 로고스를 추상적인 하나님의 이성(abstract divine Reason)으로 본다.

D. 요한복음은 쿰란 문서들과 상당한 병행구들을 갖는다. 이런 사실은 요한복음이 팔레스틴 문서인 사실을 보여준다.[5]

(4) 요한복음의 저자는 자신이 기록한 사건들을 직접 목격한 사람이다.

A. 사람들에 대한 묘사가 아주 세밀하다.

1. 니고데모 – 요한복음 3:1이하, 7:50과 19:39을 보시오.

2. 나사로 – 요한복음 9:1이하와 12:1이하를 보시오.

3. 시몬, 가룟인 유다의 아버지 – 요한복음 6:71; 12:4; 13:2, 26을 보시오.

---

5) A. M. Hunter, *Expository Times* 71(1959/60), 166을 참고하시오.

4. 참고로 저자는 "가룟"이 지명이거나 혹은 성씨인 사실을 인지
하고 있다: 저자는 "가룟"이란 이름을 아들인 유다와 아비인 시
몬, 두 사람 모두에게 적용한다―요한복음 6:71; 13:2, 26; 12:4;
14:22을 보시오.

B. 시간에 대한 묘사가 정확하다.

1. 나사로를 다시 살리기 전의 날들―요한복음 11:6, 17, 39을 보시
오.

2. 예수께서 사마리아 지역에 머무르신 날짜―요한복음 4:40, 43을
보시오.

3. 사건이 일어난 시간들에 대한 언급:

   a. "제 십시"―요한복음 1:39을 보시오.

   b. "제 육시"―요한복음 4:6을 보시오.

   c. "제 칠시"―요한복음 4:52을 보시오.

   d. "제 육시"―요한복음 19:14을 보시오.

   e. "밤이러라"―요한복음 13:30을 참고하시오.

C. 자세한 숫자를 사용한다.

1. 세례요한의 두 제자―요한복음 1:35을 보시오.

2. 여섯 개의 돌 항아리―요한복음 2:6을 보시오.

3. 보리 떡 다섯 개와 물고기 두 마리―요한복음 6:9을 보시오.

4. 십여 리(25 혹은 30스타디아)―요한복음 6:19을 보시오.

5. 네 명의 군병들―요한복음 19:23을 보시오.

6. 오십 간(200규빗)―요한복음 21:8을 보시오.

7. 253마리의 물고기―요한복음 21:11을 보시오.

D. 관습과 환경을 상세히 묘사한다.

1. 소년이 갖고 있던 보리―요한복음 6:9을 보시오.

2. 마리아가 기름을 부었을 때, 집 안이 향기로 가득하였다―요한 복음 12:3을 보시오.

3. 승리의 입성을 할 때, 사람들이 종려나무 가지를 흔들며 환영했다―요한복음 12:13을 보시오

4. 로마 군인들이 예수를 잡으러 올 때, 대 제사장과 바리새인들에게서 얻은 하속들과 함께 한 사실―요한복음 18:3을 보시오.

5. 예수의 속옷이 통으로 짜진 사실―요한복음 19:23을 보시오.

6. 머리를 쌌던 수건은 세마포와 함께 놓이지 않고 딴 곳에 개켜 있었다―요한복음 20:7을 보시오

7. 주께서 세 번씩 네가 나를 사랑하느냐 물으셔서 베드로가 근심하였다―요한복음 21:17을 보시오.

⑸ 요한복음의 저자는 사도였다.

A. 사도인 사실이 명백한 점은 그가 예수의 사역의 시작에서 첫 제자를 부르신 일부터 부활 후에 다시 나타나신 일까지 기록하였기 때문이다.

B. 중요한 시점에 그는 제자들의 생각들과 느낌을 잘 알고 있었다―요한복음 2:11, 17, 22; 4:27; 6:19, 60이하 12:16; 13:22, 28; 21:12을 보시오.

C. 제자들이 했던 이야기를 회상한다―요한복음 4:33; 16:17; 20:25; 21:3, 5을 보시오.

D. 그는 제자들이 잠시 동안 사람들을 떠나 머물던 장소들을 잘 알고 있다―요한복음 11:54; 18:1-2; 20:19을 보시오.

E. 제자들이 받았던 불완전하고 잘못된 인상들을 잘 알고 있었다―요한복음 11:13; 12:16; 13:28; 20:9; 21:4을 보시오.

F. 그는 주님 가까이에 있었다.

　　1. 그는 주님의 기분을 알았었다－요한복음 11:33; 13:21을 보시오.

　　2. 그는 주님께서 행하신 이유를 알고 있었다－요한복음 2:24이하 4:1; 5:6; 6:15; 7:1; 16:19을 보시오.

　　3. 그는 여러 경우에 주님의 심정을 알았었다－요한복음 6:6, 61, 64; 13:1, 3, 11을 보시오.

　⑹ 요한복음의 저자는 사도 요한이다.

　A. 요한복음 21:24은 저자가 "예수께서 사랑하는 사도"라고 지적한다.

　B. 이 제자는 예수께서 고난 받으시는 내용 가운데 두 번(요 13:23; 19:26), 그리고 부활하신 후에 두 번 같은 명칭으로 불립니다(요 21:7, 20)

　C. 그는 대 제사장과 친분이 있는 사람이었다(요 18:15)

　D. 그는 베드로와 가까운 관계에 있었다(요 13:24; 20:2; 21:7)

　E. 요한복음 21:2의 명단 가운데, 이 제자는 세베대의 아들들 중 하나이거나, 혹은 익명의 제자들 중 하나이다.

　F. 공관복음서에서 제자들 중 베드로와 야고보 그리고 요한은 예수와 특별한 관계인 사실을 볼 수 있다. 그런데 요한복음 20:21을 보면 베드로는 대상에서 제외되며, 야고보가 일찍이 순교를 당했다면, 요한이 남게 된다.

　⑺ 보완 증거

　A. 요한은 요한복음 안에서 이름으로 직접 불린 적이 없다.

　B. 요한을 직접 이름을 부른 적은 없으나, 복음서의 저자는 사람들

의 이름을 독특하게 표현한다. 예를 들면, 저자는 사람들을 부를 때, 부가적인 이름들을 사용해서, 시몬이란 이름을 사용하지 않고 시몬 베드로나 혹은 새로 지어진 베드로란 이름을 사용한다. 그러나 이런 경향이 있음에도 불구하고, 요한복음의 저자는 세례 요한을 부를 때, 공관복음에서는 항상 세례 요한이라고 했지만, 단지 요한이라고 부른다.

저자를 규명하는 일과 관련하여 몇 가지 생각해 볼 내용들이 있다. 만일 전통적인 견해를 받아들여서 사도 요한이 요한복음의 저자라고 한다고 해도, 실제로 복음이 기록되는 내용과 관련하여 서로 다른 주장들이 있다. 첫째로, 사도 요한은 목격자일 뿐이고 실제로는 다른 사람이 복음을 기록하였다. 이와 유사한 경우를 사도 베드로와 마가 요한 사이의 관계를 예로 들 수 있다. 이 이론에 대한 현저한 반대는 없다. 그러나 이 이론을 받아들이면 요한복음 21:24에 관한 해석에 있어서 사도가 아닌 "다른 제자"가 기록했다는 의미로 보아야 하는 등 해석상의 여지가 많아진다. 물론 이 이론은 사도 자신이 그가 말한 내용에 관하여 전적인 책임이 있다는 외적인 증거를 배제하지 않는다. 이 이론을 따르면 복음의 내용은 사도가 제공하고, 실제로 기록한 사람은 이름이 알려지지 않은 다른 사람이라는 설명이 가능하다. 이런 관점에서 보면 복음의 기록 과정에 있어서 베드로와 마가 요한 사이의 관계와는 달리 사도 요한은 더 긴밀한 역할을 한 것으로 볼 수 있다.

둘째로, 보다 수정된 이론은 사도 요한의 제자가 사도가 죽은 후에 그가 가르친 내용을 기록하였다고 본다. 이 이론에 의하면 복음의 내용은 사도 요한의 것이지만, 실제로 기록하지 않은 것이 된다. 앞의 이론에서는 사도가 기록의 과정에 참여하지만, 여기서는 배제되는 상황이 설정된다. 그러므로 21:24은 사도 요한이 아닌 복음을 직접 기록한 제자를 지적한 내용으로 본다.

비록 이 두 가지 이론이 약간은 흥미로운 가능성을 제시한다고 해도, 실제로는 복음의 내용 안에서 이 이론들을 뒷받침할 만큼 혹은 부인할 만큼 충분하고 구체적인 자료들을 찾기가 불가능하다. 또한 문체만 가지고 주장을 세우는 일은 추측에 근거하기 때문에 확정짓기가 곤란하다.

2) 외적 증거

외적 증거란 역사적 증거라고도 할 수 있는데, 도날드 거쓰리(Donald Guthrie)가 쓴 『신약개론』에 잘 설명이 되고 있으며,[6] 비교적 최근에 게리 버지(Gary M. Burge)가 쓴 요한복음 해석 입문서와 도날드 카슨(Donald A. Carson)이 쓴 요한복음 주석서에도 동일한 주제가 잘 다루어진 사실을 발견할 수 있다.[7] 그러나 이제까지 알려진 역사적 증거를 살펴보면, 이레네이우스(Irenaeus)가 요한복음의 저자를 말하기 전까지는 그 어느 누구도 요한복음의 저자에 관해서 직접 언급한 적이 없는 것으로 보인다.[8] 이레네이우스는 자신이 쓴 기독교 이단에 대한 비판의 글에서 네 번째 복음의 저자가 주님의 제자인 사도 요한이며, 에베소에서 이 복음을 기록하였고, 로마 황제 트라야누스(Trajanus) 때까지 요한은 에베소에 머물렀다고 기록했다.[9] 그러나 이 내용을 수록했던 교회 역사가인 유세비우스(Eusebius)는 이 주장의 출처를 사도들에게서 복음을 배웠다고 알려진, 폴리캅(Polycarp)에게 돌린다.[10] 왜냐하면 이레

---

6) Donald Guthrie, *New Testament Introduction* (Downers Grove: Inter-Varsity Press, 1973), 258-63.

7) G. M. Burge, *Interpreting the Gospel of John*, 37-54; D. A. Carson, *The Gospel according to John*, 68-81.

8) 이레네이우스(Iranaeus). 주후 115~142 사이에 태어나 200년 경에 사망한 초대 교회 교부들 중 한 사람.

9) Iranaeus, *Adv. Haer.* 2.22.5, 3.3.4 (185년경).

110

네이우스의 주장은 자신의 친구인 플로리우스(Plorius)에게 쓴 편지의
내용에서 폴리캅과 나누었던 대화를 회상하는 내용을 반영한다고 유
세비우스가 보기 때문이다.[11] 이런 관점은 폴리캅만이 이레네이우스에
게 바른 지식을 제공한 유일한 사람으로 본다. 그러나 사도 요한이 요
한복음의 저자라고 생각하지 않는 상당수의 학자들은 이런 이레네이
우스의 주장을 액면 그대로 받아들이지 않을 뿐만 아니라, 이레네이우
스의 주장에 신빙성을 주지 않는다.

그런데 이레네이우스는 요한복음의 저자와 관한 기록에서 익명인
어떤 장로를 지적한다. 학자들 중 상당수는 생각하기를 이레네이우스
가 말하는 익명의 장로란 이레네이우스에 앞서 리용의 주교였으며 177
년경에 90세를 넘은 나이로 죽은 포티누스(Pothinus)라고 추측한다. 물
론 이레네이우스는 로마와 잦은 교류를 갖고 있었기 때문에 로마교회
의 사정에도 밝을 수도 있다. 여기서 드럼몬드(J. Drummond)가 지적한
대로 "비평가들은 마치 이레네이우스가 달에서 떨어져 나온 것처럼 말
하며, 두 번이나 혹은 세 번 쯤 폴리캅의 가르침을 받으러 그를 방문하
였을 뿐이고 아는 사람이 아무도 없다는 것처럼 본다.……그러나 실제
에 있어서 이레네이우스는 세기 초기에 있어서 여러 경로를 통해서 교
류를 하고 있었음에 틀림이 없다"고 보는 주장에 유의할 필요가 있
다.[12]

역사적인 자료를 통해서 사실 이레네이우스 이래로 초대교회 교부
들 가운데 요한복음이 사도에 의해 기록되었다는 견해에 대하여 이의
를 제기한 사람은 없다. 만약 터툴리안, 알렉산드리아의 클레멘트, 혹

10) Eusebius, *Historia Ecclesiasticus (The History of the Church)* 3.23.3. 이하; 4.14.3-8.
11) *Ibid.*, 5.20.4-8.
12) J. Drummond, *An Inquiry into the Character and Authorship of the Fourth Gospel* (n.a. 1903), 348.

은 오리겐 등이 단순히 이레네이우스의 견해를 인용한 경우라고 해도 그의 견해가 전할 만한 가치가 있다고 판단한 것으로 보고 있음에 틀림이 없는 것으로 보인다. 2세기 후반부에 기록된 것으로 보이는 로마교회와의 관련성을 띠고 있는 『무리토리안 정경』의 내용도 요한복음은 요한이 기록했는데, 안드레에게 비전이 주어진 후에 요한이 기록하였으며, 다른 사람들이 검토를 했다고 증거한다. 이런 내용의 배경에는 아마도 요한이 당시의 로마교회에서 읽혀지는 복음과 관련이 있는 것으로 보인다.

결론적으로 사도 요한의 저작을 부인하는 주장들은 요한복음을 2세기경에 쓴 것으로 보는데, 그와 같이 늦은 연대를 뒷받침하는 자료들은 신빙성을 결여하고 있다. 뿐만 아니라 사도 요한이 일찍이 순교했다는 주장도 근거가 희박한 것으로 보인다. 마가복음 10장 39절을 근거로 야고보와 요한이 주께서 마시는 잔을 함께 마시겠다고 약속한 내용을 순교적 죽음으로 보아, 야고보가 순교했을 때, 요한도 순교를 했다고 보는 경우이다. 특히 사이드의 필립(Philip of Syde; 5세기 경)과 게오르그 하마르톨루스(Georg Hamartolus; 9세기 경)는 파피아스(Papias)에 의해 만들어진 내용으로 야고보와 요한이 유대인들에 의해 살해된 것으로 전하며, 411년에 시리아에서 만들어진 순교자 목록은 야고보와 요한을 "예루살렘의 사도들"로서 보며, 동일한 날짜에 그들의 순교를 기념한다. 그 외에 증거들이 있지만, 마가복음 10장 39절의 내용은 순교이기보다는 오히려 고난으로 보아야 하며, 사이드의 필립과 게오르그 하마르톨루스의 기록들은 역사적 정확성을 결여하고 있는 것으로 보인다. 왜냐하면, 만약 그들의 주장처럼 야고보와 요한이 함께 순교하였다면, 정작 파피아스의 가르침을 잘 알고 있는 이레네이우스나 유세비우스가 그와 같이 중요한 사실을 당연히 알릴 법한데, 그렇지 않다는 점 등이 요한의 이른 순교를 지지하지 않고 있는 것으로 본다. 역사적 자료의 가치를 부정하는 입장이 아니라면, 객관적으로 사도 요한이 요한복음의 저자인 사실을 부인하기는 불가능한 것으로 보인다.

그러나 복음서 자체가 저자에 대하여 침묵하고 있기 때문에, 여러 학자들이 사도 요한이 요한복음의 저자라는 견해와는 다른 견해들을 제기하고 있다. 그런 주장들을 간단히 요약해 보면 다음과 같다:

A. 예루살렘의 요한이라는 주장으로 델프(H. Delff)에 의해 제기되었으며, 이 주장은 예수께서 대제사장의 집에서 심문을 받으실 때, 요한이 그 집에 들어간 사실과 후에 요한이 아시아 지역의 교회를 인도하면서 목격자로서 유력한 사역을 하는 내용을 근거로 제시한 추론이다. 그러나 이 추론을 뒷받침할 만한 어떤 증거도 아직까지 나타나지 않고 있다.

B. 요한복음의 저자가 사도 요한의 이름을 빌려서 기록했다는 주장이다. 이 주장은 복음서에 기록된 모든 목격담은 단지 사도가 저자라는 인상을 주기 위한 편법이며, 저자는 사도 요한이 아니라고 한다. 그러나 만일 요한복음이 위작이라면 당연히 저자의 이름을 알리는 것이 상식이며, 초대교회 안에서 복음서의 위치로 보아 위작일 경우가 성립되기 어렵다.

C. 웰하우젠(Julius Wellhausen)이 제시한 이론으로 마가 요한이 저자라는 주장으로, 샌더스(J. N. Sanders)와 파커(Pierson Parker)가 동조하고 있다.[13] 그러나 파커는 자신의 이전 글에서 요한복음이 상당히 늦은 연대에 편집되었다고 주장하고 있으며, 그의 주장 자체가 마가 요한이 저자라는 주장과 병행하기란 불가능한 것으로 보인다.[14] 뿐만 아니라,

---

13) J. N. Sanders and Pierson Parker, "John and John Mark," *Journal of Biblical Literature* 79 (1960), 97-110.

14) Pierson Parker, "Two Editions of John," *Journal of Biblical Literature* 75 (1956), 303-314.

마가 요한이 쓴 마가복음과 요한복음의 차이를 설명하기도 마땅치 않은 것으로 보인다.

D. 사도 요한이 아니며 에베소 교회와 관련된 인물로 복음이 만들어지는 과정에 참여한 장로 요한이 썼다는 주장으로 파피아스의 기록에 대한 해석을 근거로 제기된다. 이 주장은 "혼돈 이론"으로 부를 수 있으며 외적 증거에 대한 해석을 반영한다. 다시 말해, 유세비우스가 인용한 파피아스의 글에서 "장로"란 단어가 주의 제자들과 관련성이 있는가 없는가에 대한 이해가 결정적인 역할을 한다. 실제로 유세비우스가 인용한 글에서 파피아스는 "다시 말해, 장로들을 따르는 어떤 사람이 찾아올 경우, 나는 장로들의 말에 관하여 묻습니다. 안드레, 베드로, 빌립, 도마, 야고보나 요한, 또는 마태와 주님의 제자들 중 다른 사람이 무엇을 말했으며, 주님의 제자들인 아리스톤과 장로 요한은 무엇을 말했는가를 묻습니다. 왜냐하면, 나는 책의 내용들로부터는 살아 있고 함께 하는 음성들의 외침을 통하여 얻는 유익만큼 얻을 수 있다고 생각하지 않기 때문입니다."[15]

문제는 이런 파피아스의 말을 해석하는 일이다. 과연 누가 파피아스가 말하는 소위 "장로들"일까? 그들은 과연 "제자들"과 동일한 인물들일까, 아니면 그들과는 다른 사람들일까? 바렛은 "장로들의 말씀(들)"이란, 이름이 거명된 제자들(예를 들면, 사도들)이 이미 말한 내용으로 이루어졌으며, 파피아스는 이런 말씀들을 간접적으로 들었을 것이라고 확신한다. 파피아스가 사도 요한의 제자이며 폴리캅과 친구였다는 사실을 의심할 여지가 없다면, 파피아스는 적어도 세 부류의 사람들을 언급하고 있는 것으로 보인다. 파피아스가 말하는 사람들이란, 사도들

---

15) Eusebius, *H.E.*, 3.39.4.

(주님의 제자들), 그리고 사도들을 따르는 장로들, 그리고 다른 제자들이다.

만일 파피아스가 사도들을 장로들로 기록했다면, 그는 단지 두 부류의 사람들, 즉 사도들과 제자들을 언급하면서, 자신이 사도들을 따르는 사람들에게 사도들이 과연 무엇을 말했는가에 관하여 직접 질문하는 점을 밝히는 것으로 볼 수 있다. 파피아스의 이런 주장은 이레네이우스의 주장과 상당히 유사하다. 파피아스가 사도들을 장로들과 동일한 사람들로 보고 있다면, "장로 요한"은 앞서 언급한 "사도 요한"과 같은 사람이며. 이럴 경우에 파피아스는 과거에 요한이 말했던 내용과 파피아스가 질문할 당시에 요한이 말하는 내용과의 사이를 구별하는 것으로 보인다.

그와 동시에 요한이란 이름을 가진 사람이 적어도 두 사람일 수 있다는 가능성을 배제할 수 없다. 이런 가정은 파피아스의 말에 관한 유세비우스의 해석과 맥을 같이 한다. 그러나 유세비우스가 계시록의 저자로 복음서의 저자인 사도 요한이 아닌 다른 요한을 세우려는 시도를 행했던 점을 고려하면, 그의 해석에도 문제가 있다고 생각할 수 있다. 어떤 경우이든지 "장로 요한"이 존재했었다는 또 다른 증거는 요한 이서와 요한 삼서의 인사말에서 저자가 자신을 장로라고 언급한 사실에 있다. 단지 장로라고 알려진 두 번째 요한이 있다고 해도, 파피아스는 그 요한이 어디에 살며 무슨 작품을 썼다는 얘기를 전혀 하지 않는다. 여기서 장로는 요한복음을 쓴 요한과 같은 이름을 사용할 뿐이다. 이런 맥락에서 "혼돈 이론"이 발생하는 이유를 찾아 볼 수 있다. 물론 교회 안에서 사도들과 장로들을 구별하지 않고 함께 혼용했다면, 파피아스도 그렇게 사용할 수 있었을 것이다. 무엇보다도 파피아스는 한 사람을 두 가지 표현으로 불렀지만, 오히려 유세비우스가 착각을 했을 수도 있다.

E. 나사로가 요한복음의 저자라는 견해: 플로이드 필슨(Floyd Filson)은 나사로가 요한복음의 저자라고 제안한다.16) 나사로는 복음서 안에서 예수께서 사랑하는 사람이란 표현을 직접 하였던, 유일한 사람이다 (요 11:3, 11, 36; 참고로 요 11:5). 필슨(Filson)은 네 번째 복음의 저자를 요한으로 보았던, 2세기 교회의 전승을 모르는 사람에게 있어서 사랑받는 제자란 표현은 예수께서 사랑했던 나사로를 가리키는 것이라고 주장한다. 이런 주장이 성립하기 위해서는 복음을 읽는 독자는 저자에 관해서 아무 것도 모르는 상태이어야만 한다. 그러나 그 유명한 사도 요한이 저자라면 모를 리가 만무하다. 그러므로 이 견해를 그대로 수용할 수는 없다.

에크하르트(Eckhardt)는 나사로와 요한 사이의 관계를 발전시켜서 나사로란 다름 아니라 무덤에서 살아난 이후에 세베대의 아들 요한이 사용한 익명이라고 설명한다.17) 그러나 만약 요한이 예수의 사역 기간 중에 죽었고, 예수께서 다시 살리셨다면, 그런 일이 다른 복음서나 교회의 전승 가운데 전혀 나타나지 않는 일은 상상할 수조차 없는 일이다. 마지막으로 샌더스는 요한복음을 나사로가 아람어로 기록한 내용을 마가 요한이 편집한 것이라고 주장했지만, 오늘날에는 거의 인정을 받지 못하고 있는 형편이다.

사실 누가 요한복음의 저자인가를 결정하는 논의에 있어서 오늘날 학자들은 복음을 기록하기 시작한 원저자와 최종적으로 완성된 형태의 복음을 기록한 최종 저자를 구별하는 추세이다. 요한복음의 저자에 대한 논의는 여전히 진행 중이라고 봐야 한다. 그럼에도 불구하고 요

---

16) Floyd Filson, "Who Was the Beloved Disciple?" *Journal of Biblical Literature* 68 (1949), 83-88.

17) K. A. Eckhardt, *Der Tod des Johannes* (Berlin: De Gruyter, 1961)을 참고하시오.

한복음의 저자가 무엇을 알고 있었는지에 대한 질문에 답을 함으로써 저자가 누구인지를 살펴보기로 하자.

우선 저자는 예루살렘과 베다니를 포함하여 유대지방을 알고 있었다. 수가라는 이름의 동네, 야곱의 우물, 유대인들과 사마리아인들 사이의 관습(요 4:9)도 알고 있었다. 갈릴리 지역에 대한 상당한 지식을 갖고 있었다. 예를 들면 벳세다, 가나, 가버나움, 나사렛, 디베랴(갈릴리) 바다 등을 알고 있었다. 심지어 갈릴리 지역에 대한 부정적 견해도 인지하고 있었다(요 1:46; 7:31, 41-43). 예루살렘 성에 베데스다(요 5:1)와 실로암(요 9:7)이라는 두 개의 우물이 있었으며, 대제사장 안나의 집(요 18:13-18)과 빌라도의 관정(요 18:28)에 대해서도 알고 있었다. 물론 예루살렘 성전에 관해서도 잘 알고 있었다. 그는 성전의 연보궤(요 8:20)와 솔로몬의 행각(요 10:23), 그리고 예수께서 성전에서 제물을 파는 자들과 환전을 하는 사람들을 쫓아낸 사건을 묘사하며 성전에 대하여 기술한다(요 2:13-16). 요한복음의 저자는 성전이 당시에 사십육 년 동안이나 지어졌다고 하는, 다른 복음서에 기록되지 않은 성전에 관한 독특한 내용을 남겼다(요 2:20). 공관복음의 저자들은 예수의 생애를 기록하면서 단지 일회에 한하여 예수께서 유월절을 예루살렘에서 지내신 일을 기록하지만, 요한복음의 저자는 세 번에 걸쳐 예수께서 유월절을 지내신 것으로 기록한다. 저자는 유대인의 절기들과 각각의 절기에 행해지는 특징적 행사에 대하여 기술한다.

저자는 예수를 이스라엘의 조상인 아브라함과 야곱과 비교하며 성경을 인용하고 해석한다(요 4:12; 8:53). 구약성경의 내용과 관련하여 모세의 역할을 유대인들을 위하여 변론하는 위대한 선지자에서 죄를 추궁하는 고소인으로 바뀌고 있음을 전하며(요 5:45), 많은 사람들이 예수를 믿고 따르지 않는 이유를 이사야 선지자의 예언을 들어서 설명한다(요 12:38). 시편과 이스라엘의 역사적 인물들에 대한 저자의 이해

가 유대인들의 전통적 성경해석의 방법과 관련이 있으며, 나아가 율법
에 대한 교육을 받았을 것이라는 주장이 제기되기도 한다.[18] 실제로
요한복음 6장에서 유월절과 만나에 대한 이해는 소위 유대인들의 성경
해석 방법 중 하나인 미드라쉬(Midrash)[19]를 반영하는 것으로 보기도
한다.[20]

　예를 들면 "하늘에서 저희에게 떡을 주어 먹게 하였다"(요 6:31)는
구약성경 본문을 인용한 후에 발전적인 해석을 통해서 유대인들의 본
문이해를 부정하고 오히려 예수께서 자신을 믿고 따르는 사람들을 위
한 본문으로 적용한다. 아브라함을 이야기하면서 이삭의 후손과 이스
마엘의 후손을 구별하는 설명(요 8:33-44)은 갈라디아서 4장 21-30절의
내용과 유사하다. 최초의 살인자 카인(Cain)을 사탄의 첫 후손이며 동시
에 예수의 말씀을 듣는 사람들의 조상이라고 설명하기도 한다(요 8:44).
예수께서 하나님과 동등하시다는 주장에 대한 반박으로 제시하는 시
편 82:6에 대한 전통적 해석도 저자는 알고 있었다.

　저자는 유대인들의 하나님에 대한 이해를 잘 알고 있었다. 하나님께
서는 창조주이시며 종말의 때에 세상에 임하신다는 사상은 유대인들

---

18) R. A. Culpepper, *The Johannine School*, 261-90; Gary G. Porton, "Midrash: Palestine
　Jews and the Hebrew Bible in the Greco-Roman Period," *ANRW* 2.19.2 (1979),
　103-38.

19) Craig A. Evans, "Jewish Exegesis," in *Dictionary for the Theological Interpretation of the
　Bible*, general editor Kevin J. Vanhoozer (Grand Rapids: Baker Academic, 2005),
　381-382를 보시오. "미드라쉬"란 질문에 대한 답을 "찾다"라는 히브리어 동사
　darash에서 유래하며, "질문," "연구," 혹은 "주석"이란 뜻으로 사용된다. "미드
　라쉬"는 유대교 랍비들이 행한 성경해석의 형식과 방법을 의미하며, 근래에
　는 고대 성경의 전승과 해석과 관련하여 논의되는 주제를 형성한다. 신약성
　경의 본문이 "미드라쉬"를 반영하며 예수와 사도들도 성경이해에 있어서 "미
　드라쉬"를 사용했다는 학설이 제시되고 있다.

20) 참고로 Peder Borgen, *Bread from Heaven: An Exegetical Study of the Concept of Manna in
　the Gospel of John and the Writings of Philo* (Leiden: Brill, 1965)를 보시오.

의 이해를 대변한다. 저자는 이런 하나님의 이해를 예수께 그대로 적용한다. 예수께서 자신을 지칭하는 표현인 "내니(I AM)"가 성경의 하나님의 신성을 표방하는 것으로 보며, 일반적인 사람들과 비교해서 전혀 같지 않은 존재임을 보인다(요 8:24, 28; 8:58).[21] 예수께서 반복적으로 유일하신 하나님을 언급하지만, 무리들은 예수를 대적하면서 왕 중의 왕으로 로마의 황제를 내세우고 있음을 보여준다(요 19:15). 저자는 로마의 총독인 빌라도 앞에서 예수께서 심문을 통하여 재판을 받는 내용을 잘 보여준다(요 18:33-38; 19:8-11). 실제로 저자는 당시의 재판장은 고소를 당한 사람을 심문할 때 외모로 판단하지 않고 공의로 판단해야 하며(요 7:24; 8:15), 법에 따라 피고소인도 법정에서 진술을 할 수 있는 권리가 있음도 밝힌다(요 7:51).

이상의 내용을 정리해 보면, 요한복음의 저자는 자신이 속한 정황과 예수에 대한 기록을 상세히 남길 수 있는 사람이었음이 분명하며, 여러 가지 이유를 들어가며 사도 요한이 저자라는 견해를 부정한다고 해도, 이론적으로 완벽하게 특정 저자를 뒷받침하기 어렵다면, 사도 요한이 저자라는 교회의 전승을 그대로 수용해도 무방할 것이다. 따라서 저자는 사도이며(요 1:14) 열두 제자 중 예수께서 "사랑하시는 자"였고(요 13:23; 19:26-27; 21-24-25), 세베대의 아들인 요한이다.

---

21) 참고로 Jerome H. Neyrey, "'My Lord and My God': The Divinity of Jesus in John's Gospel," *Society of Biblical Literature Seminar Papers* (1986), 152-71과 "'Without Beginning of Days or End of Life' (Hebrews 7:3): Topos for a True Deity," *Catholic Biblical Quarterly* 53 (1991), 439-55을 보시오.

2. 요한복음의 기록년대와 장소

요한복음을 기록한 연대에 관한 견해들은 대체로 70년 이전부터 2세기 말경에 이르기까지 다양하다. 그러나 2세기에 기록되었을 것이라는 견해는 고고학적 발굴에 의해 파피루스 에거톤 2가 발견되면서 지지를 얻지 못하고 있다. 기원 2세기 초의 것으로 생각되는 것은 파피루스사본 P^{52}에는, 요한복음서의 단편이 있고, 파피루스 에거톤 2(Papyrus Egerton 2)도 동시대의 것으로, 역시 본서를 알고 있다. 근년 쿰란(Qumran)에서 발굴된 사해문서(Dead Sea Scrolls: 1947년, 사해를 내려다보는 낭떠러지 근처에 위치한 동굴 안에서 베드윈 양치기 소년에 의해 발견된 히브리 구약성경의 두루마리를 포함한 다수의 문서들)와의 관계를 들어서, 기원 70년 이전의 것으로, 요한복음의 저작년대를 조기의 것으로 보려는 견해도 있다.

전통적으로 저자문제와 관련하여 에베소로 되었으나, 사도 요한설, 장로 요한설이 불확실하다고 하면 장소 역시 확실하지 않다. 이밖에 본서의 히브리적 색채도 고려하여 팔레스틴 지방에서 기록하고, 안디옥을 거쳐 에베소에 왔다고 하는 설, 혹은 알렉산드리아설 등이 있는데, 그 보다 본서의 배경 및 사상 내용에서 볼 때, 팔레스틴에서 가까운 시리아(수리아) 주변이 아닌가 하고 추정이 되나, 이것도 확실하다고 할 수는 없다.

요한복음의 저작년대에 관한 견해는 70년 이진이라는 주장에서부터 2세기 말경이라는 주장까지 다양하다. 그러나 파피루스 에거톤 2가 발견된 이후부터는 2세기 말경이라는 주장은 더 이상 동의하는 학자가 없게 되었다. 그러나 다른 주장들과 관련된 논의는 아직까지 완결이 되지 않고 있기 때문에 저작년대는 55년경부터 1세기 말까지 가능한 범위에 속한다.

저작년대를 확정지으려는 몇 가지 시도들을 살펴보는 일도 요한복음을 이해하는 데 유용하다는 생각이 든다. 어떤 학자들은 동의하기 어려운 이른 연대를 주장한다. 이른 연대를 대표하는 주장은 요한복음 21장 19절을 근거로 사도 베드로가 순교할 당시에 요한복음 21장이 기록된 것으로 추론하면서, 결과적으로 64년 혹은 65년쯤 요한복음을 기록했다고 본다. 여기에 65년 이후부터 70년 이전 사이에 기록되었다는 주장을 내세우는 사람들은 예루살렘 성전이 여전히 파괴되지 않은 상황을 요한복음의 본문이 반영한다고 추정하며 그런 예로 요한복음 5장 2절 "예루살렘에 있는 양문 곁에 히브리 말로 베데스다라 하는 못이 있는데 거기 행각 다섯이 있고"란 내용에서 '있는데'로 번역된 헬라어 동사 ἐστιν(be 동사)이 현재형이란 점을 근거로 제시한다. 그러나 요한복음의 저자가 역사적 사실을 표현하기 위하여 현재형 동사를 사용했다면, 실제로 시제는 과거일 수도 있을 뿐만 아니라, 요한복음의 저자는 신약성경의 다른 어느 저자보다도 더 자주 과거의 사실을 현재형 동사로 기록한다. 또 다른 견해는 요한복음에서 '제자'란 '사도'가 아닌 '열두 제자'를 의미하기 때문에 발전된 형태의 교회조직과는 상관이 없는 비교적 이른 연대를 반영한다고 본다. 그러나 '제자'가 단지 '사도'를 의미하지 않는 점을 근거로 오히려 '사도'들이 다 죽은 후에 기록되었다는 주장을 세우는 일도 가능하다. 따라서 단지 동사가 현재형이기 때문에 혹은 '제자'란 단어가 '사도'를 지칭하지 않는다고 해서 이른 연대를 반영한다는 주장이 설득력을 갖지는 못한다.

사실 요한복음이 예수 당시를 그대로 반영하고 있는지를 확정하는 일은 단순하지 않다. 비록 요한복음이 70년 일어난 로마군대의 예루살렘 정벌과 이에 따르는 성전의 파괴를 언급하지 않고 있는 점은 보기에 따라서 70년 이전에 요한복음의 기록되었다는 강력한 증거로 보일 수도 있다. 요한복음 2장 19-22절의 내용은 예수께서 성전을 헐면 사흘 동안에 다시 일으키겠다는 주장을 반영한다. 만일 성전파괴가 언급된 다면 더 이상 다른 증거가 필요하지 않을 정도로 예수의 주장은 결정 적인 설득력을 가질 것이다. 그러나 성전파괴와 관련하여 저자는 아무 런 언급을 하지 않고 있다. 여기서 저자가 침묵하고 있는 점은 바로 아 직 성전이 파괴되지 않았음을 반영하고 있는가? 단순히 그렇게 받아들 이기가 쉽지 않다. 무엇보다도 디아스포라 유대인들은 성전에 대한 이 해가 다양할 수밖에 없음을 알 수 있다. 그렇기 때문에 만일 성전파괴 에 대한 최초의 충격이 잊혀질 때쯤이라면, 요한복음의 저자가 또 다 시 그 일을 상기시킬 이유를 찾기는 어려울 수도 있다. 덧붙여 누구보 다도 섬세한 비유적 표현을 잘 사용하는 요한복음의 저자가 80년대 정 도에 이런 중요한 사실을 신학적 논의를 세워가는 데 사용하지 않았다 고 상상하기도 어렵다. 이렇게 70년 이전에 기록되었다고 주장하는 사 람들은 70년 이후에 기록되었다는 주장들에 대하여 상당히 설득력있 는 비판을 제시한다. 다시 말해 70년 이전에 기록되었다는 주장들과 그 이후에 기록되었다는 주장들은 나름대로 자신들의 주장을 대변할 내용을 제시한다.

이제는 주후 70년 이후인 85년에서 95년 사이에 기록되었다는 주장 들을 살펴볼 차례이다. 이 주장은 대체로 네 가지 종류로 대별이 가능 하다.

1. 대부분의 학자들은 요한복음은 로마황제 도미티아누스 (Domitianus; A.D. 81~96) 치세에 기록되었다는 주장에 동의한다. 물론 로빈슨(Robinson)은 이 주장의 신빙성에 의문을 제기하기도 한다.[22] 사 실 초대교회의 전승 안에서 사도 요한은 트라야누스 황제(Trajanus;

---

22) J. A. T. Robinson, *Redating the New Testament* (London: SCM Press, 1976), 256-258.

A.D. 98~117) 때까지 생존했다는 유력한 증거도 있다.[23] 4세기경 제롬 (Jerome)도 예수의 고난 후 68년이 지나서 요한이 죽었다고 하였으며,[24] 이 경우 대략 98년으로 볼 수 있다. 이외에도 초대교회 교부들은 사도 요한을 마지막까지 생존했던 복음전도자로서 자신의 책을 썼다고 증 거한다. 이런 증거의 예를 들면 이레네이우스(Irenaeus)[25]와 유세비우스 가 인용한 클레멘트(Clement),[26] 그리고 유세비우스(Eusebius)의 주장[27] 등이 있다. 흥미롭게도 로빈슨은 요한복음의 저작년도를 새롭게 정립 하려는 시도를 하면서 사도 요한이 늙어서 기록을 했다는 주장은 후대 에 발생한 간접적이며 신뢰성이 떨어지는 다른 주장들과 함께 드러난 추론에 지나지 않는다고 본다.[28]

2. 일단의 학자들은 "그 부모가 이렇게 말한 것은 이미 유대인들이 누구든지 예수를 그리스도로 시인하는 자는 *출교하기로 결의하였으므* *로* 저희를 무서워함이러라"(개역 요 9:22)라는 말씀에서 '출교하기로'라 는 표현은 예수 당시의 현실과는 달리 후대에 있었던 얌니아 회의(the Council of Jamnia)에서 그리스도인들의 유대인 회당 출입을 금지한다는 결정을 반영한다고 본다.[29] 그러므로 이런 견해에 동의하는 학자들은 요한복음이 85년 이후에 기록되었다고 생각한다. 처음 제시되었을 때 와는 달리 오늘날 이 견해가 갖는 영향력은 상당히 감소하였다. 왜냐 하면 요한복음이 유대인과 그리스도인 사이의 관계를 반영하고 있음 에는 틀림없지만, 70년에서 100년 사이에 기록된 어떤 특정 문서도 발

---

23) Irenaeus, *Adv. Haer.* 2.22.5; 3.3.4를 Eusebius, *H.E.* 3. 23.3-4가 인용하였다.

24) Jerome, *De. vir. ill.* 9을 보시오.

25) Irenaeus, *Adv. Haer.* 3.1.1.

26) Eusebius, *H.E.* 6.14.7.에서 클레멘트(Clement)를 인용함.

27) *Ibid.*, 3.24.7.

28) J. A. T. Robinson, *Redating the New Testament*, 257.

29) 요한복음 9장 22절, 12장 42절, 그리고 16장 2절을 참고하시오.

견되지 않고 있으며, 요한복음이 그런 사실을 반영한다고 봐야 할 결정적 이유도 없기 때문이다.

3. 요한복음의 몇몇 세부적인 내용들이 후기 연대를 반영한다는 주장도 있다. 예를 들면 요한복음은 다른 복음서들과는 달리 70년도 이전에 예루살렘과 유대지방의 유대인들의 삶에 상당한 영향력을 행사했지만 이후로는 영향력을 잃었던 사두개인들에 관하여 침묵한다. 비록 설득력이 있는 주장이지만, 요한복음은 70년도 이후로 상당한 영향력을 행사하게 되었던 서기관들에 대해서도 특별한 관심을 표현하지 않는 것도 사실이다. 요한복음의 저자는 당시 산헤드린 공회(the Council of Sanhedrin)에서 다수를 점하고 있었던 제사장들이 예수의 고난과 죽음에 직접적인 영향력을 행사하고 있음을 분명히 한다. 요한복음 18장과 19장의 내용들은 이런 사실을 잘 반영한다.

4. 후기 연대를 주장하는 상당수의 학자들은 요한복음의 내용이 신학적 이해의 발전 과정을 재구성할 때, 신약성경 안에서 후기에 속하는 신학적 이해를 반영한다고 본다. 다시 말해 요한복음의 내용은 1세기 후반 이전에는 발생할 수 없는 신학적 이해를 반영한다는 주장이다. 던(Dunn)은 창조 이전에 존재했던 말씀이며 그 말씀이 성육신했다는 그리스도 이해는 1세기 말경에 가능하다고 한다.[30] 그러나 다수의 학자들은 이와 같은 재구성을 반박한다. 왜냐하면 던의 주장과 같은 후대가 아니라, 오히려 그보다 훨씬 이른 연대에 이미 그리스도에 관한 이해가 널리 받아들여졌다는 주장이다. 그런 예로 50년대 중반에 기록된 로마서 9장 5절은 "저는 만물 위에 계셔 세세에 찬양을 받으실 하나님이시니라"라고 이미 그리스도 예수를 만물 위에 계신 하나님으로 고백한다.

---

30) J. D. G. Dunn, *Christology in the Making: A New Testament Inquiry into the Origins of the Doctrine of the Incarnation* (London: SCM Press, 1980).

뿐만 아니라, 60년대 초기에 기록되었지만 이미 교회에서 신앙고백을 뒷받침하는 찬양을 반영하는 것으로 보이는 빌립보서 2장 5절 이하의 본문은 예수 그리스도와 관련하여 "근본 하나님의 본체시나 하나님과 동등됨을 취할 것으로 여기지 아니하시고; 오히려 자기를 비어 종의 형체를 가져 사람들과 같이 되었고; 사람의 모양으로 나타나셨으매 자기를 낮추시고 죽기까지 복종하셨으니 곧 십자가에 죽으심이라"라고 표현한다. 따라서 인간 예수에 대한 이해로부터 인간이 아닌 다른 그리스도로 전환하는 신학적 이해가 수십년 세월이 지난 후에서야 가능하다는 주장은 설득력이 떨어진다. 오히려 부활 이후 예수 그리스도를 하나님으로 고백한 신앙의 근본이 바뀐 적이 없다고 보는 것이 교회의 역사를 바로 이해하는 길이다.

사실 요한복음은 다른 어느 복음서보다도 하나님의 아들이신 예수께서 순종을 통하여 아버지 하나님의 뜻을 이루고 있음을 더 잘 보여준다.[31] 다시 말해 그리스도의 신성에 대한 강조가 결코 인성에 대한 이해를 약화시키거나 상쇄시키는 것으로 보아서는 안 된다는 사실을 알 수 있다. 따라서 그리스도에 대한 신학적 이해를 발전적으로 보는 견해에 비추어 요한복음의 기록년대를 측정하는 일은 신빙성이 없어 보인다.

이 주제와 관련한 연구를 좀더 살펴보면 다음과 같다. 요한복음의 저자에 대한 견해는 다양한 반면에, 저작년대에 관한 견해는 비교적 덜 다양한 편이다. 남부 독일 튀빙겐 대학의 바우르(F. C. Baur)와 그의 동료들은 150년 전쯤에 요한복음의 저작년대를 2세기 후반(A.D. 175)으로 생각했다. 바우르와 그의 동료들이 그런 생각을 갖게 된 이유는 요한복음과 서신서들의 주요한 가르침의 배경을 영지주의로 간주했으며,

---

31) 요한복음 5장 16~30절을 참고하시오.

이 영지주의가 번성한 연대가 2세기 중반에서 후반에 이르는 시기이기 때문이다. 그러나 오늘에는 거의 모든 학자들이 두 가지 이유 때문에 이와 같은 늦은 연대를 수용하지 않는다. 첫 번째 이유는 1934년 맨체스터 대학에서 파피루스를 연구하던 로버츠(C. H. Roberts)가 요한복음 18장의 일부가 기록된 파피루스 조각을 발견했기 때문이다. 이 파피루스 조각은 P^{52}로 불리며, 학자들은 그 연대를 125년경으로 본다.[32] 그런데 어느 누구 한 사람도 이 파피루스를 원본에서 나온 것으로 생각하지 않고, 이집트에서 발견된 것으로 본다. 이 파피루스는 요한복음이 기록되고 난 후에 수십 년이 지난 후에 복사되었으며, 이집트로 가져간 것이라고 학자들은 생각한다. 따라서 요한복음의 저작년대는 1세기 후반이라 생각한다. 또 다른 이유는 1947년에 발견된 사해문서(Dead Sea Scrolls) 때문이다. 사해문서의 내용을 살펴보면 이전에는 영지주의 안에서 사용한 것으로 간주했던 비유적 표현들과 상징들의 많은 부분들을 발견할 수 있다. 예를 들면 "전쟁문서"에 속하는 "빛의 아들들과 어둠의 아들 사이의 전쟁"이라는 문서이다. 따라서 영지주의와 관련이 있는 것으로 간주되었던 내용들을 이제는 기원전 2세기경에 기록된 것으로 알려진 사해문서 안에서 발견할 수 있게 된다.

퀴멜(Kümmel)은 말하기를: 만일 요한복음이 2세기 초에 이집트에 알려졌다면 2세기 초입이야말로 서삭과 관련된 연도로서는 가장 늦은 연대에 해당할 것이다(terminus ad quem). 또한 요한이 누가복음을 알고 있었다는 사실이 확실하다면 적어도 80~90년 이전에 요한복음을 기록하지는 않았을 것이다. 그러므로 오늘날에는 요한복음이 1세기 마지막 10년 사이에 기록되었다는 추측을 거의 대부분의 사람들이 인정한다.[33] 로빈슨(J. A. T. Robinson)도 역시 비슷한 말을 한다: 두드러진 학

---

32) 실제로 정확한 연대를 확정하는 데 있어서 일반적으로 주후 100년에서 150년 사이를 평균해서 주후 125년을 받아들인다.

자들 사이의 공감대들 중 하나로서 요한 저작들의 연대에 관한 견해는
가능한 모든 차이점을 극복한다. 다섯 권의 책-계시록, 복음서, 그리
고 서신서들-모두를 한 사람이 썼으며, 그 사람은 요한이라고 믿는
사람들과, 혹은 전혀 그런 생각에 동의하지 않거나 순서가 뒤바뀔 수
있다고 생각하는 사람들 사이에서도 계시록과 복음서와 서신서들의
저작년대를 90~100년 사이로 보는 공감대를 찾아볼 수 있다.[34] 그러
나 큄멜과 로빈슨의 견해가 옳다고 보기는 어렵다. 여기서 요한복음의
저작년도에 관한 증거들을 좀 더 살펴보기로 한다.

1) 요한복음의 저작년도에 관한 외적 증거

1. 사도 요한은 상당히 연로할 때까지 생존했었다는 내용은 광범위
하게 입증된다. 우선 이레네이우스(Irenaeus)는 그의 저작 『이단 반박』
(Against Heresies)에서 요한이 로마황제 트라야누스 통치 시절에 생존했
다고 주장한다.[35] 유세비우스(Eusebius)도 이레네이우스(Irenaeus)가 주장
한 대로 요한이 트라야누스(Trajanus) 때에도 생존했다는 주장을 되풀이
한다.[36] 제롬(Jerome)은 주님의 고난으로부터 68년째 되는 해에 요한이
죽었다고 한다.[37]

2. 요한이 복음을 마지막으로 기록한 사람이란 사실도 잘 입증된다.
초대교부들의 증언들로는 이레네이우스(Irenaeus),[38] 클레멘트,[39] 그리

---

33) P. Feine, J. Behm and W. G. Kümmel, *Einleitung in das Neue Testament* (1963); *Introduction to the New Testament*, trans. H. C. Kee (London: SCM Press, 1975), 246.

34) Irenaeus *Adv. Haer.*, 2.22.5과 3.3.4을 보시오.

35) J. A. T. Robinson, *Redating the New Testament*, 254.

36) 유세비우스의 교회사(H.E.) 3.23.3 이하의 내용을 참고하시오.

37) 제롬(Jerome)은 *De vir. ill.* 9에서 주후 30년을 십자가 처형의 연도로 볼 경우 A
주후 97년경을, 만약 주후 33년일 경우는 주후 100년으로 본다.

38) Irenaeus, *Adv. Haer.*, 3.1.1.

고 유세비우스를 예로 들 수 있다.[40]

3. 그러나 요한이 매우 나이가 들어서 기록했다는 추론은 늦게 그리고 정확성에 대하여 의심할 만한 다른 주장들과 함께 나타난다.

3-1. 무라토리안 캐논(Muratorian Canon; A.D. 180경)은 복음(요한이 기록했으며 다른 사람들이 교정한 계시)의 기원을 설명하면서 날짜에 관한 아무런 제안도 하지 않았으나, 단지 안드레를 포함한 요한의 동료 제자들이 여전히 생존해 있고, 요한과 함께 있었다고 전제하기 때문에 늦은 저작년대를 반박한다.

3-2. 반(反)마르시온 서론은 기록하기를 "요한의 복음이 알려져서 교회에 주어진 때는 요한이 여전히 생존할 때였다"[41] (어떤 사본들은 "계시록을 기록한 후"라는 문구가 더 있다). 나아가 반(反)무리토리안(Anti-Muratorian) 서론은 이 주장을 파피아스의 말로 돌리며 요한이 파피아스(Papias)에게 복음을 받아쓰도록 했다고 주장한다. 반무리토리안 서론은 덧붙이기를, 마르시온(Marcion; 소아시아 지역에서 주후 130년 경 가르쳤다)은 요한에 의해 거절당했다(예를 들면, 사도는 마르시온의 신학을 인정하지 않았다). 그러나 유세비우스는 파피아스의 저작들을 알고 있었지만, 요한복음의 기원에 관하여 파피아스로부터 아무런 내용도 인용하지 않는다.[42] 그러므로 파피아스에게 받아쓰기를 시켰다는 주장은 받아들이기 이려우며, 사도 요한이 마르시온을 아는 일은 불가능한 것으로 본다.

---

39) Eusebius, *H.E.*, 4.14.7.

40) *Ibid.*, 3.24.7.

41) 이 작품은 400년 경에 작성된 것으로 보인다.

42) 유세비우스(Eusebius)가 교회사에서 교부 파피아스(Papias)의 말을 인용하면서 "장로 요한"을 언급한 점과 비교해 보시오 (Eusebius, *H.E.*, 3.39.4).

3-3. 페투(Pettau)의 빅토리누스(Victorinus; A.D. 304 사망)는 말하기를 계시록 이후 요한은 복음서를 기록했으며, 2세기 중반에 가르쳤던 영지주의자 발렌티누스(Valentinus)에 대항하기 위해 기록한 것으로 본다.

3-4. 에피파니우스(Epiphanius; A.D. 315~403)는 요한이 겸손하게 복음서 쓰기를 거절했지만, 성령께서 요구하셔서 그가 밧모섬에서 돌아온 후에 그리고 아시아에서 수년 동안을 지낸 후인 90살이 넘은 나이에 복음을 기록하였다라고 분명히 말하였다.[43] 그러나 이 주장은 요한의 유배가 클라우디우스 통치 아래서 이루어졌다는 말과 그가 죽기 전 그 황제 때에 예언을 하였다고 하는 혼란스러운 문장들과 함께 제시된다. 로마 황제 클라우디우스는 주후 41~54년에 통치했다 그러나 에피파니우스가 말하는 클라우디우스는 아마도 네로 황제일 수도 있다. 왜냐하면, 네로의 이름은 네로 클라우디우스 드루서스 게르마니쿠스 이기 때문이다.

3-5. 게오르그 하마르톨루스(Georg Hamartolus; 9세기): 도미티아누스 이후 네르바가 일년을 재위하고, 그는 요한을 섬으로부터 불러내서 에베소에서 살도록 허락했었다. 그 당시 요한은 열두 사도들 중 유일한 생존자였으며, 그의 복음서를 기록한 후에 순교의 영광을 받았다(도미티아누스는 A.D. 81~96 동안 재위했다).

3-6. 그러나 이레네이우스와 유세비우스는 요한이 매우 늙어서 복음을 기록했다고는 말하지 않는다.

이런 내용들이 현재까지 발견된 외적 증거들이다. 이상의 증거들에 대한 이해와 관련하여 로빈슨(J. A. T. Robinson)이 제시한 유용한 견해를 요약하면 다음과 같다:

---

43) Iranaeus, *Adv. Haer.* 51.12.

각자가 약간의 차이점을 내포하기는 하지만 불트만(R. Bultmann)조차
도 80년을 최초로 복음이 기록된 때로 본다. 기록년대를 90~100년 사
이로 보는 견해에 대하여는, 복음서를 사도가 기록했다고 생각하는 사
람 혹은 아니라고 하는 사람, 또는 공관복음을 자료로 사용했다고 보
거나 혹은 아니라고 보거나, 가톨릭과 개신교, 보수주의와 진보주의 학
자를 물론하고 거의 모두가 동의한다. 실제로 이전 세대에 복음에 대
한 해석을 기록했던 사람들을 제외한다고 해도 최근에 주석서를 쓴 모
든 사람들을 포함시킬 수 있다. 2세대에 걸쳐서 하스팅스의 「성경 사
전」 그리고 「해석자의 성경 사전」이 일치하는 불과 몇 안 되는 내용들
중 하나이며, 이 합의점에는 편집비평자들도 포함된다. 사실 많은 주석
가들은(예를 들면, 슈나켄베르그) 연대를 논의하는 일에 별로 어려움을
느끼지 않으며, 신약성경 혹은 복음서에 관한 책들의 서론 부분에 한
면을 차지한다. 그러나 저자에 대한 면은 아주 적은 편이다. 큄멜의 두
문장으로 된 요약이 전형적인 결론으로 보인다: "그 질문은 해결된 것
으로 보인다."[44]

2) 요한복음의 저작년대와 관련된 내적 증거

많은 주석가들의 견해를 따르면, 요한이 공관복음(특히 누가복음)을
자료로 사용했다면 분명히 늦은 연대(1세기의 마지막 때)일 것이다. 그
러나 학자들 사이에는 공관복음을 사용했다는 주장에 관하여, 특히 정
확한 관계에 관하여 대부분 일치점이 없다. 어떤 경우든지. 요한복음은
비록 일찍 기록되었다고 해도 공관복음서들이 기록된 이후에 기록되
었을 것이다.

---

44) J. A. T. Robinson, *Redating the New Testament*, 261.

다른 사람들은 요한복음의 내용 안에서 찾아볼 수 있는 상당히 발전된 신학과 교회론은 복음을 기록한 때를 1세기 말경으로 추정할 수 있게 한다고 생각한다. 그러나 로마서와 히브리서들도 대단히 발전된 신학의 내용을 담고 있는 책들이지만 결코 늦은 연대에 기록한 책들이 아니다. 요한복음서에서 문자적이며 동시에 비유적인 표현은 요한이 사용하는 표현의 특징으로 보인다. 따라서 성례의 영적 중요성은 세례에 관한 표현과 마찬가지로 발전된 신학의 내용이기보다는 요한이 사용하는 표현의 특성으로 볼 수 있다. 심지어 요한은 성례로서 주님의 만찬을 언급조차 하지 않는다.

요한은 주후 70년, 예루살렘 멸망에 대한 언급을 전혀 하지 않는다. 이런 사실은 그다지 중요한 사실로 간주되지 않을 만큼 시간이 경과한 때로 추정한다. 그러나 히브리서와 계시록을 제외한 다른 신약성경의 책들 중 요한복음이 예루살렘 함락과 관련된 암시를 포함하는 것으로 간주한다. 복음의 초점은 메시아를 자기 백성이 거절하는 데 있다(요 1:11). 메시아의 오심과 그를 거절하는 일은 하나님의 심판을 의미한다. 궁극적으로 그리스도 자신이 성전(2:21)을 대신한다. 그러나 2장의 본문조차도 예루살렘의 함락에 대한 언급이 없다. 반면에, 예수의 예언은 로마군인들이 예루살렘을 파괴한 것에 관한 내용이 아니라, 오히려 주후 33년에 유대인들이 예수께 행한 일이었다. 이처럼 사려깊은 요한과 같은 저자가 그 같이 중요한, 장차 임할 멸망에 관해서 언급하지 않는 일은 대단히 이상하다.

이런 맥락에서 가능한 추론은 요한복음이 기록될 당시 예루살렘이 아직 파괴되지 않았던 사실을 5:2의 기록인 베데스다 못과 5개의 여전히 서 있는 기둥들을 현재형을 사용해서 기록한 사실에서 발견하는 일이다. 현재형 시제는 단 한 곳 직접적인 배경에서만 사용되고, 나머지 부분들을 묘사하는 데 저자는 미완료 과거형 시제를 사용한다. 그렇기

때문에 현재형 시제의 사용은 특별한 의미가 있다고 볼 수 있다. 요한
은 다른 여러 곳에서(4:6; 11:18; 18:1; 19:41) 배경에 장소 묘사를 흡수
시킨다. 따라서 이와 같은 현재형 시제의 사용에 관한 자연스러운 설
명은 요한이 기록할 당시 건물이 여전히 서 있었다고 보는 것이다. 회
너(H. Hoehner)는 이런 이유로 예루살렘이 여전히 포위된 채로, 베다니
(11:18)와 골고다(19:1 이하)는 파괴되었지만, 베데스다 못은 아직 남아
있다고 본다.

월리스(D. B. Wallace) 또한 요한복음 5장 2절의 현재형을 역사적 현
재로 보아서는 안 되며, 복음의 기록이 상당히 일찍 이루어진 사실을
반영한다고 주장한다.[45] 그러나 이런 주장들에 대하여 분명히 해야 할
사실들은 첫째로 요세푸스가 기록한 예루살렘의 여러 지역의 파괴에
관한 일반적인 특징에서, 베데스다가 파괴되었는지 혹은 아닌지를 알
수 없으며, 둘째로 요한이 예루살렘이 파괴된 이후 아주 멀리 떨어진
곳에서, 못이 파괴되었는지 혹은 아닌지를 모르는 채로 기록하면서 없
어진 못을 아직도 남아 있는 것처럼 묘사했을 가능성도 있다. 마지막
으로 복음서 전반을 통해서 나타나는 강한 팔레스틴 영향도 이른 연도
를 제시한다. 요한이 에베소로 이주해서 상당 기간을 거기서 산 후에
그런 자세한 내용들은 잊혀지거나 기억에서 희미해졌을 것이다. 결론
적으로 요한복음은 주후 70년, 예루살렘이 함락되기 직전에 기록되었
을 수도 있다.

결론적으로 고고학적 발견에 의해, 기원 2세기 이후의 저작으로 볼
수는 없다. 기원 2세기 초의 것으로 생각되는 것은 파피루스 사본 P[52]
에는, 요한복음서의 단편이 있고, 파피루스 에거톤 2(Papyrus Egerton 2)
도 동시대의 것으로, 역시 본서를 알고 있다. 근년 쿰란문서(Qumran),

---

45) D. B. Wallace, "John 5,2 and the Date of the Fourth Gospel," *Biblica* 71 (1990),
177-205.

즉 사해문서(1947년, 사해가 내려다 보이는 낭떠러지에서 양떼를 떠나 헤매고 있던 한 마리의 양으로 말미암아, 베드윈의 한 소년에 의해 발견된 히브리 구약성경의 두루마리)와의 관계에서, 요한복음의 저작을 이른 시기로 보려는 설이 있고, 이 경우 주후 70년 이전의 것으로 하려 하나, 본문의 내용에서 볼 때, 바울 및 공관복음서보다도 후의 것으로 해야 할 것이다. 전통적인 설명에 따라, 기원 1세기 말의 저작으로 보는 것이 타당하다.

이렇게 나름대로 결론을 내리지만, "누가, 언제, 어디서 요한복음을 기록하였는가?"라는 질문에 대한 학자들의 연구와 관련하여 마지막으로 헹겔(Martin Hengel)이 쓴 「요한에 관한 질문」(The Johannine Question)의 내용을 간단히 살펴보기로 한다.[46] 헹겔은 요한복음의 저자, 저작 시점, 그리고 저작 장소와 관련하여 다음과 같은 답들을 제시한다. 요한복음의 저자는 장로인 요한으로, 소아시아 지역에서 선생으로 제자들을 이끌고 있었으며, 저작년대는 기원 60~70년경부터 100~110년경 사이이다. 요한은 예루살렘 성전을 섬기던 제사장 계급에 속한 청년으로 유대전쟁(66~70) 기간 중 전쟁을 피해 유대지역에서 소아시아로 이주했으며, 예수님을 따르던 제자였으며, 나이가 많이 들도록 상당히 오랫동안 생존했다고 헹겔은 추측한다. 헹겔은 이 요한은 세베대의 아들 요한이 아닐 수도 있지만, 예수께서 "사랑하는 제자"를 본받았으며 세월이 흘러 그런 이미지를 완전히 자기의 것으로 소화시켰을 것으로 본다.[47]

물론 요한복음에서 예수께서 "사랑하는 제자"란 표현을 담은 본문이 얼마나 이 요한과 직접적인 연관이 있는지를 구체적으로 밝히기는 거의 불가능하다는 견해에 헹겔도 공감한다.[48] 그러나 장로 요한에 의

---

46) M. Hengel, The Johannine Question을 보시오.
47) Ibid., 130.

해서 세베대의 아들 요한의 이미지가 이상적 인물로 부각되었고, 요한의 제자들은 예수께서 "사랑하는 제자"를 자신들의 스승인 요한과 동일시한다. 신약성경에 속해 있는 요한의 저작들과 관련하여 헹겔은 바로 이 요한에 의하여 에베소(Ephesus)에 학파(school)가 세워지고 결과적으로 "주님의 제자"였던 요한이 네로(Nero) 황제의 박해가 지난 후에 기록했을 수도 있었던 계시록은 트라야누스(Trajanus) 황제 재위 초기에 다시 재편되었을 것이라는 의견을 제시한다. 요한복음의 기록은 한 번에 완성되지 않고 상당 기간에 걸쳐 서서히 발전적으로 형성된 것으로 보며, 그 이유를 베드로의 저작들과 공관복음의 전승과는 다른 영향을 받은 것으로 보기 때문이다. 따라서 요한의 생애 마지막 기간에 기록되었으며, 17장은 나중에 첨가되었고, 서론은 최종적으로 기록되었다고 본다. 여기서 헹겔은 어떤 과정을 통하여 혹은 저자가 어떤 자료를 사용해서 복음서를 기록했는지에 대하여 알 수는 없지만, 복음은 전체가 하나로 완성된 형태를 이룬다고 한다. 단지 약간의 수정과 변화는 완성되기까지 불가피했을 것으로 본다. 심지어 복음의 내용은 처음부터 기록에 의해 형성된 것이 아니라, 구전으로 전달된 가르침이었고, 저자의 생애를 마감할 무렵에 만들어졌다고 본다. 또한 하나님께서는 불변하시며 동시에 감정적일 수 없다는 사상을 근거로 저자의 가르침인 기독론(Christology)에 도전하는 이전 제자들이 발생시킨 위기를 타개하기 위한 과정에서 세 개의 서신서와 함께 복음서의 서론과 6장과 10장을 포함하여, 마지막 제자들에게 행하신 고별 가르침을 기록하게 된다고 주장한다.[49] 헹겔이 제시한 연구의 내용은 요한의 저작에 대한 연구에 있어서 상당히 중요한 업적으로 평가할 수 있다.

---

48) *Ibid.*, 131.
49) M. Hengel, *The Johannine Question*, 105.

이제까지 살펴본 내용을 종합해 보면 요한복음의 기록년대를 초대교회 안에서 가능한 아주 이른 시기로 보는 견해도 결정적인 증거가 없지만, 가능한 아주 늦은 시기로 보는 견해도 결정적 이유를 제시하지 못하는 실정이다. 초대교회 교부들이 요한복음을 인용하거나 사용한 예를 보아 오히려 1세기 후반을 기록년대로 보는 편이 설득력이 있어 보인다. 물론 신학적 이해의 발전을 배경으로 기록년대를 유추하는 작업은 설득력이 떨어지지만 초대교회의 성찬에서 예수를 하나님으로 고백하거나 때로는 인성을 강조하기도 하는 내용을 근거로 요한복음의 위치를 살펴보면 교부들의 표현보다는 비교적 덜 절제되고 덜 신학적인 표현으로 볼 수도 있다. 요한복음과 요한서신서들과의 관계에 대한 이해에 있어서도 요한일서와는 달리 요한복음의 내용은 영지주의에 정면으로 대항하거나 혹은 영지주의 영향에 전적으로 사로잡힌 것으로 보이지 않는다. 여러 가지 견해들이 있지만 요한복음이 먼저 기록되었으며, 요한일서가 영지주의자들을 대항하는 서신으로 교부들의 제자들에 의해서 인용되었다면, 복음서와 서신서의 기록년대 사이에 시간적 차이가 있을 수 있다.

결론을 정리하면, 사도 요한이 에베소[50]에서 요한복음을 기록했으며, 비록 모든 그리스도인들을 대상으로 했더라도 원래 독자는 기본적으로 디아스포라(diaspora) 유대인들과 개종한 이방인들이었다.[51] 요한복음은 이방인 선교를 배경으로 영지주의적인 사상의 등장과, 적어도 예루살렘 성전의 파괴와 관련이 있는 것으로 보인다.[52] 예루살렘 점령과 성전파괴로 인한 여파가 기회가 되어 요한은 예수께서 성전을 대체

---

50) Irenaeus, *Adv. Haer.* 3.1.2.; Eusebius, *H.C.*, 3.1.1

51) D. A. Carson, *The Gospel according to John*, 91.

52) J. A. Draper, "Temple, Tabernacle and Mystical Experience in John," in *Neotestamentica* (1997), 264, 285; P. W. L. Walker, *Jesus and the Holy City: New Testament Perspectives on Jerusalem* (Grand Rapids: William B. Eerdmans Publishing Company, 1996), 195.

하시고(요 2:18-22), 유대교 절기들이 상징하는 의미를 완성하신 것으로
묘사한다(요 5-12장). 이런 추정이 맞는다면 요한복음의 기록년대는 주
후 70년 이후, 100년 이전에 해당한다. 또한 요한복음의 본문을 살펴보
면, 바울의 서신들과 공관복음서가 기록된 이후에 기록된 것으로 보인
다. 따라서 주후 55~95년 사이의 어느 때라는 추정이 가능하다. 대부
분의 학자들은 공관복음서가 모두 완성된 이후에 요한복음이 기록되
었을 것으로 보아 기록년대의 최하한선을 주후 70년 정도로 추정하고
있다. 그러나 요한복음이 주후 90년 이후에 기록되었다고 할 수는 없
다. 그 이유는 주후 90~100년에 나온 로마 클레멘트의 문헌에 요한복
음의 사상이 벌써 반영되어 있기 때문이다. 그러므로 기록년대의 최대
한계선은 사도 요한이 유배를 갔던 도미티아누스(Domitianus; A.D. 81~
96) 황제 집권 마지막 해인 주후 96년이다. 또 도마가 예수를 "나의 주
시며 나의 하나님이시니이다"라고 고백한 말이 도미티아누스
(Domitianus)가 요구한 황제숭배에 대한 대응으로 본다면 주후 81~96
년 사이에 해당할 것이다. 당시의 시대적 상황이나 사도 요한의 행적
등을 역사적 문헌에 의거하여 살펴볼 때는 주후 85~95년경에 기록된
것으로 보는 것이 가장 무난하다.

제3장 복음 읽기

요한복음도 여타의 신약성경 책들과 마찬가지로 교회 혹은 신앙공동체를 위하여 기록하였다. 또한 요한복음은 1세기 말 당시의 삶과 신앙을 볼 수 있는 창을 제공한다는 사실에 누구나 공감할 수 있다. 그러나 요한복음의 저자는 단순히 역사를 기록한 것은 아니다. 역사적 사실과 더불어 신학적 이해를 기록하였으며, 이 두 개의 요소를 나누는 잣대를 제시하는 일은 성경신학의 현재진행형 과제이기도 하다.

복음서로서 요한복음을 단순히 이야기로 간주하는 행위를 쉽게 받아들이기는 결코 쉽지 않다. 왜냐하면 이야기로서의 복음은 이 세상을 구원하시는 하나님의 아들이시며 신앙의 대상이신 예수를 주인공으로 하기 때문이다. 사실 요한복음은 저자 자신이 듣고, 보고 만졌던, 다시 말해 체험을 통하여 알게 된 생생한 내용을 전하는 이야기로 예수께서 무엇을 어떻게 말하고 행했는지, 어떻게 사람들과 관계를 형성하며, 공생애를 어떻게 시작하고 어떻게 마감했는지와 같은 내용을 포함한다. 이런 이야기로서 요한복음이 내포하고 있는 의미전달의 중요성을 인식한다고 해도, 요한복음을 순수한 이야기로만 이해하려는 시도는 학자들 사이에서도 여전히 망설여지는 과제이다.

18세기 말부터 복음서에 대한 주요 연구들의 초점은 역사적인 질문에 치우쳐 있었다. 과연 복음서에 기록된 내용이 실제로 발생했는지에

138

관한 연구가 대부분이었다. 그런데 근래 들어, 예술로서 문학작품을 대하는 사람들에게 어떻게 의미가 발생하는가에 대한 연구들이, 복음서를 연구하는 학자들에게도 새로운 연구의 단서를 제공하기 시작했다. 예를 들면 피터센(Petersen)과 로즈(Rhoads)는 미국에서 이야기를 예술로서 연구하는 수사적인 분석방법을 사용하여 이야기(Narrative)로서 마가복음을 최초로 연구했다.[1] 뒤를 이어 영국의 커모드(Frank Kermode), 캐나다의 프라이(Northrop Frye) 등이 연구를 진행했는데, 커모드와 프라이는 성경신학자들이 아니었으나, 문학작품에 사용하는 비평적인 방법을 사용하여 성경을 연구하였다.[2]

실제로 요한복음 본문을 읽으면서 이야기와 가르침 사이에 긴장을 느끼는 일은 어떻게 보면 지극히 당연한 경험이다. 학자들은 오랜 기간 동안 제3자에 의해 전해지는 예수에 관한 생생하고 실제적인 이야기를 읽을 수 있지만, 상대적으로 직접 접하는 예수의 반복적이며 심오하고도 명쾌한 가르침은 영적인 의미를 담아낸다.[3] 요한복음 연구에 있어서 풍자와 상징들에 초점을 맞추는 연구들이 있었지만, 요한복음의 문학적 기교를 본격적으로 연구한 학자로는 위드(David W. Wead)를 예로 들 수 있다.[4] 그럼에도 불구하고 순수하게 문학작품을 분석하는 대상으로서의 요한복음을 연구한 학자는 컬페퍼(R. Alan Culpepper)로 보인다.[5] 역사비평적 방법을 사용하는 학자들도 요한복음의 저자를 편

1) Norman R. Petersen, *Literary Criticism for New Testament Critics* (Philadelphia: Fortress Press, 1978)과 David Rhoads and Donald Michie, *Mark as Story: An Introduction to the Narrative of a Gospel* (Philadelphia: Fortress Press, 1982)를 보시오.
2) Frank Kermode, *The Genesis of Secrecy: On the Interpretation of Narrative* (Cambridge: Harvard University Press, 1979)와 Northrop Frye, *The Great Code: The Bible and Literature* (New York and London: Harcourt Brace Jovanovich, 1982)를 보시오.
3) R. T. Fortna, *The Fourth Gospel and Its Predecessor*, 1.
4) David W. Wead, *The Literary Devices in John's Gospel* (dissertation, Basel University, 1970).

집자가 아닌 작가로 보는 연구를 시도했지만, 문예비평적 방법을 사용하지는 않았다. 컬페퍼는 붏스(Booth), 채트만(Chatman), 게넷(Genette), 숄스(Scholes), 켈로그(Kellogg), 스턴버그(Sternberg), 그리고 우스펜스키(Uspensky)와 같은 문학비평가들의 연구를 면밀히 관찰하고 분석하였다. 킹스베리(Kingsbury)가 마가복음을 문예비평적 방법을 사용하여 분석했던 것처럼, 컬페퍼는 이야기를 전하는 사람의 관점, 이야기가 발생한 시점, 이야기의 구성, 이야기의 등장인물들, 명백한 주석과 암시된 독자를 통하여 요한복음을 철저히 해부하였다.

요한복음 21장 전체를 자세히 연구하면서, 컬페퍼는 요한복음의 최초의 독자들은 작가가 제공하는 당시의 삶과 역사, 그리고 상상과 회상으로부터 이끌어 내고 있는 이야기의 세계로 초대 받고 있음을 주목한다. 그는 저자가 회상하며 말하는 이야기로서의 요한복음은 "역사적 전승과 신앙의 탁월한 혼합체"[6]라고 주장한다. 이야기를 전하는 사람은 실제 저자의 관점을 공유하며, 저자의 역할을 암시된 저자로 정의한다. 이야기를 전하는 화자는 이야기 속의 등장인물은 아니며, 이야기 전체를 꿰뚫고 있다. 따라서 이야기를 전하는 사람은 이야기를 전개하는 전체 과정을 통하여 아무 때나, 어느 곳에나 개입하여 도움이 되는 설명을 제공하거나 앞선 내용을 돌이켜서 생각나게 하기도 한다. 사실 이야기를 전하는 사람이 제공하는 인물과 사건에 대한 정보는 신뢰할 수 있다고 보아도 무방하다. 따라서 이야기를 듣는 사람은 자연스럽게 이야기를 전하는 사람의 관점을 접하는 동시에, 예수와 예수를 대하는 다른 사람들에 관한 이해에 있어서는 이야기를 전하는 사람의 관점에 의존하게 된다.

---

5) R. Alan Culpepper, *Anatomy of the Fourth Gospel: A Study in Literary Design* (Philadelphia: Fortress, 1983).

6) *Ibid.*, 231.

컬페퍼의 견해를 따라서 요한복음을 살펴보면, 이야기를 전하는 사람은 이야기를 "태초에"(요 1:1)와 "마지막 날에" 사이에 놓는다. 덧붙여 이야기를 전하는 사람은 "언제", "어디서" 예수께서 무엇을 어떻게 하실지를 잘 알고 있다(요 6:46; 13:36; 16:5). 예를 들면, 성육신하신 말씀으로 아버지의 품에서 독생하신 예수께서 자기를 보내셨던 아버지에게로 다시 돌아가신 사실을 알고 말하는 점 등이다. 복음을 이야기로 연구하는 과정에서 이야기 속에 등장하는 인물의 성격은 예수에 대한 반응과 믿음에 이르는 능력의 차이, 그리고 이야기를 전하는 사람의 관점에 가까워지거나 혹은 멀어지는 상태에 따라 결정된다. 실제로 예수를 배척하거나, 자신들의 신앙을 공개적으로 고백하기를 거부하기도 하며, 예수와 예수에 대적하는 사람들 사이에 위치하여 불가피하게 선택을 할 수밖에 없는 상황에 처하기도 한다. 그러나 예수의 제자들은 그의 영광에 대하여 믿음으로 반응하며, 예수를 영접하는 다양한 형태의 신앙을 대변한다. 이런 맥락에서 예수께서 "사랑하는 제자"는 진정한 목격자로서 참된 신앙의 모습을 대표한다. 그러므로 이야기로서 복음에 등장하는 인물들이 예수를 상대로 드러내는 다양한 형태의 반응에 관심을 갖는 행위는 이야기의 세계로 들어가는 행위이면서 동시에, 예수께 대한 자신의 반응을 생각하게 한다. 여기서 복음을 이야기하는 사람이 "사랑하는 제자"를 복음을 생생하게 구현하는 인물로서 사용하고 있음을 알 수 있다.

문학적 구성체로서 복음 이해는 복음서 구성의 역사를 다루는 것과는 다르며, 단지 현재 복음서가 하나의 구성체로서 문학성을 띠는 것으로 본다. 여기서 전승, 목격자의 증언, 영감과 충분히 신뢰할 만한 인물의 권위, 그리고 지리와 역사에 관한 세부 묘사의 정확성을 통하여 복음 자체의 신뢰성을 구축한다.[7] 이런 맥락에서 요한복음을 통하여 드러나는 독특한 예수에 대한 이해야말로 복음서의 저자가 기대하는 신뢰성을 뒷받침하는 것으로 볼 수 있다. 또한 요한복음을 기록한 주요 목적 중 하나가 예수에 대한 바른 이해를 제시하기 위함이라는 설명이 가능하다. 성경과 기억을 회상하는 형식으로 이야기를 전할 뿐만 아니라, 동사의 시제를 현재형으로 사용함으로써 예수의 말씀에 대하여 가장 권위 있는 해석을 제공하는 내용을 취한다. 저자는 예수께서 행하신 고별 가르침 안에서 예수 자신이 하나님으로부터 왔으며 다시 하나님께로 돌아가는 사실을 지속적으로 반복함으로써, 예수의 중요성이 여전히 저자가 처한 현실과 무관하지 않음을 드러낸다. 따라서 예수의 말씀과 복음서 전체의 내용은 저자가 속한 신앙공동체의 현실을 배경으로 한 예수에 대한 재해석으로 볼 수 있다.

다음은 문학비평의 연구 영역 안에서 가장 중요한 발전들 중 하나로, '문학적 관점'에서의 연구를 인용한 것이다.[8] 여기서 '관점'이란 저자가 사건을 독자들에게 전달하는 위치를 의미하는 것으로 본다. 다른 말로 표현한다면, 저자가 자신의 이야기를 수용하기 위한 '자세'라 할 수 있다. 우선 '관점'을 정하기 위해서 몇 가지 질문이 필요하다:

1. 누가 이야기를 말하는가?
2. 어떤 물리적 관점(이야기의 양상)에서 이야기를 하는가?
3. 어떤 정신적 관점(분위기)에서 이야기를 하는가?

이런 질문들 중 첫 번째 질문(누가 이야기를 말하는가?)이 가장 비중이 작은 질문이다. 왜냐하면, 저자가 익명인 경우를 제외하고는, 누가

---

7) *Ibid.*, 48-49.
8) 이어지는 내용은 인터넷에서 찾을 수 있는 요한복음 연구의 내용을 옮긴 것이다.

이야기를 기록했는가를 결정하는 일은 비교적 쉽다. 두 번째 질문은 일반적으로 두 가지 경우로 좁혀서 생각할 수 있다. 첫째로 저자가 1인칭의 관점을 선택한 경우. 이런 경우 이야기를 전하는 사람은 그 사건의 목격자 내지는 관찰자로서 말하는 경우이다. 마치 사건을 보도하는 사람처럼 이야기가 전개되는 바로 그 시점에 발생하는 일들을 묘사한다. 참고로 굳이 1인칭 대명사로 자신을 구사해야 할 필요는 없다. 1인칭의 관점에서 묘사는 즉각적이며, 친근함을 잘 느끼게 해 주는 장점이 있는 반면, 저자가 사건을 전개할 때, 자신 이외의 다른 사람의 생각 혹은 알고 있는, 장차 일어날 일들에 관해서 말할 수는 없다.

두 번째로 저자가 제3자의 관점을 사용하는 경우이다. 저자는 마치 사건과는 무관한 듯한 입장에서 사건을 묘사한다. 이것은 마치 사건의 전개를 풀어가는 진행자처럼 이야기를 전할 수 있지만, 독자들에게 즉각적이고 긴밀한 느낌을 전하지 못한다. 그러나 제3자의 관점에서 이야기를 진행하는 경우의 장점들은, 우선 저자가 다양한 관점에서 이야기를 전할 수 있다는 점이다. 또한 저자는 시간이 경과한 후에 등장인물의 변화에 관한 이해를 포함시킬 수도 있다. 마찬가지로 저자는 이야기 전개를 멈추고서라도 부수적인 방법들을 사용하여 추가로 상세한 설명이나 정보를 독자들로 하여금 알게 할 수 있다. 나아가 독자들이 작가의 입장에서 등장인물의 삶을 잘 살펴볼 수 있도록 도울 수 있다. 제3자적 관점의 변형으로, 소위 "모든 사실을 다 아는 작가"의 역할을 함으로써 저자는 독자들이 모르는 정보들뿐 아니라, 직접적인 관찰자조차도 모르는 정보를 추가할 수 있다. 예를 들어 저자는 마치 말로는 드러나지 않는 것처럼 하면서, 한 사람 이상의 생각이나 느낌을 동시에 나타낼 수 있다.

세 번째 질문(정신적 관점 혹은 '분위기')은 두 번째 질문만큼이나 중요하다. 정신적 관점은 물리적 관점과 일맥상통해야만 한다. 저자의 상황에 대한 지적 분석은 그가 수용한 물리적 관점과 일치해야만 한다. 다시 말해, 저자는 1인칭 관점을 채택하면서 이야기를, 결론을 이미 다 알고 있는 "모든 사실을 다 아는 작가"처럼 전개해서는 안 된다. 만약 그렇게 이야기를 전개한다면 독자들은 금새 이야기가 허구인 사실을 느끼게 될 것이다.

이런 문학비평적 요소들을 요한복음에 적용해 보면 다음과 같다. 첫째로, 어떤 사람이 복음을 말하고 있는가? 이 질문에 대한 답은 복음의 마지막 부분인 21:24에서 찾아볼 수 있다. 예수께서 사랑하는 제자(21:20을 참고하시오)가 이 모든 내용을 기록하였다. 그리고 이 제자는 앞서 살펴본 내용을 따르면, 사도 요한으로 보인다.

둘째로, 저자의 물리적 관점을 복음서의 본문을 통하여 살펴보면, 우선 물리적 관점에서 요한복음과 공관복음 사이의 근본적인 차이를 발견할 수 있다. 공관복음서들이 1인칭 화자의 관점(저자가 모든 일을 직접 목격한 내용으로 표현한다)에서 기록된 반면에, 요한복음은 3인칭 화자의 관점(저자가 진술한 사건들로부터 벗어난 상태에서 표현한다)에서 기록한다. 요한복음의 저자는 자신이 기록한 사건들과 직접적인 관련이 있음에도 불구하고, 그런 사건들로부터 자신을 주도면밀하게 떼어 놓는다. 저자 자신이 확실하게 주님의 생애를 직접 목격했음에도 불구하고, 그 사실들을 일정한 거리를 두고서 회상하고 있음을 분명하게 드러낸다. 그가 사용하는 표현에 따르면, 이전에는 예수의 생애 가운데 일어났던 사건들을 목격하지 못했던 사람들일지라도 지금 바로 그 사건들을 목격하고 있는 것 같은 느낌을 받는다. 다시 말해 작가는 자신이 기록한 시점에서 갖고 있는 관점으로 예수의 생애를 전하고 있다. 요한복음 1장 1절로부터 그리스도 예수의 생애를 보는 요한의 관점 전체를 한 눈에 볼 수 있다.

물론 요한복음을 통해서 저자가 사용하는 3인칭 화법의 예들을 발견하는 일은 어렵지 않다. 다음과 같은 경우가 바로 그런 예에 해당한다.

1. 요 2:17 – "제자들이 성경 말씀에……한 것을 기억하더라" (ἐμνήσθησαν οἱ μαθηταὶ αὐτοῦ ὅτι γεγραμμένον ἐστίν……)

2. 요 2:22 – "죽은 자 가운데서 살아나신 후에야……" (ὅτε οὖν ἠγέρθη ἐκ νεκρῶν,……)

3. 요 12:16 – "제자들은 처음에 이 일을 깨닫지 못하였다가……" (ταῦτα οὐκ ἔγνωσαν αὐτοῦ οἱ μαθηταὶ τὸ πρῶτον,……)

4. 요 20:9 – "저희는 성경에……하신 말씀을 아직 알지 못하더라" (οὐδέπω γὰρ ᾔδεισαν τὴν γραφὴν……)

위에 제시한 구절들로부터 요한이 주님께서 부활하신 이후의 관점을 수용하고 있는 사실을 발견하는 일은 어렵지 않다. 그는 과거의 일들을 돌이켜 보면서 그 사건들이 일어났을 당시에 내포하고 있던 진정한 의미를 미처 깨닫지 못했던 제자들의 무지를 잘 보여주고 있다. 다시 말해, 진정한 의미를 깨닫기 위해서는 예수 그리스도의 부활과 하나님의 섭리 안에서 부활이 차지하는 중요성을 알아야만 가능하다는 말이다.

그러나 요한은 "모든 사실을 다 알고 있는 저자"와 같은 자세로 이야기를 이끌기도 한다.

첫째로, 요한은 그의 독자들에게 상세한 부분까지 잘 설명한다. 그런 예들은 다음과 같다. 요한이 세례를 주던 장소(요 1:28); 유대교의 정결 관습(요 2:6); 유대인들과 사마리아인들 사이의 관계(요 4:9); 유대인 관원들 사이에 은밀히 존재하는 예수를 믿고 따르는 신자들(자신들

의 지위를 유지하기 위하여 드러나게 말하지 못했던 것으로 보인다)
(요 12:42-43); 유대인들의 장례 관습(요 19:40).

둘째로, 제자들의 무지함을 반복해서 지적한다. 예를 들면, 다락방에
서 예수께서 유다와 나누신 대화(요 13:28-29); 예수께서 가르치신 부활
에 관한 내용(요 20:9); 제자들은 부활하신 예수를 알지 못하였다(요
21:4).

셋째로, 장차 일어날 일들에 대한 설명들이 있다. 그런 예를 들어보
면 우선 요한복음 11장 2절에서 이미 마리아를 "향유를 주께 붓고 머
리털로 주의 발을 씻기던 자"라고 표현했지만, 실제로는 12장 3절에서
그 행위가 일어난다. 예수께서 자신을 믿는 자가 받을 성령을 가리켜
말씀하셨지만(요 7:39), 실제로 성령은 시간적으로 훨씬 이후로 볼 수
있는 오순절에 임하신다(행 2장).

넷째로, 목격자들이 모르던 사실들을 저자는 알고 있다. 예를 들면,
유다는 도적이었다(요 12:6); 가야바가 말한 예언의 적실성요(11:51-52).
가야바가 알고 있는 것보다 더 적절한 내용을 저자가 말한다.

문학비평의 관점과 관련된 마지막 요소로서 저자의 정신적 관점을
살펴보자. 일반적으로 저자는 "모든 사실을 알고 있는 자"로서 그가 수
용한 물리적 관점과 일치하는 정신적 관점을 드러낸다. 그가 선택한
정신적 관점이란 다른 복음서 저자들이 사용하지 않은 자료들을 선택
적으로 사용할 수 있게 하며, 그의 독자들로 하여금 부활 이후의 관점
을 통하여 그 내용들을 이해할 수 있게 해 줌으로써 진정한 의미를 발
견할 수 있도록 한다. 그러나 처음으로 가르침을 받았던 사람들은 결
코 이해하지 못하였다.

예를 들면, 장차 오실 성령에 관한 교리에 관하여 요한복음 7장 38
절에 예수께서는 "나를 믿는 자는 성경에 이름과 같이 그 배에서 생수
의 강이 흘러나리라"고 말씀하셨다. 그런데 바로 이어지는 구절은 이

런 가르침에 대한 요한의 관점을 제시하는데, "이는 그를 믿는 자의 받을 성령을 가리켜 말씀하신 것이라(예수께서 아직 영광을 받지 못하신 고로 성령이 아직 저희에게 계시지 아니하시더라)"라고 기록한다.

마지막으로 20:22에서 예수께서는 말씀하신 후에 제자들을 향하여 "숨을 내쉬며", "성령을 받으라"고 하셨다. 그러나 요한의 기록을 읽는 신자들은 저자가 앞서 제시한 7장 38절과 연관된 가르침을 근거로 이 말씀에 대한 이해가 가능하다.

또 다른 예를 요한복음 3장의 니고데모와 관련하여 찾아볼 수 있다. 니고데모는 예수와의 대화가 상당한 정도 진행되기 전에는 예수의 가르침을 깨달을 수가 없었다. 그러나 독자들은 잘 깨달을 수 있는 내용이다.

문학비평적 관점에서 진행된 주요 학문적 업적들을 살펴보면, 우선 듀크(Paul D. Duke)가 요한복음에 나타난 풍자(irony)를 연구한 내용을 들 수 있다.[9] 듀크는 헬라인들이 사용하던 풍자란 방편을 적용하여 기본적으로 유대인들의 관심사를 다룬다고 이해한다. 부연하면 풍자를 통하여 복음서의 독자들로 하여금 표피적 의미와 다른 차원에서의 의미를 선택할 수 있는 기회를 제공한다고 본다. 여기서 다른 차원이란 표면적으로 드러난 의미보다 더 나은 평가를 의미한다.[10] 따라서 듀크는 요한복음 안에서 사용된 풍자는 독자들로 하여금 한편의 이해로부터 또 다른 이해로 초대하는 이중적 관점을 제공하는 것으로 보았다. 여기서 풍자와 관련해서는 은유, 이중적 의미, 오해 그리고 모순된 언어 등을 사용한다.

은유(metaphor)를 발견하기는 어렵지 않지만, 정확하게 그 뜻을 알 수는 없다. 예를 들면, "나는 ~이다"라는 예수의 말씀, "생수", "한 알의

---

9) Paul D. Duke, *Irony in the Fourth Gospel* (Atlanta: John Knox Press, 1985)를 보시오.
10) *Ibid.*, 147.

밀이 땅에 떨어져 죽지 아니하면" 등을 들 수 있다. 이런 은유적인 표현들은 단순히 특정한 한 가지 의미만을 전하는데 그치지 않고 또 다른 의미를 내포한다. 이런 은유적인 표현들에 담긴 서로 다른 차원의 의미들은 연장, 연결 그리고 심층탐구란 형식으로 설명할 수 있지만, 풍자에서는 서로 상반된 형식을 이룬다. 요한복음 본문 읽기에서 발견할 수 있는 이중적 의미는 의도적인 모호성을 드러낸다. 이중적 의미란 어떤 구체적인 실체가 비유나 상징처럼 또 다른 의미를 드러내는 역할을 하는 것으로 설명할 수 있다. 예를 든다면, "거듭나다(ἄνωθεν)" (요 3:3, 7), "명절에 올라가다"(요 7:8), "너희에게 유익하다"(요 11:50), "너희에게 유익이라"(요 16:7), 헬라어 단어 "너희를 위하여 *죽다* (ἀποθανεῖν)"(요 11:50-51; 18:14), "들리다(ὑψόω)"(요 3:14; 8:28; 12:32, 34), 그리고 "다 이루었다(τετέλεσται)"(요 19:30) 등이다. 이런 예들의 경우 청중 혹은 독자들이 단순히 인식할 수 있는 그 이상의 의미를 인식할 수 있는 가능성을 내포한다.

또 다른 문학적 장치로는 오해를 예로 들기도 한다. 요한복음의 본문을 통해서 율법교사이며 바리새인이었던 니고데모, 사마리아 여인, 오병이어의 표적을 경험했던 많은 사람들, 나사로가 죽은 사실을 잠들었다고 이해했던 제자들, 그리고 예수께서 오셔서 주시는 영생을 마지막 날의 부활 때 다시 사는 것으로 알았던 마르다와 같은 오해의 행렬이 이어진다. 정작 요한복음을 읽는 그리스도인들은 이런 오해의 소지를 뛰어넘는 가르침과 깨달음을 경험한다. 일정한 형식을 구성하는 듯한 표현은 실제로 저자와 독자를 사이에 이야기의 내용을 통하여 익숙한 관계를 형성하고 있다는 가정을 가능하게 한다. 결과적으로 독자들로 하여금 이어지는 이야기를 어떻게 해석할는지 알게 한다. 요한복음에서 풍자는 논쟁을 위한 유효한 도구로 보이기도 한다. 본문의 내용을 살펴보면 때로는 다른 사람과 비교해서 자신이 더 잘 알고, 더 나은

148

위치에 있으며, 더 권세가 많다고 생각하는 인물들의 예상을 무색케 하는 모순된 결과가 초래됨을 알 수 있다. 이런 관점에서 비난이든, 조 언이든, 요한복음의 해학적 풍자는 믿는 사람들로 하여금 진정한 그리 스도의 제자가 될 것을 요구하는 지속적인 침묵의 초대와 같다.[11]

불트만(R. Bultmann)이 예수께서 하나님을 계시하는 분이란 사실에 관심의 초점을 두어 선포된 말씀(kerygma)을 연구했다면, 오데이(Gail O'Day)는 예수의 계시가 어떻게 요한복음의 저자에게 있어서 가장 중 요한 관심사가 되었는지를 연구하였다.[12] 오데이의 관심도 요한복음에 나타난 풍자에 있었으며, 무에크(Muecke)가 정리했듯이 풍자를 "수용할 만한 모순, 불균형, 부조화, 혹은 변칙"[13]으로 본다. 예를 들면 요한복 음 4장 4-42절에 기록된 야곱의 우물 이야기는 독자들로 하여금 풍자 가 무엇인지를 잘 보여준다. 대조와 불균형이란 두 차원의 이야기가 전개되며, 경우에 따라서 동시에 나타나기도 한다. 등장인물들에 의하 여 동일한 단어가 반복적으로 사용되지만, 사용자에 따라서 새로운 의 미가 주어지기도 한다(요 4:7, 15). 때로는 말한 내용과 기대하는 내용 사이에 모순으로 보이는 대조적인 모습이 드러나기도 한다(요 4:17, 18). 사마리아 여인과 제자들이 보이는 우둔함은 독자들로 하여금 등장 인물들 보다 더 낫거나 다르게 행동해야 한다는 가르침을 준다. 여기 서 오데이는 예수를 통하여 하나님의 영광이 드러나고 있으며, 이런 내용이 이야기 형식을 통하여 신학적 주장으로 전달되고 있음을 지적

---

11) P. D. Duke, *Irony of the Fourth Gospel*, 151.

12) Gail R. O'Day, *Revelation in the Fourth Gospel: Narrative Mode and Theological Claim* (Philadelphia: Fortress Press, 1986)을 보시오.

13) *Ibid.*, 26에서 D. C. Muecke, "Irony Markers," *Poetics* 7 (1968), 365. 실제로 오데이 (O'Day)는 G. W. MacRae, S.J., "Theology and Irony in the Fourth Gospel," in *The Word and the World: Essays in Honor of F. L. Moriarty*, ed. R. J. Clifford (Cambridge: Harvard University Press, 1973), 83-69에서 인용한다.

하며, 요한복음의 전체 내용은 예수의 십자가로 향하며, 이 십자가는 "이야기 형식이 전하는 가능성인 형상들, 비유들, 그리고 이야기들의 모든 집합체"[14]라고 주장한다.

니콜슨(G. C. Nicholson)은 요한복음 18-20장이 복음서 전체의 구성에서 차지하는 중요성에 주목한다.[15] 그는 요한복음 3:14, 8:28, 그리고 12:32이하 구절에 나타나는 "들리다"는 구절을 "올라가다와 내려오다"와 "위와 아래"란 주제를 배경으로 연구하면서 십자가 고난은 단순히 첨가된 내용이 아니며 오히려 전체의 구성에 필수불가결한 부분임을 주장한다. 예수를 믿고 따르는 사람들은 십자가 상의 죽음을 하나님께로 돌아가는, 그래서 하나님의 영광이 드러나는(요 1:14) 사건으로 이해한다. 그러나 십자가의 죽음의 의미는 예수께서 제자들에게 하나님께로 돌아가야 한다는 메시지를 전하기 전(요 20:17)까지는 바르게 전달되지 않았으며, 그 후에 부활의 주님으로부터 성령을 받게 된다(요 20:19-23).

니콜슨은 예수의 인성에 관한 논의가 없었던 이유를 신앙공동체 안에서 그에 대하여 전혀 이의가 없었기 때문으로 본다.[16] 여기서 주목할 사실은 인간 예수께서 겪는 고난을 실제적인 체험으로 보지 않고 신성의 측면을 강조하는 주장과 달리, 니콜슨은 예수의 고난을 실제적인 것으로 본다.

---

14) G. R. O'Day, *Revelation in the Fourth Gospel*, 113.

15) Godfrey C. Nicholson, *Death as Departure: The Johannine Descent-Ascent Schema* (Chico: Scholars Press, 1983)을 보시오. 참고로 케제만(Ernst Käsemann)은 자신의 연구인 *The Testament of Jesus: A Study of the Gospel of John in the Light of Chapter 17*에서 요한복음 17장은 죽음에 임한 사람이 행한 요한복음의 서론에 대응하는 언급을 문학적 장치를 통하여 성경적 선포로 기록한 것으로 복음을 마감하고 있다고 주장하였다. 문제는 케제만은 요한복음에 나타난 예수의 영광을 영지주의를 따르는 순진한 이해로 보는데 있다.

16) *Ibid.*, 166.

  톰슨(Marianne Meye Thompson)은 사도 바울이 고린도후서 5장 16절에서 "그러므로 우리가 이제부터는 아무 사람도 육체대로 알지 아니하노라"라고 선언한 내용을, 예수를 인성(humanity)이 아닌 신성(divinity)을 따라 알겠다고 했던 불트만(Bultmann)의 주장이 잘못되었다고 본다. 톰슨은 바울의 주장은 영지주의에 대항하기 위한 수단이 아니라 오히려 오직 믿음으로만 이해가 가능한 역설이고 변증이라고 본다.17) 불트만의 제자인 케제만(Käsemann)을 비롯하여 훨씬 이전에 활동하였던 바우르(F. C. Baur) 등도 예수 그리스도의 신성과 인성을, 이분법적인 구도를 통하여 보았었다. 그러나 기독론의 이해에 있어서 더 이상 십자가 위의 죽음은 신성에 가려진 인간의 모습이 아니라 실제인 것이다. 톰슨은 요한복음의 내용 중에서 예수께서 인간으로 오신 일, 행하신 표적의 구체성, 십자가의 죽음 등을 자세히 연구한 후에 요한복음의 저자가 예수의 신성을 강조하였지만 결코 인성을 왜곡하거나 말살하지 않았다고 주장한다.18)

  이상과 같이 제시한 문학적 장치 요소들은 독자들로 하여금 복음을 바르게 이해하는 데 도움되는 역할을 한다.

  지금까지 상당히 간략하게 요한복음과 관련된 문학비평의 내용들을 살펴보았다. 요한은 자신이 수용한 부활 이후의 관점을 통하여 보다 발전된 성찰로서 일관성 있게 지난 일들을 돌이켜 보면서 동시에 내포된 신학적 가르침들을 보여 준다. "모든 사실을 알고 있는 저자"로서 요한은 사건이 실제로 일어났을 당시에 함께 했던 사람들이 미처 깨닫지 못했던 이해를 적절하게 제시하기도 한다. 흥미있는 점은 '역사적 현재'란 기법을 통하여 저자는 3인칭 화자의 관점을 표현하며, "모든

---

17) M. Meye-Thompson, *The Humanity of Jesus in the Fourth Gospel*을 보시오.
18) *Ibid.*, 128.

사실을 아는 저자"를 구사하고, 동시에 1인칭 화자의 관점에서 나타낼 수 있는 즉각적이고 생생한 느낌을 구현하기도 한다. 이런 이유에서 요한복음의 저자가 상당한 수의 '역사적 현재' 기법을 사용하는 것으로 보인다. 실제로 '역사적 현재' 기법은 요한복음과 서신서의 특징으로 보인다.

성경의 연구, 특히 성경 본문의 의미를 밝히는 연구와 관련하여 최근 문학적 국면에 대한 연구가 활성화되었다. 소위 역사비평적 관점들과 관련된 연구의 성과에 대한 의견의 일치를 찾아보기 힘든 상황에서, 역사적 관심을 넘어서 성경을 문학작품 일반으로서 연구하는 영역으로 이동하는 움직임은 결과적으로 사실적 역사성과 절대적이고 객관적인 명제적 진리에 대한 추구와는 달리 주관적 경험, 다양한 해석자(혹은 공동체)가 처한 문화의 상대성과 같은 요소들에 초점을 맞추는 연구를 진행하게 하였다. 문제는 이런 문학비평의 방법을 수용한 연구들 안에 역사와 문학 사이에 불합리한 이분법적 관점이 내재한다는 점이다. 다시 말해 성경 본문의 역사적 배경을 회피하는 수단으로서 문학적 방법론이 사용되기도 한다. 실제로 문학은 메시지를 전하는 매개체이다. 의미를 전달하는 매개체인 문학에 대한 연구를 위해서 메시지 자체에 대한 이해를 소홀히 하는 모순을 보는 일은 별로 어렵지 않다.

성경이해에 있어서 우선순위가 뒤바뀌는 일이 벌어지고 있는 것이 작금의 현실이다. 그러나 기독교 신앙은 문학 혹은 예술적 평가의 대상이 아니라, 하나님의 계시를 믿고 순종하는 역사적 신앙이다. 성경은 고전 문학의 기록들 중 하나가 아니다. 성경을 대하는 독자는 성경의 저자가 사용했던 이야기 구성과 관련된 요소들을 파악하고 다양한 문학적 기교들에 관심을 두기보다는 성경의 메시지에 반응을 보여야 하는 존재이다. 수단이 메시지이고 이미지가 본질보다 더 중요한 문학의 영역 안에서, 성경에 대한 문학적 연구가 역사적이고 신학적인 관심을 초월하는 일은 새삼스러운 일이 아니다. 그럼에도 불구하고 성경의 저자가 전달하려는 의도에 충실하기 위하여 성경 이야기가 내포하고 있는 역사적, 신학적인 면을 무시할 수는 없다. 이런 면을 고려할 때, 성경에 대한 문학적 연구는 성경 본문에 대한 독자의 이해를 향상시키는 데 유용한 방향으로 발전시킬 필요가 있다.

제4장 새로운 관점

성경신학의 과제들 중 요한복음의 저자, 기원, 그리고 역사성에 관한 견해는 지난 150년 사이에 가장 극적으로 변화된 예들 중 하나이다. 만일 150년 전에 성경신학자에게 4복음서들 중 어떤 복음서가 예수의 생애를 가장 잘 알게 하느냐고 묻는다면, 그 대답은 거의 틀림없이 요한복음이었다. 그러나 오늘날 동일한 질문을 한다면, 아마도 복음서들 중 학자들의 선택으로는 가장 마지막 선택일 수 있으며, 심지어는 예수의 생애와 관련된 역사적 내용을 찾기 힘들다는 견해도 접할 가능성이 있는 실정이다. 어떻게 요한복음을 이해하는 데 있어서 이런 극단적인 견해 차이가 발생하게 되었을까? 그런 견해 차이가 가능했던 이유를 살펴보면 복음서들 사이의 상호관련성에 대한 이해에 기인하고 있음을 알 수 있다. 특히 요한복음이 1세기 말에 기록된 가장 마지막 복음서란 이해와 밀접한 관련이 있다.

사실 19세기 독일 튀빙겐 대학의 학자들은 요한복음의 저작년대를 2세기경으로 보았다. 그러나 1934년 로버트(C. H. Roberts)가 맨체스터 대학의 존 라일랜드(John Rylands) 도서관에 보관 중인, P[52]로 알려진 파피루스 일부를 발견한 이후로는 더 이상 이 견해는 지지를 얻지 못하게 되었고, 1세기 말경이라는 견해가 유력하게 부각되었다. 그런데 이 1세기 말경이란 저작년대는 요한복음의 내용과 소위 공관복음으로 불리는 마태복음, 마가복음, 그리고 누가복음들의 내용을 비교해 볼 때 드러나는 서로 다른 점들을, 예수의 생애에 대한 직접적인 증거라기보 다는, 오히려 부차적 혹은 파생적인 기록으로 요한복음서 저자가 자신 의 신학적 필요에 의해서 만들어낸 결과물로서 보려는 이유가 된다. 다시 말해 요한복음의 내용은 초대교회의 복음서의 전승과 관련하여 가장 발전된 신학적 이해를 바탕으로 기록되었다는 견해를 이루며, 이 견해가 1970년대까지 학자들 사이에서 지배적인 견해였음은 주지의 사실이었다. 그러나 20세기 중반 이후로는 요한복음을 예수의 생애와 사역을 알려주는 신빙성이 있는 자료로 보려는 견해가 점차로 확산되 는 추세이다.

스몰리(S. S. Smalley)가 요약한 로빈슨(J. A. T. Robinson)[1]의 주장은 요 한복음 이해를 위한 상당히 중요한 단서를 제공한다. 1978년 로빈슨 박사는 옥스퍼드 대학에서 열린 복음에 관한 논의에서, 요한복음에 관 한 새로운 견해가 존재한다면 그런 견해는 과거의 견해와는 다르게 구 별되어야 한다고 주장했다.[2] 로빈슨은 다른 책에서 "우리가 배경을 볼 때, 엄격하게 말해서 사건의 정황을 보기보다는, 복음서 저자(evangelist) 와 그의 전통에 관해서, 나(로빈슨)는 1세기 말 혹은 2세기 초의 에베 소 혹은 알렉산드리아에서, 영지주의자들 혹은 헬라인들에게서 탐구하 지 않으려는 점증하는 준비태세를 감지한다. 오히려 우리의 시선을, 공 간이나 시간 속에서, 정확하게 제한된 유대 남부지역과 정확하게 제한

---

1) 로빈슨(John A. T. Robinson); 1919∼1983, 클레어 대학(Clare College) 및 이후 케 임브리지(Cambridge) 트리니티 대학(Trinity College) 학장(1969∼1983)으로 재직. 영국교회 신학자로 울위치(Woolwich) 감독이었으며, 1963년『신에게 솔직히』 (Honest to God)란 저서로 널리 알려짐.

2) 옥스퍼드 대학에서 요한복음(the Fourth Gospel)을 주제로 하는 강연에서 "The New Look on the Fourth Gospel"이란 제목으로 발표하였으며 *Twelve New Testament Studies* (London: SCM Press, 1962)에 수록됨.

적인 십자가 처형과 예루살렘의 함락 사이를 넘어서 아주 멀리 방황하
도록 강요할 필요도 없다"[3]라고 주장한다. 이런 관점으로부터 로빈슨
은 20세기 전반까지 이루어진 요한복음 해석과 관련된 비판적, 정통적
해석의 다섯 가지 전제들을 설명하면서, 각각의 전제들을 다시 검토할
필요와 함께 그런 검토의 과정을 보여주었다.

로빈슨이 제시한 다섯 가지 전제들은 아래와 같다:

1. 제4복음서의 저자는 자료를 사용하였으며, 그 자료는 적어도 공
관복음들 중 하나를 포함한다(가장 결정적인 가설이다).

2. 저자의 배경은 그가 기록하고 있는 전승과 다르다(헬라인들과 영
지주의자들이 살고 있던 1세기 말경 혹은 그 이후에 해당하는 시기의
에베소이다).

3. 그의 저서는 역사적 예수가 아닌 신앙의 그리스도에 대한 중요한
증거이다.

4. 저자는 1세기 기독교의 가장 발전된 신학적 단계를 반영한다.

5. 저자는 사도 요한도 아니고 직접적인 목격자도 아니다.

로빈슨은 다섯 가지의 새로운 관점들은 한 방향으로 움직인다고 주
장한다. 그는 자신의 주장을 뒷받침하기 위해 다음과 같이 정리한다.

1. 요한복음이 다른 복음서에 의존하지 않고 독립적으로 기록되었다
는 의견에 동조하는 학자들의 숫자가 점증하는 추세이다. 만약 요한복
음이 독자적이며 초기의 전승을 보존했다면, 공관복음 못지 않게 요한
복음도 역사적 진실에 근접한 것으로 볼 수 있다.

---

3) J. A. T. Robinson, *The Gospels Reconsidered* (Oxford: Basil Blackwell, 1960), 55.

2. 사해문서들은 요한복음의 기본적 배경, 주후 30～70년(십자가형과 예루살렘 함락) 사이 유대 남부지역의 전후 맥락을 발견하기에 충분한 사실을 보여준다.

3. 위의 두 제안들은 역사적 예수에 대한 증인으로 요한을 신뢰할 수 없다고 보는 비판적 자유주의 관점을 명백하게 수정한다. 마찬가지로 공관복음도 신앙의 그리스도를 증거한다. 새로운 관점은 요한을 공관복음과 마찬가지로 역사적 예수에 근접한 증인으로 보려는 개방성을 특징으로 한다.

4. 요한을 바울의 영적 제자로, 신약성경의 신학적 발전의 최종단계에 위치한다는 주장은 증거가 없다. 요한의 성숙(신학)은 나중이란 의미를 내포하는가? 만일 바울이 주후 60년대에 성숙했다면, 왜 요한은 아닌가? 이와 같은 견해가 발생한 이유에 대해 프리이스(Theo Preiss)는 "기독교의 진화를 단선적인 발전을 통하여 주장하는 방대한 헤겔의 신화에 의한 부산물이다. 요한이 바울 이후에 기록했기 때문에, 요한은 어떤 희생을 치루더라도 바울로부터 유래한다"[4]라고 지적했다.

5. 웨스트콧(Westcott)이 주장했던 사도적인 권위는 더 이상 유지하기 어렵지만, 새로운 관점은 요한의 전승을 한 노인의 기억에 의해서가 아니라 신앙공동체의 삶을 통하여 역사적 예수까지 거슬러 올려놓았다. 여기서 로빈슨은 갈릴리 호수에서 물고기를 잡는 어부로서 지적인 능력을 뛰어넘는다는 생각이 '어리석다'라고 하는 주장을 일축한다.[5]

로빈슨이 언급한 새로운 관점을 구성하는 다섯 가지 전제들 중 가장 비중있게 다루고 있는 전제는 바로 첫 번째 전제이다. 만일 요한복음의 저자가 공관복음을 자료로 사용했다면, 공관복음과 요한복음의 전

---

4) Theo Preiss, *Life in Christ* (London: SCM Press, 1954), 12.

5) J. A. T. Robinson, *The Gospels Reconsidered*, 104를 보시오.

승들을 비교할 때 드러나는 서로 상충하는 차이점들을 설명할 수 있는
유일한 방법은 네 번째 복음서의 저자가, 자신이 갖고 있는 자료를 자
신의 필요를 해결하기 위한 목적에 적합하게 사용했다고 보는 것이다.
그는 요한복음 2장에서 성전에서 일어난 사건은 역사적이며, 마가와
공관복음에서 편집된 것으로 보며, 공관복음의 종말관련 기사의 양상
을 요한복음 고별강화에서 찾아내기도 한다.

  이런 관점에서 보면 또 다른 추측도 가능해 진다. 요한복음의 저자
는 복음을 기록해야만 하는 특정한 이유들 때문에 자신이 전해 받은
전승을 신학적으로 재해석했을 뿐만 아니라, 그의 해석은 가장 발전적
인 신학적 이해를 반영하며, 근본적으로 이방인 독자들을 위하여 기록
했으며, 그가 이런 작업을 할 당시는 더 이상 목격자들과 관계를 가질
수 없을 때였을 것이라는 추측들이다.

  로빈슨이 이미 지적했던 것처럼, 이런 다섯 가지 전제를 수용하는
관점에서 요한복음을 본다면, 요한복음의 저자와 그가 받은 전승 사이
를 분리할 수밖에 없는 결과가 발생한다. 또한 이런 결과는 요한복음
을 이해할 때, 신학적 이해를 역사적 이해보다 우위에 두게 한다. 스몰
리는 요한복음에 대한 이해에서 요한복음 저자가 공관복음에 의존한
다는 전제야말로 오늘날 학자들이 가장 광범위하고 신중하게 다루는
질문이라고 지적한다. 그럼에도 불구하고 학자들은 원저자가 누구인가
를 문제시하는 것이 아니라, 전승에 관한 질문으로, 요한복음의 배경을
이루는 전승이 과연 공관복음의 전승과 같은 것인가, 아닌가를 다룬다
고 지적한다.[6]

  코크리(J. F. Coakley)에 의해 로빈슨 사후에 출판된 *The Priority of John*
에서 요한복음의 역사성을 인정하고, 특히 세례 요한의 사역과 성전청

---

6) S. S. Smalley, *John: Evangelist and Interpreter*, 11-12.

결 사건의 시기를 역사적인 사실로 보면서, 요한은 "사진이 아닌 초상
화를 그렸지만, 그 안에 실제 모델이 있다"라고 주장한다.[7] 그는 복음
전승들이 완전한 형태를 이루기 전에 이미 요한복음을 기록했으며, 따
라서 공관복음보다 앞선다고 본다. 그러나 요한복음이 공관복음에 앞
서 완성되었다고 주장하지는 않는다. 마가복음의 중요한 내용들이 요
한복음에서는 생략된 이유를, 요한이 단순히 알지 못했다고 설명하지
만, 요한복음도 역사성, 문장 형식, 어휘에 있어서 공관복음과 갈등을
일으키지 않으며, 신학적 면에서도 문제가 없다고 한다.[8] 예수께서 "사
랑하는 제자"는 사도 요한이며, 요한복음 저자가 갖고 있는 정보의 직
접적인 제공자로 본다. 물론 로빈슨의 연구에 전적으로 동의할 어떠한
이유는 없다. 그러나 로빈슨이 주장한 새로운 관점이 요한복음 읽기에
신선한 자극이 되었음은 틀림이 없다.

---

7) J. A. T. Robinson, *The Priority of John*, 323.
8) *Ibid.*, 33을 참고하시오.

제5장 요한복음과 공관복음의 관계 이해

요한복음이 복음서들 중 가장 마지막으로 기록되었다는 점을 수용해도 다른 복음서들과 비교해 보면 사역의 장소와 순서에 있어서 상당한 차이가 드러난다. 요한복음은 예수께서 수차례 예루살렘을 방문했음을 보여주며(요 2:13; 5:1; 7:10; 10:22), 특히 공생애 사역의 시작 부분에서 예루살렘 성전의 이방인의 뜰에서 제사에 바쳐질 제물들을 파는 상인들과 돈을 바꿔주는 환전상들을 채찍으로 쫓아내는 예수의 모습을 기록한다. 뿐만 아니라, 요한복음은 예수의 세례와 마지막 만찬, 변화산 사건과 승천의 내용을 제시하지 않거나, 다르게 제시한다. 예수의 공생애 사역이 삼년 동안 지속된 사실도 요한복음이 아니면 알지 못했을 수도 있다. 공관복음에 많이 나타난 비유가 요한복음에서는 거의 나타나지 않는다. 오히려 상당히 긴 대화와 강론으로 자신의 정체와 사역의 의미를 제시하는 예수를 묘사한다. 무엇보다도 "나는 ～이다" 라는 표현은 요한복음의 특징적 내용이다.[1]

요한복음의 저자가 공관복음을 알고 있거나, 적어도 마가복음 혹은 누가복음을 알고 있었을 것이라는 데 대부분의 학자들이 동의하였다.[2] 그런데 웨스트콧(B. F. Westcott)은 마가복음은 전체 내용 중 93%를 마

---

1) 요한복음 6:35; 8:12; 11:25을 참고하시오.

2) B. H. Streeter, *The Four Gospels* (Oxford: Oxford University Press, 1924); 최근에는 Blomberg, *The Historical Reliability of the Gospels*, 153-189를 참고하시오.

160

태복음과 누가복음 안에서 찾아낼 수 있지만, 요한복음은 단지 8%의 내용만 공관복음과 병행을 이루고, 92%가 독자적인 내용이라고 분석하였다.[3] 요한복음을 기록하게 된 목적도 복음서 자체에 기록된 내적인 증거와는 상관없이 공관복음을 수정하거나, 보완하기 위해 혹은 공관복음을 대체하기 위한 것으로 보았다. 가드너-스미스(Gardner-Smith),[4] 노악(B.Noack),[5] 그리고 도드(C. H. Dodd)[6]는 자신들의 저술을 통하여 이런 관점을 비판하고 나섰다. 그들은 요한복음은 공관복음이 기록되기 이전의 구전 자료를 근거로 공관복음과는 상관없이 독자적으로 기록되었다고 본다. 굳이 상관관계가 있다고 본다면, 누가복음의 내용 중 예수의 고난 이야기가 어느 정도 가능성이 있을 수도 있지만, 그렇다고 해도 직접적인 관계가 있다고 단정할 정도는 아니라는 주장이다. 오히려 누가가 요한복음에 기록된 전승을 알고 있었거나 혹은 누가가 요한복음의 저자와 개인적인 친교가 있었을 것으로 추측한다.[7]

외적인 증거들을 고려해 보아도, 초대교회의 교부인 파피아스(Papias)는, 마가복음과 로기아(Logia)는 요한복음을 기록한 저자와 관련이 있을 수도 있는 장로로부터 전해졌다고 전한다. 알렉산드리아(Alexandria)의 클레멘트(Clement)도 "요한은 친구들의 권유와 성령의 영감에 의해서 복음서의 내용 안에서 외적인 사실들을 명백히 하였으며, 최종적으로 영적 복음을 기록하였다"라고 했다. 비록 파피아스(Papias)가 제시한 요

---

3) 4복음서 대조표로는 H. F. D. Sparks, *The Johannine Synopsis of the Gospels* (New York: Harper & Row, 1976)와 K. Aland, *Synopsis of the Four Gospels* (Stuttgart: United Bible Society, 1971 [English Text], 1975 [Greek Text])를 보시오.

4) P. Gardner-Smith, *St. John and the Synoptic Gospels* (Cambridge: Cambridge University Press, 1938)를 참고하시오.

5) B. Noack, *Zur Johanneischen Tradition* (1954)을 참고하시오.

6) C. H. Dodd, *The Interpretation of the Fourth Gospel*을 참고하시오.

7) G. W. Broomfield, *John, Peter and the Fourth Gospel* (1934)를 참고하시오.

한에 대한 주장을 수용하고, 다른 복음서들에 대한 지식이 없이 영적 복음을 기록했다고 할 수도 있지만, 요한이 다른 복음서를 앞에 놓고 요한복음을 기록한 것은 아니라고 해도, 공관복음의 내용에 관해 전혀 알지 못했을 것이라고 단정하기는 어렵다.

그러나 요한복음의 내용과 공관복음의 내용을 단순 비교하는 것만으로 둘 사이의 차이점을 설명하기에는 충분하지 않을 수도 있다. 이런 비교와 관련하여 먼저 다루어야 할 문제는 요한복음의 이야기와 공관복음의 이야기를 하나로 합칠 수도 있다는 가능성의 존재유무이다.[8] 뿐만 아니라, 요한복음과 공관복음을 비교했을 때 드러나는 차이점을 장소와 시간의 차이로 설명할 수도 있다. 여기서 한 가지 잊지 말아야 할 사실을 지적한다면, 복음서의 저자들은 예수의 생애와 관련하여 정확한 연대기적 순서를 밝히는 일에는 관심이 없었다고 해도 과언이 아니란 점이다. 따라서 복음서의 내용을 예수의 생애를 따라서 완벽하게 역사적으로 재구성하는 작업은 불가능한 것으로 보인다.

요한복음과 공관복음 사이의 차이에 대한 설명으로 또 다른 가능성은 요한이 공관복음 안에서 발견할 수 있는 역사적인 모순점들을 수정하기 위한 의도로 복음서를 기록했다는 것이다. 예를 들면, 예수께서 잡히신 이유, 성전을 정화시켰던 시기, 그리고 최후의 만찬과 십자가형을 당하신 날 등을 볼 수 있다.[9] 때로는 이런 차이점들이 지나치게 과

---

8) 2세기경 타티안(Tatian)이 행했던 디아테싸론(Diatessaron; 넷을 하나로 만들었다는 의미)을 예로 들지 않아도, 이런 시도가 아주 없는 것은 아니다. 예를 들면, E. Stauffer, *Jesus and His Story* (1960)를 들 수 있다.

9) 참고로 샌더스(J. N. Sanders)가 제시한 공관복음의 저자들은 죽은 나사로를 다시 살린 이야기를 제외한 이유에 대한 설명을 *New Testament Studies* 1 (1954), 34에서 찾아볼 수 있으며, 겔덴후이(N. Geldenhuys)가 제시한 예수께서 잡히시기 전에 제자들과 함께 나눈 만찬과 십자가형을 당하신 날에 대한 설명을 그의 *Commentary on the Gospel of Luke* (1950), 649-670에서 찾아볼 수 있다.

장되기도 하지만, 그럼에도 불구하고 여전히 설명을 필요로 하는 문제임에 틀림이 없다. 분명히 짚고 넘어가야 할 점은 복음서들의 내용 자체가 이런 차이점들에 의해서 결정적인 영향을 받는 것은 아니라는 것이다.

요한복음의 내용과 문체가 공관복음과 뚜렷한 차이가 있다는 사실은 새삼스러운 지적이 아니다. 공관복음 안에서 찾아 볼 수 있는 하나님의 나라, 마귀, 회개와 기도의 비유 등은 요한복음에서는 찾아 볼 수 없다. 반면에 진리, 생명(영생), 머물다, 증인과 같은 새로운 주제들이 요한복음의 내용을 구성한다. 그런가 하면 아버지(하나님), 하나님의 아들, 인자, 믿음, 사랑, 그리고 보냄을 받다 등과 같은 공통된 내용들도 있다. 문체와 용어들의 사용에 있어서도 차이점이 있다. 대체로 요한복음의 내용 안에서는 비유를 볼 수 없으며, 오히려 공관복음에서는 찾아볼 수 없는 예수의 긴 대화와 가르침이 있다.

상당수의 학자들은 요한복음의 저자가 예수의 입으로부터 나오는 말씀을 기록하기보다는 자신의 해석이나 견해를 예수의 말씀처럼 기록했을 것이라고 생각한다. 이 주장을 뒷받침하는 증거를 복음서 저자가 쓴 편지인 요한일서의 내용과 문체가 복음서의 그것들과 유사한 데서 이끌어 낸다. 물론 요한복음서와 요한일서가 서로 유사한 점을 부인할 수는 없지만, 요한복음에서 볼 수 있는 많은 진술들의 형식과 내용은 공관복음의 진술들의 형식과 내용에 있어서 매우 유사하다.[10] 또한 공관복음에서 예수께서 하신 말씀은 요한복음에서의 예수의 말씀과 다를 것이라는 추측은 옳은 생각이 아니다. 오히려 요한복음에서 볼 수 있는 예수의 말씀은 실제로 예수께서 말씀하신 내용을 그대로 옮겨 적은 역사적 근거를 갖고 있다고 해도 괜찮다. 사실 역사적 신빙

---

10) B. Noack, *Zur Johanneischen Tradition*, 89-109; C. H. Dodd, *The Interpretation of the Fourth Gospel*, 335-349를 참고하시오.

성이 결여된다고 보아 예수께서 직접 하신 말씀이 아니라는 주장을 입증하는 일이 더 어려워 보인다.

요한복음의 내용을 예수의 역사적 행위와 전혀 상관이 없는, 교회의 필요를 채우기 위한 결과물로 보는 일은 전적으로 잘못된 일이라고 할 수 있다.[11] 이제껏 요한복음의 역사성에 대하여 회의적인 태도를 취하고 실제로 반론을 제기했던 학자들의 주장이나 생각만큼 요한복음의 역사성에 상당히 심각한 문제가 있는 것은 아니다. 비록 공관복음서들과는 분명한 차이점을 보이지만 그 차이점들 자체가 요한복음의 역사성을 의심할 만한 결정적인 원인을 제공하고 있지 않다. 요한복음은 예수의 생애와 관련하여 중요한 역사적 내용들을 포함하고 있으며, 공관복음만으로는 도저히 알 수 없는 예수의 공생애의 내용을 담고 있다는 주장이 설득력을 얻고 있다.[12] 이런 역사적 전기적 차이점들을 설명하려는 다양한 시도들을 소개하면 다음과 같다. 학자들 중에서는 요한복음을 연극의 한 형태로 보려 하며, 특히 그리스 비극에 견주려 하고,[13] 혹은 구약성경의 예언서의 내용처럼 하나님께서 이스라엘을 재판하시는 것과 같은 재판이라는 가능성을 염두에 두기도 한다.[14] 요한복음과 공관복음의 차이점을 인정한다고 해도 요한복음도 여전히 복음서로서 내용 안에서 반복적으로 등장하는 '진리'와 '증거'라는 주제에 견주어 보면 사실적 정보를 전달하려는 기록으로 보인다.[15]

---

11) 참고로 C. F. D. Moule, *The Phenomenon of the New Testament* (Cambridge: Cambridge University Press, 1973), 100-114를 보시오.

12) A. M. Hunter, *According to John* (London: SCM Press, 1968)의 내용을 참고하시오.

13) Neal Flanagan, "The Gospel of John as Drama," *Bible Today* 19 (1981), 264-270; W. R. Domeris, "The Johannine Drama," *Journal of Theological Studies in Asia* 21 (1983), 29-35.

14) A. E. Harvey, *Jesus on Trial: A Study in the Fourth Gospel* (Atlanta: John Knox Press, 1977)을 참고하시오.

15) Craig L. Blomberg, "To What Extent Is John Historically Reliable?" in *Perspectives on*

요한복음과 공관복음을 비교해서 읽어 보면, 요한복음의 내용은 예수의 생애를 문자적으로 표현하기 보다는 저자가 이해한 내용을 기록한 것처럼 느낄 수도 있다. 사실 비교의 대상이 되는 내용들을 살펴보면, 예수의 성품과 가르침, 특히 하나님의 아들로서의 자각과 메시아 사역에 대한 이해에 있어서 그런 차이를 더하고 있다. 그러나 이런 차이점들을 지나치게 강조하는 일은 결코 지혜롭지 않다. 샌더스는 요한복음과 공관복음서들의 차이점에 대하여 "예수께서 짧은 사역 기간 동안 그와 같이 완전히 다른 방법을 사용했다고 보기는 불가능하다"16)라고 지적한다. 다시 말해 샌더스는 요한복음의 관심이 역사적 예수가 아니라 신앙의 예수에 있다고 보며, 성령께서 요한에게 직접 가르쳐 주신 것으로 역사를 초월하는 가르침이기에 일반 역사로서 이해하기에는 적절치 않다고 주장한다.17) 테이텀(Tatum)도 "요한복음에서 예수의 가르침은 복음서 저자와 그가 속한 공동체의 창작으로 간주해야만 한다"18)라고 한다. 예수는 다른 복음서들과 마찬가지로 인간으로 살아 가시며, 소위 메시아 은닉(Messianic Secret)이라는 공관복음과 관련된 이해 또한 요한복음 안에서도 찾아볼 수 있다.19) 요한복음의 저자는 다른 복음서의 저자들과는 달리 예수의 모습을 마치 화폭에 그림을 그리듯이 표현하였다는 주장은 상당한 설득력이 있다. 명백한 사실은 요한복음을 제외하고 예수의 생애를 충분히 이해하기는 부족하다는 점이다. 다시 말해 부활의 그리스도를 모르면서 인간 예수를 이해하는 일

John: Method and Interpretation in the Fourth Gospel, ed. Robert B. Sloan and Mikeal C. Parsons (Lewiston: Mellen, 1993), 48-53을 참고하시오.

16) E, P. Sanders, *The Historical Figure of Jesus* (Harmondsworth: Penguin, 1993), 70.

17) *Ibid.*, 71.

18) W. Barnes Tatum, *In Quest of Jesus*, 2nd ed. (Nashville: Abingdon Press, 1999), 78.

19) 브루스(F. F. Bruce)는 요한복음과 공관복음 사이에 결정적 차이가 없다고 주장한다(Bruce, *The New Testament Documents*, 60 이하).

은 올바른 결론에 다다를 수가 없다는 점이다. 성령의 감동으로 말미 암아 요한은 예수의 지상 사역의 의미를 파헤쳤다.[20]

사실 예수의 생애에 대하여 다른 복음서들의 내용과 상반된 이해를 남기기 위해서 요한복음의 저자가 복음을 기록했다고 보기는 어렵다. 복음서의 내용들 안에서 역사적 사실과 신학적 이해를 구별하는 일이 거의 불가능하다는 의견이 우세한 것과 상관없이, 복음서 저자들이 역 사적 사실을 기록하려 했을 뿐만 아니라 신학적 이해를 동시에 전하려 고 했다는 주장에 동의하는 것은 별로 어렵지 않다.[21]

---

20) 헌터(A. M. Hunter)는 "지상 이야기의 참된 의미"라고 말한다[*Introducing New Testament Theology* (1957), 129].

21) 공관복음과 관련한 동일한 이해와 관련하여 P. A. Cunningham, *Jesus and the Evangelists* (New York: Paulist Press, 1988), 114-121을 참고하시오.

제6장 요한복음 읽기

요한복음은 교회의 역사 안에서 가장 사랑받는 책들 중 하나였다. 오늘날에도 그리스도인의 신앙과 삶에 대한 깊이 있는 이해와 열매를 낳을 수 있게 하는 위대한 기억의 원천으로 변함없이 남아 있다. 사실 가장 즐겨, 그리고 자주 인용되는 성경 본문의 보고가 요한복음이라 해도 과언이 아니다. 그럼에도 불구하고 요한복음은 교회의 역사 안에서 구원의 확신과 관련된 주요한 논쟁의 온상이기도 하다. 그런 논쟁의 중심을 통해서 요한복음의 본문은 성도의 견인과 구원의 확신에 관한 주장을 뒷받침하기도 하지만(요 10:27-29; 17:11-12), 동시에 배교의 위험을 내포하고 있다는 주장을 세우는 일도 가능하다(요 15:2, 6-7). 사실 요한은 하나님께서 그의 아들이신 예수 그리스도를 통하여 성취하신 구원의 내용과 의미를, 복음이라는 독특한 형식을 사용하여 전하고 있다. 그러므로 복음의 성격과 그 목적을 먼저 살펴본 후에 표적의 책을 살펴볼 것이다.

1. 복음의 성격

요한이 기록한 복음은 요한의 창작품은 아니다. 예수의 일대기를 영웅담으로 기록한 것도 아니다.[1] 복음이란 헬라어 원어는 좋은 소식을

168

가져온다는 의미를 담고 있으며, 그 소식을 가져오는 사람은 상응한
보상을 기대할 수 있었다. 이와는 대조적으로 좋지 못한 소식을 전하
는 일은 꺼려 했는데, 이런 이유는 소식을 전해 받는 사람이 왕일 경우
심지어 나쁜 소식을 전한 사람은 목숨을 잃을 수도 있기 때문이었다.
그래서 나쁜 소식은 전달되지 못하는 경우도 있었다. 고려할 내용은
소식과 소식을 전하는 사람은 서로 상관관계가 있다는 점이다. 예수
그리스도로 말미암은 하나님의 구원의 기쁜 소식을 사도 바울은 복음
이라 부른다(롬 1:16).[2] 그런데 이 예수의 복음은 그 말씀을 듣는 사람
들을 행복하게 하거나, 기쁘게 하고, 미소를 짓게 하며, 마음을 즐겁게
한다.[3] 그러므로 복음을 전하는 예수와 그가 전한 복음을 분리시켜 생
각할 수는 없다.

신약에서 복음(εὐαγγέλιον)이란 단어는 구약의 "바사르(בשׂר)"와 관련
이 있다.[4] 구약에서 이 단어는 기쁨의 좋은 소식, 특히 하나님의 구원

---

1) 다음 책들을 통하여 복음의 내용과 의미를 살펴볼 수 있다. R. Martin, *New Testament Foundations: A Guide for Christian Students, The Four Gospels* (Grand Rapids: William B. Eerdmans Publishing Company, 1975), I:13-29; F. F. Bruce, "Gospels," in *New Bible Dictionary*, 3rd ed., eds. I. H. Marshall, A. R. Millard, J. I. Packer & D. J. Wiseman (Leicester: Inter-Varsity Press, 1996), 427-430; C. H. Talbert, "The Gospels and the Gospel," in *Interpreting the Gospels*, ed. J. L. Mays (Philadelphia: Fortress Press, 1981), 14-26.

2) U. Becker, "Gospel, Evangelize, Evangelist," *The New International Dictionary of New Testament Theology*, ed. Colin Brown, trans. and rev. (Grand Rapids: Zondervan, 1976), 2:107-115. 베커는 사도 바울이 신약성경에 사용된 복음이란 용어 중 80% 정도를 사용했으며 아마도 바울이 이 용어를 처음 쓴 사람일 수도 있다고 본다. 또한 G. Friedrich, "εὐαγγέλιον," in G. Kittel & G. Friedrich, eds. *Theological Dictionary of the New Testament*, ed. & trans. G. W. Bromiley, 10 vols., 1964-76, 2:705-735를 참고하시오.

3) 참고로 J. P. Louw & E. A. Nida, *Greek-English Lexicon of the New Testament: Based on Semantic Domains*, ectronic ed. of the 2nd edition (New York: United Bible Societies), 33.217을 보시오.

을 알리고 선포하는 일을 표현하는 단어이다.[5] 신약에서 복음은 예수 그리스도의 복음이며, 하나님의 능력과 믿음과 생명을 모두 나타내는 단어이다.[6] 예수께서는 하나님 나라의 복음을 선포하였으며, 그리스도인들은 동일한 단어를 사용하여 예수 그리스도를 통한 구원의 기쁜 소식을 전한다. 마가는 자신이 기록한 복음서를 "하나님의 아들 예수 그리스도 복음의 시작이라"(막 1:1)라는 표현으로 시작한다. 복음이란 예수 그리스도의 이야기이며 예수의 삶과 십자가의 처형, 그리고 부활을 통하여 하나님의 구원이 성취되는 사실을 담고 있다. 주후 1세기 말이나 2세기 초에 복음서들에 책명이 붙여졌다.[7] 이 예수 그리스도의 복음을 요한은 자신만의 독특한 방식으로 성육신과 십자가의 죽음 그리고 부활을 중심으로 기록했다. 잘 알려진 것처럼 요한이 기록한 예수에 관한 증거는 특히 소위 공관복음이라고 불리는 다른 복음서들과도 상당한 차이를 보이는 형식과 구성을 이룬다.[8] 사실 각각의 복음서는

---

4) 히브리어 동사 בשׂר는 일반적으로 좋은 소식을 듣고 기뻐하다는 의미이며, 특히 바벨론 포로기에는 하나님의 구원을 선포하는 의미로 주로 사용된다. 명사 בשׂרה는 좋은 소식, 기쁜 소식 혹은 그로 인한 보상을 의미한다. 참고로 Bruce, "Gospel" in NBD를 보시오.

5) 시편 95:1; 이사야서 40:9; 52:7; 61:1 등을 예로 들 수 있다.

6) F. F. Bruce, *The Defense of the Gospel in the New Testament*, rev. & ed. (Grand Rapids: William B. Eerdmans Publishing Company, 1977), 3.

7) Martin Hengel, "The Titles of the Gospels and the Gospel of Mark," in *Studies in the Gospel of Mark* (Philadelphia: Fortress Press, 1985), 64-84를 보시오.

8) 2세기경 타티안(Tatian)이란 사람은 네 개의 복음서를 요한복음에 나타난 연대기를 중심으로 하나의 조화로운 이야기로 구성한 디아테싸론(*Diatessaron*)이란 책을 만들었다 [참고로 J. H. Hill, *The Earliest Life of Christ Ever Compiled from the Four Gospels, Being the Diatessaron of Tatian* (Edinburgh: T. & T. Clark, 1894)을 보시오]. 사실 그의 작업은 기록된 복음의 의미를 축소시키고 왜곡시킬 수조차 있는 시도로 보인다. 때때로 예수의 생애를 연대기적으로 알고자 하는 욕심 때문에, 각각의 복음이 지니고 있는 예수의 생애에 대한 중요하고 독특한 이해

나름대로 예수의 생애와 관련된 사건들을 독특한 관점에서 다루며, 결과적으로 서로 다른 관점으로 각자가 예수의 생애를 기록한다. 이는 마치 동일한 성경 본문의 의미가 이를 전달하는 사람에 따라서 다양한 의미로 증거되는 사실에 비유할 수 있다.

2. 성경신학의 관점에서 본 복음 이해

복음 이해란 성경의 본문을 해석하는 일과 다르지 않다. 여기서 해석이란 성경 본문으로부터 메시지와 의미를 찾는 일로서 성경을 하나님의 계시로서 그리스도인들의 삶 안에서 독특한 지위를 갖고 있음을 전제로 하거나 혹은 성경 이외에 다른 종류의 문서들, 특히 성경과 동시대의 문서들에게도 공통적으로 적용할 수 있는 방법을 근거로 이뤄진다. 성경의 각 책은 문장의 배경만이 아니라 보다 폭 넓게 역사적인 배경과 동시대의 정황을 배경으로 이해해야만 한다. 그러므로 성경 본문의 의미를 제대로 이해하기 위하여 몇 가지 전제들을 앞서 고려해야 한다. 예를 들면, 성경 본문의 단어와 문장의 형태에 대한 이해가 필요하다. 왜냐하면, 성경 본문을 구성하고 있는 단어와 문장의 형태는 오늘 우리들에게 익숙한 여러 종류의 문서들의 그것들과 차이가 있기 때문이다. 예를 들면, 성경 안에서 볼 수 있는 예언은 다른 문헌에서도 유사한 문장형태를 찾아볼 수 있지만, 그럼에도 불구하고 성경의 예언은 자체로 독특한 성질을 갖고 있기 때문에 해석에 주의를 기울여야만 한다.

역사적 배경에 대한 이해도 본문을 바르게 이해하기 위하여 필요한 전제가 된다. 성경은 현재와는 상관없는 특정한 역사적 정황을 배경으

────────────

를 간과하는 오류를 초래할 수 있다.

로 기록되었다고 해도 과언이 아니다. 성경 본문에서 당시의 역사적 배경을 이해하지 않고서 단지 우리가 필요로 하는 메시지와 의미를 발견하려는 일을 우선한다면, 절대적이고 객관적인 명제적 진리에 대한 접근에서 벗어난 채로 주관적 경험과 공동체의 문화적 상대성, 그 외에 다른 요소들에 근거하여 의미를 찾게 될 것이며, 결과적으로 저자가 전하려 했던 의미와는 상관없이 해석자의 특권에 의한 해석이 이뤄질 것이다.[9] 비록 성경 본문의 역사적 배경을 완전히 재구성할 수는 없지만, 역사적 배경에 대한 이해를 배제한 채로 의미를 찾는 일은 결국 해석자 자신이 갖고 있는 신학적 이해에 근거한 해석을 하는 것과 같다.

또 다른 전제로는 지리적 배경에 대한 이해가 있다. 잘 알려진 사실로 기후와 지형은 사람들의 삶과 가치관을 형성하는 데 상당한 영향력을 끼친다. 구약에서 바알신을 향한 예배는 이런 지리적 이해와 밀접한 관련이 있으며, 신약에서 소아시아 지역의 역사적 지리를 이해하는 일이 사도행전과 서신서를 이해하는 데 있어서 중요한 단서를 제공하고 있음은 의심의 여지가 없다. 따라서 성경 본문에서 사용하는 언어와 표현을 제대로 이해하기 위해서 지리적 배경을 잘 이해할 필요가 있다.

마지막으로 시대와 장소와 언어를 능가할 만큼 중요한 이해는 당시 사람들의 삶에 관한 것이다. 그들의 소망과 두려움, 사랑과 미움, 그리고 사회적인 관계 등이 질문의 대상이 된다. 바른 성경읽기란 이런 질문들을 통하여 당시의 사람들의 관점에 접근하고 그런 관점을 근거로

---

9) 해석에서 저자의 역할에 관한 이해는 E. D. Hirsh Jr., *Validity in Interpretation* (New Heaven, Conn. and London: Yale University Press, 1967)을, 주관적 해석의 특징과 밀접한 연관이 있는 포스트모더니즘에 의한 본문이해는 D. A. Carson, *The Gagging of God: Christianity Confront Pluralism* (Grand Rapids: Zondervan, 1996)을 참고하시오.

가능한 의미를 모색하는 노력에서 시작한다. 만일 이런 질문들을 배제하고 성경을 아무런 배경 지식이 없는 상태로 읽는다면, 저자가 전하려 의도했던 메시지와 의미를 발견하기는 어려울 것이다. 이런 노력을 경주하는 자세와 상관이 없이 때로는 성경 자체가 던지는 인간 본연에 근접할 수 있는 질문들을 통하여 시대와 장소를 초월하는 근본적인 의미와 메시지를 대하는 즐거움이 주어지기도 한다.

요한복음을 바르게 이해하기 위해서는 하나님의 말씀으로서 성경의 목적 안에서 요한복음의 역할과 의미를 찾아볼 필요가 있다. 다시 말해 하나님의 계시로서 주어진 말씀과 그 말씀에 대한 사람들의 반응을 내용으로 기록된 성경의 한 부분으로서 요한복음을 이해하는 것이 올바른 접근으로 보인다. 왜냐하면 성경은 하나님의 백성들로 하여금 구원에 필요한 모든 것을 담고 있으며 신앙의 규범을 형성하기 때문이다. 이런 성경의 전체적인 목적을 전제로 인정한다면, 이 목적에 비추어서 성경의 책들을 이해하는 것은 당연하다.

이런 전제 위에서 보면 구약성경의 내용 중 율법이야말로 성경 전체를 하나로 묶어줄 수 있는 가장 핵심적인 가르침이며, 시가서와 예언서들은 대체로 율법에 대한 주석으로 보아도 크게 어려움이 없다. 신약성경과 초대교회의 문헌을 살펴보면, 그리스도인들로 하여금 하나님의 구원과 하나님에게 순종하기 위한 준비에 대한 바른 이해를 구약성경의 언약이란 틀 안에서 제시하기도 한다.[10] 성령의 감동으로 예언자들은 그리스도로 말미암아 하나님의 언약이 성취되고 있음을 증거한다. 실제로 신약성경의 저자들의 기록을 이해하기 위해서는 저자 자신들의 사고와 표현에 있어서 다양성을 고려해야 하지만, 그들은 공통되게 이런 주장을 제시한다.[11] 신약성경의 이해에 있어서 예수 그리스도

---

10) 디모데후서 3:15 이하를 보시오.
11) 히브리서 1:1이하를 참고하시오.

께서 성경 전체를 하나로 묶는 요소가 되고 있음을 부인할 수 없다. 그러나 이 원리를 기계적으로 신약성경의 해석에 적용하기보다는 하나님의 계시로서 역사적으로 점진적으로 발전한다는 점을 염두에 두어야 하며, 이와 같은 이해를 위한 태도는 예수의 가르침에서 비롯된 것으로 보인다.

사도들을 계승하는 초대교회의 지도자들은 그리스 사상의 영향을 받아서 성경 본문을 풍유적으로 해석하였다. 특히 이런 영향은 알렉산드리아를 중심으로 두드러졌으며, 신약성경이 기록되기 전 그 곳에 거주하던 유대인 철학자이며 관리였던 필로(Philo)의 성경해석 방법과 관련이 있어 보인다. 풍유적인 해석은 일반적으로 문자적인 의미로는 도저히 지식적인 혹은 윤리적인 이해가 어렵거나 불가능한 것으로 보이던 본문들에 의미를 부여하는 일을 가능하게 하였다.12) 알렉산드리아의 교부들에 의해 발전된 풍유적 해석은 소위 서방교회의 상당수 지도자들에게도 영향을 끼치지만, 성경적 계시로서 본문의 역사적 성격을 무시하는 결과를 초래한다. 안디옥 교회의 지도자들이 풍유적인 방법을 거부하는 이유를 이런 맥락에서 발견할 수 있다.

성경이해에 있어서 문자적 이해와 더불어 보다 높은 차원에서의 영적 이해가 중세 시대를 통하여 이뤄졌으며, 이런 영적 이해는 대체적으로 이야기들로부터 교리적 가르침을 이끌어 내는 풍유적 이해, 삶과 행위를 위한 가르침들을 제공하는 도덕적 이해, 그리고 세상에 속한 일들로부터 천국에 속한 의미를 찾아내는 유추적 이해로 구별이 가능하다. 한 가지 지적할 내용은 중세 초기에 문자적 이해와 관련하여 상당히 우수한 작업이 이루어졌으며 그 대표적인 사람으로는 프랑스의 성 빅토르를 예로 들 수 있다.

---

12) 풍유적 해석은 성령의 영감으로 말미암은 이해의 가능성을 전제로 한다.

종교개혁 시기에는 성경의 문자적 이해에 대한 관심이 새롭게 고조되었으며, 이런 관심을 만족시키려는 노력은 역사적-문법적인 해석의 방법을 사용하는 데까지 이르게 된다. 역사적-문법적 해석의 방법에 의하여 밝혀진 성경의 문자적 의미는 신학적 주석과 실천적 적용으로 이어진다. 성경에 대한 이해가 시대에 따라서 새로운 관점과 방법들을 통하여 새롭게 밝혀진다 해도, 성경 본문이 담고 있는 원래 의미 위에서만 새로운 이해가 내포하고 있는 의미를 정당화할 수 있다. 종교개혁가들이 행했던 성경 해석이 중요한 의미를 갖는 이유는 그들이 성경의 저자들이 전하고자 했던 의미를 찾아서 자신들의 삶에 직접 적용할 수 있었기 때문이다. 이런 관점에서 그리스도인들은 항상 예수께서 구약성경을 어떻게 사용하셨는지에 대하여 주의할 필요가 있으며, 또한 성령께서 말씀을 대할 때 깨달음을 주신다는 믿음을 가져야 한다.[13]

신약성경을 해석하는 데 있어서 각각의 책들이 속한 유형 혹은 양식(genre)에 따라 정해진 해석의 규칙을 따라야만 한다는 주장은 상당한 설득력이 있다. 그러나 문제는 성경을 대하는 사람이 정해진 규칙을 쉽게 이해하지 못한다는 데 있다. 해석에 직접 들어가기 위한 전제로서 적어도 4가지 기본적인 이해를 생각해 봐야만 할 것이다. 첫째로는, 문장의 구문에 대한 이해이다. 둘째로는 독자와 저자 사이의 문화적 간격에 의한 차이를 이해하는 것이다. 셋째로 본문의 배경에 대한 이해이다. 넷째로는 대하는 책의 장르에 대한 이해이다.[14] 성경의 저자가 어떤 특정한 독자를 대상으로 복음을 가르치거나 전하기 위한 기록을 남겼을 것이란 전제가 가능하다면, 현재의 독자로서 그 당시 저자가

---

13) 누가복음 24:25 이하를 참고하시오.

14) 해석에 관한 이해를 다루는 내용들을 Dan McCarthney and Charles Clayton, *Let the Reader Understand: A Guide to Interpreting and Applying the Bible* (Wheaton, Ill.: Victor Books, 1994), 112-149를 참고하시오.

당시의 독자들과 함께 나누고자 했던 내용을 이해하려는 노력을 우선
하는 일은 결코 우연이나 이상한 일이 아니다. 따라서 성경 본문을 해
석하는 일은 직접적이거나 즉각적으로 알 수 없는 신앙의 의미를 해석
의 결과로 알게 된다는 전제에서 출발해야 한다. 따라서 성경 본문은
언어, 역사, 문화, 그리고 전통에 의해 중개되고 해석되어야만 한다.15)
이런 관점에서 성경 본문의 배경을 바르게 이해하는 일은 본문을 바르
게 이해하기 위한 정보와 단서를 제공해 주는 일과 같다.16)

3. 문장의 분류에 따른 복음 이해

성경을 이해할 때, 여호수아서를 시편과 같은 맥락에서 이해할 수
없듯이, 로마서를 요한계시록과 같은 맥락에서 이해할 수 없을 것이다.
사실 이들 네 책들은 서로 다른 고유한 문장으로 분류가 가능하며, 올
바른 해석을 위해서는 나름대로의 기준이 필요하다. 신약성경의 책들
을 문장 유형을 따라서 분류하면 기본적으로 네 가지 형태로 나눌 수
있는데, 그 형태들로는 복음서, 행전, 서신, 그리고 계시록을 들 수 있
다. 각각의 문장 유형은 일단의 본문들로 이루어지며, 이 본문들은 일
관되게 반복하는 형식(구조와 표현을 포함함), 내용, 그리고 기능과 같
은 문장의 특징을 갖고 배치된다.17) 이런 문장의 형태를 따라서 해석

---

15) Kevin J. Vanhoozer, *Is There Meaning in This Text?: The Bible, The Reader, and The Morality of Literary Knowledge* (Grand Rapids: Zondervan, 1998), 20을 보시오.

16) Moises Silva, "Reading the New Testament Letters Historically," in Walter C. Kaiser and Moises Silva, *An Introduction to Biblical Hermeneutics: The Search for Meaning* (Grand Rapids: Zondervan, 1994), 124-129를 참고하시오.

17) 신약성경을 연구하는 분야에서는 문장의 유형(genre)에 대하여 다양한 이해를 보인다[David E. Aune, *The New Testament in Its Literary Environment* (Philadelphia: Westminster Press, 1987), 13; Grant R. Osborne, "Genre Criticism- Sensus Literalis,"

에 관한 원리를 다루는 일이 보편적으로 인정받는 추세를 이루고 있으며, 과연 무엇을 복음이라고 하는가에 대한 답은 복음을 해석하고 적용하는 데 일조할 수 있다.[18]

신약성경 안에서 복음(서)이란 예수의 생애를 기록한 책으로 볼 수 있다. 그러나 복음서라고 분류할 수 있는 4개의 복음서들을 자세히 비교해서 살펴보면, 단 한 가지도 오늘날 현대인들이 전기(biography)로 분류할 수 있는 기록과 같지 않다는 사실을 쉽게 발견할 수 있다. 간단한 예를 들자면, 마가복음과 요한복음은 예수의 탄생과 어린 시절, 그리고 소년 시절과 관련된 어떤 구체적인 내용도 기록으로 전하지 않는다. 물론 마태복음과 누가복음, 두 복음서의 1장과 2장의 내용은 예수의 탄생과 어린 시절 사건들을 선택적으로 기록하였으며, 누가복음은 예수께서 12살의 나이에 성전에서 율법을 가르치신 내용을 유일하게 기록하였다. 이런 제한된 내용을 제외하고 성인이 되기 전의 생애에 대하여 복음서들은 아무런 기록도 남기지 않고 있다.

예수의 어린 시절과 관련된 내용에 대한 기록과는 다르게, 생애의 마지막 몇 주간 혹은 며칠 사이에 일어난 일에 대한 내용은, 생애 전반을 기준으로 볼 때, 지나친 불균형을 이룬다는 지적이 가능할 정도로 모든 복음서들이 다루고 있다. 요한복음은 예수께서 십자가에서 처형을 당하기 전 닷새에 관한 내용을 복음서 전체의 거의 절반에 해당하는 분량의 내용으로 다룬다.[19] 그런데 복음서들은 예수 생애에 일어났

Trinity Journal of Theology 4 (1983), 1-27; Douglas Stuart & Gordon D. Fee, *How to Read the Bible for All Its Worth* (Grand Rapids: Zondervan Press, 1994)].

18) D. E. Aune, ed., *Greco-Roman Literature and the New Testament* (Atlanta: Scholars Press, 1988); Richard A. Burridge, *What Are the Gospels? A Comparison with Graeco-Roman Biography* (Cambridge: Cambridge University Press, 1992); Lelands Ryken, *Words of Life: A Literary Introduction to the New Testament* (Grand Rapids: Zondervan Press, 1987) 을 참고하시오.

던 중요한 사건들을 서로 다른 순서로 기록하는 차이점을 보이며, 그
런 사건들의 세밀한 묘사에 있어서도 차이점을 보이기도 한다. 공관복
음서들과는 달리 요한복음만이 예수의 생애 중 3년이란 기간에 걸쳐서
일어난 사실들을 보여줄 뿐이고, 실제로 복음서의 저자들은 자신들이
기록한 사건들 사이에 과연 얼마의 시간이 지났는지에 대해서는 별로
관심이 없는 것처럼 보인다.

위에 제시한 내용을 근거로 오늘날 대부분의 학자들은 복음서가 전
기(biography)라는 주장을 수용하지 않는다. 심지어 어떤 학자들은 특정
한 내용들을 제외하고는 복음서를 역사적 자료로서 신빙성이 없다고
보기도 한다. 이런 학자들은 마태복음, 마가복음, 누가복음, 그리고 요
한복음의 내용을 역사라기보다는, 오히려 예수 그리스도의 성품과 사
역에 대한 신학적 해석을 자신들이 전하려는 믿음의 공동체를 가르치
기 위한 목적으로 기록한 것으로 본다. 복음서들을 단순히 병렬적으로
배열하여 비교해 보면 일치하는 면보다는 서로 상이한 면들을 찾아보
는 일은 어렵지 않다. 이런 차이점들이 있음에도 불구하고 복음서들
안에서 기독교 신앙의 핵심을 반영하는 저자들의 관심과 동의를 담고
있는 주제들을 발견할 수 있다. 복음의 성격을 규정하는 데 있어서 비
평적 시각을 가진 학자들 사이에는 다양한 주장들이 제기되고 있지
만,20) 퀨멜이 제시한 것처럼 복음서 자체로 고유한 문장 형식을 이룬

---

19) 요한복음 12장에서 21장에 이르는 내용으로, 소위 "감람 주일(Psalm Sunday)"
을 기점으로 십자가 처형과 부활에 이르는 내용으로 구성된다.

20) 비판적 학자들의 견해를 대충 훑어보면 스미스(Morton Smith)의 초능력을 행
하는 사람들에 관한 기록인 'Aretalogy'로 보려는 견해["Prolegomena to a
Discussion of Aretalogies, Divine Men, the Gospels and Jesus," *Journal of Biblical
Literature* (1971): 174-199]; 신비에 대한 '비유'로 보는 Werner Kelber, *The Oral
and the Written Gospel* (Philadelphia: Fortress Press, 1983), 131; 그리스-로마 시대의
'희극'과 '비극'에 견주어 보려는 시도들, 예를 들면, Dan O. Via Jr., *Kerygma and
Comedy in the New Testament* (Philadelphia: Fortress Press, 1975); Gilbert Bilezikian, *The*

다는 견해를 결론으로 보아도 무방할 것이다.[21]

복음서 저자 자신의 기록으로서 복음 이해를 위한 중요한 단서를 제공하는 것으로 보이는 누가복음 1:1-4의 본문의 내용을 근거로 학자들 사이에 1세기 당시의 역사적 혹은 전기적 유형의 문헌에 대한 연구가 진행되고 있기도 하다. 예를 들어보면 알렉산더(Loveday Alexander)는 누가복음 1:1-4의 본문과 가장 근접한 내용들이, 그녀의 견해로는 가장 과학적인 문헌으로 보이는, 의학, 철학, 수학, 공학, 그리고 수사학과 같은 주제들을 다루는 그리스-로마 시대의 '기술적 산문(technical prose)' 안에서 발견할 수 있음을 입증하기도 했다.[22] 버릿지(Richard Burridge)는 복음이 발생한 전후 시대의 유명한 사람들의 전기를 연구하여, 그리스 전기들과 복음서 사이에 많은 내용이 병행한다고 주장하였다.[23]

Liberated Gospel: A Comparison of the Gospel of Mark and Greek Tragedy (Grand Rapids: Baker, 1977); 마지막으로 건드리(Robert H. Gundry)가 제시한 유대교의 가르침의 한 방편인 'midrash'[*Matthew: A Commentary on His Literary and Theological Art* (Grand Rapids: William B. Eerdmans Publishing Company, 1982); idem, *Matthew: A Commentary on His Handbook for a Mixed Church Under Persecution* (Grand Rapids: William B. Eerdmans Publishing Company, 1994)] 등을 볼 수 있다.

21) 큄멜(Kümmel)은 "문장의 형식으로 본다면 복음서들은 새로운 창작품이다. 그것들(복음서들)은 그리스(Hellenistic)의 전기들이 갖는 형식을 이어가지 않는다. 왜냐하면 (복음서들은) 인물의 형성과 사건의 발생순서, 그리고 당대의 배경에 대한 (영웅들의 삶의) 역사로서 내적 혹은 외적 의미가 결여되어 있다. 복음서들은 문장형식으로 위대한 인물들의 말씀들과 이야기들을 단순히 모아 놓은 회상록에도 속하지 않는다. 뿐만 아니라 예전에 놀라운 일들을 행한 인물들의 얘기를, 다소 간의 차이는 있지만 미화시킨 '기적-이야기'들의 종류에도 속하지 않는다"라고 주장한다(W. G. Kümmel, *Introduction to the New Testament*, 37). Larry W. Hurtado, "Gospel(Genre)," *Dictionary of Jesus and the Gospels*, eds. Joel B. Green, Scot McKnight, and Howard I. Marshall (Downers Grove: InterVarsity Press, 1992), 276-282을 참고하시오.

22) Loveday Alexander, *The Preface to Luke's Gospel* (Cambridge: Cambridge University Press, 1993), 21.

23) R. A. Burridge, *What Are the Gospels?* (Cambridge: Cambridge University Press, 1992)

복음서를 해석하는 학자들이 역사적 혹은 전기적 유형으로 이해하려는 시도를 회피하려는 이유는 오늘날에 있어서 같은 유형의 문서들과는 상당한 차이점이 있는 것으로 보이기 때문이다. 그렇지만 복음서를 당시의 문서들과 나란히 놓고 비교해 본다면 오히려 그런 우려를 덜 수 있을 것이다. 왜냐하면 복음서를 기록할 당시의 역사적 자료를 선별하고 기술하며, 배열하는 정확도가 오늘날의 그것에 비해서 훨씬 덜 엄격하기 때문이다. 실제로 사실을 단지 보존하려는 목적을 위한 당시의 역사적 기술로서는 그다지 염려할 정도의 왜곡과 오류는 없다고 볼 수 있다. 여타의 기록 문서의 유형들과 마찬가지로, 기독교의 특색을 표현하기 위한, 어느 정도의 변화를 주는 일은 가능했을 수도 있다. 문헌의 장르와 관련하여 복음서의 내용을 살펴본다면, 복음서는 형식에서는 유명한 인물의 공적 생애와 가르침에 관한 이야기이며, 자료에서는 예수의 삶과 죽음 그리고 부활을 통하여 하나님께서 성경의 약속을 성취하시려는 역사에 대한 메시지를 이루는 것으로 보인다.[24]

따라서 복음서는 당대의 역사적 문서들과 전기적 문서들과 같은 내용들을 담고 있지만, 그 자체로서 독특한 내용을 이루고 있다. 이런 관점에 동의하는 학자들도 어느 수준까지 복음서의 내용을 신뢰할 것인가에 대해서는 견해를 달리한다. 예를 들면, 탈버트(C. H. Talbert)는 복음서에 기록된 내용의 역사적 진실성에 상당히 회의적이어서, 복음서를 전기라고 부르는 이유를, 신앙공동체를 창설한 사람에 대한 헌신을 기념하거나 예배하는 전승의 기원으로서 신비한 구조를 갖고 있기 때문이며, 당시의 회의적인 철학들에 대한 반작용으로 제시되는 낙천적

을 참고하시오.

24) Robert A. Guelich, "The Gospel Genre," in *Das Evangelium und die Evangelien*, ed. Peter Stulmacher (Grand Rapids: William B. Eerdmans Publishing Company, 1991), 306을 보시오.

이며 긍정적인 견해에 두려고 한다.[25] 헹겔(Martin Hengel)은 오히려 복음서를 상당히 신뢰할 만한 전기로서 보려 한다.[26] 요한복음에 대한 이해는 공관복음과는 구별되는 독특한 문제를 다룬다. 요한복음과 공관복음을 서로 비교할 때 드러나는 상당수의 상이점들로 인해서 공관복음인 마태복음, 마가복음, 누가복음의 내용들이 역사적이거나 전기적이거나에 상관없이 요한복음의 내용은 다르게 취급하거나 이해해야만 한다는 주장이 제기된다. 실제로 요한복음을 그리스-로마 시대의 연극, 특히 비극과 연계시켜 이해하려는 연구들이 있었다.[27] 하비(A. E. Harvey)는 구약성경의 내용 중 예언서에서 이스라엘을 향한 하나님의 심판을 배경으로 요한복음을 유대인들을 대상으로 하는 재판으로 보았다.[28] 그러나 요한복음을 공관복음과 달리 보려는 관점을 무조건 수용할 수는 없다. 왜냐하면 요한복음 자체로 복음이란 독특한 유형(genre)의 기록이며, 저자는 '증인' 또는 '진리'와 같은 단어를 반복적으로 사용하면서 자신이 기록한 복음이 역사적 사실에 근거한 진실, 혹은 충분히 신뢰할 만한 내용인 점을 스스로 입증하고 있다.[29]

복음에 대한 정의를 '신학적 전기(theological biography)'[30]로 내린다고 해도, 복음서들 사이에 존재하는 불일치점들을 근거로 역사성이 결여되어 있다고 속단할 필요는 없다. 오히려 명백한 차이점들을 자세히 살펴볼 줄 아는 지혜로운 안목이 요구된다. 왜냐하면, 이런 차이점들을

---

25) C. H. Talbert, *What Is a Gospel?* (Philadelphia: Fortress Press, 1977)을 참고하시오.

26) Martin Hengel, *Acts and the History of Earliest Christianity* (London: SCM Press, 1979), 16; D. E. Aune, *The New Testament in Its Literary Environment*, 64-65.

27) N. Flanagan, "The Gospel of John As Drama," 264-70; W. R. Domeris, "The Johannine Drama," 29-35.

28) A. E. Harvey, *Jesus on Trial: A Study in the Fourth Gospel*을 보시오.

29) C. L. Blomberg, "To What Extent Is John Historically Reliable?" 48-53.

30) I. Howard Marshall, "Luke and His Gospel," in *Das Evangelium und die Evanglien*, 289-308을 보시오.

자세히 살펴봄으로써 복음서들 사이에 존재하는 불일치에 대한 답을
제공할 수 있는 가능성이 있기 때문이다. 당장에 모든 질문들에 대한
확실한 답을 제공할 수 없다고 해서, 복음서 저자들의 정직성을 비난
하거나 혹은 그들이 기록한 내용에 대한 신뢰성에 대한 우려를 표방할
필요는 없다.31) 덧붙여서 복음서 저자들은 누구 한 사람 사건들을 발
생한 순서에 따라 단순히 배열하지 않았다. 그들이 제시하려는 예수의
생애와 관련된 모든 내용들은 나름대로의 이유가 있었으며, 가장 기본
적인 이유는 예수의 정체성에 대한 가르침과 그리스도인들로 하여금
믿음 안에서 어떻게 살아갈 것인가를 가르치기 위한 목적일 것이다.
이런 관점에서 역사적인 관점과 신학적인 관점 외에 복음을 문학적인
관점에서 이해하려는 시도가 있다.32) 초기의 문학비평 방법을 수용한
복음 이해는 역사적 관점과 신학적 관점에서 크게 다르지 않은 주제들
을 다루었다.33) 그러나 와일더(Amos Wilder)의 주장을 시작으로 이전에
성경학자들이 가졌던 선입견을 떠나서 문학작품으로서의 감상과 해석
과 관련된 질문들을 다루는 작업을 목적으로 하는, 본격적인 문학비평
을 통한 복음 이해의 시기가 도래한다.34) 오늘날에는 성경학자들과 성
경을 다루지 않는 학자들 사이에 문학비평의 관점과 방법에 대한 광범
위한 공감대가 형성된 것으로 보인다. 이들은 완성된 형태의 문학적
결과물로서 성경을 다루며, 문학비평의 방법론들이 성경해석을 위한

---

31) C. Blomberg, *The Historical Reliability of the Gospels*를 참고하시오.
32) 일반적으로 문학비평, 장르비평 등을 예로 들 수 있다.
33) G. E. Ladd, *The New Testament and Criticism* (Grand Rapids: William B. Eerdmans
   Publishing Company, 1967), 112를 보시오. 라드(Ladd)는 "문학비평이란 저자, 저
   작년대, 저술의 장소, 수신자, 자료들, 문장의 신뢰성과 목적을 연구하는 것"
   으로 정의한다.
34) Amos Wilder, *Early Christian Rhetoric: The Language of the Gospel* (Cambridge, Mass.:
   Harvard University Press, 1971), xxii를 보시오.

도구가 될 수 있다고 본다. 그럼에도 불구하고 성경신학 안에서 문학 비평에 근거한 해석을 정의하는 일은 결코 쉬운 일이 아니다.[35]

복음을 이해하려는 사람이 선택할 수 있는 적용들은 다양하다. 만일 복음서 안에서 어떤 특정한 구절을 연구하려면, 복음서 저자가 전체의 내용을 통하여 전하려는 목적에 비추어 선택한 구절을 이해하려고 노력해야만 한다. 비록 동일한 구절이 다른 배경에서 사용되었다고 해도 저자의 의도와 목적을 즉시 무시하는 일은 상당한 주의를 필요로 한다. 복음서의 내용이 서로 다른 이유를 굳이 찾아본다면, 각각의 복음서 저자들은 자신들만의 관점에서 예수의 생애의 특정한 면들을 강조하는 것으로 보인다. 예수님의 부활에 대한 복음서 저자들의 관심을 살펴보면 다음과 같다. 마태복음에서 저자는 부활의 내용에서 유대인들이 제기했던 예수의 제자들이 시체를 훔쳐갔다는 주장(마 27:62-66; 28:11-15)을 반박하려는 의도를 볼 수 있다. 이런 의도란 다른 복음서 저자들과는 아무런 상관이 없는 내용이다. 마가복음에서는 부활에 관한 내용 중 최초로 예수의 시신을 장사지낸 무덤을 다시 찾았던 여인들이 가졌던 놀람과 두려움 그리고 침묵을 두드러지게 강조한 사실을 볼 수 있다(막 16:8). 누가복음은 예수의 부활이 유대인들에게 주어진 구약성경의 예언이 성취된 사실을 강조한다(눅 24:25, 44, 46-47). 부활의 주님께서 제자인 도마를 만나 주시고 그로 하여금 예수께서 하나님이심을 고백하게 한 사실을 강조한다(요 20:24-28). 실제로 복음서들의 서로 다른 강조점들은 각각의 복음서에 내포된 지배적인 주제와 서로 잘 어울리며, 각자의 특징적인 면을 보여준다. 만일 이런 차이점들을

---

35) R. Crosman, "Is There Such a Thing as Misreading?" in *Criticism and Critical Theory*, ed., J. Hawthorn (London: Edward Arnold, 1984); K. A. Matthews, "Literary Criticism of the Old Testament," *Foundations for Biblical Interpretation*, eds. D. S. Dockery, K. A. Matthews, and R. B. Sloan (Nashville: Broadman & Holman, 1994)을 참고하시오.

단지 하나의 부활 이야기로 개괄적으로 보려 한다면, 당연히 이와 같이 다양한 이해를 발견하지 못하고 말 것이다. 그러나 이런 차이점을 지나치게 강조하다가 복음서 전체가 내포한 공통적인 목적을 상실하는 일도 없어야만 한다.36)

복음을 신학적 전기로 이해하는 관점은 특정한 본문을 보다 확대된 문맥과 배경에 연결시키는 일에 영향을 끼친다. 사실 복음서를 관심을 갖고서 조금만 자세히 살펴보아도 복음서의 내용인 개별적 사건들이 언제나 사건이 발생한 역사적 순서에 따라서 배치되지 않은 점을 쉽게 발견하게 된다. 복음서 저자들은 연대기적 관심보다는 주제별 관심에 더 많은 비중을 두고 복음을 기록한 것처럼 보인다. 예를 들어 마가복음 1~8장까지의 내용들은 이런 주장을 가능하게 한다. 마가복음 1장 21절에서 45절까지는 예수의 치유사역을 다루며, 2장 1절에서 3장 6절까지는 유대교 지도자들과의 논쟁이 중심 주제이고, 4장 1절에서 34절까지의 내용은 예수의 비유들이 주제를 이룬다. 마가복음 4장 35절에서 6장 6절까지는 자연현상을 다스리시는 예수의 초자연적 이적기사들이 있다.

마가복음의 이 같은 내용들을 다른 복음서 안에서 찾아보면, 이런 내용들이 발생의 순서와 상관없이 기록된 사실을 분명하게 확인할 수 있다. 따라서 본문 안에서 명백히 밝히는 경우가 아니면, 사건의 순서대로 배치된 것이 아니라고 볼 수 있다. 예를 들어 누가복음 9장 51절에서 18장 14절에 이르는 내용은 예수께서 제자들과 함께 갈릴리로부터 예루살렘에 이르는 여행에 대한 기록이다.37) 여행의 내용을 자세히 살펴보면 누가복음 10장 38~42절에서 예수와 제자들은 이미 예루살

---

36) Craig L. Blomberg, *Jesus and the Gospels: An Introduction and Survey* (Nashville: Broadman & Holman, 1997)을 참고하시오.

37) 이 부분에 해당하는 제목을 베레아 사역(Perean ministry)으로 부르기도 한다.

렘 근처인 베다니(Bethany)에 도착했었다.[38] 그렇다면 예수께서는 제자
들과 함께 예루살렘에 들어가시기 전에 또 다시 북쪽 방향인 사마리아
와 갈릴리로 여행을 하셨을까?[39] 이와 같은 여행의 여정과 관련하여
생각을 발전시키기보다는 오히려 누가복음 9:51-18:14의 내용을 예수
의 가르침 혹은 말씀을 전하기 위한 목적에서 기록된 것으로 본다면,
십자가의 죽음을 향한 여정 안에서 제자들에게 주셨던 예수의 가르침
을 주제별로 모아 놓은 것으로 볼 수 있다. 이런 맥락에서 보면, 누가
복음 11장 1절에서 4절, 5절에서 8절, 그리고 9절에서 13절의 내용들은
모두 기도를 주제로 하는 가르침이며, 한 날, 한 장소에서 일어난 사건
이 아닐 수도 있으며, 발생의 순서도 기록의 순서와 다를 수도 있다는
생각이 가능하다.[40]

　복음을 이해하는 데 있어서 때때로 역사적 요소들과 신학적 요소들
을 무시하거나 혹은 이런 요소들이 서로 충돌한다고 보는 어리석은 일
은 없어야 한다. 복음서의 내용 안에서 이 두 요소는 당연히 존재하며
서로 충돌하거나 갈등을 일으키지 않는다는 이해를 갖는 일은 정말 중
요하다. 마태복음과 누가복음에서 예수께서 광야에 나가서 사탄에게
시험을 받으시는 내용을 찾아볼 수 있다. 여기서 첫 번째 시험의 내용
은 일치하지만, 두 번째와 세 번째 내용은 순서가 서로 다르다는 문제
가 발생한다. 마태복음에서 마지막 세 번째 시험은 이 세상의 모든 왕
국들과 그 영광을 예수께서 보는 내용이지만(마 4:8-10), 누가복음은 예

---

38) 요한복음 11장 1절에서 마리아(Maria)와 마르다(Martha)가 베다니(Bethany)에 살
고 있음을 알 수 있다.

39) 누가복음 17:11, "예수께서 예루살렘으로 가실 때에 사마리아와 갈릴리 사이
로 지나가시다가"를 보시오.

40) Craig L. Blomberg, "Midrash, Chiasmus, and the Outline of Luke's Central Section,"
in *Gospel Perspectives*, eds. R. T. France, David Wenham, and Craig Blomberg, 6 vols.
(Sheffield: JSOT, 1980-1986), 3: 217-61을 참고하시오.

수께서 성전에서 뛰어내리라는 유혹을 받는 내용을 기록한다(눅 4:9-12). 누가복음의 저자는 이 세 번째 시험이 두 번째 시험 다음에 일어났다고 결코 말하지 않았다. 누가가 시험의 순서를 마태와는 다르게 자기 나름대로 배열한 것은 예수께서 체험하신 시험의 절정을 예루살렘 성전에서 마치려는 이유가 있었기 때문이라고 볼 수 있다. 사실 누가복음은 성전체제와 예루살렘과 예수 사이의 관계를 관심을 갖고 집중적으로 다루고 있다. 마태복음과 누가복음에 기록된 예수의 시험에 관한 내용은 서로 모순되지 않으며, 순서를 바꾼 이유도 결코 임의로 혹은 독단적이지 않다. 누가는 예수의 공생애 사역의 초점이 유대인들에게 모아지며 결국에는 예루살렘에 집중하고 있음을 부각시킬 뿐만 아니라, 복음이 예루살렘으로부터 시작하여 땅 끝까지 이르는 점을 강조한다(행 1:8).[41]

성경을 해석하는 최종적 권위를 어떤 개인이나 제도에 둘 수는 없다. 성령 하나님께서 깨닫게 해 주시는 은혜에 전적으로 의존해야만 한다. 그럼에도 불구하고 아무런 준비도 없이 성경의 본문을 대할 때마다 주님께서 바른 의미를 깨닫게 하신다는 보장은 없다. 물론 복음을 독특한 형태의 글로 이해하는 일이 바른 해석을 가능하게 하는 필요충분조건은 아니다. 그러나 복음을 독특한 양식으로 이해하려는 시도는 흔히 빠지기 쉬운 오류를 미연에 방지할 수 있게 한다. 비유를 해석하는 방법이 이적 이야기를 해석하는 방법과 같지 않은 것처럼, 복음서를 사도행전이나 서신서, 그리고 요한계시록과 같은 방법으로 해석하지는 않을 것이다.

---

41) 참고로 Kenneth R. Wolfe, "The Chiastic Structure of Luke-Acts and Some Implications for Worship," *South Western Journal for Theology* 22 (1980), 60-71을 보시오.

186

4. 요한복음을 기록한 목적

요한은 자신이 복음을 기록한 목적을 분명하게 밝히고 있다: "예수께서 제자들 앞에서 이 책에 기록되지 아니한 다른 표적도 많이 행하셨으나; 오직 이것을 기록함은 너희로 예수께서 하나님의 아들 그리스도이심을 믿게 하려 함이요 또 너희로 믿고 그 이름을 힘입어 생명을 얻게 하려 함이니라"(요 20:30-31). 목적을 밝히는 이 구절들 속에서 "표적," "믿음," "생명," 그리고 "아들"과 같은 복음서에 나타난 중요한 주제들과 관련된 단어들을 찾아볼 수 있다.[42] 다시 말해 이 문장에서 요한은 자신이 기록한 복음서를 읽는 사람들로 하여금, 그들의 믿음과 삶의 중요한 변화를 의미하는 내용들을 이해할 수 있는 바탕을 제공하고 있다. 무엇보다도 중요한 내용은 요한은 복음을 통하여 단지 지적인 수준에서의 변화가 아니라, 전인격적인 삶의 변화를 추구한다는 점이다. 전인격적인 변화를 통하여 자신을 전적으로 예수께 헌신하는 변화의 삶이야말로 요한이 남긴 복음의 목적으로 봐야 한다.[43]

요한은 복음을 단지 이야기로만 기록하지 않았다. 요한의 복음을 제대로 소화시키려면, 예수의 복음을 믿고 따르는 자에게 베푸시는 구원의 능력과 더불어 구주께서 요구하시는 부르심에 합당한 헌신의 삶을 살아야만 한다는 경고를 귀담아 듣고 실천해야만 한다. 특히 브라운이 지적하고 있는 것처럼 요한의 기록들은 "개개의 그리스도인이 예수 그

---

42) 특히 중요한 주제로 "생명"을 지적하는 일은 어렵지 않다. 서론부분(1:14)에서 발견되는 이 주제는, 중심부분에서(11:25-26), 그리고 결론 부분(20:31)으로 이어진다. 실제로 "생명"은 요한복음 1장에서 4장까지의 내용에서 드러난 중요한 주제 중 하나이다. 참고로 요한복음에 기록된 중요한 주제어들에 대한 설명은 R. E. Brown, *The Gospel according to John I-XII*, Anchor Bible (Garden City: Doubleday & Company, 1966), 497-518을 보시오.

43) Leon Morris, 『요한신학』, 홍찬혁 역 (서울: 기독교 문서 선교회: 1995), 11-34.

리스도와 갖는 관계에 대한 강조"를 특징으로 한다는 지적에 주목할
필요가 있다.[44] 공관복음이 보여주는 세례와 성찬에 대한 강조가 요한
복음에서는 다른 방식으로 표현되고 있으며, 최후의 만찬에서 예수께
서는 제자들의 발을 씻겨 주시는 모습을 통해서 복음의 의미를 제시한
다.

물론 요한이 세례와 성찬에 대하여 전혀 관심이 없다는 주장은 아니
다. 요한복음 3장과 6장의 내용은 요한도 동일한 주제들을 담아내고
있는 증거로 볼 수 있다. 세례와 성만찬의 중요성을 무시해서가 아니
라, 단지 요한의 주된 관심 대상이 아닌 것처럼 보인다. 요한이 주목한
것은 그리스도인 개인이 구주이신 예수와 어떤 관계로 살아가는가에
있으며, 그런 관계를 바탕으로 하는 믿음의 증거가 삶을 통해서 어떻
게 구체적으로 나타나느냐에 있는 것으로 보인다.[45] 그러므로 예수 그
리스도의 복음을 통하여 개인적인 관점에서 구원의 확신과 더불어 믿
음의 변질에 따르는 경고를 다루는 내용들을 요한복음 전반을 통해서
볼 수 있다.

요한복음 저자는 요 20:30-31에서 복음을 기록한 목적을 분명히 제
시하면서 상당한 양의 표적과 관련된 기사들을 선택적으로 사용하여
예수의 생애를 기록하였다. 예수께서 하나님의 아들이신 그리스도(메
시아)이심을 독자들이 믿게 함으로써 그들로 하여금 생명을 풍성하게
누리도록 하려는 저자의 관심은 교회에 속한 신자들로 하여금 세상에
속하였지만 예수 그리스도 안에 머물면서 독수리가 비상하는 것과 같
은 위로부터 임하는 생명을 체험함으로써 세상을 극복하며 살아갈 수
있도록 배려한다. 무엇보다도 목회적 차원에서 교육과 더불어 선교의
관심을 수용하면서 예수가 누구인가를 분명히 가르침으로써 유대인뿐

---

44) R. E. Brown, *The Churches the Apostles Left Behind*, 84.
45) G. R. Beasley-Murray, *John*, lxxxviii-xc.

만 아니라 유대교를 모르는 헬라인들, 특히 유대교의 가르침에 무지한 디아스포라 유대인들을 위한 복음을 전하려는 의도가 있다고 볼 수 있다.[46]

요한복음의 저자는 당시의 유대인들 사이에 있었던 교회의 가르침과는 상반된 예수에 대한 견해를 상쇄하려고 복음을 기록했다고 볼 수도 있다. 이 경우 세례 요한을 지나치게 숭배하려는 태도도 저자가 고치려는 내용에 속할 수도 있다. 널리 알려졌을 뿐만 아니라 요한일서의 배경을 이루는 중요한 요소로 보일 수 있는 영지주의(Gnosticism)에 대한 직접적인 변증으로 복음을 기록하지는 않았을지라도 요한복음 자체로 영지주의를 대항할 수 있는 훌륭한 무기가 될 수 있다.

5. 요한복음의 구조 이해

요한복음에서 서론과 21장을 제외한 나머지 부분은 크게 두 부분으로 나누어질 수 있다는 주장은 대부분의 학자들이 공감하는 내용이다. 실제로 예수의 공적인 사역에 해당되는 1:19에서 12:50까지를 표적의 책이라고 부르며, 이 부분은 예수가 누구이신지와 어떻게 예수를 알고 믿을 수 있는가에 대한 내용으로 구성된다.[47] 달리 말하면, 하나님의 아들이신 예수를 알고, 믿는다는 것은 무엇을 의미하는가에 대하여 가

---

46) 요한복음의 주된 독자가 디아스포라 유대인이라는 주장에 대하여 J. A. T. Robinson, *Twelve New Testament Studies*, 107-125을 참고하시오. 오늘날에는 전적인 지지를 받지 못하지만 도드(Dodd)는 요한복음의 저자가 사려깊은 이방인들을 복음으로 인도하려는 목적에서 기록한 것으로 본다(C. H. Dodd, *The Interpretation of the Fourth Gospel*).

47) 참고로 D. Guthrie, *New Testament Introduction*, 237-335; Kümmel, *Introduction to the New Testament*, 188-247; G. M. Burge, *Interpreting the Gospel of John*, 76-79을 보시오.

르친다고 볼 수 있다. 두 번째 부분은 13:1에서 20:31까지로 영광의 책
이라 부른다. 이 부분은 그리스도인은 누구이며, 어떻게 신앙을 유지하
고 성장시킬 수 있는가에 대한 내용으로 구성된다. 요한복음 이해를
위한 전제를 간단히 언급한다면, 사랑이란 주제가 특히 강조되고 있음
에 유의할 필요가 있으며, 무엇보다도 부활의 주님께서 더 이상 세상
에 계시지 않는 적대적인 상황에서 어떻게 살아갈 것인가라는 믿음과
관련된 질문이 중요한 쟁점이란 점이다. 이런 면에 유의한다면, 예수께
서 제자들에게 가르치신 성령에 대한 바른 이해를 갖는 일은 복음 이
해를 위한 결정적인 단서가 될 수 있다.[48] 특히 구원에 대한 확신과 경
고 사이의 긴장을 이해하는 데 있어서 대단히 중요한 역할을 하는 내
용이다.

요한복음 전체 구조 안에서 표적의 책과 영광의 책은 1:1-18의 의미
심장한 서론과 20:30-31의 함축적인 결론 사이를 부족함이 없이 잘 채
우고 있다.[49] 그렇다고 해서 21장의 내용이 다른 자료에서 나온 부록
이라는 말은 아니다. 21장을 잘 이해하기 위해서는 21장 이전에 사도
베드로와 관련된 내용들을 잘 살펴볼 필요가 있다. 실제로 살펴보면,
베드로가 아니라 오히려 사랑받는 제자가 더 비중 있게 다뤄지는 사실
을 알게 된다. 예를 들면, 요한복음에서는 사랑받는 제자가 마지막 만
찬 때, 예수와 가장 가까이 있었으며(요 13:23-24), 무덤에도 먼저 달려
갔었다(요 20:3-8). 심지어 21장에서도 사랑받는 제자는 부활의 예수를
먼저 알아보고 베드로에게 그 사실을 말해준다(요 21:7). 베드로가 부
활의 주님으로부터 위임을 받을 때, 마치 마지막 만찬 석상에서 발을
씻겨 주실 때처럼(요 13:9-10), 다시 한번 자신을 겸손히 낮춘다(요
21:17-18). 사랑받는 제자와는 대조적으로 베드로는 지속적으로 예수로

---

48) L. Morris, 『요한신학』, 195-225을 참고하시오.

49) G. R. Beasley-Murray, *John*, xc-xcii을 보시오.

190

부터 경고를 받고 회복됨으로써 제자로서의 삶을 살아가는 모습으로 기록된다. 따라서 요한복음에서 이상적인 제자도는 사랑받는 제자를 통하여 드러나고, 그 사랑받는 제자가 복음의 의미를 잘 짜여진 구조를 통하여 드러내고 있음을 알 수 있다.

구조에 대한 이해를 좀 더 살펴보면, 요한복음의 서론은 무엇보다도 세상을 구원하시기 위하여 말씀이신 아들을 보내주시는 하나님의 선취적 은혜를 잘 보여주고 있다.50) 구원이란 하나님께서 시작하시고 또한 끝마무리를 하시는 섭리이고 역사인 점이 분명하다. 세상은 아들을 미워하지만, 누구든지 믿기만 하면 하나님의 아들이 되는 권세를 주신다는 요한의 주장은 전적으로 하나님께서 하시는 구원에 대한 균형 있는 이해를 제시한다. 따라서 하나님의 섭리와 역사를 통한 구원의 확신을 고취할 뿐만 아니라, 이 구원의 복음을 전하는 아들을 거절하는 자들에 대한 경고도 분명히 한다. 하나님의 아들 예수를 믿는 사람에게는 누구든지 하나님께서 자녀가 되는 권세를 주시지만, 선택의 자유를 남용하는 자들은 스스로 하나님의 심판을 자초한다고 요한은 주장한다(요 1:11-12).

서론에 이어지는 본문의 내용은 요 1:19에서 요 12:50까지 그리고 요 13:1에서 요 20:31까지 크게 두 부분으로 구분을 할 수 있다. 선택적으로 기록한 표적과 관련된 내용들을 통하여 예수께 이 세상을 구원하시는 하나님의 아들 메시아이신 점을 증거하고, 하나님의 구원이 유대인들로부터 임하지만, 유대인들은 믿음에 이르지 못하고 오히려 거절하는 모순을 드러내고 있음을 적시한다(요 12:37-40). 서론(요 1:1-18)에 이어지는 내용은 실제로 일어난 사건에 관한 내용의 출발점인 요한복음 1장 19절을 시작으로,51) 한 주간의 사역으로 보이는 요 1:19에서 요

50) J. B. Polhill, "John 1-4: The Revelation of True Life," *Review & Expositor*, 85 (Summer, 1988), 445-448.

2:11까지의 내용으로 이어진다.[52] 이 부분은 전환의 역할을 하며, 갈릴리 가나에서 가나로 이어지는 요 2:1-요 4:54의 내용과 일부 중복되고, 요 1:19-51은 예수의 공생애의 시작을 알리는 내용이다. 갈릴리 가나를 기점으로 하는 사역(요 2:1-요 4:54) 이야기는 세 개의 표적이야기들을 포함한다. 요 2:1-12의 내용은 예수께서 갈릴리 가나에서 행한, 물로 포도주를 만드신 첫 번째 표적이며, 두 번째로 요 2:13-22은 유대 예루살렘 성전을 정화시킨 표적이고, 마지막으로 요 4:46-54은 왕의 신하의 아들을 살린 갈릴리 가나에서 행한 표적이다. 물론 갈릴리 가나에서 행한 표적 사이에 예수께서 예루살렘을 방문한 내용이 끼어 있다(요 2:13-22).

요한복음 5장부터 10장까지는 두 번째 주요 부분이며, 여기도 세 개의 표적들을 찾을 수 있다. 이 부분은 예수와 대적자들 사이에 논쟁을 통하여 긴장이 점점 고조되고 있는 특징을 볼 수 있으며, 예수께서는 유대교의 절기인 초막절(요 5장; 7-8장), 유월절(요 6장), 그리고 수전절(요 10:22-42)에 예루살렘을 방문한다.[53] 이 부분에 기록된 세 개의 표적들은 38년된 병자를 고친 표적(요 5:1-15), 큰 무리를 먹인 표적(요 6:1-15), 그리고 눈먼 자의 눈을 뜨게 하신 표적(요 9장)이다. 이어지는 요한복음 11~12장은 요 1:19-2:11의 내용이 했던 전환의 역할을 한다.[54] 요 1:19-34과 요 10:40-42은 서로 괄호와 같은 역할을 하며, 결과

---

51) H. Ridderbos, *The Gospel according to John*, trans. Vriend (Grand Rapids: William B. Eerdmans Company, 1997), 61; D. A. Carson, *The Gospel according to John*, 141을 참고하시오.

52) 학자들은 이 부분의 내용이 창세기의 주제가 창조인 것처럼 새로운 창조란 주제로 발전하는 것으로 보기도 한다(L. Morris, *The Gospel according to John*, rev. ed. New International Commentary on the New Testament (Grand Rapids: William B. Eerdmans Company, 1995), 114; D. A. Carson, *The Gospel according to John*, 148).

53) 키너(C. S. Keener)는 요 1:19-6:70로부터 요 6:71-10:42까지 갈등이 고조되는 사실을 지적한다[*The Gospel of John*, 2 vols. (Peabody: Hendrickson, 2003), 427].

적으로 요 1:19-10:42을 한 단락으로 보게 한다. 이런 관점에서 요한복음 11~12장은 특별한 자료로 보이며, 표적들 중 절정에 해당하는 죽은 나사로를 살리신 표적(요 11장)과 예수께 기름을 부은 사건과 예루살렘 입성(요 12:1-19) 기사를 포함한다. 이어지는 요 12:20-36은 전환부에 해당하며, 요한복음 12장의 마지막 단락에 해당하는 요 12:37-50은 비극적인 결말을 보인다.

요한복음 13~17장은 예수께서 남기신 고별강화로 요한복음만의 독특한 내용을 담고 있으며, 지상사역을 초월하는 영광의 주로 예수를 표현하며, 마치 모세가 남긴 신명기의 고별강화와 유사한 내용을 보여준다. 무엇보다도 앞으로 닥칠 엄청난 현실인 십자가 처형과 죽음을 감당하고 이어지는 부활 이후의 승천의 때를 감당해야만 하는 제자들을 준비시키기 위한 가르침으로 보인다. 이 부분은 유대인들의 거부에 뒤를 이어 예수께서 제자들을 집중적으로 상대하는 내용으로 시작한다. 제자들의 뇌리에 깊숙이 각인될 사랑을 몸소 행하시고(요 13:1-17), 배반을 폭로하시고(요 13:18-30), 앞으로 당할 환난을 대비하는 가르침을 주시고(요 13:31-16:33) 고별기도를 드린다(요 17:1-26). 이 부분은 소위 고별강화 혹은 고별강연을 닮았다.[55] 구약성경에서 야곱, 모세, 여호수아, 다윗과 같은 인물들이 죽음을 앞두고 행했던 마지막 고별강화와 같은 유형의 글을 제2성전 시기에도 찾아볼 수 있다.[56] 그러나 예수

---

54) 공생애 사역의 마지막 주간을 암시하는 요 12:1과 요 1:19-2:11은 가능한 수미상관관계(inclusio; 괄호와 같은 역할)로 보인다.

55) 참고로 F. J. Moloney, *The Gospel of John*, Sacra Pagina 4 (Collegeville, M.N.: Liturgical Press, 1998), 377-78을 보시오. 신명기 31~33장에서 모세가 행한 고별강화를 비롯하여 이와 유사한 구약성경에 나오는 고별강화인 창세기 49장, 여호수아 23~24장, 사무엘상 12장, 열왕기상 2:1-12, 그리고 역대상 28~29장을 보시오.

56) 참고로 12족장의 유언들; 모세 승천기; 주빌리 22:10-30; 마카비 1서 2:49-70; 이외에 헬라와 로마 시대의 예들은 B. J. Malina & R. L. Rohrbaugh, *Social-Science Commentary on the Gospel of John*, 221-22을 보시오. 이런 유형의 문서는 기원전 2

의 고별강화를 단순히 이런 유형에 맞추려는 시도는 실패할 수밖에 없
다. 실제로 이 부분에서 "서로 사랑하라"는 가르침(요 13:34; 15:17), 임
박한 죽음에 대한 언급(요 13:33, 36; 14:5-6, 12, 28), 남겨질 자들을 위
한 위로의 말(요 13:36; 14:1-3, 18, 27-28) 등을 고별강화의 요소들과 유
사한 내용으로 볼 수 있다.[57] 그러나 결정적인 차이를 예로 들 수 있는
데, 그 내용은 예수께서는 제자들과 잠시 동안만 헤어졌다가 다시 만
나게 된다는 점이다. 그렇기 때문에 일반적인 고별강화는 주로 과거를
근거로 행해지지만, 예수께서는 미래를 주로 언급하신다. 미래에 대한
언급도 다른 고별강화의 내용을 장식하는 광범위하고 자세한 언급은
찾아볼 수 없다.

요한복음 13~17장의 내용은 아주 독특하다. 요한복음 전체를 놓고
보면, 전반부에서 유대인들이 주요 사역의 대상이었고 제자들의 역할
은 상대적으로 빈약했다면, 이 부분은 십자가의 고난과 죽음을 통하여
세상을 구원하기 위한 예수의 사역이 성령의 능력 안에서 예수를 따르
는 제자들을 통하여 실행된다. 예수께서는 하나님 아버지와 아들의 연
합 안으로 제자들을 이끄시며, 그들을 사역의 동역자로 삼으신다.[58] 자

세기와 주후 3세기경에 기록되었다. 고별강화의 특징적인 요소를 살펴보면
다음과 같다. 1) 죽음이나 이별을 예고한다. 2) 자신이 죽은 다음 닥칠 도전과
위기를 미리 경고한다. 3) 계보의 승계를 준비한다. 4) 윤리적인 삶에 대해 권
면한다. 5) 마지막 위임을 전한다. 6) 하나님의 언약을 확증하거나 새롭게 회
복시킨다. 7) 마지막 축복(기도)을 한다.

57) H. W. Attridge, "Genre-Bending in the Fourth Gospel," in *Journal of Biblical Literature* 121 (2002), 9-10, 17-18을 보시오.

58) 예수를 따르는 제자들에 대한 호칭을 요 13~17장에서 살펴보면 "자기 사람
들을"(요 13:1), "소자들아"(요 13:33), "친구라"(요 15:15), "내게 주신 사람들"
(요 17:6), "내 것"(요 17:10)으로 부르고 있으며, 이런 친밀한 호칭은 제자들의
위치를 새롭게 볼 수 있는 관점을 제공한다. 참고로 A. Kostenberger, *The Missions of Jesus and the Disciples according to the Fourth Gospel* (Grand Rapids: William B. Eerdmans Company, 1998), 149-53을 보시오.

신의 이름으로 드리는 기도에 응답하시고, 성령을 보내시고, 제자들의 사역을 인도하신다. 이런 배경을 놓고 보면, 모세가 언약을 바탕으로 남겼던 고별강화처럼 예수께서도 제자들과의 사이에 새로운 언약을 세우시는 모습을 보이신다. 모세가 가나안에 들어가지 못한 반면에 예수께서는 제자들의 처소를 예비하기 위하여 아버지에게로 돌아가신다 (요 14:2).

요한복음 13~17장 전체를 배경으로 요 13:1-30의 내용은 서론과 같은 역할을 한다.[59] 이 부분은 고별강화의 본론에 해당하는 요 13:31-16:33과 마감 기도를 담고 있는 요 17장을 이끌면서 이어지는 수난 이야기와 연결을 짓는다. 한 가지 지적할 내용은 요 13:1-30은 '정결'이란 주제와 밀착되어 있다.[60] 예수를 따르는 제자들은 여전히 정결함을 받아야 할 필요가 있음을 알 수 있다.[61] 예수를 따르는 신앙공동체는 정결의 필요성을 예수께서 발을 씻기시고, 유다가 예수를 배반하고, 예수께서 베드로가 부인할 것을 예언하는 일련의 내용들을 통하여 확인할 수 있다. 예수의 사역에 동참할 수 있는 준비가 필요하며, 제자들은 정결케 된 후에야 비로소 메시아 시대에 동참하게 된다.

요 13:31-16:33은 고별강화의 본론에 해당한다. 우선 요 13:31-38은 제자들이 예수께서 당하시는 고난에 동참할 수 없음을 설명하고, 예수

---

59) 요 13:1-30의 문학적 구조와 신학적 이해를 살펴보려면 D. A. Carson, *The Gospel according to John*, 460을 참고하시오.

60) 요한복음 13장에서 볼 수 있는 '정결'이란 주제는 요한복음 2장의 가나 혼인 잔치와 성전청결의 주제와 상응하는 것으로 보인다. 요한복음 2장에서 예수께서는 부패하고 타락한 유대교의 관습과 예배를 메시아의 행위로 드러나게 하셨다면, 요한복음 13장의 내용은 새로운 메시아 신앙공동체의 성취된 정결을 드러낸다. R. Schnackenburg, *The Gospel according to St. John*, 3:7-15.

61) 가룟인 유다의 배반은 위기를 초래하지만, 결과적으로 정결을 완성하는 계기가 되는 역설적인 면을 볼 수 있다[B. F. Westcott, *The Gospel according to St. John: The Greek Text with Introduction and Notes*, 2 vols. (London: Murray, 1908), 2:159].

께서는 자기가 하나님께로 가는 길이라고 주장하신다(요 14:1-14). 이어
서 성령의 임재가 임박한 사실을 선포하신다(요 14:15-31; 요 16:4-15).
요 15장에서 예수께서는 포도나무와 가지를 비유로 제자들로 하여금
자신에게서 떠나지 말 것을 가르치신다.62) 구약성경에서 하나님의 선
택한 백성 이스라엘을 포도원에 비유하는 내용을 배경으로 본다면, 이
가르침은 구약의 이스라엘을 대체하는 새로운 메시아 공동체와 관련
이 있는 것으로 보인다.63) 요 15:18-16:4에서 예수께서 이 세상을 떠나
면 세상은 제자들을 박해할 것이나, 오히려 제자들로 하여금 증인이
될 것을 요구하신다. 요 16:16-33은 제자들이 예수께서 십자가에 달려
죽으심으로 슬퍼할 것이지만, 부활의 그리스도를 만나면 기뻐할 것이
라고 한다. 오늘날의 독자들은 "조금 있으면"(요 14:19; 16:16-22)이란
표현의 의미를 미처 충분히 깨닫지 못하는 경우가 더 많을 것이다. 왜
냐하면 독자들은 한 눈에 십자가 죽음과 부활을 꿰뚫어 보고 있기 때
문이다. 그렇기 때문에 예수께서 직접 가르친 제자들이 기다려야만 했
던 실망과 고통을 체험했던 시간적인 차이를 경험할 필요가 없다.

요한복음 17장에서 볼 수 있는 예수의 기도는 요한복음에만 있다.

---

62) 요한복음 15장의 포도나무 비유를 카슨(D. A. Carson)은 "확대 비유," 또는 "설
명을 위한 비교"라고 한다[*The Gospel according to John*, 513]. 브라운(R. E. Brown)
은 히브리어 마샬(masal)로 부르며[*The Gospel according to John XIII-XXI*, Anchor
Bible Commentary 29A (Garden City, N.Y.: Doubleday, 1970), 668], 슈나켄베르그
(R. Schnackenburg)는 "비유적인 강화"라 한다[*The Gospel according to St. John*, 396].
63) 구약 이사야 5장에서 선지자 이사야는 하나님께서 좋은 수확을 기대하면서,
포도원(이스라엘)을 잘 가꾸시지만, 이스라엘은 나쁜 열매를 내기 때문에 하
나님께서 이방민족으로 심판하실 것을 예언한다. 참고로 D. A. Carson, *The
Gospel according to John*, 513; R. E. Brown, *The Gospel according to John XIII-XXI*,
669-71; L. Morris, *The Gospel according to John*, 593; H. Ridderbos, The *Gospel according
to John*, 515를 보시오. 여기서 한 가지 지적할 중요한 내용은 교회가 아니라
예수께서 이스라엘을 대체하신다는 가르침이다. 실제로 예수께서는 유대교의
성전과 절기가 상징하는 의미를 완성하신다[Carson, *Ibid.*].

보통 "대제사장 기도"로 알고 있지만 요한복음은 예수를 대제사장으로 묘사하지 않는다.[64] 다양한 이름으로 요한복음 17장을 부르는데, 예를 들면, "고별 기도,"[65] "예수의 기도,"[66] "지혜자의 기도"[67] 등이 있다. 이 기도야말로 복음서에 기록된 기도들 중 가장 긴 기도이다.[68] 이 기도는 예수 자신을 위한 기도(요 17:1-5), 제자들을 위한 기도(요 17:6-19), 마지막으로 신자들을 위한 기도(요 17:20-26), 이상 세 부분으로 나눌 수 있다. 요한복음 17장의 기도를 읽는 중요한 초점은 하나님 아버지께서 보내신 아들 예수께서 구원사역을 완수하고 다시 아버지께로 돌아간다는 내용에 있다. 전후 문맥을 살펴보면, 이 기도는 가장 가까운 제자들을 향한 가르침과 예수의 수난 사이에 위치하며 고별강화를 마감한다. 따라서 시작인 요 13:1-30에 대응하는 끝 부분을 이룬다. 이어지는 이야기는 요 18:1-11에서 예수의 체포, 요 18:12-19:16에서 유대교 지도자들과 로마 총독이 행하는 재판, 그리고 요 19:17-37에서 십자가 처형, 요 19:38-42에서 무덤에 장사 지냄, 그리고 요 20~21장에서 빈 무덤과 예수의 부활 이후 출현을 내용으로 한다.

요한복음 18:1-19:42은 예수의 수난에 관한 내용을 담고 있다. 이 부분은 마치 목격자가 전하는 장면묘사로 보인다.[69] 예수를 체포하는 사

---

64) 참고로 H. Ridderbos, *The Gospel according to John*, 546; D. A. Carson, *The Gospel according to John*, 552-53을 보시오. 웨스트콧(Westcott)과 호스킨스(Hoskyns)는 "거룩함을 위한 기도"로 부르지만 이 또한 충분하게 의미를 전달하지 못한다 [D. A. Carson, *Ibid.*, 553].

65) H. Ridderbos, *The Gospel according to John*, 546.

66) D. A. Carson, *The Gospel according to John*, 553.

67) B. Witherington, *John's Wisdom*, 266.

68) 요한복음에서 찾을 수 있는 기도의 예로는 요 11:41-42와 요 12:27-28을 들 수 있다.

69) 참고로 H. Ridderbos, *The Gospel according to John*, 581을 보시오. 요한복음만이 귀가 짤린 하인의 이름과 시몬 베드로가 검을 사용한 내용(요 18:10), 대제사장인 가야바의 장인이었던 안나스 앞에서 있었던 비공식적으로 보이는 심문(요

건은 하나님의 주권 아래서 계획된 일이 성취되는 과정으로 묘사하며, 예수께서 겟세마네 동산에서 드린 기도를 생략한다.[70] 예수께서 제자들을 보호하신 일은 앞서 하신 말씀을 지키기 위함이다(요 18:8-9). 예수께서 당하신 수난의 핵심은 이 세상에 속하지 않으신 왕에 있다.[71] 빌라도는 세 번씩이나 예수께서 죄가 없음을 천명한다(요 18:38; 19:4, 6). 그러나 예수를 하나님을 모독하는 죄로 고발하며 오직 로마의 황제 외에는 왕이 없다고 우기는 유대교 지도자들의 협박에 굴복하는 비겁한 모습의 빌라도를 볼 수 있다.[72] 죄가 없는 예수를 재판을 통해 정죄하면서 오히려 로마의 황제를 대적한 바라바(Barabbas)를 방면하는 모순은 성경에서 메시아와 관련된 예언의 말씀을 성취하는 관점에서 이해가 가능하다(요 19:24, 28-29, 36-37).[73] 요한복음 수난 기사는, 강조점의 차이를 제외한다면, 공관복음의 수난기사와 모순된 것으로 보이지 않는다. 예수께서는 자신에게 발생하는 모든 일들을 시종일관 주관하는 모습을 보인다(요 18:3-4). 비록 산헤드린 공회에서 행한 재판을 생략하지만, 대제사장 가야바(Caiaphas)[74]의 장인이며 전에 대제사장이었

18:12-14, 19-24), 그리고 아리마대 요셉과 니고데모가 예수의 시신을 무덤에 모실 때 동행한 내용(요 19:39)을 전한다.

70) *Ibid.*, 573; L. Morris, *The Gospel according to John*, 655를 보시오.

71) M. W. G. Stibbe, *John as Storyteller: Narrative Criticism and the Fourth Gospel*, Society for New Testament Studies Monograph Series 73 (Cambridge: Cambridge University Press, 1992), 111-12를 보시오.

72) 예수를 재판한 동기에 관한 설명은 A. T. Lincoln, *Truth and Trial: The Lawsuit Motif in the Fourth Gospel* (Peabody, M.A.: Hendrickson, 2000), 123-38을 참고하시오.

73) 바라바(Barabbas)란 이름을 히브리어 음역을 따르면 '아들'이란 의미의 '바르 (בַּר)'와 '아버지'란 의미인 '아바(אַבָּא)'의 합성어로 풀이하기도 한다. 이 경우 '아버지의 아들'이란 뜻의 이름을 가진 죄인 바라바와 무죄한 하나님(아버지)의 유일한 아들인 예수를 맞교환한 모순된 재판을 볼 수 있다.

74) 요세푸스(Josephua)에 의하면 가야바(Caiaphas; Kai?a,faj)는 유대인 대제사장이었다. 유대 총독이었던 그라투스(Valerius Gratus)가 가미(Camith)의 아들인 시몬

198

던 안나스(Annas)가 예수를 심문하는 장면을 유일하게 전하며, 빌라도 총독이 행한 재판도 가장 자세하게 보여준다.75)

요한복음 18:1-11의 내용은 유다의 배반과 예수의 체포로 구성된다. 안나스 앞에서 심문을 받는 장면(요 18:12-14, 19-24)들 사이에 베드로가 예수를 모른다고 부인하는 장면(요 18:15-18, 25-27)들이 배치된다.76) 요 18:12-14에서는 안나스 앞에 서는 예수, 요 18:15-18에서는 베드로가 처음으로 예수를 알지 못한다고 부인하며, 요 18:19-24은 대제사장 앞에서 서신 예수를, 요 18:25-27은 베드로의 두 번째와 세 번째 부인을 보여준다. 요한복음은 다른 복음서와 비교해 볼 때, 빌라도 앞에서 예수께서 받은 재판을 가장 자세히 묘사한다.77) 예수께서 빌라도 앞에서

(Simon)을 내쫓은 후에 가야바를 대제사장으로 세웠다(주후 18년). 가야바는 시리아 총독인 비텔리우스(Vitellius)에 의해 36년 대제사장직에서 물러난다. 이때 대제사장 아나누스(Ananus)의 아들 요나단(Jonathan)이 새로이 대제사장이 된다[『유대 고대사』(Antiquities), 18.2.2.; 18.4.3].

75) 예수께서는 유대교 지도자들 앞에서 그리고 로마 총독 앞에서 재판을 받으신다. 따라서 유대교의 율법과 로마법에 의한 재판을 받은 셈이다[Corley, "Trials of Jesus," in Dictionary of Jesus and the Gospels, eds. J. B. Green, S. McKnight, and I. H. Marshall (Downers Grove, Ill: InterVarsity Press, 1992), 841-54를 보시오.

76) 스팁(M. W. G. Stibbe)은 예수와 베드로를 비교하면서, 누구냐고 묻는 질문에 답하시며 예수께서는 "내로라(I am; ἐγώ εἰμι)"라고 말씀하지만, 베드로는 "나는 아니라(I am not; οὐκ εἰμι)"라고 답하는 태도와 베드로는 대제사장의 하인에게 상처를 입히지만, 예수께서는 오히려 그들에게 매를 맞으셨던 일, 그리고 베드로는 재판 자리의 밖에 머물렀고, 예수께서는 재판 자리에 임하셨던 일들을 상기시킨다[John as Storyteller, 97-98].

77) 브라운(R. E. Brown)은 가장 일관되고 알기 쉽다고 지적한다[The Gospel according to John XIII-XXI, 861]. 바렛(C. K. Barrett)은 마가복음을 자료로 기록한 것으로 간주하나[The Gospel according to St. John, 530], 리더보스(H. Ridderbos)와 카슨(D. A. Carson)은 당시 재판 자리에 있던 사람이 나중에 그리스도인이 되어서 제공했거나, 혹은 재판의 공식적인 기록이 전해질 가능성이 있다고 본다(H. Ridderbos, The Gospel according to John, 587-88; D. A. Carson, The Gospel according to John, 587).

재판을 받으시고, 최종결과는 십자가형이 내려진다(요 18:28-19:16). 이
부분은 실내(요 18:33-38; 19:1-3, 8-11)와 실외(요 18:29-32, 38-40; 19:4-7,
12-15) 사이를 오가면서 재판이 진행된 것으로 전한다. 이 장면에서 로
마의 총독인 빌라도는 유대인들의 종교적인 분쟁에 연루되는 일을 꺼
려했지만 결과는 정반대였다. 요 18:28-40에서 빌라도가 예수를 심문하
는 장면을 볼 수 있다. 빌라도가 유대인들의 강청을 거부하지 못하고
예수에게 십자가형을 언도한다(요 19:1-16). 예수께서 십자가에 달려 죽
으신다(요 19:16-42).[78] 요한복음 19:16-42은 세 부분인, 요 19:16-27은
십자가 처형, 요 19:28-37은 예수의 죽음, 요 19:38-42은 예수의 시신을
무덤에 안치한 일로 나눌 수 있다.

　요한복음 20장은 수난 이야기의 결론에 해당한다.[79] 이 부분은 요한
복음 전체로 보아 마지막 결론에 해당하는 21장에 앞선 결론이기도 하
다. 물론 요한복음 20장의 내용도 공관복음의 내용과 유사하지만, 자신
만의 독특한 내용을 제시하는 것으로 보인다. 요한복음 20장은 세 개
의 장면들과 이어지는 결론으로 구성된다. 요한복음 20:1-10은 빈무덤
에 관한 내용이다. 요한복음 20:11-18은 부활하신 예수께서 막달라 마
리아에게 나타나신 일을 기록한다. 요한복음 20:19-29은 부활하신 예수

---

78) 요한복음의 수난 기사와 공관복음의 수난 기사 사이의 관계에 대한 연구는
G. R. Beasley-Murray, *John*, 343-44; R. E. Brown, *The Gospel according to John
XIII-XXI*, 913-16을 참고하시오.
79) 요한복음 20장의 구조에 대한 설명은 G. R. Beasley-Murray, *John*, 367-70; R. E.
Brown, *The Gospel according to John XIII-XXI*, 995-96; R. Schnackenburg, *The Gospel
according to St. John*, 3:301-302를 보시오. 슈나켄베르그(Schnackenburg)는 요
20:11-18을 요 20:19-29의 전주 혹은 서문(prelude)으로 본다[*Ibid.*, 3:321]. 보처
트(G. L. Borchert)는 요 20:1-18은 "싸개 혹은 샌드위치 형식"으로 간주하며,
마리아(요 20:3-10)와 "다른 제자(사랑하는 제자)"(요 20:8)가 요한복음 20장의
초점을 형성하는 것으로 본다[*John 12-21*, New American Commentary 25B
(Nashville: Broadman & Holman, 2002), 289-90].

께서 제자들에게 나타나신 내용을 담고 있으며, 특히 요 20:24-29은 도마에게 나타나신 사건을 묘사한다. 요한복음 20:30-31은 요한복음의 결론으로 모든 주제들인 예수의 표적들과 하나님의 아들 메시아이신 예수를 믿어야 할 필요성과 현재의 약속으로서 영생 등을 그 내용으로 한다. 막달라 마리아와 도마를 통하여 제시되는 예수를 따르는 사람들에게 주어지는 위임이 요 20장의 핵심을 이룬다. 요한복음 20장에서는 요 13장 이후로 보이는 사도 베드로와 "사랑하는 제자"가 병행적으로 등장하는 특징을 볼 수 있다.

요한복음 20장을 문맥의 흐름 안에서 전후 본문과 연결시키는 몇 가지 예를 들 수 있다. 빈무덤 기사는 앞선 예수의 시신을 무덤에 안치한 사실과 자연스럽게 연결된다. 앞선 고별강화에서 예수께서는 제자들에게 "조금 있으면" 다시 볼 것이라 말씀하셨는데, 실제로 부활하셔서 제자들에게 나타나신다. 이런 관점에서 요 20장은 예수께서 제자들에게 약속하신 말씀을 성취하는 내용이기도 하다. 구조에 관한 이해에 있어서 요 20:1("안식 후 첫 날 이른 아침 아직 어두울 때"), 19("안식 후 첫 날 저녁 때"), 26("여드레를 지나서")은 요 21:14("이것은 예수께서 죽은 자 가운데서 살아나신 후에 세 번째로 제자들에게 나타나신 것")의 내용을 뒷받침한다.80) 요 20장의 결론으로, 실제로 요한복음에 나타난 주요 주제들의 목적을 제시하는 요 20:31은 요한복음 전체의 결론이기도 하다.81)

---

80) 요한복음 20장과 21장 사이에 나타난 문장의 연결점들에 관해서는 C. H. Talbert, *Reading John* (New York: Crossroad, 1992), 248을 보시오.

81) 요한복음 20장은 하나의 완결을 이루는 장으로 더 이상의 보완이나 결론이 필요하지 않다는 의견을 듣는 일은 어렵지 않다[C. K. Barrett, *The Gospel according to St. John*, 577; R. E. Brown, *The Gospel according to John XIII-XXI*, 1078; B. R. Gaventa, "The Archive of Excess: John 21 and the Problem of Narrative Closure," in *Exploring the Gospel of John: In Honor of D. Moody Smith*, eds. R. A. Culpepper and

　요한복음 21장은 복음을 끝맺음하는 내용으로 요한복음 1장의 서론
과 더불어 요한복음 전체를 하나로 묶어주는 역할을 잘 감당한다. 사
도 베드로와 "사랑하는 제자"의 역할을 통하여 예수를 하나님의 아들
이시며 구세주로 믿는 신앙 안에서 연합하는 모습을 통하여 복음사역
위임에 관한 실질적인 결말을 보인다.[82] 요한복음 21:1-14은 일곱 제자
들에게 부활하신 예수께서 나타나신 사실을 기록한다.[83] 요한복음

C. C. Black (Louisville: Westminster John Knox, 1996), 240-52]. 예수께서 하나님
　의 아들이시고 그리스도인 사실을 확인하는 것이 목적이라면, 요한복음 20장
　은 더 이상의 보완은 필요하지 않으며(바렛), 그 자체로 명백한 종결로 더 이
　상의 이야기가 불필요하다고 본다(브라운).

82) 가벤타(B. R. Gaventa)는 토르고프니크(M. Torgovnick)가 소설의 결말에 관한 연
　구[*Closure in the Novel* (Princeton: Princeton University Press, 1981)]에서 밝힌 내용
　을 근거로 요한복음 20장과 21장은 서로 다른 계획을 따르는 종결로 이해한
　다. 그는 요한복음 20장은 서론과 구조적인 연관성을 갖고 있으며(예를 들면,
　요 20:17은 요 1:10과, 요 20:24-31은 요 1:7, 13과, 그리고 요 20:28, 31은 요
　1:8과 상관이 있다), 요한복음 21장은 복음서 전체와 연관이 있다(예를 들면,
　요 21:24는 요 1:6-8과, 요 21:18-19은 요 10:11과, 요 21:15-23은 요 13:36)고 본
　다. 덧붙여 요한복음 20장은 초점을 예수에게 맞추지만, 21장은 제자들, 특히
　베드로와 "사랑하는 제자"에 맞춘다고 주장한다(참고로 Gaventa, "The Archive
　of Excess: John 21 and the Problem of Narrative Closure," 246-47을 보시오). 물론
　가벤타의 주장은 어느 정도 타당성이 있어 보이지만, 요한복음에서 보이는
　이야기 진행은 보기보나 훨씬 복삽하고 정교하다. 리더보스(H. Ridderbos)는
　예수의 지상 사역이 제자들에 의해 이어지고 있음을 알리기 위하여 저자가
　기록한 것으로 본다[*The Gospel according to John*, 656]. 키너(C. S. Keener)도 요한복
　음 21장은 결론이며 요한복음 전체의 내용과 분리시킬 수 없는 부분이라고
　주장한다. 그 증거들로 요 21:15-17에 사용되는 단어들은 앞서 사용된 단어들
　과 같은 종류이며, "아멘, 아멘"(요 21:18)이란 표현, "이 말씀을 하심은"(요
　21:19; 요 12:33과 비교해 보시오)이란 표현, "디베료 바다"(요 21:1; 요 6:1을
　보시오) 등을 제시한다(C. S. Keener, *The Gospel of John*, 1219-22).

83) 요한복음 20장에서 부활하신 예수께서 제자들에게 나타나신 사실을 두 번 기
　록하였다. 요한복음 21장에서 세 번째와 마지막 제자들을 만나 주시는 부활
　의 예수를 볼 수 있다.

202

21:15-19은 예수께서 베드로에게 사역을 위임하는 내용이 담겨 있으며, 특히 세 번씩 예수를 모른다고 부인했던 베드로에게 세 번 예수를 사랑하는 자신의 진심을 고백하는 기회가 주어진다.[84] 요한복음 21:20-25은 예수와 베드로 그리고 "사랑하는 제자" 사이에 마지막으로 있었던 대화와 그에 따르는 오해를 불식시키는 내용이 담겨 있다. 마지막 내용은 이 기록된 복음은 목격자의 증거에 의한 것이며, 요한복음의 저자가 예수께서 "사랑하는 제자"란 사실을 밝힌다.[85]

요한복음 전체 내용을 통하여 예수는 하나님의 아들이며 그리스도 (메시아)인 사실을 명백히 볼 수 있다. 요한복음이 20장 30~31절에서 끝난다면, 그 자체로 결론의 역할을 충분히 해 낸다고 해도 과언은 아니다. 요한복음 저자의 원래 의도는 요 20장에서 복음을 완성하려고 했을 것이라는 추측도 가능하다.[86] 반면에 요한복음의 원저자가 아닌 원저자의 제자인 다른 사람이, 원저자인 사도 요한이 죽은 후에 요한복음 21장을 기록했다고 추정한다. 이런 추정은 요한복음 21장뿐만 아

---

84) 요한복음 18:15-18, 25-27에서 베드로가 예수를 모른다고 부인하였지만, 부활하신 예수께서는 다른 제자들과 함께 있는 베드로를 앞서 찾아주셨다. 이런 맥락에서 베드로를 공개적인 자리에서 복음사역자로서 위치를 회복시키는 예수의 배려가 돋보인다. 참고로 카슨(Carson)은 다른 제자들 앞에서 베드로가 충성을 다짐했던 장면들과 요 21:15-19의 관련성을 지적한다(D, A, Carson, The Gospel according to John, 675-76).

85) 요한복음의 저자인 사도 요한이 자신이 생존할 당시에 들리는 소문을 잠재우기 위하여 요 21:20-25을 추가로 기록했다는 주장은 D. A. Carson, the Gospel according to John, 682; L. Morris, The Gospel according to John, 775; H. M. Jackson, "Ancient Self-Referential Conventions and Their Implications for the Authorship and Integrity of the Gospel of John," in Journal of Theological Studies 50 (1999), 1-34 중 21-22를 보시오.

86) L. Morris, The Gospel according to John, 753; R. E. Brown, The Gospel according to John XIII-XXI, 1047-48; R. Schnackenburg, The Gospel according to St. John, 3:335; G. M. Burge, The Gospel of John, NIV Application Commentary (Grand Rapids: Zondervan, 2000), 563; G. L. Borchert, John, 12-21, 317을 보시오.

니라 요한복음 1장 서론에 대해서도 같은 결과를 초래한다. 그러나 요한복음 21장은 요한복음의 서론과 함께 요한복음 전체의 구조와 관련하여 대칭적인 균형을 가지며, 신학적인 의미와 문학적 요소들을 근거로 요한복음 전체를 하나로 묶어준다.[87]

요한복음의 서론과 결론의 내용들은 요한이 신앙에 관한 질문에 대하여 갖고 있는 자신의 관점을 보여주는 중요한 근거를 제공하는 것으로 보인다. 그의 관점이란 전적인 하나님의 은혜만이 아니라, 하나님의 부르심에 대한 신실한 믿음의 응답으로서 순종이 요구됨을 잘 보여준다. 그러므로 구원은 단지 외적인 증거만으로 확인할 수 없음을 알 수 있다. 교회란 단순히 사람들만의 모임이 아니라, 삶을 통하여 살아계신 하나님을 향한 증거를 내놓을 수 있는 사람들의 모임이다. 이런 맥락에서 요한이 복음을 통하여 제시하는 신앙에 대한 이해는 믿는 자들을 위해 상당히 중요한 의미를 제공하고 있음을 볼 수 있다.

6. 역사적인 이해를 따르는 요한복음 읽기

요한복음 본문의 내용에서 역사적 자료를 찾는 일은 예수 안에서 성육하신 하나님의 말씀을 찾는 일에서 시작한다(요 1:1-18). 세례 요한에게 세례를 받으시고 제자들을 부르신 일들은 예수께서 요단으로부터

---

87) 참고로 A. Schlatter, *Der Evangelist Johannes*, 2nd ed. (Stuttgart: Calwer, 1948), 363-77; H. Ridderbos, *The Gospel according to John*, 656. 각주 3; P. S. Minear, "The Origin and Function of John 21," in *Journal of Biblical Literature* 102 (1983), 85-98 중 96-97; G. R. Osborne, "John 21: Test Case for History and Redaction in the Resurrection Narrative," in Gospel Perspectives, vol. 2: *Studies of History and Tradition in the Four Gospels*, ed., R. T. France and D. Wenham (Sheffield: JSOT Press, 1981), 293-328 중 294를 보시오.

갈릴리도 돌아오신 일(요 1:43)로 이어진다. 그러나 요한복음의 내용은 예수의 공생애 사역이 공관복음이 보여주는 것처럼 주로 갈릴리 지역을 중심으로 이루어지지 않고 오히려 유대지역, 특히 예루살렘을 중심으로 행해지고 있음을 보여준다. 예를 들면, 요한복음 1:43-2:12, 4:43-54, 6:1-7:1의 내용들은 갈릴리를 배경으로 하는 예수의 사역으로 보인다. 갈릴리 지방을 배경으로 하는 사역을 제외한다면, 요한복음 4:1-42의 내용의 배경이 사마리아인 경우 외에 나머지 내용들은 지역으로는 예루살렘을 배경으로, 시기로는 유대인들의 절기(요 2:13; 5:1; 6:4; 7:2; 10:22; 11:55)를 중심으로 하는 예수의 공생애 모습으로 볼 수 있다.[88]

공관복음서들과 마찬가지로 유대교의 지도자들이 예수께 대하여 갖게 되는 적대감이 경우에 따라서 증폭되기도 한다(요 7:1). 그러나 죽은 나사로를 다시 살리셨던 역사적 사건은 결과적으로 그들로 하여금 예수를 죽이기로 작정하는 동기를 제공하는 것으로 보인다(요 11:45이하). 나사로를 다시 살리신 사건 이후 예수께서는 베다니에서 기름부음을 받으시고(요 12:1-11), 메시아(왕)로서 예루살렘으로 입성하신다(요 12:12-19). 십자가형을 당하기 전에 예루살렘에서 제자들과 마지막으로 나누신 만찬(요 13)의 기록에는 공관복음서들에서 찾아볼 수 있는 떡과 잔을 나누는 내용이 생략되었다. 제자들의 발을 씻기시는 종으로 섬기는 예수의 모습만이 드러난다. 예수께서 잡히시고(요 18:1-12), 심문과 재판을 받으신다. 이때 베드로가 예수의 제자인 사실을 부인하는 장면이 등장한다(요 18:13-19:16). 예수께서는 십자가에 달려 돌아가셨지만 부활하신다(요 20:21). 이 부분에서 다른 복음서의 내용 안에서 발견할 수 없는 요한복음만의 독특한 내용들을 언급하자면, 예수의 마지막 가

---

88) A. Guilding, *The Fourth Gospel and Jewish Worship* (1960)을 참고하시오.

르침과 대제사장적 기도(요 14:16-17:26), 빌라도 총독 앞에서의 재판의
내용(18:28-19:16), 그리고 부활하신 후에 제자들에게 나타나신 모습을
들 수 있다.

　요한복음에서 볼 수 있는 역사적 구성은─저자가 비록 적은 숫자의
사건들과 예수의 모습을 메시아로 제시하려는 관점을 근거로 제시한
다고 해도─예수의 공생애 순서와 상응하고 있는 것으로 보인다. 역사
적인 이해를 따르는 요한복음 읽기는 주후 1세기 말 한 저자에 의하여
당시의 그리스도인들을 위해 기록한 복음으로 읽는 데서 출발한다. 물
론 의미를 찾는 작업은 결코 쉽지 않은 작업을 요구한다. 그러나 요한
복음을 처음 읽었던 그리스도인들은 적어도 저자의 가르침을 이미 알
고 있던 것으로 보이며, 기록된 복음을 읽음으로써 자신들이 처한 현
실에 대하여 더 나은 이해를 갖게 되었을 것이다. 복음이 선택된 내용
을 기록한 점에 비추어 독자들은 저자가 기록한 내용 안에서 저자가
무엇을 전하려 했는지에 주된 관심을 두었을 것이다. 따라서 역사적인
이해를 따르는 읽기는 현실과 다른 시간적인 차이와 문화적인 차이를
인정하는 데서 출발한다. 오늘날 소위 포스트모던 시대(postmodernism)
에 복음 읽기가 현재의 독자 자신들에게 두려는 경향이 때로는 역사
자체를 무시하는 결과를 초래하는 현상은, 극복이 불가능해 보이는 문
제를 해결하는 것 못지않게 또 다른 문제를 초래하는 것으로 보인다.

7. 신학적인 이해를 따르는 요한복음 읽기

　메시아이신 예수께서 진정한 왕이시며 하나님이신 사실을 전제로
하는 신학적 전제가 공고한 점을 염두에 두고 요한복음의 내용에 대한
구성을 살펴보면 다음과 같다.

1) 계시

요한복음이 제공하는 역사적인 구도를 따라서 살펴보면 예수의 정체성과 사역에 대한 의미를 찾아보는 일은 어렵지 않다. 요한복음의 목적이 하나님의 아들이신 예수의 영광을 입증하는 것에 있음이 분명하다. 창조가 있기 이전부터 존재하셨던 아들이신 예수는 아버지 하나님과 영광을 함께 하신 분으로 묘사된다(요 17:5, 24). 예수께서는 자신의 사역을 통하여 영광을 나타내시며, 자신이 행하신 표적을 안에서(요 2:11), 그리고 볼 수 있는 눈을 가진 사람들에게 나타내신다(요 1:14). 그러나 자신이 행하시는 표적을 통하여 하나님 아버지의 영광을 드러내려 하는 동기를 예수께서는 갖고 있었다(요 5:41; 7:18). 예수께서 행하신 표적을 통하여 하나님의 영광을 나타내는 주제가 요한복음 1장부터 12장까지 일관되게 흐르고 있으며, 이 단락의 결론에 해당하는 내용을 요한복음 12:36-50 안에서 찾아볼 수 있다.

유대인들이 자신을 메시아로 믿지 않았기 때문에 예수께서는 제자들을 중심으로 자신의 정체성의 의미를 자신의 행위를 통하여 가르치신다(요 13:1-17:26). 종의 위치에서 겸손히 섬기는 실천의 예를 통하여 자신의 영광을 보여주시며, 제자들로 하여금 하나님의 영광을 드러내는 생명의 삶으로 인도하신다.[89] 뿐만 아니라, 이전 단락에서 제시했던 소위 자신의 고난, 죽음을 통하여 진정한 영광을 받으실 것이란 주장은 이 단락에서 이루어진다(요 18:1-21:25). 여기서 하나님의 아들로서 영광을 받으시며 동시에 하나님 아버지께 영광을 돌리는 예수를 위한 때가 이미 임한 사실을 알 수 있다.

예수의 복음은 진리의 계시라고 해도 무방하다(요 1:14, 17). 복음에 의하면 세상은 잘못된 채로 죄악 가운데 처해 있으며, 참 진리이신 하

---

89) 요한복음 15:8; 21:19을 참고하시오.

나님(요 7:28)과 단절된 채로 살아간다. 바로 이런 세상을 위하여 예수
께서는 하나님을 아는 진리를 계시한다(요 18:37). 사실 예수 자신이 성
육하신 진리의 말씀이시며(요 14:6), 진리의 성령이 진리이신 예수를
대신하게 될 것이다(요 14:17). 예수께서는 신령과 진리 안에서 하나님
께 온전한 예배를 드릴 수 있도록 인도하신다.[90] 뿐만 아니라, 진리인
말씀으로 이 세상의 죄와 유혹으로부터 자유롭게 해 주신다.[91] 이 세
상이 주는 것과는 대조적으로 하나님께서는 예수를 통하여 사람들의
영혼을 위하여 참되고 진실한 양식을 주신다(요 6:32, 55).

2) 표적과 증거

요한복음에서는 '표적'이란 단어가 17번 사용되었는데, 그 중 11번이
예수의 이적을 지칭하기 위한 사용이다. 실제로 '표적'이란 그 자체를
넘어서서 예수의 구원 사역을 알려주는 계시적 기능을 내포하며, 예수
께서 하나님으로부터 오는 분이신 사실과 하나님의 임재를 보여주는
수단 혹은 방편이다. 요한복음에서 하나님의 계시를 전달하는 수단은
대략 두 가지로 나눠 볼 수 있다. 첫째로 예수께서 행하신 기적 혹은
표적이 있다. 정확한 횟수를 아는 일은 불가능하다(요 21:25). 요한복음
은 부활을 제외한 7가지 표적과 관련된 내용을 선택적이지만 비교적
자세하게 기록하고 있다. 여기서 표적은 단순히 초자연적이고 초월적
인 능력의 증거일 뿐만 아니라(요 4:48), 표적을 행하신 예수는 하나님
께서 보내신[92] 하나님의 아들[93] 메시아란 사실을 보여준다. 표적이란
일반적으로 "어떠한 사람이나 어떠한 사물을 알 수 있도록 하는 가시

90) 요한복음 4:23 이하를 참고하시오.
91) 요한복음 8:31-59을 참고하시오.
92) 요한복음 9:16을 참고하시오.
93) 요한복음 3:2; 6:14; 7:31을 참고하시오.

208

적인 표시"를 의미하지만, 특히 이 단어는 요한복음의 신학적 이해를 위한 열쇠가 되는 말로 계시를 구성하는 표현이기도 하다. 표적은 결과적으로 이를 행하는 예수를 메시아로 믿게 하는 근거를 제공한다.[94] 문제는 표적이 행해질 때마다 영적 이해가 충돌한다는 점이다. 다시 말해 예수께서 표적을 행하면 이 표적을 목격한 사람들은 영적 진리를 깨닫는 것이 아니라, 오히려 오해하는 모순을 드러낸다. 그럴 때면 예수께서는 대화 혹은 긴 강론을 통하여 사람들의 오해를 불식시켜 주신다. 여기서 "내가 ~이다"라는 독특한 표현을 사용하여 사람들에게 자신의 정체를 알게 하신다.[95] 이 독특한 표현이야말로 예수의 자기 이해와 사명에 대한 이해를 모두 포함한 표현으로 예수의 정체에 대한 설명을 이룬다. 동일한 맥락에서 하나님의 신성에 대한 간접적인 표현의 방법으로도 볼 수 있다.

둘째로 예수의 영광을 증인들이 고백한다. 예수께서도 유대의 총독인 빌라도 앞에서 자신이 진리를 증거하기 위해 오신 사실을 말씀하신다(요 18:37). 이런 증거를 최초로 보고 고백한 사람은 세례 요한이다. 세례 요한 외에도 사마리아 여인(요 4:29), 표적을 보았던 무리들(요 12:17), 제자들(요 15:27), 십자가에 달리신 예수를 보았던 사람(요 19:35), 그리고 요한복음의 저자인 요한 자신도 증인이다(요 21:24). 이

---

94) 요한복음 2:23; 12:37을 참고하시오.
95) 요한복음 6:35－"예수께서 가라사대 내가 곧 생명의 떡이니 내게 오는 자는 결코 주리지 아니할 터이요 나를 믿는 자는 영원히 목마르지 아니하리라"; 8:12"예수께서 또 일러 가라사대 나는 세상의 빛이니 나를 따르는 자는 어두움에 다니지 아니하고 생명의 빛을 얻으리라"; 10:7"그러므로 예수께서 다시 이르시되 내가 진실로 진실로 너희에게 말하노니 나는 양의 문이라"; 10:11~"나는 선한 목자라 선한 목자는 양들을 위하여 목숨을 버리거니와"; 11:25~"예수께서 가라사대 나는 부활이요 생명이니 나를 믿는 자는 죽어도 살겠고"; 14:6~"예수께서 가라사대 내가 곧 길이요 진리요 생명이니 나로 말미암지 않고는 아버지께로 올 자가 없느니라".

런 증인들에 의한 증거들만이 아니라 예수의 영광에 대한 증거는 성경
에 의해(요 5:39), 하나님 아버지에 의해(요 5:37), 예수께서 행하신 표적
에 의해(요 10:25)서도 주어진다. 이 모든 증거들이 사람들로 하여금 예
수를 주와 그리스도로 고백하는 믿음으로 인도한다(요 4:39; 5:34).

3) 성육신하신 예수

예수께서 행하신 표적들과 예수의 표적과 행위를 보고 고백하는 증
인들은 예수께서 십자가에 죽으심으로 영생을 주시는 하나님의 아들
인 사실을 확증한다. 복음의 시작으로부터 예수께서 하나님의 말씀이
심을 선포한다(요 1:14, 17). 이 서론 부분을 제외하고는 말씀이란 단어
가 반복적으로 다시 사용되는 예를 찾아볼 수는 없지만, 실제로는 복
음의 나머지 부분들은 말씀이 육신이 되셨다는 선언에 대한 설명과 정
당성을 입증하는 내용으로 채워진다. 그럼에도 불구하고 "말씀"이란
단어는 시편 33편 6절[96]의 내용을 아는 유대인들에게는 창조를 이룬
하나님의 말씀으로 인식될 수 있으며, 때로는 잠언 8장 22절 이하에서
"지혜"가 "말씀"과 서로 방불한 모습으로 그려지고 있음을 근거로, 창
조를 행한 역할의 주체로서도 인식이 가능할 것이다. 물론 그리스도인
들에게는 여기서 말하고 있는 "말씀"이란 예수 외에 어느 누구도 아닌
사실이 명백하다.[97]

---

96) 시편 33:6~"여호와의 말씀으로 하늘이 지음이 되었으며 그 만상이 그 입 기
  운으로 이루었도다."
97) 골로새서 4:3-4~"또한 우리를 위하여 기도하되 하나님이 전도할 문을 우리에
  게 열어주사 그리스도의 비밀을 말하게 하시기를 구하라 내가 이것을 인하여
  매임을 당하였노라; 그리하면 내가 마땅히 할 말로써 이 비밀을 나타내리
  라."; 에베소서 6:19~"또 나를 위하여 구할 것은 내게 말씀을 주사 나로 입을
  벌려 복음의 비밀을 담대히 알리게 하옵소서 할 것이니."

뿐만 아니라 예수께서는 유대인들이 바라고 기다리던 유대인의 왕 다윗의 계보에서 나타날 메시아였다.[98] 공생애 당시에 유대인들 사이에 가장 궁금했던 내용은 예수의 정체성에 관한 질문이었으며,[99] 예수께서 진정한 메시아인 사실이 사람들의 입을 통하여 선포된다.[100] 자신의 정체성을 사람들에게 직접 알릴 필요가 있을 때에 예수께서는 공관복음에서는 "인자"란 단어를 사용하셨으며, "인자"란 단어를 통하여 하나님의 때가 이르기 전에 메시아이심을 드러내지 않으려 하셨고, 고난의 종으로 십자가 위에서 죽임을 당하실 것을 암시하시며, 마지막 심판을 주재하실 것을 예고한다. 그런데 이런 "인자"이신 예수에 대한 이해가 요한복음에서는 두드러지게 드러나지 않는다. 오히려 "인자"로서 예수께서는 위로부터 내려와서 아버지 하나님을 보이며 사람들을 구원하시는 분이신 사실을 강조하면서,[101] 십자가의 죽음조차도 그의

---

98) 요한복음 7:42~"성경에 이르기를 그리스도는 다윗의 씨로 또 다윗의 살던 촌 베들레헴에서 나오리라 하지 아니하였느냐 하며."

99) 요한복음 10:24~"유대인들이 에워싸고 가로되 당신이 언제까지나 우리 마음을 의혹케 하려나이까 그리스도여든 밝히 말하시오 하니."

100) 요한복음 1:41~"그가 먼저 자기의 형제 시몬을 찾아 말하되 우리가 메시아를 만났다 하고 (메시아는 번역하면 그리스도라)"; 4:29~"나의 행한 모든 일을 내게 말한 사람을 와 보라 이는 그리스도가 아니냐 하니"; 11:27~"가로되 주여 그러하외다 주는 그리스도시요 세상에 오시는 하나님의 아들이신 줄 내가 믿나이다"; 20:31~"오직 이것을 기록함은 너희로 예수께서 하나님의 아들 그리스도이심을 믿게 하려 함이요 또 너희로 믿고 그 이름을 힘입어 생명을 얻게 하려 함이니라."

101) 요한복음 3:13~"하늘에서 내려온 자 곧 인자 외에는 하늘에 올라간 자가 없느니라"; 9:35~"예수께서 저희가 그 사람을 쫓아냈다 하는 말을 들으셨더니 그를 만나사 가라사대 네가 인자를 믿느냐"; 10:36-38~"하물며 아버지께서 거룩하게 하사 세상에 보내신 자가 나는 하나님 아들이라 하는 것으로 너희가 어찌 참람하다 하느냐; 만일 내가 내 아버지의 일을 행치 아니하거든 나를 믿지 말려니와; 내가 행하거든 나를 믿지 아니할지라도 그 일은 믿으라 그러면 너희가 아버지께서 내 안에 계시고 내가 아버지 안에 있음을 깨달아 알리

영광을 드러내고 있음을 밝힌다.[102]

예수를 하나님의 아들로 부르는 것이 요한복음에서는 가장 중요한 호칭으로 보인다. 하나님의 아들이신 예수께서는 메시아이시며, 요한은 바로 이 사실을 복음을 통해서 증거하고 선포하려 한다.[103] 하나님의 아들이시라는 사실은 이미 복음의 시작부터 등장하여 마지막을 장식하게 된다. 제자들의 고백을 통하여 예수께서 하나님의 아들이시며, 이 아들은 아버지이신 하나님을 보이시고, 생명을 주시며, 심판하시는 분이다.[104] 누구든지 하나님의 아들이신 예수를 믿으면 구원을 받고 자유를 얻게 된다. 한 가지 중요한 점은 예수가 하나님의 아들이란 고백은 예수의 신성을 믿음으로 받아들이고 있다는 점을 내포한다. 하나님의 아들로서 하나님의 말씀이신 예수께서는 하나님이시며(요 1:1),

---

라 하신대"; 12:45~"나를 보는 자는 나를 보내신 이를 보는 것이니라."

102) 요한복음 12:23, 34~"예수께서 대답하여 가라사대 인자의 영광을 얻을 때가 왔도다; 이에 무리가 대답하되 우리는 율법에서 그리스도가 영원히 계신다 함을 들었거늘 너는 어찌하여 인자가 들려야 하리라 하느냐 이 인자는 누구냐?"

103) 요한복음 3:16~"하나님이 세상을 이처럼 사랑하사 독생자(獨生子)를 주셨으니 이는 저를 믿는 자마다 멸망치 않고 영생을 얻게 하려 하심이라"; 19:7~"유대인들이 대답하되 우리에게 법이 있으니 그 법대로 하면 저가 당연히 죽을 것은 저가 자기를 하나님 아들이라 함이니이다"; 11:27~"가로되 주여 그러하외다 수는 그리스도시요 세상에 오시는 하나님의 아들이신 줄 네가 믿나이다."

104) 요한복음 1:18~"본래 하나님을 본 사람이 없으되 아버지 품 속에 있는 독생하신 하나님이 나타내셨느니라"; 5:19, 29~"그러므로 예수께서 저희에게 이르시되 내가 진실로 진실로 너희에게 이르노니 아들이 아버지의 하시는 일을 보지 않고는 아무것도 스스로 할 수 없나니 아버지께서 행하시는 그것을 아들도 그와 같이 행하느니라; 선한 일을 행한 자는 생명의 부활로 악한 일을 행한 자는 심판의 부활로 나오리라"; 3:36~"아들을 믿는 자는 영생이 있고 아들을 순종치 아니하는 자는 영생을 보지 못하고 도리어 하나님의 진노가 그 위에 머물러 있느니라"; 8:36~"그러므로 아들이 너희를 자유케 하면 너희가 참으로 자유하리라."

212

또한 이 세상에서 주와 그리스도이시다(요 20:28). 진정 요한복음의 절
정은 하나님의 아들이신 예수를 주와 그리스도로 고백하는 믿음 안에
서 발견할 수 있다.

4) 예수의 사역

요한복음 14장 6절은 예수께서는 "내가 곧 길이요 진리요 생명이니,
나로 말미암지 않고는 아버지께로 올 자가 없느니라"고 선포하신다.
길과 진리이시며 생명이 되셔서 사람들을 하나님 아버지께로 인도하
시는 예수야말로 구원주가 되시며 동시에 구원의 내용을 성취하신다.
실제로 이 세상에 속한 사람들은 죽음에 속해 있을 뿐만 아니라,[105] 하
나님의 심판을 피할 수 없는 존재들이다. 이런 사람들에게 예수께서는
과연 어떤 구원을 제공하시고 계신가에 대한 질문의 답으로서 길과 진
리와 생명의 의미를 찾아볼 수 있다.

예수께서는 세상을 위해 생명을 주셨으며, 요한은 이 생명을 하나님

---

[105] 요한복음 5:24-30~"내가 진실로 진실로 너희에게 이르노니 내 말을 듣고 또
나 보내신 이를 믿는 자는 영생을 얻었고 심판에 이르지 아니하나니 사망에
서 생명으로 옮겼느니라; 진실로 진실로 너희에게 이르노니 죽은 자들이 하
나님의 아들의 음성을 들을 때가 오나니 곧 이 때라 듣는 자는 살아나리라;
아버지께서 자기 속에 생명이 있음같이 아들에게도 생명을 주어 그 속에 있
게 하셨고; 또 인자됨을 인하여 심판하는 권세를 주셨느니라; 이를 기이히 여
기지 말라 무덤 속에 있는 자가 다 그의 음성을 들을 때가 오나니; 선한 일을
행한 자는 생명의 부활로 악한 일을 행한 자는 심판의 부활로 나오리라; 내가
아무 것도 스스로 할 수 없노라 듣는대로 심판하노니 나는 나의 원대로 하려
하지않고 나를 보내신 이의 원대로 하려는고로 내 심판은 의로우니라."
참고로 심판에 관한 내용은 요한복음 3:16, 36을 보시오~"하나님이 세상을
이처럼 사랑하사 독생자(獨生子)를 주셨으니 이는 저를 믿는 자마다 멸망치
않고 영생을 얻게 하려 하심이니라; 아들을 믿는 자는 영생이 있고 아들을 순
종치 아니하는 자는 영생을 보지 못하고 도리어 하나님의 진노가 그 위에 머
물러 있느니라."

과 예수 그리스도를 아는 지식이라고 지적한다.106) 이런 관점에서 예
수를 생명(요 1:4; 11:25; 14:6)이라, 혹은 영생의 물(요 4:14)이라, 혹은
생명의 떡(요 6:33 이하)으로 부르는 것은 당연한 것으로 보인다. 예수
를 믿음으로 인정하는 행위는 생명의 떡을 먹으며, 예수의 살을 먹고
피를 마시는 것으로 영생에 속하는 것을 의미한다.107) 메시아이신 예
수께서는 자신에 제공하는 하나님 아버지와 그의 보내신 자이신 예수
를 아는 지식의 내용을 실체화할 뿐만 아니라, 구체적으로 실천할 수
있도록 배려하신다.

이런 내용은 예수의 정체성에 대한 이해를 보여주는 요한복음 8장
에 세상을 비추는 빛이신 예수를 믿는 사람은 그 빛 안에서 살아가는
것과 같다는 의미에서도 찾아볼 수 있다. 특히 빛이란 주제는 요한복
음 9장에서 더 발전적으로 전개된다. 여기서 세상에 속하여 예수를 믿
지 않는 사람들의 상태를 눈이 먼 상태로 묘사한다.108) 흥미로운 점은
당시 유대교 안에서 가장 경건한 부류로 분류할 수 있는 바리새인들에
대한 예수의 평가이다. 예수께서는 그들이 눈이 멀었다고 하신다(요
9:39-41). 누구보다도 메시아를 잘 알아야만 하는 유대교 안에서 율법
선생이며 율법의 전통을 이어가는 데 있어서 중요한 역할을 하는 바리
새인들의 눈이 멀었다는 예수의 진단은 역사적 관점에서 대단한 역설
일 수밖에 없다. 소극적인 의미에서 예수를 믿지 않는 일을 단지 개인

---

106) 요한복음 17:3~"영생은 곧 유일하신 참 하나님과 그의 보내신 자 예수 그리
스도를 아는 것이니이다."
107) 요한복음 6:54~"내 살을 먹고 내 피를 마시는 자는 영생을 가졌고 마지막 날
에 내가 그를 다시 살리리니."
108) 요한복음 9:39-41 –"예수께서 가라사대 내가 심판하러 이 세상에 왔으니 보지
못하는 자들은 보게 하고 보는 자들은 소경 되게 하려 함이라 하시니; 바리새
인 중에 예수와 함께 있던 자들이 이 말씀을 듣고 가로되 우리도 소경인가;
예수께서 가라사대 너희가 소경 되었더면 죄가 없으려니와 본다고 하니 너희
죄가 그저 있느니라."

의 선택에 달려 있다고 생각하는 사람에게 이 사실은 충격적이다. 왜냐하면 불신앙 가운데 살아가는 삶은 개인의 판단이 어떠하든지 어둠에 속한 것이며, 생명이 아닌 멸망의 심판을 피할 수가 없기 때문이다. 하나님의 아들인 예수를 믿는 일은 멀었던 눈이 떠져서 어둠에 속하지 않고 빛 가운데 살아갈 수 있게 되는 모습을 의미한다. 예수께서는 어둠에 속하여 눈이 보이지 않은 상태로 살아가는 사람들을 고치시고 어둠 속을 걸어가는 사람들의 길을 밝히시는 빛이시다.

예수께서 길이란 이해는 요한복음 10장 9절에서 "내가 문이니 누구든지 나로 말미암아 들어가면 구원을 얻고 또는 들어가며 나오며 꼴을 얻으리라"는 예수의 가르침과 밀접한 관계를 이룬다. 양떼가 드나드는 문이신 예수는 동시에 양떼를 자신에게 모으기 위하여 자신의 생명을 내어주시는 선한 목자이다. 여기서 당시 유대인이라면 누구나 이미 익숙할 수 있는 구약에 대한 세 가지 중요한 이해를 배경으로 이 가르침을 생각해 볼 수 있다. 첫째로 구약에서 하나님의 양으로 불리는 이스라엘을 구원하시는 하나님에 관한 예언을 성취하시는 분이 바로 예수이시다. 유대인들은 하나님의 율법을 빛과 생명으로 설명하기도 하는데 예수께서는 그들이 말하는 빛과 생명인 율법의 약속을 성취하신다. 둘째로 예수의 죽음은 단순히 대적자들 때문에 당한 죽음이 아니었다. 예수께서는 양들을 위하여 자신의 목숨을 줌으로써[109] 자기를 믿는 사람들의 죄를 용서해 주시고 십자가의 죽음을 통하여 열어 놓으신 유일한 길로 하나님에게로 인도하신다.[110] 셋째로 양떼란 표현은 더 이상

---

109) 요한복음 10:11~"나는 선한 목자라 선한 목자는 양들을 위하여 목숨을 버리거니와"; 10:18~"이를 내게서 빼앗는 자가 있는 것이 아니라 내가 스스로 버리노라 나는 버릴 권세도 있고 다시 얻을 권세도 있으니 이 계명은 내 아버지에게서 받았노라 하시니라."

110) 요한복음 12:32~"내가 땅에서 들리면 모든 사람을 내게로 이끌겠노라 하시니."

유대인에게만 국한되어 이해되지 않으며, 예수 그리스도로 인한 교회를 연상시킨다.

5) 이 세상을 구원하시는 구세주이신 예수(요 4:42)

예수와 대면하는 사람들은 예수를 믿고 어둠과 사망에서 벗어나 생명으로 옮기던지 혹은 심판의 날까지 어둠 가운데 살아갈 것인지를 결정해야만 하는 기회를 맞게 된다.[111] 그러나 아무나 믿고 싶으면 믿을 수 있다는 생각은 착각에 지나지 않는다. 왜냐하면 하나님께서 사람들을 아들이신 예수께로 인도하시기 때문이다.[112] 달리 말하자면, 사람들이 이해할 수 없는 성령의 역사로 말미암아 중생의 역사가 이루어지기 때문이다(요 3:1-21). 성령으로 인한 중생은 성령으로 인하여 혹은 위로부터 다시 태어난다는 의미이며, 하나님의 자녀가 되는 새로운 탄생이기도 하다(요 1:12). 예수의 십자가 죽음이 대속의 죽음인 사실이 믿음으로 구원을 받은 사람들에게 가장 핵심적인 가르침이 된다(요 3:14-18). 요한복음의 내용을 통해서 믿음의 모습을 크게 두 가지로 분류해 볼 수 있다. 하나는 단지 지적으로 예수를 아는 것이고,[113] 다른 하나는 전적으로 예수를 믿고 따르는 모습이다.[114] 그런데 이 믿음은 예수를 아는 지식과 밀접한 관련이 있다. 일반적으로 하나님에 대한

---

111) 요한복음 12:46-48~"나는 빛으로 세상에 왔나니 무릇 나를 믿는 자로 어두움에 거하지 않게 하려 함이로라; 사람이 내 말을 듣고 지키지 아니할지라도 내가 저를 심판하지 아니하노라 내가 온 것은 세상을 심판하려 함이 아니요 세상을 구원하려 함이로라; 나를 저버리고 내 말을 받지 아니하는 자를 심판할 이가 있으니 곧 나의 한 그 말이 마지막 날에 저를 심판하리라."

112) 요한복음 6:44~"나를 보내신 아버지께서 이끌지 아니하면 아무라도 내게 올 수 없으니 오는 그를 내가 마지막 날에 다시 살리리라."

113) 요한복음 8:24; 11:27, 42; 20:31을 참고하시오.

114) 요한복음 3:16; 4:42; 9:35, 38; 14:1을 참고하시오.

지식이 없는 사람이라도 예수를 통하여 하나님을 알 수 있게 된다(요 8:19; 14:7). 예수께서 하나님을 알게 하기 위하여 뭔가 특별한 지식을 전수해 주신다는 의미에서가 아니라, 예수께서 하나님을 알듯이 사람들도 예수를 통하여 하나님을 알게 된다는 의미다.[115]

부연한다면, 믿음은 하나님 아버지와 아들이신 예수의 관계처럼, 예수를 주와 그리스도로 믿은 사람들도 하나님과 동일한 관계 안에 살아가게 된다는 것이다. 특히 이 믿음으로 인한 관계를 한 마디로 표현한다면 사랑이라 할 수 있다. 그러므로 제자들은 하나님과 예수 사이에 서로 사랑하는 관계와 마찬가지로 하나님과 사랑을 나누게 된다. 단지 그들의 사랑은 아버지를 향한 사랑이기보다는 오히려 아들이신 예수를 향한 사랑이었다(요 14:23; 15:9; 17:26; 21:15, 17). 예수께서 제자들과 함께 하시고 그들을 사랑하시는 모습은 하나님 아버지와 아들이신 예수가 하나이신 것처럼 그들과 더불어 하나가 되기를 원하시는 예수의 사랑을 반영한다.[116] 만일 참 제자로서 믿음을 확신하기 원한다면 자신이 예수의 가르침에 순종하는 여부를 근거로 믿음의 여부를 판단할 수 있다.[117]

요한복음의 내용을 통해서 교회를 직접 언급하는 경우를 찾아볼 수는 없지만, 교회에 관한 이해를 발견하는 일은 결코 어렵지 않다. 예수

---

115) 요한복음 10:14이하의 내용을 참고하시오.

116) 요한복음 6:56~"내 살을 먹고 내 피를 마시는 자는 내 안에 거하고 나도 그 안에 거하나니"; 10:30~"나와 아버지는 하나이니라 하신대"; 14:17~"저는 진리의 영이라 세상은 능히 저를 받지 못하나니 이는 저를 보지도 못하고 알지도 못함이라 그러나 너희는 저를 아나니 저는 너희와 함께 거하심이요 또 너희 속에 계시겠음이라."

117) 요한복음 14:20-21~"그 날에는 내가 아버지 안에 너희가 내 안에 내가 너희 안에 있는 것을 너희가 알리라; 나의 계명을 가지고 지키는 자라야 나를 사랑하는 자니 나를 사랑하는 자는 내 아버지께 사랑을 받을 것이요 나도 그를 사랑하여 그에게 나를 나타내리라."

의 제자란 목자이신 주님께서 이끄시는 양떼에 자연히 속하는 것을 의
미한다. 또한 예수께서 포도나무란 말씀의 의미는 나무에 붙어 있는
가지가 열매를 맺고 맺지 않는 상태의 여부를 드러내기 위한 것인데,
실제로 열매를 맺는지 여부는 예수 안에 거하는, 혹은 예수의 가르침
에 순종하는 일에 의해서 결정된다. 여기서 예수 안에 거하며 열매를
맺는 가지란 예수를 믿고 따르는 제자들로, 그리고 제자 무리로 볼 수
있다. 그렇다면 예수를 거부하고 반대하는 유대인과는 달리 예수를 따
르는 제자들의 모임으로서 교회를 연상하는 일은 자연스러운 생각이
다. 나무이신 예수를 믿는 믿음으로 인해 열매를 맺지 못하는 낡은 가
지를 대체하는 새 가지로서 열매를 맺는 모습을 쉽게 연상할 수 있다.

　이 구원자를 믿고 따르는 무리들을 특징짓는 내용은 형제사랑이었
다. 이 형제사랑을 가장 극적으로 보여준 장면은 요한복음 13장에서
선생이신 예수께서 제자들의 발을 씻기시는 모습 안에 고스란히 담겨
있다. 형제사랑은 실제로 세상이 예수와 제자들을 대하는 미움과 핍박
의 모습과는 아주 대조적이다.[118] 세상이 이들을 미워한 이유를 예수
께서는 유대인들이 인식하지 못하고 있는 모순을 들어 제자들에게 설
명하신다. 하나님의 백성으로 자부하는 유대인들이 예수를 미워하고
핍박하는 일은 하나님을 미워하는 일과 동일하다는 사실을 보여주신
다. 그렇기 때문에 예수께서는 제자들이 서로 사랑하는 가운데 하나가
될 것을 기도하신다.[119] 그러나 제자들의 모임은 결코 폐쇄적이지 않

---

118) 요한복음 15:18-21~"세상이 너희를 미워하면 너희보다 먼저 나를 미워한 줄
　　을 알라; 너희가 세상에 속하였으면 세상이 자기의 것을 사랑할 터이나 너희
　　는 세상에 속한 자가 아니요 도리어 세상에서 나의 택함을 입은 자인고로 세
　　상이 너희를 미워하느니라; 내가 너희더러 종이 주인보다 더 크지 못하다 한
　　말을 기억하라 사람들이 나를 핍박하였은즉 너희도 핍박할 터이요 내 말을
　　지켰은즉 너희 말도 지킬 터이라; 그러나 사람들이 내 이름을 인하여 이 모든
　　일을 너희에게 하리니 이는 나 보내신 이를 알지 못함이니라."

218

다. 예수께서 하나님 아버지께 순종을 통하여 영광을 돌린 것 같이 예수께서도 제자들을 통하여 영광을 받으시며, 제자들로 하여금 예수의 가르침을 전하여 다른 사람들도 예수께로 나오는 기쁨과 영광을 받으신다.[120] 세상이 미워하고 핍박하지만 제자들은 하나가 되어 서로 사랑하는 모습을 통하여 하나님의 영광을 드러내고, 무엇보다도 예수의 가르침을 전함으로써 세상에 속한 사람들을 하나님께로 인도하는 역할을 감당한다. 사실 요한복음의 마지막 장인 21장에서 제자들을 세상으로 보내는 모습은 그들의 사역이 담고 있는 의미와 관련이 있는 것

---

119) 요한복음 17:11~"나는 세상에 더 있지 아니하오나 저희는 세상에 있사옵고 나는 아버지께로 가옵나니 거룩하신 아버지여 내게 주신 아버지의 이름으로 저희를 보전하사 우리와 같이 저희도 하나가 되게 하옵소서"; 요한복음 17:22-23~"내게 주신 영광을 내가 저희에게 주었사오니 이는 우리가 하나가 된 것같이 저희도 하나가 되게 하려 함이니이다; 곧 내가 저희 안에 아버지께서 내 안에 계셔 저희로 온전함을 이루어 하나가 되게 하려 함은 아버지께서 나를 보내신 것과 또 나를 사랑하심같이 저희도 사랑하신 것을 세상으로 알게 하려 함이로소이다."

120) 요한복음 17:18-26~"아버지께서 나를 세상에 보내신 것같이 나도 저희를 세상에 보내었고; 또 저희를 위하여 내가 나를 거룩하게 하오니 이는 저희도 진리로 거룩함을 얻게 하려 함이니이다; 내가 비옵는 것은 이 사람들만 위함이 아니요 또 저희 말을 인하여 나를 믿는 사람들도 위함이니; 아버지께서 내 안에 내가 아버지 안에 있는 것같이 저희도 다 하나가 되어 우리 안에 있게 하사 세상으로 아버지께서 나를 보내신 것을 믿게 하옵소서; 내게 주신 영광을 내가 저희에게 주었사오니 이는 우리가 하나가 된 것같이 저희도 하나가 되게 하려 함이니이다; 곧 내가 저희 안에 아버지께서 내 안에 계셔 저희로 온전함을 이루어 하나가 되게 하려 함은 아버지께서 나를 보내신 것과 또 나를 사랑하심같이 저희도 사랑하신 것을 세상으로 알게 하려 함이로소이다; 아버지여 내게 주신 자도 나 있는 곳에 나와 함께 있어 아버지께서 창세 전부터 나를 사랑하시므로 내게 주신 나의 영광을 저희로 보게 하시기를 원하옵나이다; 의로우신 아버지여 세상이 아버지를 알지 못하여도 나는 아버지를 알았삽고 저희도 아버지께서 나를 보내신 줄 알았삽나이다; 내가 아버지의 이름을 저희에게 알게 하였고 또 알게 하리니 이는 나를 사랑하신 사랑이 저희 안에 있고 나도 저희 안에 있게 하려 함이니이다."

으로 보인다. 선생이신 예수께서 제자들로 하여금 하나님의 사랑을 알고 그 사랑을 통해서 세상을 구원하는 예수의 가르침을 전하게 하는 일이야말로 세상을 이기는 복음의 능력이며 하나님의 영광의 극적인 모습이다. 이런 제자들의 모임은 하나님의 영광을 드러내기 위한 목적에 근거하여 모이기도 하고, 보냄을 받기도 하며, 예수께서 다시 오실 때를 성령 안에서 예수의 자리를 대신하여 이 세상에 존재하게 된다. 요한복음을 통해서 종말과 관련하여 하나님의 임재로 말미암아 미래에 이루어질 일들이 이미 예수를 통하여, 그리고 이어지는 제자들을 통하여 이루어지고 있음을 알 수 있으며, 성취되고 있는 하나님의 역사를 한 마디로 정의해 보면 영생이란 표현도 가능하다. 마지막 날에 성취될 하나님의 심판과 예수의 재림은 현재란 시간과 공간 속에서 성령으로 인하여 이루어지는 체험이 요한복음의 가르침을 받는 교회가 누리는 기쁨이었다.

6) 믿음

요한복음에서는 "믿는다"는 단어를 무려 98개 찾아볼 수 있다. 단순히 다른 복음서들과 비교해 보면, 마태복음에서 14회, 마가복음에서 11회, 그리고 누가복음에서 9회 발견되는 이 단어를 요한복음의 저자가 98회나 사용한다면 결코 적은 숫자가 아닐 뿐만 아니라, 뭔가 다른 의도가 내포되었을 수도 있다는 가정이 가능하다. 사실 "믿는다"는 단어는 요한복음을 기록한 목적을 밝힌 20장 31절에서도 사용된다. 또한 요한복음의 서론에 해당하는 1장 12절을 비롯하여 요한복음에만 기록된 독특한 메시아 이해를 반영하는 3장 16~18절에서도 발견된다. 이 단어는 다양한 표적들과 그에 따르는 강론 혹은 대화들의 중심된 논쟁을 반영한다. 예수께서 그리스도란 사실을 믿는 사람들과 믿지 않는 사람들 사이를 분명하게 대비시키면서, 믿는 사람들은 영생을 가진 사람(요 3:15-16; 5:24; 6:40, 47)들로서 빛 가운데 행하며(요 12:46), 믿지 않는 사람들은 마지막 날에 심판을 받는 사람들(요 3:18; 12:48)이며 어두움 가운데 행한다고 지적한다. 이런 맥락은 예수를 그리스도로 믿는 믿음이 현재의 삶과 미래의 운명을 결정하는 근본적 원인이란 사실을 잘 보여준다.

요한복음의 신학적 주제로 "믿음"을 지적하는 학자들의 견해를 발견하는 일은 어렵지 않다. 그럼에도 불구하고 "믿음"을 표현할 때, 단 한번도 명사형을 사용하지 않는 요한복음의 내용은 독자들로 하여금 능동적이고 적극적이며 현실적 행위로서 믿음을 강하게 부각시키는 것으로 보인다. 물론 요한복음에서 단지 "구원을 얻는 믿음"만을 믿음으로 인정한다고 단정할 수는 없다. 왜냐하면, 예수를 믿는다고 주장하는 사람들을 "마귀의 자식들"(요 8:31-44)로 부르기도 하고, 표적이 행해졌을 때 그 표적을 믿지만 후에는 예수를 떠나는 사람들(요 2:23-25; 6:60-66)도 있기 때문이다. 이런 사람들과 구별되는 예로는 아리마대 요셉과 니고데모, 그리고 의심하던 제자 도마를 들 수 있다. 그러나 요한복음에서 드러난 신학적 이해로서 "믿음"이란 단지 표적을 보고 믿는 것에서 그치지 않고, 예수께서 가르치신 말씀을 진리로 받아들이는 태도를 의미하며, 말씀에 순종함으로써 진리 안에 머무는(혹은 거하는) 지속적인 믿음을 의미하고 있음이 분명하다.

7) 성령

요한복음은 성령에 관하여 다른 복음서들과는 구별이 가능한 가르침을 제시한다. 요한복음에서 성령의 역할은 중생을 얻는 성령세례(요 1:32-33; 3:5-8), 그리고 예수의 사역(요 6:63; 7:39; 20:22)과 밀접한 관련이 있다. 특히 요한복음 14~16장에서 집중적으로 언급되는 성령은 주로 '보혜사'(요 14:16, 26; 15:26; 16:7), 혹은 '진리의 영'(요 14:17; 15:26; 16:13)으로 묘사된다. 여기서 '보혜사'란 '중보자', '위로자', '돕는 자'를 의미하는데, 예수의 지상 사역을 잇는 성령으로 언급된다. 따라서 예수께서 승천하신 후에 그가 보내실 성령은 예수의 사역과 동일한 혹은 유사한 사역을 지상에서 계속해서 행하신다. 무엇보다도 성령 안에서 하나님께 드리는 예배는 영적 이스라엘의 참 모습을 이룬다(요 4:23).

'보혜사' 진리의 영으로 오신 성령은 신앙공동체 가운데 함께 거하시며, 예수의 공생애 사역을 잇는 역할을 감당하시면서, 믿는 사람들 안에 영원히 거하시며(요 14:16-17), 모든 것을 가르치고, 예수께서 말씀하신 가르침을 생각나게 한다(요 14:26). 죄와 의와 심판에 대하여 세상을 정죄하는 성령(요 16:8-11)은 믿는 사람들을 모든 진리 가운데로 인도하시며, 장래 일을 알리기도 하신다(요 16:13). 이와 같이 성령은 예수께서 하셨던 사역을 이어서 완성하시며, 그리스도 예수의 영광을 드러내신다(요 16:14 이하). 심지어 예수께서 승천하는 이유로서 "내가 떠나 가는 것이 너희에게 유익이라 내가 떠나가지 아니하면 보혜사가 너희에게로 오시지 아니할 것이요 가면 내가 그를 너희에게 보내리니"(요 16:7)라고 말씀하셨다.

성령의 오심으로 예수를 믿는 사람들에게는 "배에서 생수의 강이 넘쳐 흐르는" 풍성한 삶이 주어진다(요 7:39). 믿는 사람들에게 중생을 허락하시고, 내주하시며, 가르치시고, 기억나게 하시고, 진리 가운데로 인도하시고, 증거하시고, 세상을 정죄하시며, 기쁨이 충만케 하신다. 요한복음에서 예수님을 믿고 따르는 제자들을 향하여 "성령을 받으라"(요 20:22)고 하신 예수의 말씀은 성령에 대한 이해의 중요성을 적나라하게 드러낸다.

8) 영생

요한복음에서 말하는 영생을 얻는 길은 오직 예수 그리스도를 통해서, 예수를 주와 그리스도로 믿음으로 주어진다(요 1:12-13; 3:14-16; 5:25; 6:51; 10:9-10, 28; 11:25-26; 14:6; 17:3; 20:31). 예수는 하나님의 아들이시며(요 1:1, 18, 1:14; 1:34), 창조주이시고(요 1:3, 10), "세상 죄를 지고 가는 하나님의 어린 양"(요 1:29)으로 오신 메시아(요 1:41; 4:25-26)로서 '세상의 구주'(요 4:42)가 되신다. 오직 예수만이 아버지 하나님께로 갈 수 있는 유일한 길이요, 진리요, 생명이시다(요 14:6). 오직 예수만이 믿는 사람들에게 영원히 목마르지 않는 생수를 주시고(요 4:10-15), 영원히 주리지 않는 생명의 떡을 주신다(요 6:33-35). 하나님이 이 세상을 사랑하사 보내신 독생자 예수는 자기에게로 나아갈 수 있는 유일한 계시자로서 자신의 모든 것을 "나는 ~이다"(요 6:35, 48, 51; 8:12; 9:5; 10:7, 9, 11, 14; 11:25; 14:26; 15:1, 5)라는 표현을 통하여 잘 드러내신다. 이 표현들은 구약의 선지자들을 통해 하나님을 계시할 때 사용한 표현과 유사한 형태로 보이며, 예수께서 하나님의 계시자로, 구원자로, 결과적으로 영생을 주는 하나님이심을 드러낸다.

영생이란 주제는 요한복음에서 "빛"과 "물"과 더불어 "생명"이란 세 요소를 통하여 독특한 신학적 이해를 반영한다. 이 세 요소들은 하나님의 창조사역을 나타내는 중요한 역할을 하며, 동시에 하나님의 구속 사역의 의미를 드러낸다. 하나님의 창조에서 빛은 질서를 낳지만, 타락은 결과적으로 인류로 하여금 생명을 잃고, 어두움에 거하며, 물로 심판을 당하는 경험을 하게 한다. 그러나 하나님께서는 그 백성을 죄의 세력에서 자유롭게 살아가도록 하시어, 죄와 사망으로부터 영생에 이르는, 어둠에서 빛으로 하나님의 임재 안에서 살아가도록 하신다. 하나님의 아들이신 예수께서 이 땅에 오셔서 영생에 이르는 구원을 주심으로 생수가 넘치는 풍성한 생명의 삶을 살도록 하신다(요 7:38; 10:10).

여기서 "생명", "빛", 그리고 "물"은 구약의 제사의 의미를 새롭게 이해할 수 있는 상징적 요인들로 사용된다. "생명"과 "빛"으로 사람의 생명의 근원이 되시는 하나님께서 범죄로 인하여 사람에게 미치는 죄와 사망의 권세를 멸하고 생명과 빛으로 인도하시려고 세우신 은혜는 "물"로써 주는 세례(요 1:25-34), 혼인잔치에서 물이 포도주가 되는 표적(요 2:1-11), 사마리아 여인에게 알려주신 "생수"(요 4장), 장막절에 물을 긷는 일과 생수의 강이 넘쳐나는 일(요 7:37-39), 심지어 물과 피를 흘리시는 예수의 죽음에서조차도(요 19:34), 영생과 관련된 하나님의 구원의 의미를 드러낸다. 창조에서 타락으로 그리고 이제 예수 그리스도로 인한 재창조 사역 즉 구속사역을 통하여 믿는 자들에 임한 은혜의 선물이며 영원토록 하나님과 함께 하는 아들이신 예수처럼 하나님 안에 함께 하는 구원에 대한 표현이다.

9) 신학적 이해를 따르는 읽기를 위한 제언

하나님의 선취적인 행위로 말씀이 육신이 되어 이 세상에 하나님을 세시한 사건은 단지 사건이 아니라 예수 바로 그 분이시다. 하나님의 아들로 아버지의 영광을 나타내시는 예수께서 행하신 이적을 체험한 사람들의 반응은 "저희가 배부른 후에"라고 표현된다. 예수의 이적은 사람들의 필요를 채워주었다. 그런데 이런 이적을 체험한 자들에게만 하나님의 축복이 주어지는 것이 아니라 극적이고 놀라운 체험을 하지 못한 사람들에게도 주어진다.[121] 신학적 이해를 따르는 요한복음 읽기

---

121) 요 20:29~"예수께서 가라사대 너를 본 고로 믿느냐 보지 못하고 믿는 자들은 복되도다 하시니라."

224

의 핵심은 바로 이 하나님의 구속의 사랑을 증거하는 아들 예수께서
이 세상을 구원하는 초대에 어떻게 응하느냐에 있다. 모든 종교가 신
에 접근하려 하지만, 사람은 결코 신이 될 수 없다. 심지어 사람은 하
나님의 조건이 없는 은혜와 사랑을 받을 능력조차도 없음을 인정하는
데서 복음 읽기의 참 의미를 발견해야 한다.122) 다시 말해 하나님의 계
시를 믿음으로 받지 않는다면 신학적인 이해를 따르는 읽기조차도 단
지 허구에 그치게 된다. 이 세상의 참된 희망은 우리가 하나님을 사랑
하는 데 있지 않고 오직 하나님께서 우리를 사랑하는 데 있다.

8. 요한복음 읽기를 위한 구조분석의 예

구조에 대한 이해는 주로 주제에 대한 이해와 상호 밀접한 관계를
형성한다. 그러므로 요한복음의 중심주제를 어떻게 이해하느냐에 따라
서 구조에 대한 이해도 달라질 수 있다. 주제와 관련된 구조 이해 이외
에도 내러티브(Narrative)의 특징을 살려서 요한복음의 전체 내용을 지
리적 전환,123) 시간적 전환으로 이해하거나 혹은 이 두 가지 요소를 병
합하거나, 청중의 변화로 이해하기도 한다. 또한 드라마적 요소로 극적
전개,124) 혹은 수와 상징,125) 대칭적 형태 등으로 보기도 한다. 구조분
석은 본문이해를 위한 해석적 틀을 제공하지만 모든 내용을 어떤 특정

___

122) 요 6:44~"나를 보내신 아버지께서 이끌지 아니하면 아무라도 내게 올 수 없
으니 오는 그를 내가 마지막 날에 다시 살리리라."
123) Mathias Rissi, "Der Aufbau des vierten Evangeliums," in *New Testament Studies* 29
(1983), 48-54를 참고하시오.
124) J. L. Martyn, *History and Theology in the Fourth Gospel*을 참고하시오.
125) Ernst Lohmeyer, "Uber Aufbau und Gliederung des vierten Evangeliums," in *Zeitschrift
fur die neutestamentliche Wissenschaft und die Kunde der alteren Kirche* 27 (1928), 11-36을
참고하시오.

한 구조에 맞추어 이해하는 일은 지나치거나 심지어 불가능한 일로 보인다.

요한복음의 구조를 간단하게 살펴보면, 서론(요 1:1-18)과 결론 혹은 부록으로 불리는 21장 사이에, 두 부분으로 단락을 나눌 수 있는 본론(요 1:19-12:50과 13:1-20:31)으로 구성된다. 실제로 요한복음 1장에서 12장까지의 내용은 예수의 공적인 사역을 중심으로 표적과 논쟁과 강론으로 구성되며, 13장부터 20장까지의 내용은 제자들과의 고별강론(요 13~17장), 수난과 부활과 관련된 내용(요 18~20장)이 중심을 이룬다. 구조 이해와 관련하여 요한복음에서 예수의 죽음과 부활과 관련하여 "때"라는 이해가 중요한 역할을 하고 있음을 간파할 수 있다. 복음의 전개에 있어서 요한복음 1~11장에서는 "그 때가 아직 이르지 않았음"(요 2:4; 7:30; 8:20)을 반복적으로 알리다가, 12장 23절에서 "계시의 중요한 때가 도래하고 있음"을 선언하고, 13~20장에서는 "그 때가 도래했음"을 확정한다. 이 경우 요한복음은 하나님의 영광을 계시하는 일이 중심주제가 되면서 복음의 전개는 예수께서 영광을 받으시는 때(요 17:1)를 중심으로 전개되고 있음을 알 수 있다.

또 다른 구조 이해로는 드라마로서의 요한복음 이해를 들 수 있다. 말씀을 통한 하나님의 구원을 찬양하는 시(요 1:1-18)로 시작하여, 1장 19절부터 드라마의 서막이 오른다. 세례 요한이 등장하고, 세례 요한의 소개로 예수께서 등장하여 제자들을 부르시는 장면에서 공생애 사역의 막이 오른다(요 1:19-51). 무대는 표적과 논쟁, 문답과 강론을 통하여 예수께서 하나님의 아들 메시아이신 사실을 드러내는 장면으로 채워진다(요 2:1-4:47). 이 단락은 갈릴리 가나에서 시작하여 다른 지역으로 이동하였다가 다시 가나로 돌아오는 장면으로 연출되며, 유대교의 제의와 예배가 새롭게 정립될 것을 암시한다. 이어지는 무대는 유대절기와 관련하여 안식일(요 5장), 유월절(요 6장), 장막절(요 7장), 그리고 수전절(요 10장)을 배경으로 일어난 사건들로서 표적과 강론을 통하여 예수께서 메시아이심을 알린다(요 5:1-10:42). 요한복음 11~12장의 장면은 예수의 임박한 죽음과 부활을 예시하는 사건들로 향유를 부은 여인, 죽었다 다시 살아난 나사로, 예루살렘 입성들로 이어진다. 마지막 단락은 요한복음 13~21장으로 유월절 만찬(요 13장), 고별만찬 강론(요 14~17장), 예수의 수난과 죽음(요 18~19장)에 이어 위대한 부활(요 20장)의 장면으로 연출된다. 요한복음 21장은 부활 이후 이적기사와 함께 베드로의 회복과 사명부여, 그리고 요한에 관한 언급으로 종결된다.

널리 알려진 내러티브적인 구성으로 요한복음의 구조에 대한 이해의 한 예를 간단히 살펴보면 다음과 같다. 요한복음 1:1-51은 하나님의 아들 그리스도로서 예수에 대한 소개로서 특히 선재사상과 성육신 사상이 담겨있다. 2:1-17:26은 표적에 따르는 오해와 이를 해소시키는 문답과 강론을 통하여 하나님의 아들로서 예수의 사역의 의미와 내용을 알린다. 마지막으로 18:1-21:25은 예수의 수난과 죽음을 통하여 하나님의 영광이 드러난 절정에 이른 후에 제자들의 고백과 베드로의 회복과 소명부여, 그리고 복음이 진실임을 밝힘으로 마무리한다.

이와 같은 다양한 형태의 구조분석이 복음서 본문을 이해하는 데 직접적인 혹은 간접적인 영향을 끼치게 됨은 당연한 이치이다.

9. 요한복음의 내용분해

내용분해는 기본적으로 요한복음의 본문이해를 돕는 틀이며, 여러 가지 예들을 볼 수 있다.

1) 아버지 하나님과 아들 예수의 관계를 중심으로 한 분해

하나님을 아버지로, 예수를 아들로서 소개하고 있는 내용을 복음서의 특징으로 보고, 아들은 아버지에 의해 보내지고, 그는 다시 하늘로 올라간다. 이 도식에 따라 요 1:19-12:50은, 하늘에서 내려와 지상에서 활동하시는 예수, 13장 이하는, 하늘의 아버지께로 올라가시는 예수의 모습을 그리고 있다. 이것을 세분하여 다음과 같이 분해를 한다.

1:1-18 — 서론: 초월적으로 선재(先在)하는 말씀(로고스)이, 계시자, 구원자로서 성육신하심

1:19-51 — 세례요한의 증언과 제자들의 소명

2:1-25 — 가나의 혼인과 성전청결 표적들

3:1-36 — 니고데모와의 대화 및 세례요한의 두 번째 증언

4:1-42 — 사마리아 여인과의 대화

4:43-54 — 왕의 신하의 아들이 고침을 받음

5:1-47 — 베데스다 못에서의 병 고침과 이에 따른 예수의 권위에 관한 논쟁

6:1-71 — 5천 명을 오병이어로 먹인 표적과 생명의 떡 논쟁

7:1-52 — 초막절에 예수께서 자기를 현시(顯示)함

7:53-8:11 — 간음한 여인

8:12-59 — 유대인과의 논쟁

9:1-41 — 나면서부터 눈먼 자를 고치심

10:1-42 — 목자와 양의 비유

11:1-44 — 나사로를 다시 살리심

11:45-57 — 유대교 지도자들의 음모

12:1-11 — 기름부음

12:12-19 — 예루살렘 입성

12:20-36 — 그리스(헬라)인의 내방(來訪)

12:37-50 — 공생애의 마감

다음 제13 이하의 제2부를, 13:1-17:26의 제자들과의 작별과, 18:1-20:29의 수난 부활의 두 부분으로 대별하기도 한다. 전자는 요한 독자의 기술이고, 후자는 대체로 공관복음서과 병행적이다.

13:1-30 – 최후의 만찬
12:31-38 – 새 계명
14:1-16:33 – 제자들과의 작별교훈
17:1-26 – 작별의 기도
18:1-19:42 – 수난
20:1-19 – 부활
20:30-31 – 결론
21:1-25 – 부활 후 예수의 현현과 제자들에게 복음사역을 위임하심

2) 대부분의 학자들이 선호하는 기본적인 분해

Ⅰ. 서론: 요 1:1-18(로고스 찬송시: 태초에 말씀이 하나님과 함께 계셨다 이 말씀이 육신이 되셨다.)

Ⅱ. "표적의 책": 요 1-19-12:50(가나의 혼인잔치, 니고데모와의 대화, 우물가의 사마리아 여인과의 대화, 베데스다 못가에서 병자를 고침, 생명의 떡에 관한 강화, 나면서부터 소경된 사람을 고침, 죽은 나사로를 살림, 등)

Ⅲ. "영광의 책": 요 13:1-20:31(제자들의 발을 씻김, 고별 강화, 예수의 기도, 수난 이야기, 십자가의 죽음, 부활과 그 후에 나타나심 – 특히 마리아와 도마와의 만남)

Ⅳ. 결론: 요 21:1-25(부활 후에 디베랴 바다/갈릴리에 나타나심)

3) 장별로 지리와 인물에 따른 분해

1장. 서론: 세례 요한의 증거 예수의 첫 번째 제자들

2장. 가나의 혼인잔치, 예수의 첫 번째 유월절 예루살렘 방문, 성전을 정결하게 하심

3장. 니고데모와의 대화, 세례요한의 증언

4장. 우물가의 사마리아 여인, 관원의 아들을 살리심

5장. 베데스다 못가에서 안식일에 병자를 고치심과 그로 인한 논쟁

6장. 갈릴리에서 두 번째 유월절, 5000명을 먹이심, 물 위를 걸으심, 생명의 떡 강화

7장. 초막절에 예루살렘 방문, 성전에서 가르치심, 예수의 가르침에 대한 다양한 반응들

8장. 간음하다 잡힌 여인 7:53-8:11, 세상의 빛이신 예수, 예수의 근본과 정체

9장. 실로암 못 근처에서 안식일에 나면서 소경된 사람을 고치심, 그로 인한 논쟁

10장. 선한 목자 강화, 수전절, 예수께서 요단을 건너 물러가심

11장. 베다니에서 죽은 나사로를 다시 살리심, 예수를 해치려는 마지막 음모, 예수께서 에브라임으로 물러가심

12장. 유대에서 세 번째 유월절을 지내심, 베다니에서 기름부음을 받으심, "때"에 관한 가르침

13장. 최후의 만찬, 제자들의 발을 씻기심, 유다와 베드로의 배반을 예언함

14장. 고별 강화(제1부): 두려워 말라, 보혜사, 평안

15장. 고별 강화(제2부): 포도나무와 가지, 사랑과 미움, 보혜사

16장. 고별 강화(제2부의 계속), 고난에 관하여, 보혜사, 기쁨과 기도 등

17장. 예수의 위대한 기도

18장. 수난 이야기: 겟세마네 동산에서 잡히심, 안나스와의 만남, 베드로의 부인, 빌라도 앞에서의 재판

19장. 수난 이야기의 계속: 재판이 진행됨, 십자가 형에 처함, 죽음과 장사

20장. 빈 무덤에서 부활하신 주께서 막달라 마리아에게 나타나심, 제자들에게 나타나심, 도마에게 나타나심, 첫 번째 결론 (20:30-31)

21장. 종결: 디베랴 바닷가에 나타나셔서 아침을 준비하심, 베드로의 사랑, 사랑받는 제자, 두 번째 결론(21:24-25)

4) 유대교의 절기를 중심으로 하는 분해[126]

서언: "태초에……"(1:1-18)

1. 메시아 사역의 첫 번째 주간: 예수는 메시아이시다, 가난에서 첫 번째 표적을 행하시는 것으로 첫 주간이 끝난다(1:19-2:11).

2. 첫 번째 유월절과 결부된 사건들, 가나에서 두 번째 표적으로 끝이 난다(2:12-4:54).

3 중풍병자를 안식일에 고침: 예수께서 베데스다 못가에서 병자를 고치심(5:1-47).

4. 생명의 양식과 유월절: 보리떡으로 행하신 표적과 그에 따르는 가르침(6:1-71).

5. 초막절에 나면서 눈이 먼 사람을 고침(7:1-10:21).

6. 수전절과 죽은 나사로를 살림(10:22-11:54).

7. 수난 주간과 유월절 십자가형(11:55-19:42).

8. 부활과 사람들에게 나타남(20:1-29).

---

126) "Introduction to Saint John," *The Jerusalem Bible*, 142

9. 부기: 교회와 재림의 그리스도에 대한 기대와 관련된 가르침
(21:1-25)

5) 예수의 행위를 강조한 분해[127)

Ⅰ. 서론(1:1-51)
　A. 서언(1:1-18)
　B. 세례 요한과의 만남과 제자들을 부르심(1:19-51)
Ⅱ. 예수께서 하나님의 영광을 세상에 알리심(2:1-12:50)
　A. 포도주을 만드신 표적(2:1-11)
　B. 성전 정화(2:12-22)
　C. 중생에 관한 니고데모와의 대화(2:23-3:21)
　D. 세례 요한의 두 번째 등장(3:22-36)
　E. 사마리아 여인과의 대화(4:1-42)
　F. 관원의 아들을 고치심(4:43-54)
　G. 베데스다 못가에서 병자를 고치신 일과 그와 관련된 가르침
　　(5:1-47)
　H. 5000명을 먹이신 일과 그에 관련된 사건들과 논쟁들(6:1-71)
　I. 초막절과 예수(7:1-52)
　[간음하다 잡힌 여인 7:53-8:11 – 후대의 삽입부분]
　J. 세상의 빛이신 예수(8:12-59)
　K. 눈이 먼 사람을 볼 수 있게함(9:1-41)
　L. 선한 목자이신 예수(10:1-42)
　M. 죽은 자들 가운데서 나사로를 살리심(11:1-44)
　N. 예수를 비난함(11:45-57)

---

127) D. Moody Smith, "Outline of John," in *HarperCollins Bible Dictionary*.

232

O. 승리의 입성과 관련된 사건들(12:1-50)

Ⅲ. 예수께서 제자들에게 하나님의 영광을 나타내심(13:1-20:31)

  A. 최후의 만찬에서 예수께서 제자들의 발을 씻김(13:1-38)

  B. 제자들에게 첫 번째 고별 강화를 행함(14:1-31)

  C. 제자들에게 두 번째 고별 강화를 행함(15:1-16:33)

  D. 예수의 마지막 기도(17:1-26)

  E. 수난 이야기: 예수의 체포와 재판, 십자가 죽음과 장사(18:1-19:42)

  F. 빈 무덤의 발견과 부활 후 예루살렘에 나타남(20:1-31)

Ⅳ. 부기: 갈릴리 바다에서 베드로와 다른 제자들에게 나타난 예수(21:1-25)

6) 인물과 절기를 중심으로 요한복음의 개략에 따른 분해

[개요]

Ⅰ. 서론: 성육신한 말씀의 생애에 관한 서론과 요약(요 1:1-18).

Ⅱ. 제1부: 표적의 책－말씀이신 예수께서 세상과 자기 백성에게 자기를 계시하지만, 모두가 그를 거절함(요 1:19-12:50).

Ⅲ. 제2부: 영광의 책－예수를 영접하는 사람들에게 말씀의 영광을 십자가에 죽고, 부활, 승천하시어 하나님 아버지께로 돌아감으로 보여주신다. 온전히 영광을 받으시고 생명의 영으로 말씀하신다(요 13:1-20:31).

Ⅳ. 결론: 일련의 부활 후 갈릴리의 출현과 신학적 의미(요 21:1-25)

[세부분해]

Ⅰ. 제1부:

  1. 7일에 걸친 예수의 점진적인 계시(요 1:19-2:11)

2. 요 2:1-4:54의 주제들

  a) 구약의 제도들을 대체함

    1) 가나－유대교의 정결규례를 대체함(요 2:1-11)

    2) 예루살렘－성전을 대체함(요 2:13-25)

    3) 니고데모－(혈통적) 출생을 선민으로 대체함(요 3:1-36)

    4) 사마리아 여인－예루살렘에서 드리는 예배를 대체함(요 4:1-42)

    5) 두 번째 가나 표적 단락 종료(요 4:43-54)

  b) 부류를 대표하는 사람들이 예수께 대한 반응

    1) 유대교 관원(예루살렘)

      성전 지도자들(요 2:13-25)

      바리새인 니고데모(요 3:1-36)

    2) 사마리아인(요 4:1-42)

    3) 왕의 신하(갈릴리 사람들; 요 4:43-54)

3. 요 5:1-10:42의 주제들

  a) 구약의 절기들을 대체함

    1) 안식일－예수께서(새로운 모세) 안식일 법을 대체함(요 5:1-47)

    2) 유월절－생명의 떡(계시된 지혜와 성찬)으로 만나를 대체함(요 6:1-71)

    3) 초막절－생명수의 근원, 세상의 빛으로 절기의 물과 빛을 대체함(요 7:1-10:21)

    4) 수전절－예수께서 성전과 제단을 정결케 하심(요 10:22-42)

  b) 생명이란 주제는 요 2:1-4:54에서 시작하여 요 8:1-10:42에서 빛이란 주제로 발전함(특히 날 때부터 눈먼 사람을 고친 사건)

4. 나사로 주제(요 11:1-12:36)

    a) 죽은 나사로를 살리신 사건은 예수를 향한 비난으로 이어진다. 나사로는 예수의 죽음을 예비하는 행위인 기름부음의 때에 그 자리에 있었으며(요 12:1-8), 종려 주일의 장면은 예수께서 표적을 행하기를 기대하는 열망을 볼 수 있다(요 12:9-36). 죽은 나사로를 살리신 표적은 생명-빛 주제들의 정점이다.

Ⅱ. 제2부:

  1. 최후의 만찬(요 13:1-17:26)

    a) 발을 씻기시고 배반을 당하심(요 13:1-30)

    b) 예수의 마지막 가르침:

      서론(요 13:31-38)

      1부(요 14:1-31; 16:4-33에서 중복됨)

      2부(요 15:1-16:3)

      3부(요 17:1-26)

  2. 예수의 수난과 죽음(요 18:1-19:42)

    a) 동산에서(요 18:1-12)

    b) 안나스의 심문; 베드로의 부인(요 18:12-27)

    c) 빌라도의 재판(요 18:28-19:16)

    d) 십자가에 못박힘, 죽음, 그리고 매장(요 19:17-42)

  3. 부활, 승천, 그리고 성령을 보내심(요 20:1-31)

  7) 예상과 해답을 근거로 하는 분해[128]

---

128) A. J. Köstenberger, *John*, 586.

서론/예상		본론/해설		결론/해답	
요 1:1 & 1:8	말씀이 하나님 이었다	요 20:28	나의 주 나의 하나님		
		요 5:18; 8:59; 10:31-39; 19:7	신성모독으로 고발함		
요 1:4a	그 안에 생명 이 있었다	요 5:26	예수 안에 생명이 있음		
		요 11:25	예수는 부활이요 생명이다		
		요 14:6	예수는 길, 진리, 생명이다		
요 1:4b-5, 9-10	사람들의 빛	요 3:19-21; 8:12-9:5; 12:35-36, 46	빛을 믿는다		
요 1:6-8, 15	세례 요한의 증거	요 1:19-37; 3:22-30; 5:31-36; 10:40-42	세례 요한의 사역		
요 1:10-11	세상이 예수를 거부함(이스라엘을 포함)	요 12:37-43; 15:18-27; 18:1-19:42	세상과 이스라엘이 예수를 거절함	요 21:19	예수처럼 죽음으로 하나님께 영광을 돌림
요 1:12-13	하나님의 자녀	요 3:3, 5-8	하나님께로 태어남		
		요 8:31-58	마귀의 자식		
		요 11:51-52	흩어진 하나님의 자녀들		
요 1:14 (1:16-17, 18)	우리가 그의 영광을 본다	요 2:11; 9:3; 11:4, 40; 참조 3:2	예수의 표적은 제자들에게 하나님의 영광을 나타냄		
	유일한 아들	요 3:16, 18	유일한 아들		
	은혜와 진리가 충만함	요 14:6; 18:36-37	예수는 진리이다		
		요 1:51; 3:3, 5, 11 등	예수는 진리를 말한다		
요 1:17	율법은 모세로 말미암고; 진리와 은혜는 예수 그리스도로 말미암는다	요 2:6; 5:10, 45-47; 7:19; 9:14-16; 13:1-17:26	예수께서는 유대교 율법의 한계를 초월한다; 고별강화를 전한다		
요 1:18	예수는 하나님 아버지 모든 것을 설명한다	요 1:19-21:19 (특히 13:23)	복음서 전체는 저자가 예수께서 보이신 하나님에 대한 설명이다	요 21:20-25	예수가 "사랑하는 제자"=요한복음의 저자

제7장 요한복음 읽기 : 확신과 경고

복음 읽기란 결국 하나님을 아는 일이다. 이제부터 예수 그리스도의 이야기로서 요한복음 읽기를 시도해 볼 것이다. 하나님의 성품에 대한 이해와 세상의 모순된 현실 사이의 차이점을 설명하려는 시도는 결코 새로운 과제가 아니다. 실제로 성경 안에서 우리는 동일한 주제와 관련된 내용들을 쉽게 발견할 수 있다. 한 개인을 두고 말한다면 신앙의 정도에 대한 차이를 인정한다 해도, 나아가 신앙이 가장 좋은 사람이라는 인정을 받을 수 있다 해도, 현실적 경험 안에서 이와 같은 긴장을 영원히 해소할 수 없는 것과 같다. 심지어 자신이 느낄 수 없고, 인정할 수 없다 해서 이런 긴장이 해소될 수 있는 것은 아니다. 한 마디로 살아계신 하나님 앞에서 자신을 발견하는 경험은 언제나 그랬던 것처럼 개인으로서 무력감과 죄책감을 동반한다. 그러나 성경은 신자들로 하여금 현실적인 모순을 극복하고 다시 하나님과의 관계를 회복하고 믿음으로 바르게 살아갈 수 있는 길을 제시한다. 그럼에도 불구하고 여전히 바른 신앙에 대한 질문은 남게 된다.

신앙의 성장에 대해서 관심을 갖는 일에 관한 내용들을 신약성경을 통해서 찾아보는 일은 어렵지 않다. 실제로 신약성경의 책들은 불신자들을 위하여 쓴 책들이 아니다. 그 책들은 어렵고 때로는 적대적인 환경 아래서 살아가지만, 그리스도의 가르침에 순종함으로 믿음 안에서 성장해야만 하는 신자들을 위한 기록들이다. 신약성경의 저자들은 교회의 현실을 무시하지 않았을 뿐만 아니라, 신자들로 하여금 변화된 신앙인으로 살아갈 수 있도록 돕는다. 그들은 세상 가운데서 신앙을 지키면서 살아가는 일이 얼마나 어려운 일인가를 잘 알고 있었다. 그들은 신앙의 시발점인 칭의에 관한 관심뿐만 아니라, 성화에 대한 관심도 보여 주는데, 사실 그런 관심을 내용으로 담고 있는 이유는 적대적인 환경 아래서 이방인뿐만 아니라 유대인들로부터도 다양한 박해를 당하면서 살아가는 초대교회 성도들을 위하여 기록했었기 때문인 것 같다.

신약성경의 저자들은 이런 형편 가운데서도 교회가 하나가 되는 일에 깊은 관심을 두었다. 그들은 결과적으로 살아계신 하나님에 대한 깊은 신앙을 근거로 교회의 구성원들이 직면하고 있는 질문에 대한 답을 제공한다. 그러므로 누구든지 하나님을 전적으로 의지하는 믿음 안에서 살아간다면, 하나님께서 그들을 항상 지켜주실 것을 확신하였다. 언제나 그래 왔던 것처럼 세상으로부터 오는 위협과 하나님 안에서 누릴 수 있는 확신 사이의 긴장관계를 바탕으로 성도의 견인이란 이해가 제시된다. 이 책은 요한이 기록한 복음을 통하여 구원의 확신과 배교의 위험 사이의 긴장관계에 대한 바른 이해를 제시하는 일에 그 주된 관심을 둘 것이다.

1. 목적과 방법

상당수의 사람들은 "한 번 구원을 받으면, 영원히 구원을 받는 것이다"라는 가르침에 익숙할 것이다.[1] 교회의 구성원들 중에서 다수가 이

---

1) 참고로 R. T. Kendall, *Once Saved, Always Saved* (Chicago: Moody Press, 1985;

런 가르침을 지지한다고 해서, 성경의 또 다른 가르침인 배교의 현실
적 위험을 간과할 수는 없다.[2] 문제는 배교에 대한 올바른 논의가 쉽
지 않다는 점이다. 이 논문은 요한복음의 본문을 대상으로 구원에 관
한 올바른 이해를 구성하는 소위 긴장의 의미를 살펴볼 것이다. 다시
말해 바른 신앙에 대한 이해를 위해서는 구원의 확신과 더불어 불신에
대한 경고를 심각하게 받아들이는 것이 성경이 제시한 가르침인 사실
을 확인해 볼 것이다.

이 목적을 이루기 위하여 요한복음의 본문 중 소위 예수께서 행하신
표적을 중심으로 일어났던 사건들과 가르침을 중심으로 그 안에 담겨
진 신학적 이해를 살펴볼 것이다.[3] 신약성경의 본문을 학문적으로 이
해하기 위한 노력은 결코 새로운 일이 아니며, 오늘날에도 진행 중인
과제이다. 잘 알려진 것처럼 역사비평적 방법과 문서비평적 방법이 상
호 배치된다고 봐야 할 이유는 없다. 오히려 둘 사이에 대화가 필요할
것이라는 관점의 유효성을 인정하고 본문을 이해해야만 할 것이다.[4]

---

originally published by Houghton & Stoddard, 1983)를 보시오.

2) 사도행전 21:21과 데살로니가후서 2:2 그리고 참고로 마태복음 24:10-12를 보
시오.

3) 요한복음 연구와 관련하여 다음의 책들을 참고하시오: G. R. Beasley-Murray,
John; J. Ashton, *Understanding the Fourth Gospel*; D. A. Carson, *The Gospel according to
John*; M. Hengel, *The Johannine Question*; Leon Morris, *Jesus Is the Christ: Studies in the
Theology of John* (Grand Rapids: William B. Eerdmans, 1989) & *The Gospel according to
John*; W. E. Hull, "John," *The Broadman Bible Commentary*, ed. C. J. Allen (Nashville:
Broadman Press, 1970); R. E. Brown, *The Gospel according to John I-XII*; R.
Schnackenburg, *The Gospel according to St. John*; S. S. Smalley, *John: Evangelist and
Interpreter*; C. H. Dodd, *The Interpretation of the Fourth Gospel; idem., Historical Tradition
in the Fourth Gospel*.

4) M. W. G. Stibbe, *John as Storyteller: Narrative Criticism and the Fourth Gospel*, Society for
New Testament Studies Monograph Series 73 (Cambridge: Cambridge University
Press, 1992); M. C. de Boer, "Narrative Criticism, Historical Criticism, and the Gospel
of John," in *The Johannine Writings: A Sheffield Reader*, S. E. Porter & C. A. Evans, eds.

이런 관점에서 제시하는 선택한 본문들에 대한 이해가 유대인들을 향하여 살아계신 하나님과 그의 구원을 계시했던 것처럼 오늘 그리스도인들 안에 이미 형성된 전제들과 관점들의 진정한 모습을 복음의 빛 아래 다시 한번 조망할 수 있는 계기가 되기를 기대한다.5)

2. 구약을 통한 배경 이해

신약성경의 본문 이해를 위해서 그 배경을 이루는 구약에 나타난 신학적 주제들과 이야기들을 이해하는 일은 성경이해에 있어서 필수적이다.6) 왜냐하면 신약에 나타난 가르침을 뒷받침하는 내용을 구약에서 찾아볼 수 있기 때문이다.7) 특히 출애굽의 이야기는 구원에 대한 이해를 잘 보여주는 중요한 본문이다. 출애굽을 통하여 이스라엘 민족은 하나님의 구원과 동시에 불신에 따르는 심판을 경험한다. 하나님께서는 일관되게 이스라엘을 구원하신다. 모세를 불러 세우시고(출 3~4

(Sheffield: Sheffield Academic Press, 1995), 95-108.

5) 참고로 G. R. O'Day, *Revelation in the Fourth Gospel*, 111-114를 보시오.

6) 신약성경의 저자들이 그들이 갖고 있는 성경(구약)을 예수 그리스도의 사역과 십자가의 죽음, 그리고 부활의 관점에서 살펴본 사실은 명백할 뿐만 아니라, 그들의 이해는 신약성경 이해에 있어서 중요하다. 참고로 Klyne Snodgrass, "The Use of the Old Testament in the New," in *Interpreting the New Testament: Essays on Methods and Issues*, eds. D. A. Black & D. S. Dockery (Nashville, Tenn.: Broadman & Holman Publishing, 2001), 209-229를 보시오.

7) 신약성경의 본문해석과 관련하여 개괄적으로 그 방법을 제시한다면 contextual reading, intratextual reading, 그리고 intertextual reading을 들 수 있다. Contextual reading은 본문이해를 현재 독자가 필요로 하는 정보들에 관심을 두고 이해하려는 본문읽기 방법이다. Intratextual reading은 특정한 본문을 본문이 속한 책의 다른 본문들에 비추어 읽는 것을 말한다. Intertextual reading이란 본문을 구약성경과 다른 고대문헌들의 본문과 관련하여 읽는 방법이다.

장), 모세로 하여금 이스라엘을 애굽에서 불러내시고, 불기둥과 구름기
둥으로 인도하신다(출 12:21-22). 홍해를 건너게 하시며(출 13~15장),
마지막에는 여리고성을 무너뜨리시고 그들을 가나안으로 인도하신다
(수 6장).

그러나 이스라엘의 인간적 연약함과 불순종은 이런 구원의 여정 가
운데서도 면면히 나타난다. 모세는 "나는 본래 말에 능치 못한 자라 주
께서 주의 종에게 명하신 후에도 그러하니 나는 입이 **뻣뻣**하고 혀가
둔한 자니이다"(출 4:10; 참고 출 3:11; 4:1, 13)라고 말한다. 추격해 오
는 바로의 군대를 보고 이스라엘도 모세를 향하여 원망의 원성을 높였
다(출 14:11-12). 광야에서 모세와 아론을 향하여 불평하며(출 16:1-12),
만나와 메추라기로 먹이셨음에도 불구하고 불순종을 행하였다(출
16:20). 모세가 시내 산에 올라 하나님을 대면하는 동안에 이스라엘은
하나님 대신에 그들을 위하여 황금으로 송아지 상을 만들어 섬기려 하
였다(출 32:1-10). 모세를 향해 끊임없이 내뱉는 항의와 불평들은(출
15:24; 16:2; 민 11:1) 바란 광야 가데스에서 약속의 땅 가나안으로 들어
가기를 거절하는 모습에서 절정을 이룬다(민 13:24-14:28). 약속의 땅
가나안을 정복하는 과정에서 일어난 아간의 범죄로 말미암은 아이성
전투에서의 패배는 이스라엘의 불순종을 상징적으로 보여준 사건이었
다(수 7장).

이스라엘의 믿음과 관련된 이야기를 보면서 누구라도 인간적 연약
함과 그로 인한 실패를 지나칠 수 없다. 야곱의 잔꾀도, 사울 왕의 불
순종도, 다윗 왕의 부도덕도, 엘리야의 참담한 고백도, 요나의 반항도,
모두가 하나님의 은혜를 대하는 개인이 보여주는 행위의 단면을 잘 나
타낸다. 이스라엘의 역사를 통하여 지속적으로 볼 수 있는 이런 예들
은 한 마디로 구원자이신 하나님을 거절하는 불신앙의 상징들로 묘사
된다. 이스라엘의 끊임없는 불평과 원망, 그리고 불신앙에 기인한 불순

종에 대하여, 하나님께서는 때로는 심판도 하시고 벌을 내리시기도 하지만, 그래도 항상 그들을 회복시키시고, 의의 길로 인도하시는 그들의 하나님으로 남기를 원하신다.

구약의 전반에 걸쳐서 진정한 신앙의 영웅은 아브라함도, 모세도, 다윗도 아니라, 그들 모두를 부르신 이스라엘의 하나님이신 사실을 알수 있다. 하나님께서는 이스라엘의 불순종과 실패에도 불구하고 성전에서의 제사를 통하여, 당신의 말씀을 선포하시는 선지자들의 예언을 통하여, 그들과의 관계를 회복하시며 그들의 예배를 받기를 원하신다. 그러므로 하나님은 이스라엘과 언약을 맺으시고 그 언약을 결코 포기하시지 않고 성취하시는 왕이셨다. 하나님은 사랑을 언약을 통하여 확정하시고, 비록 범죄자들이라고 해도 회개하고 돌아오는 자들을 용서하신다.

그러나 하나님의 신실하심과는 상관없이 이스라엘은 자기들이 옳다고 판단하는 대로 살아간다. 마치 사사기의 마지막 구절이 "그 때에 이스라엘에 왕이 없으므로 사람이 각각 그 소견에 옳은 대로 행하였더라"(삿 21:25)라고 결론을 짓는 것처럼, 왕이신 하나님을 무시하고 마치 없는 것처럼 살아가는 이스라엘을 향하여 하나님께서는 그들을 새롭게 대하시려는 계획을 말씀하게 하신다. 예레미야 선지자를 토기장이의 집으로 보내어 실습 현장을 목격하게 하시고 난 후에 그의 입을 통하여 말하신 하나님의 새로운 뜻이란, 하나님의 심판은 회개하지 않는 나라와 민족에게 임할 것이며 이와는 대조적으로 하나님의 복은 지속적으로 하나님의 말씀을 청종하는 즉 순종하는 나라와 민족에게 임할 것이라는 내용이다.

언약사상 혹은 성전제사제도, 율법과 예언 등은 하나님께서 허락하신 은혜 안에서만, 이스라엘을 거룩한 하나님의 백성으로 만들기 원하시는 하나님의 뜻을 성취한다. 그러나 이스라엘은 하나님의 계획과 의도를 자신들의 것으로 변질시키는 일에 익숙했다. 이스라엘이 원하는 것은 하나님이 아니라 그들 스스로가 성취할 수 있는 율법이요 제도였다. 이스라엘 중에 신실한 자들이 찬양과 기도와 예언을 통해서, 하나님 앞에서 겸손한 마음을 갖지 못한 채로 또는 가난하고 불행한 사람들을 돌아볼 줄 모르면서 드리는 제사는 헛것이라고 고백한 것처럼, 하나님의 임재와 그 은혜를 느낄 수 없는 예배는 헛것이다(암 5:21-24; 호 6:6; 사 1:10-17; 미 6:6-8; 렘 7:21-26; 시 51:16-17).

그러나 하나님께서는 항상 순종의 자녀들을 부르신다. 하나님은 죄의 문제를 해결하기 위하여 새로운 제도를 세우시지 않으셨다. 하나님은 언제나 죄인을 용서하시고 사랑을 베푸신다. 구약에서 하나님은 모세를 향하여 진노하셨고(출 4:14), 이스라엘 백성을 향하여 진노했다(민 11:1, 10; 25:4; 수 7:1; 삿 2:14, 20). 그러나 실상은 언약의 백성들을 향하여 오래 인내하는 하나님이시며, 진노 가운데 있기를 원하지 않는 하나님이시다(시 103:8-9; 145:8-9). 따라서 하나님의 진노로 인한 경고는 그 의도가 심판을 위함이 아니라 구원을 위한 것임을 알 수 있다. 그런 하나님께서는 당신의 신실한 백성을 만들기를 원하신다. 아담과 이브로부터 시작하여, 노아와 그 가족, 그리고 아브라함과 그의 자손들을 통하여 신실한 하나님의 자녀들을 만들기 원했지만, 그들 모두는 언약을 성취하는 데 실패했다. 그러나 하나님께서는 그들이 실패했음에도 불구하고, 그 실패의 고통 가운데서도 결코 그들을 저버리지 않고, 오히려 그들을 위로하시며 소망을 주신다(사 40:1-11).

비록 구약에 나타난 신앙과 관련된 모든 확신과 경고 사이의 관계를 다 다루지는 못했지만, 명백히 드러나고 있는 긴장관계를 충분히 볼 수 있다. 이런 구약의 내용을 통하여 신약성경의 저자들은 불순종과 배반 가운데 있는 이스라엘을 다시금 회복시키시는 하나님을 보았으며, 백성들의 마음을 새롭게 하시는 예언이(렘 31:31-34; 겔 36:26-27)

예수께서 오심으로 성취된 사실을 기록한다. 실제로 그들이 구약을 통하여 배운 이스라엘의 신앙은, 자신들이 처한 교회 현실 안에서 나타나는 불신앙의 문제를 이해하고 그 문제들에 대한 답을 제시하는 중요한 배경을 이룬다. 다시 말해, 신약성경의 저자들은 교회의 삶과 관련된 실질적인 신앙의 문제들과 씨름하면서 복음 안에서 그 해결책을 제시하려고 노력한다. 따라서 그들이 제공하고 있는 하나님의 구원을 풍성케 하려는 노력 안에서 구원에 대한 확신과 경고의 긴장을 발견하는 일은 어렵지 않다.[8]

3. 요한복음의 서론 읽기

요한복음 1장은 서론(1:1-18)과 이어지는 증언(1:19-51)들로 구성된다. 요한복음 1장은 요한복음 전체의 서론이며 그 내용을 요약하고 있다고 보아도 무방하다. 왜냐하면 요한복음의 주제들과 주요한 가르침들이 요한복음 1장에서 요약된 형태로 나타나고, 이어지는 본론(2:1-20:31)에서 본격적으로 전개되기 때문이다. 대부분의 학자들은 요한복음 1:1-18을 서론으로 간주하지만, 1장 전체를 서론으로 볼 수도 있다. 대개는 요한복음 1:1-18은 요한복음 전체가 다 기록된 후에 기록되거나 편집되었을 것이라는 가설을 수긍한다. 이런 가설을 전제로 받아들인다면, 요한복음 1:1-18은 요한복음 전체 내용을 요약하여 보여주는, 교회의

---

8) 요한복음이 내포하는 관점이 구약의 선지자들과 왕들과 관련된 출애굽기에서 신명기까지, 그리고 열왕기 상·하와 역대 상·하의 내용들과 공관복음의 내용이 드러내는 관점과 일맥상통함을 알 수 있다. 한 가지 차이점을 말한다면 요한복음에서 예수께서는 하나님의 아들로서 사역하셨지만 하나님과 동등한 전지전능하신 분이심을 보여줌으로써 하나님과의 관계와 더불어 하나님의 뜻을 이루는 자신의 사역이 갖는 의미의 중요함을 있는 그대로 드러낸다.

가르침으로 정형화된 내용의 한 부분이라고 설명할 수 있다. 실제로 요한복음 1:1-18과 요한일서 1:1-4을 서로 비교해 보면서 초대교회가 가르친 교리의 형태를 살펴볼 수 있다.

"증언(들)"이라 부를 수 있는 요한복음 1:19-51의 내용은 "증거와 고백"이란 구성을 갖고 예수를 하나님의 아들이신 메시아로 제시하며, 결과적으로 요한복음을 기록한 목적에 부합 내지 일치하는 역할을 한다. 요한복음 1:51에서 예수께서 자신을 "인자"로 지칭하는 사실을 드러냄으로써 "말씀"이신 예수에 대한 이해는 그 절정에 다다른다. 이런 맥락에서 요한복음의 본론에 해당하는 부분은 "말씀"이신 예수께서 "인자"가 되신다는 사실에 대한 주석이라 해도 지나친 말은 아니다. 요한복음 1:19-51은 크게 두 부분으로 나눠서 1:19-34까지를 세례 요한의 증거로, 그리고 1:35-51을 제자들의 증거로 볼 수 있다.

요한복음의 서론은 자체로 하나님의 말씀일 뿐만 아니라, 하나의 갖추어진 문장을 형성하고 있으며 신앙공동체 안에서 역사적으로 검증된 기록이다.9) 요한복음의 서론에 해당하는 1장 1절부터 18절까지의 내용은 신약성경의 본문들 중에서도 가장 널리 알려지고 읽혀지는 본문이라고 해도 과언이 아니다. 양으로는 적은 분량으로 볼 수도 있지만 요한복음 서론은 성경을 사랑하고 연구하는 사람들에게는 관심과 연구의 대상이 된다. 물론 이 본문을 연구하려는 시도를 해 본 사람이라면 서론에 대한 이해가 다양한 사실을 발견하는 일은 어렵지 않다.10) 그럼에도 불구하고 적어도 초대교회 이래로 요한복음의 서론이

---

9) M. de Jonge, *Jesus, Stranger from Heaven and Son of God* (Missoula, MT: Scholars Press, 1977), vii-viii, 198-199를 참고하시오.

10) 최초로 요한복음을 주석했던 영지주의자로 알려진 헤라클레온(Heracleon)은 요한복음의 서론을 1:1-18로 보았지만, 초대교회의 교부였던 오리겐(Origen)이 1:16-18을 세례 요한의 증거로 본 후로 문장구조에 대한 이해를 근거로 서론을 1:1-14까지로 보기도 한다[B. T. Viviano, "The Structure of the Prologue of

기독교 신학에 끼친 영향은 지대하다고 말할 수 있다.

요한복음의 기독론이 교회에 끼친 영향은 신약성경의 다른 어떤 책과 비교해도 부족하지 않으며 특히 서론에 나타난 선재(pre-existence)사상과 성육신(incarnation)사상이 주된 내용을 이룬다. 바렛(C. K. Barrett)은 요한복음의 서론을 "거의 질문하지 않는 기독교의 보편적 본성으로, 신약(성경)에서 발견할 수 있는 기독론의 절정이며, 신약(성경)의 메시지의 경지"라고 선언한다.[11] 실제로 서론 전체의 성격과 기능이 요한복음의 내용을 잘 소개하고 있음은 주지의 사실이다. 이런 맥락에서 수사적 기능을 행하는 것으로 보이는 히브리서의 서론과, 기록된 문헌임을 알리는 누가복음의 서론과 비교 가능한 것으로 보인다. 경우에 따라서 요한복음의 서론을 "연극의 서막 혹은 오페라의 서주"로 보기도 한다.[12] 실제로 서론은 요한복음 전체를 통하여 드러나는 신학적 주제들을 선도하는 역할로서 복음서를 통하여 제시하려는 예수 그리스도에 대한 바른 이해를 돕는 관점을 제시한다.[13]

John (1:1-18): A Note," *Revue Biblique* 105 (1998), 177, 183]. 요한복음의 서론을 1:1-18까지로 간주하는 견해가 일반이나 때로는 1장 전부를 서론으로 보기도 한다(S. S. Smalley, *John: Evangelist and Interpreter*, 135-137). 트루딩어(L. P. Trudinger)와 같은 경우는 요한복음의 서론은 3:13-21, 31-36을 포함하지만 1:6-8, 15은 포함하지 않는다고 주장한다[L. Paul Trudinger, "The Prologue of John's Gospel: Its Extents, Content, and Intent," *Reformed Theological Review* 33 (1974), 11-17].

11) C. K. Barrett, *New Testament Essays* (London: SPCK, 1972), 27.

12) B. Lindars, *The Gospel of John*, 81.

13) 이런 견해를 뒷받침하는 관점들은 요한복음의 서론이 복음서 전체를 이끄는 선도적인 역할을 하거나 혹은 복음서 전체의 요약으로 본다[참고로 Simon R. Valentine, "The Johannine Prologue: A Microcosm of the Gospel," *Evangelical Quarterly* 68 (1996): 291-304; C. S. Keener, *The Gospel of John*, 1:333-334; R. Alan Culpepper, *The Gospel and Letters of John*, Interpreting Biblical Texts (Nashville: Abingdon Press, 1998), 117-119; D. M. Smith, *John*, 63을 보시오].

1) 요한복음 1:1-18

[본문]

1. 1:1-3: 태초부터 하나님과 함께 계신 말씀, 이 말씀이 세상을 창조하였다.

2. 1:4-13: 세상에 비추는 빛인 생명의 말씀과 빛을 깨닫지 못하는 어둠의 세상→ 이 빛을 증거하러 온 세례 요한→ 요한의 증거를 따라 이 빛의 비춤을 받고, 생명이신 말씀을 믿는 사람들이 하나님께로서 난 자들→ 하나님의 자녀가 되는 특권

3. 1:14-18: 말씀이 육신이 되어 우리 가운데 거하신 사실은 아버지 품 속에 있는 독생하신 하나님이 나타남이다→ 하나님 아버지의 독생자가 예수 그리스도이다.

[설명]

요한복음 1:1-18은 일견 주요한 주제어들이 일관성 있는 맥락 안에서 사용되지 않고 있는 것처럼 보인다. 말씀, 빛, 영광, 진리, 하나님의 독생자, 독생하신 하나님, 어둠, 세상 등의 용어들이 갑자기 등장할 뿐만 아니라, "'말씀이 육신이 되어 우리 가운데 거하셨다,' '이 말씀이 하나님이시다,' '그(말씀) 안에 생명이 있었고 이 생명은 사람들의 빛이다'"라는 구절 안에서 일어나는 등치, 상호 교체 현상은 말씀을 바르게 이해하는 일을 어렵게 한다. 이 용어들은 비교 가능한 용어들과 단순히 비교하는 작업을 통해서 그 의미를 밝혀낼 수 있는 것으로는 보이지 않는다. 또한 어원학적 분석도 의미를 찾아내는 작업의 모든 것이 될 수 없다. 웬만큼 알려진 사실이지만 말씀, 생명, 빛, 영광, 진리, 세상 등의 헬라어 단어들은 이미 헬라철학에서 그 연원이 파생되었던 용어들이고, 어원학적 분석을 통하여 이런 용례를 연구하게 되면 결과적으로 헬라철학에서 사용된 의미로 귀결되기 때문이다. 따라서 이런 용

어들을 이해하는 가능한 방법으로 구약과 유대전승을 통한 이해는 신학적 의미를 발견하는 주요 작업이다. 유대전승을 따른 연구를 통하여 "지혜=토라=말씀=빛=하나님의 아들"과 같은 등식을 세울 수도 있다.[14] 그러나 이들 용어들을 이해하기 위한 기본적인 방법은 그 용어들이 요한복음 본문 자체에서 어떻게 구체적인 내용을 담아내고 있는가를 살펴보는 일이다. 하나님의 계시로서 성경은 온통 구체적인 표현들로 가득 차 있다는 주장은 결코 허언이 아니다. 예를 들면, 예수는 구체적인 예수이며, 예수의 선재 사상은 아브라함이 예수의 때를 보고 즐거워했다는 구체적인 이야기로 표현된다.

요한복음 본문 자체를 통해서 이들 용어들을 구체적으로 살펴보기 위해서 우선 예수께서 사용하신 "나는 ~이다(ἐγώ εἰμι)"라는 표현을 살펴보기로 하자. 물론 이 표현을 제대로 알기 위해서는 요한복음 전체를 자세히 살피고 난 후에 관련된 본문을 주해하는 작업이 당연하지만, 여기서는 개괄적 이해를 살펴볼 것이다. 요한복음에서 예수께서는 특이하게, 자기 자신의 정체를 드러냄으로써 하나님을 알리는 방식을 사용하신다. 그런데 마태, 마가, 누가복음에서 예수의 정체성 이해와 관련이 있는 메시아 비밀(messianic secret)로 불리는 주제는 요한복음에서는 주요 주제가 아니다. 요한복음에서는 오히려 예수께서 자신에 대한 증거로 사용하는 특징 있는 표현인 "나는 ~이다(ἐγώ εἰμι)"를 보게 된다. 이 표현법을 통하여 예수의 정체를 알 수 있게 한다. 여기서 요한복음 서론에 해당하는 1:1~18과 6장 이후에 나타나는 "나는 ~이다 (ἐγώ εἰμι)"라는 표현을 담고 있는 부분은 예수의 정체성이란 주제를 근거로 상관관계를 이루는 것으로 볼 수 있다.

예수께서 "나는 ~이다(ἐγώ εἰμι)"라는 형식으로 표현한 구체적인 내

---

14) 김세윤, 『바울복음의 기원』(The Origin of Paul's Gospel), 홍성희 역 (서울: 엠마오, 1990)을 참고하시오.

용들은 6장부터 15장까지 있으며, "나는 생명의 떡이다(6:35)", "나는 세상의 빛이다(8:12)", "나는 양의 문이다(10:7)", "나는 선한 목자다(10:11)", "나는 부활이요 생명이다(11:25)", "나는 길이요 진리요 생명이다(14:6)", "나는 참 포도나무다(15:1)" 등이다. 과연 이런 형식의 말씀이 담고 있는 의미는 무엇일까? 굳이 여러 가지 연구를 조사할 필요도 없이 이런 표현은 실질적으로 예수께서 이스라엘의 하나님의 이름을 함께 사용하는 분이며, 하나님의 이름이 선포되고 하나님의 영광이 드러나는, 하나님의 임재를 나타내는 전형적 표현이다.[15] 이런 맥락에서 예수께서 바다 위로 걸어오시며 두려워하는 제자들을 향하여 하신 말씀인 "내니(ἐγώ εἰμι) 두려워말라(요 6:20)"라는 표현은 절대적인 형식으로

---

15) L. Morris, 『요한신학』, 147-170을 참고하시오. 사실 요한복음 이외의 다른 복음서들과 사도행전 그리고 요한계시록에서 "내니(ἐγώ εἰμι)"란 표현을 찾아볼 수 있다. 마태복음에서는 "나는 아브라함의 하나님이다……"(마 22:32)란 문장은 구약성경 출애굽기 3장 6절을 인용한 것이다. 마태복음 24장 5절에서 "나는 그리스도"라는 주장에서도 찾아볼 수 있다. 마가복음에서는 예수께서 "나는 ~이다"라는 말씀을 하시는데, 물 위를 걸어서 제자들에게 오셨을 때(막 6:50)와 산헤드린 공회 앞에서 메시아되심을 확인하신 때(막 14:62)이다. 물론 마가복음 13장 6절에서도 예수께서 다른 사람들이 자신들이 그리스도라는 주장을 "내가 그로라"라는 표현을 사용한다고 말씀하고 있다. 누가복음에서도 메시아인 그리스도란 표현과 관련하여 스가랴와 가브리엘의 입을 통하여(눅 1:18, 19), 자신들이 스스로 그리스도라고 주장하는 자들의 표현(눅 21:8)에서 발견할 수 있다. 또한 산헤드린 앞에서 예수께서는 "너희의 말과 같이 내가 그니라"(눅 22:70)라고 메시아이심을 확증하시고, 부활의 현현에서 메시아임을 확증하는 말씀(눅 24:39)에서도 찾을 수 있다. 사도행전에서는 "나는 예수라"는 말씀을 바울 사도의 회심을 회상하는 내용(행 9:5; 22:8; 26:15)들 안에서, 한 번은 사도 베드로가 자신을 밝히는 말(행 10:21)에서, 세례 요한이 자신이 메시아가 아님을 밝히면서(행 13:25), 그리고 사도 바울이 자신과 같이 되기를 원하는 발언(행 26:29)에서 볼 수 있다. 요한계시록에서는 네 차례 등장하는데, 모든 경우가 다 부활하신 그리스도를 나타낸다(계 1:8, 17; 2:23; 22:16).

상태 혹은 특성을 나타내는 보어가 없는 표현이다. 여기서 "내니(ἐγώ εἰμι)"란 절대적인 형식은 출애굽기 3장 14절에서 모세가 하나님의 이름을 물었을 때 밝히신 "나는 스스로 있는 자(ἐγώ εἰμι)"를 연상케 하며, 이런 관점에서 예수께서 하나님의 아들로서 하나님과 동등됨을 드러내는 것으로 보인다. 그러나 요한복음은 아들로서 예수께서 하나님과 동등됨을 강조하는 것뿐만 아니라, 아버지께 대한 순종을 강조하고 있음을 볼 수 있다(요 14:28; 17:3. 참고로 요 3:35; 8:54; 10:36; 5:20; 3:31 등을 보시오). 성경에서 하나님의 이름이 선포되고 하나님의 영광이 드러나는 신의 현현을 나타내는 전형적 표현으로 "내니(ἐγώ εἰμι)"란 절대적인 형식이 자리매김을 한다. 그럼에도 불구하고 요한복음에서 "내니(ἐγώ εἰμι)"의 의미가 담긴 절정은 무엇보다도 예수께서 십자가에 달리신 때이다. 인자가 들린 때이며(요 8:28), 유대인들이 예수께서 메시아이신 사실을 알게 되는 때로서 예수께서 "인자를 든 후에 내가 그인줄 알고"라고 하신 말씀이 진실임이 드러난다.[16] 따라서 십자가의 때에 하나님의 아들로서 예수의 영광이 드러나며, 하나님께서 영광을 받으신다. 뿐만 아니라 예수께서 땅에서 들려서 영광을 얻으면 자신을 따르는 모든 사람을 구원하신다는 약속을 이루게 된다(요 12:20-32).

요한복음 1장에서 세례 요한의 증거와 예수께서 하신 인자와 관련된 말씀들은 "내니(ἐγώ εἰμι)"란 표현에서 하나로 합쳐진다. 하나님을 목도한 유일한 존재이신 예수는(요 1:18; 6:46), 유월절 양으로 십자가에 달려 들림으로 영광을 드러내며, 동시에 자기를 하나님의 아들로 고백하는 참 이스라엘인들을 하나님의 영광에 참여하는 자리까지 이끈다. 예수께서 새롭게 불러 모으는 이스라엘은 혈통을 따르는 야곱의 자손으로서의 이스라엘이 아니라, 유월절 의미와 약속을 성취하는 하

---

16) 물론 예수를 따르는 제자들은 하나님의 영광을 보게 되지만, 예수를 대적하는 사람들은 죄인으로 십자가형에 처하여 달리신 예수를 볼 것이다.

나님의 능력으로 나고 조성되는 이스라엘이다(요 1:12, 13). 이런 참 이
스라엘이 믿고 고백하는 하나님의 아들은 하나님과 이름을 같이 하는,
그래서 하나님과 동일한 분이시다(요 1:14). 예수께서는 하늘과 이 땅
을 잇는 유일한 분으로 하늘에 속한 것을 이 땅에 가져오시는 분이다.
육을 따르는 판단에만 의존하는 야곱의 후손인 이스라엘을 대체하는,
예수께서 새롭게 창조하는 자로 하여금 하늘에 속한 것을 보게 하는,
어둠인 세상을 밝히는 참 빛이다. 예수께서는 유월절 양으로서 사망을
이기고 자기 백성을 창조하는 참 생명이다(요 1:4-13).

물론 요한복음 서론 자체에 대한 이해가 누구에게나 동일하거나 명
백하다는 주장은 아니다. 성경 본문을 연구하는 학자들에게 있어서 어
렵지 않은 특정한 본문이란 없지만, 이 서론도 예외는 아니다. 발덴스
퍼거(W. Baldensperger)가 요한복음 서론을 "네 번째 복음서의 입구에
있는 스핑크스"로 설명한 점은 공감을 일으키기에 충분하다.[17] 성육하
신 그리스도에 관한 증거들이 서론의 뒤를 따르지만, 서론은 그 자체
로 복음을 이해하기 위한 결정적인 증거를 제시한다. 사실 요한이 제
시한 복음 이해에 있어서 서론과 복음의 관계를 질문하는 일은 상당히
중요하다. 한 가지 예를 들면, "서론은 이어지는 복음의 서주이다. 주
요한 주제들이 여기에서 연주되며, 이어지는 복음 안에서 보다 더 발
전될 것이다"[18]라는 주장이 있는가 하면, 비록 성육신에 관한 선언이
포함되었다고 해도 서론은 결코 요한신학의 중심은 아니라는 주장도
있다.[19] 요한복음의 서론이 복음 이해를 위한 결정적 역할을 하고 있

17) Wilson Paroschi, *Incarnation and Covenant in the Prologue to the Fourth Gospel(John 1:1-18)* (New York: Peter Lang, 2006), 3; 각주 1을 보시오.

18) Wilhelm Heitmüller, *Das Johannes Evangelium*, 37; Udo Schnelle, *Antidocetic Christology in the Gospel of John*, 211에서 재인용; R. E. Brown, *John*, 1.

19) U. Schnelle, *Antidocetic Christology in the Gospel of John*에서 슈넬(Schnelle)은 케제만 (Ernst Käsemann)과 베커(Johannes Becker)의 견해를 예로 든다.

다는 주장에 대한 반론이 없는 것은 아니다.20) 그러나 서론에 대한 이해가 복음 전체를 이해하는 데 있어서 결정적인 역할을 하는 것으로 보인다.21)

기독론 즉 말씀이신 하나님, 예수 그리스도를 알게 하려는 요한복음의 가르침 안에서 "영생" 혹은 "생명"이 중심된 사실임을 발견하는 일 또한 그리 어렵지 않다. 이 가르침은 요한복음의 서론에서 "그 안에 생명이 있었으니 이 생명은 사람들의 빛이라"(요 1:4)로 나타나며, 십자가의 고난과 관련된 가르침 안에서 "예수께서 가라사대 나는 부활이요 생명이니 나를 믿는 자는 죽어도 살겠고; 무릇 살아서 나를 믿는 자는 영원히 죽지 아니하리니 이것을 네가 믿느냐"(요 11:25-26)로 다시 한

---

20) 요한복음의 서론이 나머지 복음의 내용과 다르다는 주장 중 한 가지는 서론에 사용된 λόγος (1절, 14절), πλήρης와 πλήρωμα (14절, 16절), 그리고 χάρις (14절, 16절, 17절)와 같은 독특한 단어들을 그 이유로 내세운다.

21) 참고로 D. A. Carson, *The Gospel according to John*, 111을 보시오. 카슨(Carson)은 서론 자체를, 복음을 들여다 볼 수 있는 현관이면서, 동시에 복음서에 나타난 주요한 가르침과도 연계성을 갖는 것으로 본다. 그는 로빈슨의 주장[J. A. T. Robinson, *Twelve More New Testament Studies* (London: SCM, 1984), 68]을 수용하여 서론과 복음 전체 내용과의 관계를 아래와 같이 보여준다.

요한복음	서론	나머지 부분
선재하신 Logos 혹은 아들	1:1-2	17:5
그에게 생명이 있다	1:4	5:26
생명은 빛이다	1:4	8:12
어둠은 빛을 미워한다	1:5	3:19
그러나 빛은 어둠에 의해 꺼지지 않았다	1:5	12:35
빛이 세상에 들어 왔다	1:9	3:19; 12:46
자기 백성이 영접하지 않았다	1:11	4:44
육신이 아닌 하나님께서 난 자들이다	1:13	3:6; 8:41-42
그분의 영광을 본다	1:14	12:41
하나이고 유일하신 아들이시다	1:14, 18	3:16
예수 그리스도 안에 진리가 있다	1:17	14:6
하나님으로부터 온 분만 하나님을 보았다	1:18	6:46

번 드러나고, 가르침을 결론짓는 부분에서도 "오직 이것을 기록함은
너희로 예수께서 하나님의 아들 그리스도이심을 믿게 하려 함이요 또
너희로 믿고 그 이름을 힘입어 생명을 얻게 하려 함이니라"(요 20:31)
는 주장으로 이어진다.[22] 이와 같은 맥락에서 요 1:1과 20:28을 수미상
관적인 관계로 본다면,[23] 요한복음의 서론이 말씀이 육신이 된 사실은
하나님의 계시의 결정적인 내용으로 제시하면서 예수 그리스도의 복
음 이해를 위한 전개와 귀결을 모두 포함하고 있다고 해도 지나침이
없을 뿐만 아니라 생명을 얻게 하고 더 풍성하게 하는 목적과 직접 관
련되어 있는 사실을 볼 수 있다.

요한복음 안에서 하나님과 함께 했던 말씀이며, 하나님의 아들이며,
하나님이신 그리스도 예수를 만나는 일은 결코 어려운 일이 아닐 수
있다. "오직 이것을 기록함은 너희로 예수께서 하나님의 아들 그리스
도이심을 믿게 하려 함이요 또 너희로 믿고 그 이름을 힘입어 생명을
얻게 하려 함이니라"(요 20:31)라고 복음서의 저자는 복음을 기록한 목
적을 제시한다.[24] 세기를 넘어서 요한복음은 여전히 성경을 연구하는

---

22) 요한복음의 독자에 대한 이해는 개역성경에 "믿게 하려 함이요"로 번역된 헬
라어를 부정과거 가정법인 πιστεύσητε로 혹은 현재 가정법인 πιστεύητε로 볼
것인지에 따라서 현재형은 교육적(계속 믿게 하기 위하여)인 그리고 과거형
은 선교적(새로 믿게 하기 위하여)인 해석에 따라 다를 수 있다(R.
Schnackenburg, *The Gospel according to St. John*, 3:337-40; R. E. Brown, *The Gospel
according to John*, 1056).

23) 요 1:1과 요 20:28은 서로 수미상관(inclusio)적 관계를 이룬다는 주장[R. E.
Brown, *An Introduction to the New Testament* (New York: Doubleday, 1997), 336-37을
참고하시오].

24) 요한은 복음서 전체를 통하여 98회에 걸쳐서 "믿다(πιστεύω)"라는 단어를 사용
하며, 신앙과 불신앙 사이의 갈등이 조성하는 내적 역동성, 극적 긴장감, 그
리고 극적인 효과를 보여준다. 그러므로 믿음이란 단지 구원의 시발점에 머
물지 않을 뿐만 아니라, 오히려 결말에 이르는 모든 과정을 포함한 현재적 의
미를 강조하고 있는 것으로 보인다[D. A. Carson, "Reflections on Christian

254

다양한 사람들의 관심과 연구의 대상이기도 하다.[25] 그러나 기독론을 이해할 수 있는 중요한 본문으로서 요한복음의 서론에 담긴 신학적 이해를 살펴보는 일은 소홀히 할 수 없을 뿐만 아니라 간단한 일도 아니다. 후커(M. D. Hooker)가 신약성경 연구에서 가장 중요하고 가장 논쟁거리인 구절로, 패터슨(Stephen J. Patterson)이 신비하고 난해한, 그래서 가장 이해하기 힘든 본문으로 요한복음의 서론을 지적한 것은 우연이 아니다.[26] 이제까지 논의되고 발표된 요한복음 서론에 대한 결과물들과 마찬가지로 앞으로 이어지는 새로운 연구도 새로운 것일 수 없음에도 불구하고 무엇인가 새로운 가능성을 논하는 것일 가능성이 크다.[27]

요한복음 서론(요 1:1-18)과 관련하여 학자들이 제기한 질문들을 정리해 보면 우선 "서론"이란 과연 무엇인가?[28]로 시작하여, 서론의 배경과 출처,[29] 서론의 문장 구조,[30] 서론과 나머지 복음서 본문 전체와의

Assurance," *Westminster Theological Journal* 54 (1992), 1-29를 참고하시오].

25) 참고로 Watson E. Mills, *The Gospel of John*, vol. 4, *Bibliographies for Biblical Research: Periodical Literature for the Study of the New Testament*, ed., Watson E. Mills, 11 vols. (Lewiston: Mellen, 2002)를 보시오.

26) Morna D. Hooker, "John the Baptist and the Johannine Prologue," *New Testament Studies* 16 (1969-1970): 354; Stephen J. Patterson, "The Prologue to the Fourth Gospel and the World of Speculative Jewish Theology," in *Jesus in Johannine Tradition*, ed., Robert T. Fortna and Tom Thatcher (Louisville: Westminster John Knox Press, 2001), 323.

27) 참고로 John Painter, "Christology and the History of the Johannine Community in the Prologue of the Fourth Gospel," *New Testament Studies* 30 (1984), 460을 보시오.

28) Vernon Robbins, "Prefaces in Greco-Roman Biography and Luke-Acts," *Perspectives in Religious Studies* 6 (1979), 94-108; Loveday Alexander, "Luke's Preface in the Context of Greek Preface Writing," *Novum Testamentum* 28 (1986), 48-72; Adele Reinhartz, *The World in the World: The Cosmological Tale of the Fourth Gospel* (Atlanta: Scholars Press, 1992), 18-25을 참고하시오.

29) 예를 들면 창세기 서두를 암시한다거나, 구약의 지혜와 성육한 말씀과의 관련성을 말할 수 있다.

관계, 요한복음의 독자를 이루는 무리들과 다른 유대인들과의 관계는
무엇인가? 등으로 간추려 볼 수 있다. 신학적 주제와 관련하여 서론은
복음과 관련된 주요한 주제들을 제시하지만, 복음서 전체의 내용과 동
일하게 예수 그리스도를 주제로 하고 있음은 자명하다. 따라서 어떤
신학적 주제와 이해도 여전히 예수 그리스도와 밀접한 관련성을 띨 수
밖에 없다. 예수 그리스도의 구원의 복된 소식을 전하는 복음의 시작
을 살펴보면, 마가복음이 "예수 그리스도의 복음의 시작"을 세례 요한
의 등장에서, 누가복음은 복음서를 기록한 이유와 함께 예수의 탄생
이야기로서, 그리고 마태복음은 예수의 족보와 함께 탄생 이야기로 시
작한 것처럼, 요한복음은 하나님의 구원의 시작을 알리는 내용을 그
서론에 기록하고 있다.31) 소위 공관복음서들의 서론은 모두 신학적인
내용을 역사의 형식을 빌려 표현하고 있다고 해도 과언이 아니다.32)
그러나 요한은 말씀(ὁ λόγος)이 계셨고 그 말씀이 하나님과 함께 했다
는 사실을 지적함으로써 서론을 시작한다.33) 여기서 창세기의 시작이

---

30) 헬라어 카이(χ)혹은 영어 알파벳 X의 모양처럼 대칭적 병행구조를 이루고 있
   다는 의견이 일반이다.

31) 참고로 Morna Hooker, *The Gospel according to St. Mark* (London: A & C Black, 1991),
   31-32를 보시오.

32) 공관복음서들이 역사적 성격을 띠고 있는 반면에 요한복음은 영직복음으로
   역사성이 결여되어 있다는 관점은 더 이상 절대적인 지지를 획득하지 못하고
   있다[Stephen Neill, *The Interpretation of the New Testament*; W. Sanday, *The Morse
   Foundation Lectures for 1904, Union Theological Seminary*; Barrett, "The Old Testament in
   the Fourth Gospel," 155-69; idem., *The Gospel according to St. John*; J. A. T. Robinson,
   Twelve New Testament Studies; C. H. Dodd, *Historical Tradition in the Fourth Gospel*; S.
   S. Smalley, *John: Evangelist and Interpreter*; Carson, "John and the Johannine Epistles,"
   245-64; G. M. Burge, *Interpreting the Gospel of John*를 참고하시오].

33) 요한복음 서론의 말씀(ὁ λόγος)에 관한 배경 지식과 관련하여 종교사학파들
   의 주장을 요약한 내용을 보려면 U. Schnelle, *Antidocetic Christology in the Gospel of
   John*, 214-15를 참고하시오.

창조의 내용을 다룬다면, 요한복음의 시작은 창조를 넘어서 영원과 잇대어 진다. 시간과 공간이 존재하기 전에 말씀이 있었으며, 그 말씀은 하나님과 함께 있었다. 뿐만 아니라, 그 말씀은 하나님이었다. 요한은 말씀이 하나님과 "함께 있었다"는 표현을 사용하여, 하나님이심에도 불구하고 하나님과 함께 한다는 역설을 드러낸다.

정작 1:1부터 말씀으로 표현되는 주체의 구체적인 이름이 드러나는 구절은 1:17인 사실이 눈에 띈다. 다시 말해 예수께서 이 세상에 들어오시는 시점에 이르러서야 예수 그리스도라는 표현을 사용하는 것으로 보인다. 창조 이전에 계셨던 예수를 복음서의 저자는 논란의 여지가 있는 말씀(ὁ λόγος)이란 단어로 지칭하지만(요 1:1-3, 14),[34] 세상에 임하실 때는 예수 그리스도라는 이름을 사용한다. 어쨌든 복음서의 저자는 말씀(ὁ λόγος)이란 단어로 선재하심을, 그리고 예수 그리스도란 이름으로 인간과 함께 하심을 표현한다. 물론 여기서 말씀(ὁ λόγος)이 신성을 의미하고 예수 그리스도가 인성을 의미한다는 의미는 결코 아니다. 그러나 말씀(ὁ λόγος)이란 단어는 창조 이전에 하나님과 함께 계셨던 하나님이 육신으로 사람들과 함께 하시는 인간이심을 결정적으로 설명한다.[35]

따라서 요한복음의 저자는 서론의 내용을 통하여 예수 그리스도를 소개하면서 두 가지의 선언을 제시한다. 한편으로는 "태초에 말씀이 계시니라 이 말씀이 하나님과 함께 계셨으니 이 말씀은 곧 하나님이시니라"(1:1)라고 하며, 다른 한편으로 "말씀이 육신이 되어 우리 가운데 거하시매 우리가 그 영광을 보니 아버지의 독생자의 영광이요 은혜와

---

34) R. Kysar, *The Fourth Evangelist and His Gospel*, 107.

35) Oscar Cullmann, *The Christology of the New Testament*, rev. ed., trans. Shirley C. Guthrie and Charles A. M. Hall, New Testament Library (Philadelphia: Westmister Press, 1963), 258.

진리가 충만하더라"(1:14)라고 선언한다.36) 바로 이 구절들에 담긴 신학적 이해야말로 서론에 담겨진 가장 핵심적인 가르침으로 보인다.37) 사실 초대교회 이래로 예수께서 참 하나님이시며 동시에 참 인간이신 이해는 가장 첨예하고 다양한 논의의 중심주제이다. 당연히 이와 같은 논의들의 결론은 신성과 인성으로 분류되는 양축의 사이에 위치할 수밖에 없다. 요한복음의 서론의 본문을 대상으로 행해지는 동일한 논의는 말씀(ὁ λόγος)이란 표현에 담긴 신성에 대한 이해를 강조하면서 동시에 말씀(ὁ λόγος)이란 표현에 담긴 인성에 대한 이해를 약화시키거나 혹은 이와는 정반대의 견해를 펴는 주장들로 대별할 수 있다.38)

요한복음의 서론은 이어지는 내용 안에서 찾아 볼 수 있는 주요한 주제어를 제시할 뿐만 아니라, 자체로도 말씀(ὁ λόγος)과 같은 독특한 내용을 드러낸다. 실제로 요한복음의 서론을 에베소서 1:3-14, 골로새서 1:15-20, 그리고 빌립보서 2:6-11의 가르침들과 비교해 보면 초대교회의 위대한 신앙고백을 담고 있는 내용임을 알 수 있다.39) 이처럼 요

---

36) 참고로 Paul J. Achtemeier, Joel B. Green & M. Meye-Thompson, *Introducing the New Testament: Its Literature and Theology* (Grand Rapids: William B. Eerdmans Publishing Company, 2001), 175-177을 보시오.

37) 참고로 L. Miller, ed., *Salvation-History in the Prologue of John: The Significance of John 1:3-4*, Novum Testamentum Supplements 60 (Leiden: Brill, 1989), 11; Gail R. O'Day, "The Word Because Flesh: Story and Theology in the Gospel of John," in *Literary and Social Readings of the Fourth Gospel*, vol. 2, "What Is John?" ed. Fernando F. Segovia, *Society of Biblical Literature Symposium Series* 7 (Atlanta: Scholars Press, 1998), 70.

38) Marianne Meye-Thompson, *The Incarnate Word: Perspectives on Jesus in the Fourth Gospel* (Peabody: Hendrickson, 1993)을 참고하시오.

39) 요한복음의 서론도 다른 복음서들의 서론들을 통해서 찾아볼 수 있는 내용들을 포함하고 있다: 첫째, 하나님께서 창조 이전에 그리스도와 함께 계셨고, 그리스도께서 창조를 성취하셨다; 둘째, 그리스도인들은 하나님의 자녀이다; 셋째, 그리스도로 말미암아 은혜를 받았다; 넷째, 하나님의 영광과 충만을 드러내었다; 다섯째, 그리스도 예수 안에서 하나님의 계시를 볼 수 있다.

한복음의 서론인 1:1-18은 복음을 기록(이야기)할 수 있는 근거를 제공한다. 그럼에도 서론에 대한 신학적 논의의 중심점은 요한복음 1장 12절을 중심으로 볼 것인가 아니면 14절 이하를 중심으로 볼 것인가에 대한 질문에서 그 답을 찾을 수 있다.

2) 서론의 구조 이해[40]

요한복음 서론이 시의 형식을 갖추고 있다는 주장에 많은 학자들이 동의하지만, 전혀 문제가 없는 것은 아니다.[41] 뿐만 아니라, 요한복음의 서론이 하나의 독립적인 단위를 구성하고 있다는 데는 이의가 없다. 그러나 서론의 구조에 대한 이해들은 구조상 정교한 대칭구조를 이룬다는 주장과 그렇지 않다는 주장으로 대별할 수도 있다. 대칭구조를 사용한 대표적인 예로 컬페퍼(R. A. Culpepper)는 문예비평적인 관점에서 하나님의 자녀가 되는 권세를 준다는 가르침을 중심으로 요한복음 서론을 다음과 같은 구조로 이해한다.[42]

---

40) R. E. Brown, *An Introduction to the New Testament*, 333-38; D. Guthrie, 『신약개론』, 나용화 & 박영호 공역 (서울: 기독교 문서 선교회, 1988), 307-338을 참고하시오.

41) 시 혹은 운율을 갖춘 시적 양식인 사실은 짧은 행들이 행 자체 안에서 혹은 앞선 행에서 사용한 단어를 마치 디딤돌을 사용하듯이 하고 있는 데서 찾을 수 있다. 실제로 1절과 2절에서 "태초에 말씀이 계시니라 이 말씀이 하나님과 함께 계셨으니 이 말씀은 곧 하나님이시니라; 그가 태초에 하나님과 함께 계셨고"란 표현 안에서 말씀과 하나님이란 단어의 사용을 예로 들 수 있으며, 3절에서 '지은 바'와 '지은 것', 4절에서 '생명', 4절과 5절에서 '빛', 5절에서 '어둠', 10절과 11절에서 '그'와 '세상' 그리고 '자기' 등도 같은 맥락을 이룬다. 그러나 세례 요한과 관련된 내용(요 1:6-8, 15)은 서론 전체를 운율을 갖춘 시로 보려는 관점을 어렵게 한다.

42) R. A. Culpepper, "The Pivot of John's Prologue," *New Testament Studies* 27 (1980), 26. 이런 방식으로 요한복음 서론을 해석한 최초의 시도는 아마도 M.-E. Moismard, *St. John's Prologue* (London: Blackfriars, 1957), 76-81일 것이다.

        a－요한복음 1장 1, 2절
         b－요한복음 1장 3절
          c－요한복음 1장 4, 5절
           d－요한복음 1장 6-8절
            e－요한복음 1장 9, 10절
             f－요한복음 1장 11절
              g－요한복음 1장 12절(상반절)
               h－요한복음 1장 12절(중반절)
              g'－요한복음 1장 12절(하반절)
             f'－요한복음 1장 13절
            e'－요한복음 1장 14절
           d'－요한복음 1장 15절
          c'－요한복음 1장 16절
         b'－요한복음 1장 17절
        a'－요한복음 1장 18절

반스브로(Henry Wansbrough)는 다른 형태의 대칭적 이해를 제시한다.

  a. 1절－하나님으로부터 기원: 말씀이 하나님과 함께 있었다.
   b. 3절－창조: 만물이 그로 말미암아 지어졌다.
    c. 6절 세례 요한
     d. 9절－말씀이 빛을 비춘다.
      e. 10절－거절
       f. 12절－하나님의 자녀가 되는 권세
      e'. 12절－영접
     d'. 14절－우리가 그의 영광을 보았다.
    c'. 15절－세례 요한
   b'. 16절－재창조: 그의 충만으로 인해 은혜를 받았다.
  a'. 18절－하나님께로 돌아감: 하나님을 본 사람이 없으되 하나님 아
      버지 품속에 있는 독생하신 아들이 나타내셨느니라.

요한의 독창적인 표현인지 혹은 세례 요한과 관련된 내용인 요한복음 1:6~8, 15의 기록이 요한이 이전에 존재하던 찬송시를 자신의 목적에 맞도록 개작한 것인지에 대한 견해가 나뉘고 있지만, 쾨스텐베르거 (A. J. Köstenberger)도 요 1:1-18은 자체로 "신약성경 전체에서 가장 아름답고도 정교하게 구성된 시 부분 중 하나이다"라고 주장한다.43) 그는 서론의 거시적 구조를 아래와 같은 대칭구조의 형태로 본다.

> a. 말씀의 창조 활동(1:1-5)
> > b. 빛에 관한 요한의 증언(1:6-9)
> > > c. 말씀의 성육신(1:10-14)
> > b'. 말씀의 탁월성에 관한 요한의 증거(1:15)
> a'. 예수 그리스도에 의한 최종적 계시(1:16-18)

이런 구조 이해 안에서 세부적인 구조를 살펴보면, 한 행의 마지막에서 새로운 개념을 소개하고 이어서 그 개념을 다시 발전시키는 전개를 발견할 수 있다. 이런 이해는 헬라어 원문의 순서를 따르면 보다 분명히 드러난다. 뿐만 아니라 요한복음 1:14-18의 본문 안에서도 대구법을 찾아 볼 수 있다.

> a. 유일한 분(1:14)
> > b. 은혜와 진리(1:14)
> > > c. 은혜 위에 은혜(1:16)
> > b'. 은혜와 진리(1:17)
> a'. 유일한 하나님(1:18)44)

---

43) A. J. Köstenberger, 『요한복음 총론: 역사적, 문학적, 신학적 관점』, 김광모 역 (서울: 크리스챤 출판사, 2005), 72.

44) 요한복음 1:18은 예수를 하나님으로 말하는 두드러진 예에 해당하는 구절이

요한복음 서론의 문장구조가 헬라어 c의 형태처럼 처음과 끝이 서로 대칭 혹은 병행절을 이룬다는 견해에 대부분의 학자들은 동의한다. 영어로는 "chiasm"으로 표현하는 이런 구조는 문장의 시작과 끝만이 아니라, 둘 사이의 내용도 서로 병행 내지는 대구를 이루는 단어 혹은 문장을 이루고 있음을 보여준다. 따라서 처음과 끝을 A-A'로 표기한다면, 그 사이에 B-B', C-C' 등의 병행되는 구절이 있게 된다. 때로는 A, B, C, 그리고 C', B', A'로 구성되거나 혹은 그 중심에 D란 구절이 놓이며 이런 경우 D가 구조의 중심과 절정을 이루기도 한다. 서로 병행 혹은 반복되는 구와 절을 대비시킴으로써 독자로 하여금 중요한 의미가 담긴 구절에 주목하게 한다. 나아가 이어지는 논의 혹은 줄거리를 이해하는 데 필요한 근거와 도움을 제공하기도 한다.[45]

이런 배경 이해를 근거로 컬페퍼가 제시한 구조 이해를 따라서 대칭적 병행절들을 묶어서 그 의미를 살펴보면 다음과 같다. 우선 1:1-2과 1:18은 하나님께서는 오직 예수를 통하여 하나님께서 계시하거나 혹은 말씀하시는 이해를 드러낸다. 예수께서는 하나님의 말씀(1:1)이며 동시에 하나님을 세상에 드러내는 분이시다(1:18). 하나님을 예언했던 선지자들은 하나님을 본 적이 없지만(요 1:18; 6:46), 하나님의 유일한 말씀이신 예수께서는 하나님을 알리신다. 뿐만 아니라, 예수께서는 창조를 실행하신 말씀으로 시간에 얽매이지 않으며(1:1), 하늘(천국)로부터 이

다(참고로 요 1:1; 20:28을 보시오). 그런데 사본들을 살펴보면 "유일한 하나님 (μονογενὴς θεός)"과 "유일한 아들(μονογενὴς υἱὸς)"로 나뉜다. 어려운 독법이 우선한다는 본문비평의 원리를 따르면 "유일한 하나님(μονογενὴς θεός)"으로 읽는 것이 유력하다. 실제로 최근에 발견한 초기 사본들인 P[96]과 P[75]의 독법이 모두 "유일한 하나님(μονογενὴς θεός)"인 것은 이런 주장을 잘 뒷받침한다 [Bruce M. Metzger, *A Textual Commentary on the Greek New Testament*, 2nd ed. (New York: American Bible Society, 1994), 169-70을 참고하시오].

45) 참고로 F. J. Moloney, *Belief in the Word: Reading John 1-4* (Minneapolis: Fortress Press, 1993), 23-27를 보시오.

262

세상에 내려오시고, 그리고 다시 하나님의 품46)으로 돌아감으로써 공간적인 제한을 받지 않는 분이시다.

1:3과 1:17은 모든 만물은 예외가 없이 예수의 창조사역을 통하여 (1:3) 존재하게 된 사실과 은혜와 진리는 오직 예수를 통하여 주어진다 (1:17)는 점을 드러낸다. 따라서 창조주로서 예수께서는 모든 피조물에게 임하는 하나님의 계시를 전하는 분이다. 이스라엘의 조상 혹은 믿음의 조상 아브라함과, 이삭과 야곱을 비롯하여 심지어 모세에게 임했던 모든 하나님의 계시는 예수를 통하여 전해졌음을 알 수 있다. 하나님의 언약의 축복을 전하는 유일하고 탁월한 전달자가 바로 예수이심을 주장한다.47)

1:4-5과 1:16은 예수께서 피조물들에게 베푸신 "생명"과 "빛"이 가장 소중한 은혜인 사실을 보여준다. 이 은혜는 요한복음 6장에서 "영생"(6:40, 54-58)으로, 8장에서는 "세상을 비추는 빛"(8:12)으로 설명된다.48) 무엇보다도 예수께서 베푸신 은혜는 "은혜 위에 은혜"로서, 하나님의 은혜로서 절정이며 완성으로, 충만이란 의미를 반영한다고 볼 수 있다.

1:6-8과 1:15은 메시아 도래의 예언을 성취하는 역사적 증인이었던 세례 요한의 선포를 회상하는 내용을 담고 있다.49) 이 내용은 세례 요한이 하나님의 예언을 따라 메시아의 도래를 예비하기 위하여 이 세상에 보내진 사람이란 사실이다. 여기서 세례 요한은 회개의 세례를 베푸는 일과 상관없이 예수를 증거하면서 자신보다 앞서 존재하셨음을 선포한다. 예수께서 앞섰다는 의미는 단순히 시간의 선적인 의미를 능

---

46) C. S. Keener, *The Gospel of John*, 365-74.
47) Ruth B. Edwards, "χάριν ἀντὶ χάριτος (John 1:16): Grace and the Law in the Johannine Prologue," *Journal for the Study of the New Testament* 32 (1988), 3-15.
48) C. S. Keener, *The Gospel of John*, 381-87.
49) M. Hooker, "John the Baptist and the Johannine Prologue," 354-58을 참고하시오.

가하는 의미를 갖는다. 다시 말해 하나님과의 관계를 근거로 하여, 요
한은 하나님께서 보낸 사자(使者)이지만, 하나님과 동등하신 예수께서
는 시간을 초월하는 영원을 통하여 요한을 앞선다. 또한 세례 요한은
"빛"에 관하여 증거하지만, 예수께서는 "빛" 자체이시다.[50]

1:9-10과 1:14은 세상에 임한 말씀이신 예수께서 빛과 장막이 되어
사람들 가운데 함께 하신다는 선언이다. 그럼에도 불구하고 이 말씀이
신 예수를 사람들은 알지 못한다. 이 예수는 하나님의 독생자로서 세
상을 창조하셨고 육신을 입은 인간으로 와서 아버지의 영광을 보이고,
충만한 은혜와 진리를 보이셨다. 바로 이런 갈등은 이어지는 본문의
내용에서 구체적인 사실로 드러난다. 세상을 구원하기 위하여 오신 메
시아는 바로 세상으로부터 배척을 당한다.

1:11과 1:13은 앞서 보았던 갈등이 메시아를 영접하거나 배척하는
현실로 이어진다. 메시아이신 예수를 모르는 세상에서 심지어 당연히
예수를 영접해야만 하는 자신의 백성들조차도 영접하지 않고 배척하
는 사태로 발전한다. 가정의 구성원이라면 마땅히 서로를 인정하고 용
납해야만 하지만 현실은 결코 그렇지 않았다. 그러므로 메시아를 영접
하는 행위는 인간적인 관습을 따르지 않고 "오직 하나님께로서 난 자
들"만 가능한 행위로 드러난다. 결과적으로 언약의 표징을 가진 이스
라엘 혹은 유대인이란 범주를 초월하여 예수를 메시아로 영접하는 사
람들은 새로운 정체성을 이룬다.

1:12은 대칭의 중간에 위치하면서 메시아이신 예수를 영접하고 예수
의 이름을 믿는 사람만이 하나님의 자녀가 되는 사실을 강조한다. 말
씀이신 예수께서 하늘로부터 이 세상에 내려오셨으나, "빛"이신 예수
를 이 세상은 영접하지도 않고, 알지도 않았으며, 심지어 하나님의 백

---

50) John Painter, *The Quest for the Messiah: The History, Literature and Theology of the Johannine Community*, 2nd ed. (Nashville: Abingdon Press, 1993), 152-54.

264

성들조차도 배척하였다. 예수는 하나님의 처소를 이 세상에 세우셨지만, 세상은 예수를 싫어했다.[51] 그러나 정반대의 정황도 이 세상에 공존한다. 누구든지 예수를 영접하고 그의 이름을 믿기만 하면, 하나님의 영광을 보고, 하나님의 은혜와 진리로 충만해진다. 여기서 말씀이신 예수를 믿으면 하나님의 자녀가 되지만, 믿지 않으면 구원을 받지 못하는 명백한 복음의 의미를 드러낸다. 여기서 수사적 논리를 따른다면 요한복음의 서론에서 가장 중요한 내용은 '성육신'이라기보다는 오히려 '하나님의 자녀가 되는 권세를 준다'에 있다는 결론을 내릴 수 있다.[52] 이와 같은 구조적인 이해는 결과적으로 요한복음의 서론 안에서 예수 그리스도(말씀, 빛, 세상에 오신 하나님의 독생자, 하늘에 올라가심)와 관련된 내용이 한 축을 이루며 동시에 이 복음을 받는 하나님의 자녀인 그리스도인이 또 다른 축을 이루는 것으로 볼 수 있다.

요한복음 1:12절을 중심으로 대칭 혹은 병행구조로 서론을 이해하는 견해는 12절을 중심 주제가 담긴 구절로 본다. 물론 이런 견해를 주장하는 학자들도 요 1:18의 "본래 하나님을 본 사람이 없으되 아버지 품 속에 있는 독생하신 하나님이 나타내셨느니라"는 내용을 결론적 선언으로 본다. 그러나 요한복음의 서론을 이와 같이 대칭병행적 표현으로 이해하려는 시도도, 앞서 시적 운율을 갖춘 문장으로 이해할 때와 마찬가지로 세례 요한과 관련된 구절들로 인해 석연치 않은 여운을 남기게 된다.[53] 여기서 세례 요한과 관련된 구절들은 비슬리-머레이(G. R.

---

51) R. E. Brown, *The Gospel accroding to John*, 1, 10-13.
52) R. A. Culpepper, "The Pivot of John's Prologue," 2-4.
53) 참고로 G. R. Beasley-Murray, "The Structure of the Prologue," in *John*, World Biblical Commentary vol. 36, 2nd ed. (Dallas, Texas.: Word Books, 1999)를 보시오. 비슬리-머레이는 컬페퍼가 구세주로서 예수 그리스도의 비하와 승귀(descent-ascent)를 이론적 근거로 제시한 병행적 이해를 비판하면서 b와 b', 그리고 c와 c' 사이의

Beasley-Murray)가 지적하고 있는 것처럼 대칭병행적 표현을 위한 기능
보다는 주어진 배경에 대한 이해를 돕는 역할로서, 말씀이신 예수 그
리스도를 직접 증거하는 내용으로 보인다.[54] 서론에 대한 이해에 있어
서 무엇보다 중요한 전제는 요한이 제시하는 복음을 단순히 문학의 양
식으로만 읽을 수는 없다는 점이다. 기록된 말씀으로서 서론을 이해할
때에, 문학적 양식과 의미를 분리하여 생각해서는 안 될 것이다. 말씀
이신 예수께서 육체로 오신 사실이야말로 신학적 판단을 필요로 하는
중요한 이해를 요구한다.[55] 세례 요한의 등장이 문맥상으로는 어색한
것처럼 보일지 모르나, 다른 복음서처럼 요한복음의 서론의 내용이 역
사적인 사실을 증거하는 충분한 역할을 하고 있다. 일반적으로 대차구
조를 지지하지 않는 입장일 경우 요 1:14, 18을 핵심적인 내용으로 이
해한다. 한 가지 분명한 사실은 서론을 읽어 내려가면서 점진적인 사
고의 틀과 교감할 수 있다는 점이다.

구조를 살펴보면 대략 서론 전체를 4부분으로 구분하여, 요 1:1-5의
내용은 말씀과 창조, 요 1:6-8은 세례 요한의 증거, 요 1:9-13은 세상에
임한 말씀에 대한 이 세상의 반응, 그리고 요 1:14-18은 성육신하신 말
씀에 관한 내용으로 이해된다. 다시 말해, 요한복음의 서론에서 가장
특징적인 단어로서 말씀은 창조 사역과 관련이 있으며(요 1:3-5), 이 세

병렬적 이해들은 설득력이 부족한 것으로 보며, 오히려 서론의 핵심적 내용과
중심을 요 1:12가 아닌 요 1:14 안에서 찾아낸다.

54) *Ibid.*

55) Dorothy A. Lee, *The Symbolic Narratives of the Fourth Gospel: The Interplay of Form and
Meaning*, Journal for the Society of the New Testament Supplement Series 95, S. E.
Porter ed. (Sheffield: JSOT Press, 1994), 11-35를 참고하시오. 리(Lee)는 이야기와
상징 사이의 상호작용에 대한 이해를 통하여 요 1:14이 담고 있는 신학적 의
미의 중요성을 잘 부각시킨다. 성육신하신 말씀이신 예수께서는 하나님을 실질
적으로 보여주며(God-bearing, God-revealing), 이런 내용은 요한복음 전체를 통
하여 드러난다고 주장한다.

상과 함께 하시며(요 1:9-13), 말씀이 임했을 때 드러난 세상의 반응을
보여준다(요 1:14-17). 결과적으로 요한복음 1장 18절은 "본래 하나님을
본 사람이 없으되 아버지 품 속에 있는 독생하신 하나님이 나타내셨느
니라"는 말씀으로 서론 전체를 아우른다.

3) 본문에 대한 신학적 이해

요한복음의 서론에 내포된 신학적인 이해를 본문 읽기를 통해 시도
해 보자. 우선 지적할 내용은 보어가 지적한 대로 전통적, 역사비평적,
그리고 문학비평적 혹은 문예비평적인 방법들 중 어느 한 가지에만 전
적으로 집중할 필요는 없다는 견해를 따를 것이다.[56] 실제로 예수 그
리스도 복음을 독특하고 절제된 표현을 통하여 기록하고 있는 요한복
음의 서론에 담겨 있는 신학적 이해를 모두 담아내는 일은 불가능한
과제일 수도 있지만, 말씀(ὁ λόγος)이신 예수의 선재와 성육신에 대한
이해를 중심으로 살펴보려 한다.

요한은 복음의 시작을 예수께서 말씀(ὁ λόγος)[57]이신 사실로 표현함
으로써 창조를 넘어서 영원으로 향하는 지평을 열어놓았다.[58] 무엇보

---

56) M. C. de Boer, "Narrative Criticism, Historical Criticism, and the Gospel of John," in
   Journal for the Study of the New Testament 47 (1992), 35-48; *The Johannine Writings*,
   95-108에 재수록 되었음.

57) 말씀(ὁ λόγος)에 관한 자세한 내용을 보려면 C. Brown ed., *The New International
   Dictionary of New Testament Theology*, vols. 1-4 (Paternoster, 1975-78), 3: 1081-1119; J.
   D. Douglas & H. Hillyer, eds. *New Bible Dictionary* (Downers Grove, Ill.: Inver-Varsity
   Press, 1982), 703-704; H. Ritt, "λόγος" in *Exegetical Dictionary of the New Testament*,
   H. Balz & G. Schneider eds. 3 vols. (Grand Rapids: William B. Eerdmans Publishing
   Company, 1991), 2:356-59; Bultmann, *John*, 21-36을 보시오.

58) 요한복음 서론에 대한 이해를 다음의 자료들을 통하여 참고하시오: C. H.
   Dodd, *The Interpretation of the Fourth Gospel*, 268이하; C. K. Barrett, *The Prologue of St.
   John's Gospel* (London: SPCK, 1971), 27; Culpepper, "Pivot of John's Prologue," 1-31;

다도 요 1:1은 창세기 1:1과 마찬가지로 창조의 시작이며 동시에 하나
님과 함께 하신 말씀이 이 세상에 임하신 사실의 시작을 의미한다. 다
른 복음서들처럼 요한복음도 하나님의 구원을 성취하시는 말씀이신
예수로 말미암은 구속사를 표현한다. 하나님과 함께59) 하신 말씀(ὁ
λόγος)이 하나님이시라는 표현은 삼위일체 교리로 이어지는 역설을 드
러낸다. 이 말씀(ὁ λόγος)은 창조를 직접 실행하셨다(요 1:3).60) 창세기에
서 하나님께서 말씀으로 모든 것을 창조하신 사실을 반영하며, 그 무
엇도 이 말씀(ὁ λόγος)으로 창조되지 않은 것이 없다.61) 실제로 요한복
음의 서론에서 '빛'과 '어둠'(창 1:4), 그리고 '생기(생명)'(창 2:7)처럼 창
세기 창조기사에 사용된 단어들을 찾아볼 수 있다. 여기서 창세기의

H. Ridderbos, "The Structure and Scope of the Prologue to the Gospel of John," in
Novum Testamentum 8 (1966), 180-201.

59) '함께'라는 헬라어 전치사 πρὸς 는 근접함을 표현할 뿐만 아니라 친밀한 관계
를 나타내기도 한다. 마태복음 13:56, 마가복음 6:3, 9:19, 갈라디아서 1:18과
요한이서 12에서 동일한 의미를 찾아볼 수 있다[Marcus Dods, "The Gospel of
St. John," in *The Expositor's Greek Testament* (London, 1897), 684를 참고하시오].
BDAG도 해당항목에서 "face-to-face"라는 의미로 이해한다. 그러나 하나님과
말씀(ὁ λόγος) 사이의 관계를 언어로 표현하기에는 충분하지 않을 것이다.

60) "태초에(Ἐν ἀρχῇ)"란 단어는 헬라철학에서는 모든 피조물의 시작의 근거를
제공하는 요소를 찾는 일과 관련하여 사용한다. 시간적 의미와 함께 피조물
을 존재하게 하는 원인에 대한 의미를 담고 있는 것으로 보인다. 신약성경에
서 일반적으로 시간적 의미로도 사용하는 이 단어는 요한복음 1:1에서는 창
세기의 창조를 암시하는 것으로 모든 피조세계의 시원과 관련된 표현으로 보
인다[F. W. Danker rev. & ed. based on W. W. Bauer, *A Greek-English Lexicon of the
New Testament and Other Early Christian Literature*. 3rd ed. trans. by W. F. Arndt, F.
W. Gingrich, and F. W. Danker (Chicago and London: The University of Chicago
Press, 2000), 137-38을 참고하시오].

61) 창조의 실행자로서 말씀(ὁ λόγος)과 관련하여 구약에서는 지혜가(잠언 3:19;
8:22-30; 욥기 28:27; 참고로 솔로몬의 지혜서 7:12; 8:6; 9:1, 9을 보시오), 신약
에서는 예수께서(고전 8:6; 롬 11:36; 골 1:16; 히 1:2) 창조를 실행한다고 주장
한다.

내용이 피조세계의 물질적 창조를 다룬다면, 요한복음은 새로운 혹은 재창조로서 물질적인 면과 영적인 면 모두를 포함한다. 한 마디로 말씀(ὁ λόγος)이신 예수 그리스도로 말미암는 새로운 창조는 영적이며 동시에 물질적인 변화를 이루고 있음을, 요한복음 2장에서 물로 포도주를 만드신 일, 11장에서 죽은 나사로를 살리신 일, 그리고 20장과 21장에서 부활을 강조하는 내용들이 뒷받침한다.

요 1:1에서 공통된 주어는 말씀(ὁ λόγος)이며, 헬라어 εἰμί 동사의 미완료형인 ἦν과 접속사 καί로 이루어진다.[62] 요 1:1의 전체 구조는 "ㄱ-ㄴ," "ㄴ-ㄷ," "ㄷ-ㄴ" 형식으로 이뤄진다.[63] 실제로 1:1 안에서 "ㄴ-ㄷ"에서 "함께(πρὸς)"란 표현은 하나님께서 창조의 주체인 점을 뒷받침하며, 동시에 말씀이 없이는 하나님을 생각조차 할 수 없는 친밀한 관계를 이루고 있음을 보여준다.[64] 이에 덧붙여 "ㄷ-ㄴ"에서 말씀(ὁ λόγος)은 θεός의 술어로 등장한다. 여기에 사용된 하나님(θεός)이란 주어는 정관사를 사용하지 않고 있기 때문에 문법적인 설명을 필요로 한다. 실제로 헬라어 문법을 엄격히 따른다면, 정관사를 사용하지 않는 θεός는 유일하신 창조주 하나님을 의미할 수는 없다. 윌리스는 무관사 명사가 주어로서 동사 앞에 사용되는 경우를 설명하면서, 요한복음에 사용된 헬라어의 성격을 규명한 콜웰(E. C. Colwell)의 원리를 예로 든다.[65] 이

---

62) 서론에서 말씀(ὁ λόγος)은 요 1:1과 1:14에 나타난다.

63) R. Bultmann, *John*, 15; E. Haenchen, *John*, 1:110.

64) 참고로 계시로서 말씀을 강조하는 내용을 J. Ashton, *Understanding the Fourth Gospel*, 515-53에서 찾아보시오.

65) D. B. Wallace, *Greek Grammar Beyond the Basics: An Exegetical Syntax of the New Testament* (Grand Rapids: Zondervan Publishing House, 1996), 266-70을 참고하시오. 콜웰의 법칙에 의하면, 계사 동사 앞에 놓으면서 문맥상 한정된 명사는 보통 무관사 형태를 취한다(Wallace, 관사부분). 따라서 이 문장의 경우 '하나님'이라 번역된 어휘가 한정된 의미의 하나님을 의미하게 된다. 물론 콜웰의 법칙은 그 해당어휘가 주어가 아닌 서술어인 것을 전제로 하기에 비록 문맥상

런 경우에 문법적으로나 신학적으로 가장 적합한 해석은 질적인 면인 하나님의 속성으로 이해하는 것이다. 사실 무관사 명사인 주어 θεός의 술어로 사용된 말씀(ὁ λόγος)은 요 1:1에서 선재하는 말씀(ὁ λόγος)으로서 하나님의 신성을, 그리고 요 1:14에서는 성육하신 말씀으로 인성을 갖고 있음을 보여준다.[66] 그러므로 말씀이 하나님과 본성상 동일하다는 이해로 결론지을 수 있다.

　요 1:1에서 말씀(ὁ λόγος)은 "태초에" 그리고 하나님과 "함께"하며 하나님과 동일한 속성을 갖고 계심을 계시한다. 그러므로 요 1:2 "그가 태초에 하나님과 함께 계셨고(οὗτος[67] ἦν ἐν ἀρχῇ πρὸς τὸν θεόν)"는 요

　　'하나님'의 어휘가 한정되더라도 주어는 '말씀'이 된다(여기서 비록 '하나님'이라는 어휘가 무관사로 사용되더라도 하나님을 의미하는 경우가 있기에 이 문장의 경우 관사의 유무(有無)를 근거로도 주어와 서술어를 나눈다는 보다 큰 원칙이 적용되기도 한다). 그러나 이와 함께 고려할 사항이 있는데, 그것은 동사가 바로 계사(copula)라는 사실에서 발생한다. 즉, '말씀(ὁ λόγος)'='하나님', 즉 '주 하나님(아도나이 엘로힘)'을 의미하느냐는 것이다. 이에 대해 두 가지 측면에서 접근이 가능한데, 하나는(1) 언어적 분석을 통한 것이요, 다른 하나는(2) 본문의 특성(의도)을 고려하는 것이다. (1)과 관련하여 생각해 보면, 우선 '하나님'이 서술어라는 점을 기억해야 하는데, 이 경우 '서술어'가 (a) 주어와 완전 일치; (b) 특성 규정의 기능이 있음을 고려해야 한다. 만약 (a)의 경우를 취한다면, 이는 '말씀(ὁ λόγος)'='하나님'이 되고, (b)의 경우를 취한다면, 이는 '말씀(ὁ λόγος)'='하나님의 속성이 있는' 즉, '신성'(divine)의 의미를 가질 수 있다. (2)와 관련하여 생각해 보면, 1:1-18의 주제가 무엇인가와 연관시켜야 하는데 만약 그것이 예수의 하나님 되심이 주제라면 (1)-(a)가 가장 적합한 해석이 될 것이고, 만약 그것이 예수의 아들로서의 놀라운 사역이 주제라면 (1)-b도 충분히 가능한 해석이 될 것이다. 후자의 경우 1:1절에 '말씀(ὁ λόγος)'이 하나님과 함께 있었다는 표현의 문맥적 지지를 받는다고 볼 수 있다.

66) 요한복음 1:1에서 "Ἐν ἀρχῇ . . . θεὸς ἦν"란 표현은 선재하신 하나님이신 말씀을, 요한복음 1:14은 "ὁ λόγος σὰρξ ἐγένετο"란 표현으로 육신이 되신 말씀을 보여준다. 따라서 문법적으로 요 1:1과 1:14은 말씀의 속성으로 서로 연결된다.

67) 헬라어에서는 3인칭 인칭대명사의 주격이 사용되는 경우가 거의 없는데, 이

1:1에 기록한 동일한 내용의 어순을 뒤집어 놓은 것처럼 보인다. 한 가지 분명한 사실은 말씀과 하나님 사이의 관계를 말씀으로부터 재조명한다는 점이다. 이런 관점에서 창조의 주체로서 말씀과 관련한 내용이 요 1:3-5까지 이어진다.[68]

요 1:3의 본문인 πάντα δι' αὐτοῦ ἐγένετο, καὶ χωρὶς αὐτοῦ ἐγένετο οὐδὲ ἕν ὃ γέγονεν과 요 1:4 ἐν αὐτῳ를 읽을 때, 문장의 끝을 οὐδὲ ἕν과 ὃ γέγονεν 사이, 아니면 ὃ γέγονεν과 ἐν αὐτῳ 사이에서 정해야 할지를 결정해야 한다. 헬라어 사본들을 살펴보면 οὐδὲ ἕν과 ὃ γέγονεν 사이에 마침표를 찍는 것이 더 나은 선택으로 보인다.[69] 그렇지만 이 선택은 구문론이나 의미론에 있어서 상당한 어려움을 야기한다. 만일 ὃ γέγονεν이 1:4에 속하게 되면, ὃ γέγονεν ἐν αὐτῳ ζωὴ ἦν,에서 주어는 단지 ἦν이란 술어를 갖게 된다. 이 경우 ζωὴ는 관사가 없는 술어적 명사이며, 말씀의 속성을 나타내기 때문에, ὃ γέγονεν은 주어가 될 수 없다. 그러나 요 1:3에서 인칭 대명사는 말씀(ὁ λόγος)을 지칭하므로 1:4에서 ἐν αὐτῳ 또한 말씀(ὁ λόγος)에 관한 내용으로 이해하는 것이 옳다.

의미론적 이해에 있어서도 οὐδὲ ἕν과 ὃ γέγονεν 사이를 단락으로 볼

경우 그에 상응하는 어휘를 사용해 3인칭 인칭대명사(때로는 단순한 선행 지시사[anaphara])를 사용해 준다. H. W. Smyth, *Greek Grammar* rev. edn G. M., Messing (Cambridge, MA: Harvard University Press, 1956), §1194; D. B. Wallace, *Greek Grammar Beyond the Basics*, 328-329.

68) 참고로 요 1:3의 본문인 πάντα δι' αὐτοῦ ἐγένετο, καὶ χωρὶς αὐτοῦ ἐγένετο οὐδὲ ἕν ὃ γέγονεν에서 창조의 실행자로서 말씀(ὁ λόγος)의 행위를 나타내는 헬라어 전치사로 διά가 사용되는데, 대체로 신약성경에서 창조의 궁극적 주체로서 하나님 아버지와 관련해서는 ὑπό를, 실행자로서 예수 그리스도는 διά를, 그리고 성령과 관련하여서는 ἐν이 사용되거나 혹은 단순 여격으로 표현한다. 물론 벧후 3:2; 유 17과 같은 예외적인 예들도 있다[Wallace, *Greek Grammar Beyond the Basics*, 434를 보시오].

69) R. Bultmann, *John*, 39-40.

경우, 말씀과의 관련성을 찾아볼 수 없게 된다. 덧붙여 이럴 경우에 ζωὴ는 사람에게만이 아니라 피조물 모두에게 해당하는 것으로 보이게 되지만, 실제로 1:4의 하반절에서 ζωὴ는 사람들에게만 해당하는 사실을 반영하고 있다.[70] 결과적으로 ὃ γέγονεν과 ἐν αὐτῷ 사이에 마침표를 찍는 것이 바른 읽기로 보인다.[71] 따라서 만물이 모두 말씀으로 말미암아 지어졌다는 창조의 내용을 요 1:3은 반영한다. 그런데 말씀 안에 빛이 있으며 이 빛이 모든 사람의 빛이 된다는 내용을 요 1:4에서 볼 수 있다.[72] 이 내용은 기본적으로 창조와 관련된 내용이 아니라, 모든 사람의 빛이 되는 말씀이란 주장과 관련된 내용이다.

요 1:4에서 처음으로 "생명(ἡ ζωὴ)"이란 단어가 등장하며, 이 단어는 요한복음의 중요한 가르침 혹은 주제를 형성한다. 물론 "그 안에 생명이 있었으니(ἐν αὐτῷ ζωὴ ἦν)"에서 관사가 없이 사용된 명사 ζωὴ도 말씀에 대한 속성으로 이해할 수 있다.[73] '과연 생명이란 무엇을 의미하는가?'라는 질문에 대한 답을 요한복음에서 찾아본다면, 창조를 이해하는 데 있어서 핵심적인 내용으로서 이 생명은 단순히 생물학적 의미에서의 생명이 아니라, 오히려 창조주 하나님께서 부여하신 생명으로서 창조의 뜻을 이루는 목적에 부응하여 "빛"을 모든 사람들에게 비추는

---

70) R. Schnackenburg, *John*, 1:240

71) *Ibid.*; E. Haenchen, *John*, 1:110.

72) 요 1:4의 헬라어 본문은 "ἐν αὐτῷ ζωὴ **ἦν**, καὶ ἡ ζωὴ ἦν τὸ φῶς **τῶν ἀνθρώπων**"(Nestle-Aland 27th ed.)이지만 ἐν αὐτῷ ζωὴ **εστιν**, καὶ ἡ ζωὴ ἦν τὸ φῶς τῶν ἀνθρώπων로 **ἦν**이 **εστιν**으로 바뀐 경우(01 D it vg^mss sa?; Ptol^lr Ir^lat Cl^pt Or^mss), 그리고 ἐν αὐτῷ ζωὴ **ἦν**, καὶ ἡ ζωὴ ἦν τὸ φῶς로 **τῶν ἀνθρώπων**을 생략한 경우(B*)와 같은 두 가지의 이문읽기가 있다. 전자는 빛이 사람들 안에 현재 있음을 강조하는 것으로 보이며, 후자는 생명을 빛이라 하여 말씀에 중심을 두는 것 같다. 이와 같은 이문읽기는 본문의 의미를 더 분명히 해 줄 수도 있다.

73) D. B. Wallace, *Greek Grammar beyond the Basics*, 220, 245, 250, 267.

생명으로 볼 수 있다.

동일한 관점에서 "빛(τὸ φῶς)" 또한 요한복음의 내용을 구성하는 중
요한 요소로 보인다. 빛이란 사람이 생존하는 데 가장 긴요한 요소이
며, 진리를 깨닫는 일과 상관이 있으며, 어둠을 없애는 역할을 한다. 실
제로 말씀(ὁ λόγος)은 세상의 빛으로서 이런 역할을 성취한다. 어둠을
밝힘으로써 말씀(ὁ λόγος)은 사람들의 무지와 불신앙을 드러내지만, 어
둠은 이 진리를 깨닫지 못한다(요 1:5). 요 1:5은 헬라어 접속사 καὶ를
사용하여 요 1:4의 내용인 빛을 이어받는다. '깨닫다'라는 의미의 헬라
어 동사의 원형은 καταλαμβάνω로서 '극복하다' 혹은 '이해하다'는 의미
로 볼 수 있지만, 이 단어의 사용은 요한복음에 등장하는 이중적 구조
의 한 예로서 빛이 세상에 임했음에도 불구하고 세상에 속한 사람들은
결코 말씀(ὁ λόγος) 안에서 참 빛과 생명을 알아볼 수조차도 없는 모습
을 담아내고 있는 것으로 보인다.[74] 다만 창조가 이루어지기 이전부터
빛이신 말씀이 존재했던 사실로부터 피조세계가 어둠에 의하여 만들
어진 것이 아니며, 빛과 어둠의 이중적 구조는 하나님의 계시인 말씀
과 관련된 것임을 알 수 있다. 빛이신 말씀이 임함으로써 이 세상은 빛
과 어둠으로 나뉘며, 실제로 예수를 믿고 따르는 사람들과 불신앙 가
운데 세상에 속한 사람들로 나뉜다.

요한복음 1:6-8은 말씀(ὁ λόγος)과 관련된 직접적인 언급이 아니라,
세례 요한이 이 말씀에 대하여 증거하는 내용으로 구성된다. 다시 말
해, 하나님의 계시로서 말씀과 관련하여 이제까지와는 구별되는 역사
적 증인의 이야기가 펼쳐진다. 요 1:1-5과 1:6-8의 연결점을 찾는 일은
쉽지 않다. 단지 1:6-8의 주제와 형식이 1:15에서 다시 발생하고 1:19
이하로 이어지는 사실을 알 수 있다. 그러므로 요 1:6-8, 15은 요한복음

---

74) 이런 관점에서 요 1:14이야말로 서론을 이해하는 데 있어서 가장 결정적인 역
할을 하는 기독론의 내용을 담고 있다고 판단할 수 있다.

의 서론과 1:19 이하의 복음의 내용을 연결시키는 고리 역할을 함으로써 서론이 복음의 시작인 사실을 뒷받침한다. 세례 요한은 철저하게 이 세상에 임한 하나님 아버지를 계시하는 "빛(τὸ φῶς)"이 아니라고 자신의 정체를 밝힌다. 다른 복음서에서처럼 동일하게 세례 요한은 처음 등장하는 중요한 증인으로 자신의 증인된 역할을 담당하지만, 자신의 제자들에게도 자신은 결코 구세주가 아님을 천명한다.[75] 세례 요한은 결코 예배의 대상이 될 수 없음에도 불구하고, 세례 요한의 선포를 진심으로 받아들이고 따르는 사람이라면 예수의 제자가 될 수도 있다.

요 1:9의 주제는 다시 말씀(ὁ λόγος)으로 되돌아간다. 어둠을 밝히는 빛(τὸ φῶς)이신 말씀(ὁ λόγος)은 세상을 비출 뿐만 아니라 각 사람을 비춘다. 그러나 세상은 어둠과 무지로 말미암아 이 빛을 알아보지 못하며, 빛이 세상에 임한 사실도 모른다(요 1:10). 요 1:10의 내용은 요 1:5에서 드러난 사실을 더 발전된 형태로 이어간다. 또한 요 1:11은 요 1:10과 접속사는 없지만 서로 연결되는 문장으로 볼 수 있으며, 이 두 문장들은 요 1:3-5의 내용을 더욱 자세하게 묘사하는 것으로 보인다. 반복되는 증거를 통해서 강조되는 어둠에 속한 무지는, 자신의 백성들에게서조차도 거절당하는 말씀이신 예수에 대한 묘사에서 절정에 이른다. 그러나 하나님께서 거처로 정하신, 하나님의 백성인 이스라엘이 하나님의 아들을 거절한 사건에서 이야기가 끝난 것은 아니다. 세상 사람들 가운데 하나님의 택함을 입은 사람들은 세상을 비추시는 말씀이신 예수를 믿고 생명을 얻게 된다. 말씀을 영접하는 사람들이란 예수의 이름을 믿는 자들로 헬라어로는 τοῖς πιστεύουσιν εἰς τὸ ὄνομα αὐτοῦ로 기록한다. 본문이 반영하고 있는 대로 믿음이란 다른 무엇을 믿는 것이 아니라, 오직 예수를 믿는 것을 의미하며, 이 믿음은 예수를

---

75) 요한복음 1:19 이하; 사도행전 19:1-6을 참고하시오.

따르는 행동하는 믿음을 의미한다. 결과적으로 예수의 이름을 믿는 사람들은, 말씀이 육신이 되신 예수를 믿음으로[76] 사람의 뜻으로는 되지 않는, 오직 하나님의 영으로 새롭게 태어나는, 하나님의 자녀가 되는 믿음의 변화를 경험하게 된다.

요 1:10은 요 1:3, 5에 나타난 창조와 관련된 내용을 담고 있지만, 또 다른 요소인 성육하신 말씀에 대한 내용을 주제로 한다. 여기서 창조의 실행자로서 말씀이 육신으로 오신 사실이 창조와 관련되어 있음을 부인할 필요는 없지만, 창조의 궁극적 목적을 성취하기 위한 하나님의 주권적인 사역으로 성육신하신 말씀이 등장한다. 그럼에도 불구하고 사람들은 성육하신 말씀인 예수 그리스도를 알지 못한다. 게다가 모든 생명이시며 생명을 주시는 예수를 자기 백성들이 거절하는 모순을 요한은 지적한다(요 1:11).

요 1:11에 담긴 모순된 사실에 이어서 요 1:12은 접속사 δὲ를 사용하여 요 1:11과는 대조적인 구문을 이룬다. 자기 백성은 거절하였지만, 성육신하신 말씀을 믿는 사람들은 하나님의 자녀가 된다는 복음을 선포한다. 요 1:12에서 하나님의 자녀가 되는 권세를 받는 자들이란: 첫째로, 예수를 받아들이는 사람들이며(요 1:12 상반절); 둘째로, "이는 혈통으로나 육정으로나 사람의 뜻으로 나지 아니하고 오직 하나님께로

---

76) 요한복음 서론의 말씀은 구약의 전승에 나타난 지혜(σοφία)와 동일한 역할을 하고 있음을 알 수 있다. 구약의 전승에서 의인화된 지혜는 하나님께서 세상을 창조할 때 함께 하였으며 창조를 이룬 역할을 행한다(잠 8:22, 30-31). 헬레니즘의 영향을 받은 유대교에서도 모든 만물을 말씀으로 만드시고, 사람을 지혜로 만드셨다고 한다(솔로몬의 지혜서 9:1, 2). 흥미로운 사실은 솔로몬의 지혜서는 18장 이후로 지혜가 아닌 말씀이 주도적인 역할을 한다. 시락서에서도 지혜가 하나님과 함께 하며 창조의 역할을 하고 이스라엘을 거처로 정한다고 한다(시락서 1:4; 24:3 이하). 예수께서 하나님을 아버지로 부르며, 하나님의 지혜로서 하나님의 비밀을 드러내며, 이를 성취하신다(잠 8:14-36; 솔로몬의 지혜서 2:13, 16; 4:10-15; 참고 마 11:27; 눅 10:22).

서 난 자들"이다. 이런 사람들이 예수의 이름을 믿는다. 하나님의 선택
받은 백성인 이스라엘이 아니라, 이제는 예수를 믿는 사람들이 하나님
께서 선택한 백성이며, 예수를 예배하는 사람들로 살아갈 것을 요한복
음은 잘 보여준다(요 4:1-42; 8:41 이하).[77]

요 1:14의 문장은 요 1:1에 나타난 말씀(ὁ λόγος)을 주어로 받으며, 이
는 창조로부터 하나님과 함께 하신 말씀인 점을 부각시킨다.[78] 그러나
1:14은 이 말씀(ὁ λόγος)과 관련하여 새로운 주제를 제시한다. 실제로
말씀 자체가 육체로 임하는 새로운 변화가 발생하고 있음을 알린다.[79]
진정한 인간으로 오신 예수께서 하나님의 구원의 말씀을 전하며, 사람
들 안에 함께 하시고, 자기를 믿는 모든 사람들이 그 구원에 참여함을
알린다.[80] 구조상 1:14의 처음 두 단락은 말씀(ὁ λόγος)을 주어로 구성
되며, 이어지는 단락의 주어는 바로 앞의 1인칭 대명사 복수형 여격인
ἡμῖν과 상관관계를 형성한다. 세 번째 단락의 목적어("그의 영광을"[τὴν
δόξαν αὐτοῦ])는 마지막 두 단락의 내용을 통하여 설명된다. 가장 주목
할 내용으로서 요 1:14에서 창조주이신 말씀이 육체로 오셔서 사람들
안에 거하실 처소를 정한다는 가르침이야말로 초대교회 영지주의자들

---

77) 중성명사 αἷμα의 소유격 복수형인 αἱμάτων은 "피"를 의미하나, 상징적으로
"사람"을 의미하는 것으로 보인다. 요 1:13의 내용은 하나님의 자녀들은 "사
람으로부터"가 아닌 "하나님으로부터" 낳게 됨을 대비하여 보여준다.

78) 요 1:14에는 서론의 다른 곳에서 볼 수 없는 헬라어 단어 σκηνόω, πλήρης,
χάρις(요 1:16, 17에서도 사용됨)가 사용된다.

79) 말씀과 관련하여 사용되는 σάρξ란 단어는 요한복음에서 피조물로서 사람들의
육신을 의미한다(요 1:13; 3:6; 6:51, 52, 53, 54. 55, 56, 63; 8:15; 17:2).

80) 요 1:14 "우리 가운데 거하시매"란 문장에서 "거하시매"로 번역된 동사
σκηνόω의 부정과거형인 ἐσκήνωσεν가 내포한 "텐트를 치다, 머물다"란 의미를
구약성경 출 33:9-11에 나타난, 여호와께서 머무시는 장막보다는 오히려 지혜
가 세상을 처소로 삼은 사실을 더 반영하는 것으로 보인다(시 19:4; 시락서
24:4, 8; 에녹 1서 42:2; 바룩서 3:38 등을 참고하시오).

에게는 도저히 받아들일 수가 없는 진리였다.[81]

뿐만 아니라 육체로 오신 예수께서 십자가에 죽임을 당하는 사건을, 하나님의 영광에 대한 계시로서 명백히 하는 가르침을 요 1:14에서 볼 수 있다. 다시 말해, 하나님께서 인간으로 오신 사실 자체는 하나님의 아들이신 예수께서 인간의 죄를 대신하여 십자가에 죽으심으로 아버지 하나님의 뜻을 이루시기 위한 궁극적 계시를 의미하며, 이 죽음이 바로 하나님의 영광을 드러내는 구원의 궁극적인 역사이며, 이 사실을 믿는 사람들은 하나님의 아들로 인한 구원에 함께 참여한다는 가르침이다. 바로 이 구절에서 요한은 "우리가 그의 영광을 보니……"란 표현을 통하여 목격자로서 증거하고 있다는 점을 부각시킨다. 요 1:16에서도 요한은 "우리가"라는 1인칭 대명사 복수형을 사용하여 하나님의 유일한 아들이신 예수 안에 나타난 하나님의 계시를 직접적으로 목격한 증인의 자격으로 선포한다. 그러나 서론 이후로 이어지는 복음의 이야기를 통하여 요한은 다른 사람들에 의한 증거를 제시하며, 이야기의 마지막 장면에서 다시 한번 자신의 목소리로 증거한다(요 20:30-31).[82]

요한복음 1:14-18은 다른 어느 성경의 내용보다도 신학적으로 더 깊고 풍성한 의미를 담고 있다. 실제로 구약적 배경에 대한 이해를 더 할 수만 있다면 본문이 갖는 의미의 중요성을 상당 부분 심화시킬 수 있다. 물론 요 1:14-18의 본문에서 구약의 인용을 찾을 수는 없지만, 대단히 중요한 암시가 있다. 이 구약성경과 관련된 암시를 알지 못한다면, 저자가 왜 이런 말을 사용하며, 어떻게 본문을 통하여 어떤 의미를 전하려 했는가를 제대로 이해하지 못할 것이다. 과연 저자가 구약성경의 내용을 암시했는가에 대한 의문을 갖기도 하지만,[83] 그러나 출애굽기

---

81) G. R. Beasley-Murray, *John*, 6.
82) 이야기로서 복음 이해를 제시한 R. A. Culpepper, *Anatomy of the Fourth Gospel*을 참고하시오.

33:17-34:6의 내용과 상관이 있음이 분명하다.[84]

출애굽기 33:17 이하에서 모세는 하나님의 영광이 나타나는 것을 바라고 있었다. 그는 자신을 포함해서 사람은 누구라도 하나님의 영광을 보고 살 수가 없다고 고백한다. 그러나 모세는 하나님의 모든 선한 형상이 자신의 앞을 지나는 모습을 보았고, 하나님의 등도 보았다. 결국 모세는 계명이 새겨진 두 개의 돌판을 받았으며, "여호와로라 여호와로라 자비롭고 은혜롭고 노하기를 더디하고 인자와 진실이 많은 하나님이로라"는 말씀을 듣게 된다. 바로 이 장면은 무엇보다도 확실한 하나님의 자기계시에 대한 기록이며, 과연 하나님은 이스라엘에게 어떤 하나님이신가에 대한 답을 구약의 다른 어느 성경보다도 더 분명히 제공한다고 볼 수 있다.

요한복음 1:14에서 저자는 은혜와 진리가 충만한 말씀의 영광을 보았다고 주장한다. 여기서 영광이란 자주 하나님의 계시로 이해된다.[85] 비록 은혜란 단어는 히브리어 자비를 대체하는 언어로 사용되지 않지만, 그럼에도 불구하고 요 1:14은 성육신한 말씀을 보는 것이 하나님의 계시를 보는 것과 같다는 의도를 알 수 있다. 말씀이신 예수는 하나님으로부터 온 유일한 아들이며, 하나님의 성품인 은혜와 진리가 충만하였다.

하나님의 계시는 인간으로 오신 하나님의 아들이신 예수로 말미암

---

83) 이 본문에서 구약성경의 인용이 없고, 저자가 출애굽기 33:17-34:6의 내용을 의식적으로 반영하고 있는지 혹은 저자가 독자들로 하여금 그런 암시를 근거로 본문을 이해하도록 하였는지에 대한 직접적인 증거는 없다. 그러나 암시란 때때로 독자들의 창의적 상상력을 필요로 하기도 한다.

84) 참고로 Morna Hooker, "The Johannine Prologue and the Messianic Secret," *New Testament Studies* 21 (1975), 52-56; Anthony T. Hanson, "John I.14-18 and Exodus XXXIV," *New Testament Studies* 23 (1977), 90-101을 보시오.

85) S. Aalen, "Glory, Honour," *New Internaitonal Dictionary of New Testament Theology*, ed. Colin Brown (Grand Rapids: Zondervan, 1976), 2:45를 참고하시오.

으며 그의 능력의 역사를 통하여 이 세상에 드러난다. 하나님의 계시와 관련하여 성경의 다른 곳에 기록된 내용들을 살펴보면, 요한복음 서론에서 아들이신 예수로 인한 하나님의 계시와 관련하여 "영광" "진리" "생명"과 같은 표현이 사용된 것은 결코 우연이 아니다.86)

하나님의 아들이신 예수께서는 하나님의 은혜와 진리를 보여주실 뿐만 아니라(요 1:14), 사람들에게 하나님을 나타낸다(요 1:18). 요한복음 안에서 은혜(ἡ χάρις)란 단어는 단지 4번 사용하는데, 모든 사용의 예들이 서론에 국한된다(요 1:14, 16, 17). 신약성경 안에서 사용된 의미 중 하나로 요한복음에서도 은혜(ἡ χάρις)란 하나님의 아들이신 예수 그리스도로 말미암아 사람들에게 주어지는 하나님의 선물인 생명을 의미한다. 진리(ἡ ἀλήθεια)란 요한복음 안에서 중요한 주제를 나타내는 단어이다. 무엇보다도 진리는 하나님께 속한 것으로, 이 세상에 속하거나 일시적인 것에 반대되는 개념이다. 하나님의 계시와 관련하여 사람들에게 하나님을 계시하시는 그리스도 자신이 곧 진리(ἡ ἀλήθεια)이시다 (요 14:6). 예수를 주와 그리스도로 믿는 사람은 지적인 가르침을 동의하고 지지하는 데서 진리를 경험하는 것이 아니라, 그리스도를 믿는 믿음 안에서, 참 생명을 얻는 데서 진리를 경험한다. 그러므로 진리 찾은 신자는 그리스도 안에 있는 영생을 알게 된다.

요 1:15에서 세례 요한의 등장은 앞선 요 1:6-8의 형식과 내용과의 연계성을 보여준다. 요 1:15은 본문에서 1:14과 1:16에서 사용된 과거시제와 "우리"라는 주어 대신에 현재 시제와 "요한"이란 주어를 사용하며 문장의 흐름을 방해함으로써 마치 1:14와 1:16 사이에 삽입된 구절처럼 보인다.87) 문장의 내용은 앞선 요 1:6-8의 내용에서 세례 요한이 구세주가 아니라, 단지 구세주를 증거하는 역할을 감당하고 있는 사실

---

86) R. E. Brown, *John*, 1:497-518 (1st Appendix)를 참고하시오.

87) R. Bultmann, *John*, 15-16; R. Schnackenburg, *John*, 1:273.

을 천명한 것처럼, 15절에서도 성육하신 이가 자신보다 앞선 사실을 언급함으로써 자기보다 우월하심을 확증한다.[88]

요 1:16은 1:14의 내용을 다시 이어받는 문장으로 헬라어 접속사 ὅτι 로 시작하며, 이를 확인케 하는 연결고리는 "충만(πλήρωμα와 πλήρης)"이란 단어들이다. 말씀이 육신이 되어 함께 하는 하나님의 구원에 대한 강조는 개인적 증거를 넘어 믿는 자들 모두의 증거가 되며, 무엇보다도 구원의 이해를 "은혜 위에 은혜러라(χάριν ἀντὶ χάριτος)"라는 강조된 표현을 사용하고 있다. 이 표현은 하나님의 현현으로 임한 말씀이신 예수와 함께 동행하고 그 사역에 동참하는 믿음의 체험으로 이어지고 있는 사실을 반영한다. 그러므로 요 1:16은 14절의 단순한 반복이 아니라, 보다 진전된 내용을 담고 있다.

요 1:17은 원인을 제시하는 접속사 ὅτι로 16절 하반절의 내용인 은혜 (χάρις)와 연결되며, 서로 대립하는 내용을 제시함으로써 은혜의 의미를 보다 명백히 한다. 기독론적인 관점에서 모세에게 주셨던 율법이 아니라 오직 하나님의 아들이신 예수로 말미암는 구원의 계시를 통하여 은혜와 진리가 구현되고 있음을 깨닫게 하는 가르침을 제시한다. 결과적으로 모세는 단지 율법을 받아서 전했을 뿐이고, 예수께서는 직접 자신을 믿는 사람들을 찾아와 은혜와 진리를 베푸시는 구원자가 되신 사실을 확증함으로써 말씀이 육신이 되신 예수 그리스도로 인한 하나님 계시의 우월성과 완전성을 "은혜와 진리"이심을 통하여 강조한다.

요 1:14과 마찬가지로 여기서도 복음서의 저자는 출애굽을 배경으로 하여, 마치 모세에게 율법을 주셨지만, 이제 예수 그리스도를 통하여 진정한 하나님 아버지를 계시하고 있음을 밝힌다. 여기서 모세의 계시

---

88) R. Schnackenburg, *John*, 1:273-75.

와 예수 그리스도의 계시 사이의 대조는 있지만, 모세의 계시를 부인하지는 않고 있다. 다만 최고 가는 하나님의 계시는 오직 예수 그리스도 안에서만 보인다는 사실을 강조할 뿐이다.

요한복음 1:18은 서론의 마지막 절로서 예수 그리스도 안에 나타난 하나님의 계시의 유일성과 독특성을 강조함으로써 기독론의 의미를 확실히 하는 요한복음에 담긴 신학의 핵심을 보인다.[89] 사실 하나님의 계시로서 예수 그리스도의 복음은 그를 믿고 생명을 얻게 하기 위한 목적으로 기록된 내용 안에서 구체적으로 드러난다. 그러므로 1:18은 서론과 이어지는 내용을 연결하는 구절이기도 하다.[90] "본래 하나님을 본 사람이 없으되"라는 18절 상반절의 표현은 마치 구약성경 민수기 12:8에서 모세가 하나님을 대면했다는 내용을 인정하지 않는 것처럼 보인다. 그러나 이사야가 성전에서 여호와 하나님을 목도했을 때, "화로다 나여 망하게 되었도다"라고 독백하듯이(사 6:5), 예외적 내용이 있을지라도, 구약성경은 여호와 하나님은 볼 수 없는 존재이실 뿐만 아니라 만일 죄인인 사람이 보면 죽게 된다고 가르친다(출 33:20; 신 4:12; 시 97:2).[91]

그러나 하나님은 숨어 계시지 않는다. 요 1:18에서 "독생하신 하나님

---

89) 참고로 성경 본문을 살펴보면 예수 그리스도로 말미암는 계시의 유일성을 볼 수 있다. "본래 하나님을 본 사람이 없으되 아버지 품 속에 있는 독생하신 하나님이 나타내셨느니라(개역성경); No one has ever seen God, but God the One and Only, who is at the Father's side, has made him known (New International Version); Θεὸν οὐδεὶς ἑώρακεν πώποτε· μονογενὴς θεὸς ὁ ὤν εἰς τὸν κόλπον τοῦ πατρὸς ἐκεῖνος ἐξηγήσατο (Nestle-Aland 27th ed.)".

90) 하나님의 계시가 유일하신 아들이신 예수 그리스도에게로만 집중되고 있음을 보여주는 요 5:37; 6:46; 16:28을 참고하시오.

91) 출애굽기 33:20의 내용을 근거로 사람은 누구도 하나님을 볼 수 없다는 주제가 요한복음 전반에 나타난다. 특히 요한복음 안에서 5:37; 6:46; 12:41; 14:8-9의 내용을 보시오. 참고로 요한일서 4:12-20을 보시오.

(μονογενὴς θεός)"인 예수께서 하나님을 보여준다는 지적은 요 1:1과 요 1:14의 내용에서 밝힌 것처럼, 하나님이시며 하나님과 함께 하셨던 말씀이신 예수께서 인간으로 오셨음을 기억나게 한다. 이 예수는 다른 어떤 사람이 아니라, 하나님의 "독생자"이며 하나님을 보여준다는 뜻은 예수께서 하나님의 궁극적인 계시가 되신 사실을 뒷받침한다.92) 여기서 "독생자"란 표현에 사용된 μονογενοῦς(원형: μονογενής)란 헬라어 형용사의 문자적 의미는 "유일한, 독특한"이지만, "독생자"란 표현은 "사랑하는 아들"이란 표현과 밀접한 관계를 형성하고 있는 것으로 보인다.93) 뿐만 아니라 하나님을 본 사람이 바로 독생하신 하나님이신 예수이심을 강조한다.94) 만일 서론을 읽는 사람들이 구약성경에 익숙

---

92) 개역성경에서 "나타내셨느니라"로 번역한 헬라어 ἐξηγήσατο의 원형은 ἐξηγέομαι로 말하다, 설명하다, 드러내다와 같은 의미로 쓰인다. 그러므로 신약성경 안에서 이 단어가 사용된 용례(눅 24:35; 행 10:8; 15:12, 14; 21:19)들을 통해서 "이야기를 말하다"라는 뜻으로 볼 수도 있다(Carson, *John*, 135를 참고하시오).

93) 요한복음 1:18의 헬라어 본문을 살펴보면, 가장 오래되고 믿을만한 사본에 따르면 μονογενὴς θεός이다. 후대 사본은 υἱός를 μονογενής 다음에 쓰거나, 혹은 μονογενὴς υἱὸς θεοῦ로 쓴다. 물론 μονογενὴς θεός가 가장 믿을 만한 본문으로 본다면, 문법적으로 각각의 단어가 동격으로서 "독생자(μονογενής)가 하나님(θεός)이다"라는 해석이 가능하다. 결과적으로 요한복음의 서론은 독생자이신 예수께서 하나님이라는 기독론을 선포한다.

94) 요 1:18의 헬라어 본문은 Θεὸν οὐδεὶς ἑώρακεν πώποτε· **μονογενὴς θεὸς** ὁ ὢν εἰς τὸν κόλπον τοῦ πατρὸς ἐκεῖνος ἐξηγήσατο (Nestle-Aland 27th ed.)이다. "어느 누구도 하나님을 보지 못했습니다; 아버지의 품에 계신 저 분 곧 독생하신 하나님이 보이셨습니다"로 번역할 수 있다. 그런데 Θεὸν οὐδεὶς ἑώρακεν πώποτε· **μονογενὴς υἱὸς** ὁ ὢν εἰς τὸν κόλπον τοῦ πατρὸς ἐκεῖνος ἐξηγήσατο로 어구를 바꾸는 이문읽기의 예가 있다(A C³ Θ Ψ f¹·¹³ M lat syᶜ·ʰ; Clᴾᵗ Clᵉˣᵀʰᵈᵖᵗ) 이 경우 아버지와 아들의 관계를 분명히 하며, 특히 독생하신 아들이 하나님을 보였다는 점을 강조한다. 또 다른 예로 Θεὸν οὐδεὶς ἑώρακεν πώποτε εἰ μὴ **μονογενης υιος** ὁ ὢν εἰς τὸν κόλπον τοῦ πατρὸς ἐκεῖνος ἐξηγήσατο [Wˢ it; Irˡᵃᵗ ᵖᵗ (+ θεου Irˡᵃᵗ ᵖᵗ)]를 들 수 있다. 이 경우 "아버지의 품에 계신 독생하신(+하

하다면, 이들은 요 1:16-18의 배경 안에 내포된 구약의 계시들과 성육하신 예수 그리스도의 계시와의 관련성을 알게 될 것이다.

4) 서론 읽기의 의미

요한복음의 서론은 성육하신 말씀으로 세상에 임하신 창조주이시며 독생자이신 하나님의 아들 예수를 아버지 하나님과의 관계를 통하여, 그리고 세상에 임하신 구체적인 사역의 의미를 제시함으로써 하나님에 관한 이해뿐만 아니라, 창조와 인간에 대한 새로운 신학적 이해를 제시한다. 뿐만 아니라, 서론의 내용은 메시아의 오심을 선포하였던 세례 요한의 증거를 통하여 역사적 진실성도 확보한다. 서론의 본문에 대한 이해를 통하여 기독론과 구원론이란 신학적 이해가 함께 하고 있으며, 물론 기독론과 관련된 내용이 지배적으로 보이지만, 이 둘은 서로 분리되지 않고 있음을 알 수 있다.

서론 전반을 통하여 말씀이신 예수께서는 하나님을 계시하며, 아버지 하나님을 계시하는 예수의 역할은 그 자체로 구원의 내용을 담고 있다. 예수 안에 생명과 빛이 있다(요 1:4). 그는 세상에 오시는 참 빛이시다(요 1:9). 자기를 받아들이는 사람들에게는 하나님의 자녀가 되는 권세를 주신다(요 1:12). 그리스도이신 예수를 믿는 사람들은 "말씀이 육신이 되어 우리 가운데 거하시매 우리가 그 영광을 보니 아버지의 독생자의 영광이요 은혜와 진리가 충만하더라"(요 1:14)라고 고백한다. 은혜와 진리도 예수로 말미암아 이 세상에 임한다(요 1:17). 그러므로 하나님 아버지를 알게 하시는 예수의 임재와 사역은 생명으로 인도하

나님의 Ir$^{\text{lat Pt}}$) 아들을 제외하고는 어느 누구도 하나님을 보지 못했다; 저가 알게 하셨다"로 번역할 수 있다. 말씀이신 독생자 예수께서 하나님을 보았고, 그 예수께서 하나님을 보여준다(알게한다; 말한다; 설명한다)는 의미로 요 1:1을 뒷받침하며, 이어지는 복음서 전체의 내용을 미리 드러내고 있다.

는 믿음을 낳기 위함이다.

창조 이전부터 하나님과 함께 하신 선재(pre-existence)사상은 신약성
경 안에서 독특한 가르침으로, 창조의 틀인 시공을 초월하는 새로운
신학적 이해를 제시한다. 모든 피조물보다 앞서 존재했던 말씀은 하나
님이지만, 하나님과 함께 한다는 표현을 통해 하나님 안에서 주권적이
며 자발적인 변화를 가능케 하는 새로운 신학적 이해를 제공한다. 그
변화란 결과적으로 하나님께서 성육신하심으로, 삼위일체이신 하나님
에 대한 신앙고백을 가능케 하는 변화이며, 동시에 인성을 통하여 하
나님의 형상을 계시할 수 있는 변화이다. 이에 덧붙여 사람들로 하여
금 하나님과 함께 하며 하나님을 계시할 수도 있다는 가능성을 열어주
기도 한다. 이런 변화는 창조에 대한 새로운 신학적 의미를 부여하게
된다.

예수께서 세상을 비추는 빛이란 표현도 단순한 문자적 이해를 넘어
서는 새로운 신학적 의미를 드러낸다.[95] 요한복음에 나타난 가장 뚜렷
한 특징이라 할 수 있는 이원론적 구도로는 빛과 어둠의 대조를 들 수
있다.[96] 이 세상은 창조된 모든 것을 수용하는 표현이기도 하다(요
1:9-10 상반절). 때로는 세상이란 하나님을 대적하는 악한 세력을 의미
한다(요 1:10 하반절).[97] 서론은 세상을 어둠에 속해 있다고 지적하며

---

95) P. Ricoeur, *Interpretation Theory: Discourse and the Surplus of Meaning* (Texas: Texas University Press, 1976), 45-69를 참고하시오.

96) 물론 여기서 말하는 이원론적 구조란 당시 근동 주변과 동방 종교 안에서 발견할 수 있는 절대적인 이원론과는 다르다[참고로 J. H. Charlesworth, "A Critical Comparison of the Dualism in 1QS 3:13-4:26 and the 'Dualism' Contained in the Gospel of John," in *John and Qumran*, J. H. Charlesworth, ed. (London: Geoffrey Chapman, 1972), 76-106을 보시오].

97) 참고로 N. H. Cassem, "A Grammatical and Contextual Inventory of the Use of *kosmos* in the Johannine Corpus with Some Implications for a Johannine Cosmic Theology," in *New Testament Studies*, 19 (1972), 81-91을 보시오.

(요 1:5; 참고 3:19), 이런 지적은 하나님의 구원자로 오신 예수를 믿지 않는 죄로 가득한 세상을 의미한다.[98] 세상은 어둠을 사랑하기 때문에 빛으로 오신 예수를 사랑할 수 없다. 그러나 예수를 믿고 사랑하는 사람은 어둠에 머물지 않게 된다. 빛으로 오셔서 어둠을 비추시는 예수께서는 어둠을 밝히심으로 세상을 새롭게 변화시키는 하나님의 구원을 성취하시며, 누구든지 예수를 믿으면 생명을 얻으며 하나님의 자녀가 되는 권세를 받는다. 그러므로 자녀가 되는 권세란 하나님께서 예수를 보내신 일을 알게 하신 것처럼 자녀로서 예수께서 구세주가 되심을 세상에 알리는 사명을 받은 믿음을 근거로 이해할 수 있다.

창조를 하신 실행자로서 하나님이신 예수께서 성육하셔서 빛으로 세상에 거하심은 은혜와 진리로 이 세상을 충만케 하기 위함이다. 그러나 하나님의 궁극적 계시로서 오신 예수를 하나님의 선택을 입은 유대인들은 믿지를 않고, 오직 예수를 믿고 따르는 사람들은 하나님의 자녀로 은혜와 진리이신 예수의 충만함을 경험할 것이다. 그들은 예수를 믿고 따르는 삶을 통하여, 이 세상에서 예수께서 살아가셨던 삶의 내용에 동참하는 경험을 하게 될 것이다.[99] 이런 관점에서 믿음이란 하나님을 알게 하는 예수께 대한 반응으로서, 단순히 지식과 말에 있지 않고 하나님을 아는 지식을 통하여, 하나님과 함께 하는 삶의 열매를 세상에 알리는 실질적 모습 안에서 드러난다.

요한복음 1:14의 "말씀이 육신이 되었다"는 예수의 성육신 교리는 놀랍고 경이로운 진리로서, 신약성경 안에서 이런 가르침으로서는 가장 명백한 가르침이다. 무엇보다도 이 성육신은 창조만큼이나 중요한

---

98) 요한복음에서 죄란 기본적으로 하나님의 아들이신 예수를 믿지 않는 것을 의미하며(요 15:22, 24; 16:8-9), 이런 불신앙의 죄는 사람들을 심판과 사망에 이르게 한다(요 8:21, 24).

99) 요 1:50, 51, 그리고 요 14:1-31을 참고하시오.

사건임에 틀림이 없다. 오직 예수 안에서 육신이 된 말씀이신 하나님
만이 홀로 어둡고 타락한 죄악된 세상을 밝힐 수 있으며, 인간구원을
위한 영적인 거듭남도 가능하다(요 1:13; 참고로 3:3, 5을 보시오). 세례
요한의 선포를 반복한다면 오직 예수만이 "세상 죄를 지고 가는 하나
님의 어린 양"이다(요 1:29; 참고로 1:36을 보시오). 그러나 초대교회를
위협했던 이단적 가르침 중 대표격이라 할 수 있는 영지주의
(Gnosticism)[100)]는 요한복음을 영적인 지식을 제공하는 중요한 출처로
간주하였다. 이런 사실은 신앙에 대한 확신은 일방적인 선포를 의미하
는 것이 아니라, 현실적인 긴장도 내포하고 있다는 중요한 깨달음을
제공한다.

　서론에 이어지는 복음서 전체를 위한 훌륭한 안내 역할과 함께 복음
을 기록한 목적을 충분히 드러내는 데서 서론의 신학적 이해가 복음서
전체를 통하여 드러나고 있다고 해도 과언이 아니다. 실제로 요
20:30-31 본문의 내용을 따르면 비록 복음서에 기록되어진 것들 외에
도 제자들이 목격할 수 있었던 더 많은 표적들이 행해졌고 가르침이
전달되었지만, 오직 선택한 내용들만을 기록한 목적은 무엇보다도 우

---

100) 영지주의를 간단히 정의하기란 쉽지 않은 일이다. 왜냐하면, 하나의 특정한
　　체계를 중심으로 한 가르침을 발견할 수 없기 때문이다. 그러나 광의로서 영
　　지주의는 대강 기원전 1세기경부터 주후 4세기까지 번성했던 그리스-로마 세
　　계를 배경으로 하는 종교적이며 철학적 운동으로, 하나님과 자신과 구원에
　　대한 참된 이해는 특별한 계시와 지식으로 말미암아 성취된다는 주장을 폈
　　다. 특히 1세기 초대교회의 교부들은 성경 말씀을 능가하는 특별한 계시로
　　인한 지식을 근거로 구원을 이해하는 이단의 한 형태로 영지주의를 언급한
　　다. 그러나 신약시대 이전 시대 안에서 영지주의의 뚜렷한 흔적을 발견하는
　　일이 쉽지 않기 때문에, 1세기 초대교회 안에서 나타난 영지주의를 초기의
　　(incipient) 혹은 원시적(proto) 영지주의라고 부른다[A. G. Patzia & A. J. Petrotta,
　　Pocket Dictionary of Biblical Studies (Downers Grove, Ill.: InterVarsity Press, 2002); New
　　Bible Dictionary, "Gnosticism"; Anchor Bible Dictionary, "Gnosticism"을 참고하시
　　오.

선 예수 그리스도께서 하나님의 아들이심을 믿게 하려는 것이고,[101] 그의 이름으로 생명을 얻게 하기 위함이다. 서론의 신학적 이해를 살펴보면, 예수의 정체성에 대한 이해와 더불어 예수의 이름에 의한 구원의 내용인 생명을 얻게 하는 말씀의 역사로 함축할 수 있으며, 그 역사가 지금 여기서 일어남을 증거해야만 한다는 깨달음을 준다.

4. 표적의 책(요 1:19-12:50) 읽기

서론에 이어지는 요한복음의 주요 부분에 대하여 다양한 이름을 붙일 수 있겠지만, "표적의 책"이라고 부르는 것이 적절하다. "표적의 책"이란 이름을 붙인 이유는 그 이름이 첫 번째 주요 부분의 내용 구성을 가장 잘 보여주기 때문이다.[102] 이 부분의 논의를 위해서 다시 세 부분으로 나누면 (1) 세례 요한과 제자들의 입을 통한 증거(요 1:19-51),

---

101) 카슨(Carson)은 요 20:31을 해석하면서 기록의 목적이 "예수가 누구이신가?"에 있지 않고 오히려 "메시아가 누구인가?"라는 데 있다고 본다. 왜냐하면, 요한복음의 독자가 유대인에게 제한되어 있다고 보기 때문이다. 이에 덧붙여 그는 문법적으로 관사를 가진 명사가 고유명사보다 우선적인 지위를 갖기 때문이라는 주장을 내세운다[D. A. Carson, "The Purpose of the Fourth Gospel: John 20:31 Reconsidered," in *Journal of Biblical Literature*, 106 (1987), 639-51, esp., 642-44]. 카슨(Carson)은 구문론적 관점에서도 기록의 목적이 예수께서 메시아인 사실을 믿게 하려는 데 있다고 보며 동일한 주장을 세운다[Carson, *John*, 90]. 그러나 문법적으로 Carson의 주장을 그대로 받아들일 필요는 없다. 왜냐하면 이름(관사가 있음)이 예수(고유명사)면 예수가 우선하는 것은 당연한 것으로 보이기 때문이다. 뿐만 아니라 구문론에 관한 이해를 따른다고 해도 요한서신서에서 동일한 혹은 유사한 구문을 4번이나 찾을 수 있고(요일 4:15; 5:5; cf. 요일 2:22; 5:1), 이 서신을 받는 사람들이 유대인만은 아닐 수도 있기 때문이다(D. B. Wallace, *Greek Grammar Beyond the Basics*, 46-47).

102) 대부분의 주석가들이 동의하듯이 사실 표적 중의 표적은 예수 그리스도의 십자가이며, 그런 의미에서 복음서 전체가 표적이라고도 할 수 있다.

(2) 가나에서 시작된 표적 이야기들(요 2:1-4:54), (3) 절기들과 관련된 이야기들(요 5:1-12:50)로 나눌 수 있다. 일곱 표적들은 예수께서 이 세상을 구원하기 위하여 오신 메시아(요 4:42; 3:16을 참고하시오)이신 사실을 사람들로 하여금 알게 하기 위한 목적을 위하여 선택하여 기록한 내용이다. 그런데 하나님의 구원은 유대인들로부터 시작(요 4:22)[103]하여 이 세상을 향하고 있음이 분명할 뿐만 아니라, 요한복음 2장에서 12장에 이르는 내용은 유대인들을 향해 예수께서 메시아이신 표적들을 보여주신다. 다만 결과는 유대인들이 자신들의 무지와 어리석음으로부터 돌이켜 예수를 구세주로 믿고 따르는 구원의 역사가 아니라, 오히려 예수를 배척하고 죽음에 이르게 하는 모습을 드러낸다(요 12:37-40).[104]

1) 세례 요한과 제자들의 증거(요 1:19-51)

표적과 연관시켜서 예수의 사역을 살펴본다면, 이 부분은 서론과 첫 번째 단락으로 보이는 2장 1절에서 4장 54절까지의 사역을 이어주는 역할을 한다. 실제로 이 부분의 내용은 2장 11절까지의 내용과 함께 예수께서 한 주간 동안 행하신 사역으로 구성된다. 표적과 관련된 첫 번째 주요 부분인 요 2장 1절부터 4장 54절까지 가나(Cana)에서 행하신 사역의 내용 중 가나의 혼인잔치에서 행한 표적은 이 부분과 함께 한

---

103) 요한복음 4:22~"너희는 알지 못하는 것을 예배하고 우리는 아는 것을 예배하노니 이는 **구원이 유대인에게서 남이니라**."
104) 요한복음 12:37~"이렇게 많은 표적을 저희 앞에서 행하셨으나 저를 믿지 아니하니"; 12:38~"이는 선지자 이사야의 말씀을 이루려 하심이라 가로되 주여 우리에게 들은 바를 누가 믿었으며 주의 팔이 뉘게 나타났나이까 하였더라"; 12:39~"저희가 능히 믿지 못한 것은 이 까닭이니 곧 이사야가 다시 일렀으되"; 12:40~"저희 눈을 멀게 하시고 저희 마음을 완고하게 하셨으니 이는 저희로 하여금 눈으로 보고 마음으로 깨닫고 돌이켜 내게 고침을 받지 못하게 하려함이니라 하였음이더라."

288

주간의 사역을 구성한다. 물론 요 2장 1절부터 4장 54절까지의 내용이
다 가나에서 행하신 일만을 포함하는 것도 아니다. 왜냐하면, 2장 13절
에서 3장 21절의 내용은 예수께서 예루살렘에 계신 동안 일어난 일들
이다. 서론에서105) 메시아의 임재와 관련하여 세례 요한은 빛이 아니
라 빛이신 예수를 증거하기 위해 보냄을 받은 사람임이 드러났다(요
1:8). 뿐만 아니라, 세례 요한은 단지 메시아를 위한 증인이지 세상을
심판하는 주체가 아니다. 왜냐하면 심판은 오직 예수께서만 행하실 것
이기 때문이다. 그의 물세례는 예수가 주시는 성령세례와 다르다(요
1:26, 33). 게다가, 공관복음을 읽지 않았다면, 예수께서 요한에게 세례
를 받았다는 사실조차도 알 수 없다. 마지막으로 세례 요한은 예수 위
에 성령이 임하시기 전까지는 예수께서 메시아인 사실을 모르고 있었
다(요 1:31, 33). 위에 지적한 내용들은 복음서 저자가 예수에 대해서
무엇을 아는 것보다, 그가 누구이신지를 아는 일이 더 중요한 주제임
을 주장하고 있음을 뒷받침한다. 주목할 사실은 복음의 내용은 예수를
아는 일을 위하여 기록되었으며, 요한의 경우처럼 안다는 사실은 단순
히 지적인 내용이 아니라 성령에 의하여 가능하고, 무엇보다도 예수와
의 관계를 우선으로 하는 앎을 의미한다. 세례 요한에 대한 바른 이해
는 오직 메시아이신 예수를 알게 될 때만 가능하다는 말이다.

　신약성경의 배경에 나타난 영지주의자들이 특정한 구원의 지식을
아는 일을 강조했다면, 복음서 저자인 요한은 알고 믿는 내용들을 동
사를 사용하여 표현함으로써 지적상태가 아니라 오히려 개인의 신앙
고백과 관련된 삶의 행위가 중요함을 암시한다. 다른 복음서에서 세례

---

105) 요한복음의 서론은 적어도 시에 가까운 산문으로 볼 수 있으며, 그 주제는
　　"말씀"이다. 창조주 하나님이신 말씀이 육신이 되셔서 세상에 오시고, 성육신
　　하신 하나님의 유일한 아들이신 예수를 통하여 하나님의 영광을 본다는 내용
　　은 신약성경에 나타난 가르침 중 가장 신학적으로 심오한 내용을 드러낸다고
　　해도 과언이 아니다.

요한이 감옥에서 제자들을 보내어 예수께 질문했던 모습과 요한복음
이 보여주는 모습과는 상당한 차이를 보인다. 요한복음에서 세례 요한
은 자신의 제자들이 예수에 대하여 의혹에 차 있을 때, 조금도 망설임
없이 예수께서 그리스도이심을 주장한다(요 3:25-30). 그러므로 신실한
증인으로 살아가기 위해서는 예수를 확실히 알고 고백하는 신앙이 있
어야만 하는 사실을 잘 보여준다. 요한의 증거는 그를 따르던 두 제자
로 하여금 예수를 따르게 만든다.

　예수께서는 자기를 따르는 사람들에게 "무엇을 구하느냐?"라고 질문
하시고, 그들의 대답을 들으신 후에, "와서 보라"고 하신다(요 1:38-39).
사람들이 바라고 구하는 것과 예수께서 보여주시려는 것 사이에는 어
떤 차이가 있을까? 제자들은 자신들이 찾고 바라던 메시아를 만날 수
있었다고 생각했을 것이다. 그러나 제자들은 예수와의 만남을 통하여
진정 그들 자신들이 필요로 하는 것이 무엇인지를 발견해야만 했
다.106) 예를 들면, 나다나엘을 찾아간 빌립은 예수를 "모세와 선지자"
들이 기록한 분을 만났다고 했다(요 1:45). 그러나 나다나엘 자신은 메
시아에 관한 구약의 가르침으로부터 나사렛 예수에 관한 내용을 기억
해 낼 수 없었다. 다만 "와서 보라"는 빌립의 말을 좇았을 때, 그는 모
든 제자들이 바라고 기다리던, "하나님의 아들" 그리고 "이스라엘의
임금"이신 예수를 직접 보게 된다.

　한 가지 주목할 사실은 예수께서는 나다나엘을 그 속에 간사한 것이
없는 참 이스라엘이라고 말씀했다. 하나님의 구원을 대망하는 이스라
엘들은 선생님으로 알았던 예수께서 참 하나님의 아들이시며, 이스라
엘 민족이 오랫동안 기다려왔던 왕이심을 보게 된다. 나다나엘과 예수

---

106) 요한복음 1:35-50의 내용을 통해서 예수를 알게 된 사람은 다른 사람을 예수
　　께로 인도하며, 예수의 초대에 응한 사람들은 오직 예수 안에만 참 생명이 있
　　는 사실을 보며, 자신의 체험을 다른 사람에게 전하게 됨을 알 수 있다.

290

의 만남을 통하여 이루어진 대화는 창세기 28장에 기록된 야곱의 이야
기를 재해석하는 내용이며, 하나님을 바로 아는 일과 그에 따르는 결
과가 무엇인지를 보여준다. 살아있는 예수의 삶을 통하여 하나님의 아
들에 대한 예언들이 성취되고 있음을 보는 것이다. 이런 맥락에서 제
자들의 고백 속에 나타난 호칭들을 통해서 왕이신 예수께서 어떤 일을
행하실 것인지를 분명히 알 수 있다.

분명한 사실은 야곱이 그랬던 것처럼 실제로는 누구라도 이 사다리
를 통하여 천국에 갈 수 없다. 오히려 하늘과 닿은 사다리를 통하여 육
신으로 이 땅에 오신 예수를 알고, 그 분을 믿고 따르기 전에는 결단코
천국에 갈 수 없다는 것이다. 비록 사람들은 자신들만의 기대와 구원
에 관한 지식이 있다 해도, 스스로는 구원을 이룰 수 없다. 이런 관점
에서 메시아를 찾았던 제자들이 경험했던 것처럼, 사람들이 예수를 알
게 된다면, 자신들이 기대했던 그 이상을 보고 알게 될 것이다. 누구라
도 예수의 가르침을 받아들이는 일은 쉽지 않다. 그러나 그 사실을 받
아들이는 사람은 이어지는 본문들 속에서 소위 "나는 ~이다(ἐγώ εἰμι)"
라는 예수의 주장을 통하여 더욱 친밀한 가르침을 받게 된다.[107]

2) 가나에서 시작된 표적 이야기(2:1-11)

갈릴리 가나에서 첫 번째 표적을 시작으로 예수의 사역은 예루살렘,
유대, 사마리아를 거쳐서 다시 가나에서 행한 두 번째 표적(요 4:46-54)
으로 돌아온다. 잘 알려진 사실이지만 요한은 다른 어떤 신약성경의
저자보다도 표적이란 단어를 많이 사용했으며, 대부분의 경우 예수께

107) L. Morris, 『요한신학』, 147-170; R. E. Brown, John, 532-538; P. N. Anderson, The Christology of the Fourth Gospel (Valley Forge, Penn.: Trinity Press International, 1996), 21.

서 행하신 이적을 나타내기 위하여 사용했다. 표적이란 예수의 정체를 드러내고, 그가 세상에 오신 이유가 무엇인지를 보여주는 데 그 목적이 있다. 그러므로 표적은 믿음과 불가분의 관계를 이룬다. 사실 요한은 표적 중의 표적은 바로 메시아인 예수께서 십자가에서 죽은 사실임을 여실히 보여주고 있다. 즉 예수의 생애를 통하여 나타난 하나님의 영광의 절정을 십자가 위에 달려 죽으신 예수에게서 발견한다. 결과적으로 표적들은 모두 예수의 죽음과 부활 그리고 승천을 지향하고 있다. 뿐만 아니라 요한은 이적을 행하시기 때문에 예수를 좇는 사람들의 변덕스러운 믿음에 대하여 자주 언급한다(요 2:23; 3:2; 4:48; 6:2, 14, 30; 7:31; 9:16; 12:18). 정작 참된 믿음이란 성령에 의해 이끌려 예수를 십자가에 죽으신 그리스도이시며 부활하신 하나님의 아들로 믿는 믿음인 사실을 강조한다.

　가나의 혼인잔치에서 행하신 이적은 요한복음의 주제로서 "때", "표적" 그리고 "영광"이란, 예수를 알고 믿는 신앙과 관련된 중요한 내용을 포함한다.[108] 요한복음은 일관되게 방향성을 가지고 살아가는 예수의 모습을 보여주며, 특히 예수께서는 아버지의 뜻에 전적으로 의지하고 순종하시는 모습을 보이신다. 하나님 아버지의 뜻 안에서 전적인 순종은 예수 생애의 내용을 결정짓는 요인이었다. 가나의 혼인잔치에

---

108) 참고로 타이센(Theissen)은 예수의 표적은 삶의 위협이 되는 모든 요소들을 극복하시는 내용과 일치한다고 주장한다: G. Theissen, *The Miracle Stories of the Early Christian Tradition*, trans. F. McDonagh (Philadelphia: Fortress Press, 1983). 타이센은 가나에서 행한 표적을 경제적 위협을 극복하는 내용으로 해석한다. 당시 결혼식에서 포도주가 떨어지는 일은 혼주의 체면에 심각한 손실을 초래할 수 있었으나, 예수께서 표적을 행하셔서 혼주의 체면을 세워주시고 잔치의 기쁨을 계속하도록 만드셨다는 주장이다. 타이센의 주장에 대한 동의와는 상관이 없이 그가 지적한 대로 예수께서는 삶의 기쁨을 유지시키시는 데 관심이 있으며, 무엇보다도 참생명이신 예수를 알고, 믿고 따름으로 그 생명을 풍성히 누리기를 원한다는 내용에는 공감할 수 있다.

서 이적을 행하실 때, 예수께서는 인간적인 관계를 기초로 해서가 아
니라, 오직 아버지이신 하나님을 향한 것임을 드러내신다. 어머니라 해
도 예수의 때를, 그가 행하시는 표적을, 그리고 하나님의 영광의 나타
나심을 임의로 주관할 수는 없는 것이다. 그러나 마리아는 예수의 경
고를 새겨듣고 하인들에게 예수께서 무엇을 명하시든지 그대로 할 것
을 준비시켰다. 결코 사람들이 원하는 바를 무시하지 않으시지만, 동시
에 결코 사람들이 원하고 요구하는 것을 목적으로 하지 않음을 엿볼
수 있다. 가나의 혼인잔치에서 행한 표적은 예수께서 하나님의 영광을
나타내심으로 제자들로 하여금 자신을 믿게 하는 데 있었다. 그 믿음
이란 예수와 함께 함으로 살아계신 하나님 아버지 안에서 누리는 생명
의 풍성함이다.[109]

3) 성전을 정결케 하신 일(요 2:13-25)

성전에서 장사하는 사람들을 내쫓으신 예수의 모습이 가나에서 행
하신 첫 번째 표적 바로 다음에 나타나는 이유는 하나님의 구원과 함
께 심판도 시작되고 있음을 보여주는 강력한 경고이다. 구원과 심판은
동전의 양면과 같아서 서로 분리되지 않는다. 예수께서는, 옛 성전제도
로는 성취할 수 없는 새 복음과 새 생명의 구원을 성취했다. 그러므로
성전을 정화시킨 일은 표적과 아무런 관계가 없는 사건이 아니라 오히
려 표적과 관련된 영적 대립의 본질적 내용을 잘 보여주는 대목이다.
성전을 경제적 이윤을 추구하는 도구로 전락시킨 사람들은 적대감을
드러내면서 오히려 예수께 자신의 행위의 정당성을 뒷받침하려면 그
에 상응하는 표적을 행하실 것을 요구한다. 다시 말해 사람들은 이미
성전의 존재 목적을 잊고서 이기적인 욕망을 채우기에 급급하였으나,

---

109) 요한복음 10장 10절을 참고하시오.

예수께서는 요한복음 전반을 통하여 발견할 수 있는 내용인, 자신의 죽음과 부활을 통한 심판을 제시함으로써 그들의 요구에 경고로써 답하셨다.110)

요한은 많은 사람들이 표적을 보고 믿었지만(ἐπίστευσαν), 예수께서는 몸을 그들에게 의탁하지 않으셨다고(οὐκ ἐπίστευεν) 기록한다(요 2:22-23). 왜냐하면 예수는 사람들의 마음을 잘 아셨기 때문이다. 그래서 예수께서는 사람들의 증거를 원하지 않았다. 단순히 표적을 보고 믿는 사람들의 믿음에 대한 예수의 태도는 그런 사람들을 믿지 않았다고 볼 수 있다. 예수는 사람들의 표면적 믿음에 의해서 움직이는 분이 아니라는 사실을 통하여, 심판과 관련된 메시아의 강력한 경고를 볼 수 있다. 실제로 십자가의 죽음과 부활을 모르면서 예수를 바로 이해하는 일은 상상하기 어렵다. 그러므로 믿음의 사람들은 하나님 앞에서 겸손히 그리고 사람들 앞에서 진실하게 행하여야만 한다.

4) 니고데모의 이야기(요 3:1-36)

이스라엘 중 바리새인이며 랍비인 니고데모는 자신의 지식을 따라

---

110) 공관복음에서 성전정설 사건은 예수의 수난 이야기의 한 부분으로 등장하지만, 요한은 복음서 전반을 통하여 그리스도의 수난을 강조하기 때문에 공생애 사역의 앞부분에 둔다는 설명은 주목할 만하다. 실제로 세례 요한은 예수를 "하나님의 어린 양"이라 부르며, 예수는 어머니 마리아를 향해 십자기에서 죽으실 "때"가 아직 이르지 않았음을 말하고, 유월절에 예루살렘에 모인 유대인들은 "성전을 헐라"고 하는 예수의 말이 자신의 죽음을 지시하는 줄을 알지 못했다. 그러나 요한은 독자들로 하여금 예수의 본래 의도에 담긴 의미를 알게 하기 위해서 설명을 붙인다: "예수는 성전된 자기 육체를 가리켜 말씀하신 것이라"(요 2:21). 특히 요한복음의 표현에 내포된 이중적 의미를 이해하려면 P. D. Duke, *Irony in the Fourth Gospel* (Atlanta: John Knox Press, 1985)를 참고하시오.

294

서, 예수는 하나님께서 보내신 선생이라고 생각한다. 그러나 예수의 대답은 "진실로 진실로 네게 이르노니(ἀμὴν ἀμὴν λέγω σοι)"로 시작되는 가르침들이었다(요 3:3, 5-8, 11-15).[111] 예수께서는 성령으로 거듭나지 않으면[112] 결단코 하나님 나라에 들어갈 수 없음을 명백히 하시며, 진리를 사랑하는 자는 빛이신 당신께로 오게 된다고 가르치신다. 세상에서 구원이라고 믿는 어떤 것보다도 우선하는 하나님의 구원은 오직 성령으로 말미암는 중생한 믿음이다.[113]

중생은 성령으로 말미암아 예수 안에 있는 생명을 지금 여기서 받는데서 시작된다. 요한복음 3장 16절이 "어떻게" 구원을 받을 수 있는가에 대한 답이라면, 17절은 하나님의 뜻이 목적하는 바를 보여주며, 18절은 이런 가르침들을 뒷받침하는 강력한 경고가 된다. 이 모든 일은 하나님께서 독생자를 세상을 위하여 보내시고, 내어주시는 일을 통하여 성취된다. 다시 말해 부활하신 후에 제자들은 구원에 관한 엄청난 확신을 갖게 되었을 뿐만 아니라 동시에 강한 경고를 느낄 수 있었다. 이런 증거는 다시 세례 요한을 통하여 이어지게 된다.[114] 영생은 오직 믿음으로 가능하며, 불신앙이란 심판을 자초하는 행위이다. 따라서 하나님의 분노가 불순종하는 자들에게 임한다.

111) 유대인들은 한 번의 아멘을 진실을 주장하기 위해서나 기도할 때 맨 마지막에 사용한다. 그러나 예수께서는 말씀의 도입부에서 두 번의 아멘을 사용하신다. 이런 예수의 태도는 자신과 자신의 메시지의 권위를 강하게 주장하고 있음을 반영한다(Heinrich Schlier, "amen," in *Theological Dictionary of the New Testament*, 1:335-338.).
112) 요한복음의 3장 3절에서 거듭난다 표현에서 "거듭"에 해당되는 헬라어 ἄνωθεν은 "위로부터"와 "다시 한 번"이란 두 가지 의미를 내포한다.
113) "영"에 해당하는 헬라어 πνεῦμα도 "바람"과 "영"이란 이중의미를 갖는다.
114) 세례요한은 잔치에서 신랑인 예수를 준비하는 역할로서 자기의 한계를 분명히 한다: "그는 흥하여야 하겠고 나는 쇠하여야 하리라"(요 3:30)는 고백이 이를 뒷받침한다.

5) 사마리아 여인의 이야기(요 4:1-12)

이 부분은 선교의 전형적인 예를 보여주고 있으며,[115] 중요한 주제
는 생명과 관련된 물이다.[116] 유대인의 시각에서 쓸모없는 존재인 사
마리아 여인은 예수를 만나서 스스로는 전혀 상상조차도 할 수 없었던
새로운 관계를 이루게 된다.[117] 즉 자신의 노력만으로는 해결할 수 없
었던 삶의 문제가 그리스도이신 예수를 만나게 됨으로써 새로운 의미
를 얻게 된다. 뿐만 아니라 그녀로 인해서 같은 마을의 많은 사마리아
인들이 예수를 만나게 되고 그들도 예수를 "참으로 세상의 구주"라고
고백하는 믿음에 이르게 된다. 역설적으로 사마리아 여인과 대화가 불
가능하다고 생각하는 예수의 제자들은 여전히 해결되지 못한 점심을
먹는 문제에 사로잡혀 있었다. 그런 제자들을 향하여 예수께서는 "눈
을 들어 밭을 보라"고 명령하신다(요 4:35). 세상의 구주로 오신 예수께
서는 일반적인 편견을 극복하시고, 지치고 상처입은 영혼을 찾아서 구
원하셨고, 구원을 받은 사마리아 여인은 변화된 삶을 통하여 열매를
맺게 된다. 그러나 제자들은 고정관념의 틀을 벗어나지 못했기에, 예수
로부터 가르침을 통하여 경고를 받는다.

6) 왕의 관원의 아들을 고친 이야기

최초로 표적을 행했던 가나에서 예수께서는 왕의 관원의 아들을 고

---

115) G. L. Borchert, *The Dynamics of Evangelism* (Waco: Word Books, 1976), 61-62.

116) J. Polhill, "The Revelation of True Life," 454-456.

117) 예루살렘 성전이나 그리심 산에서 드리는 예배가 아니라 신령과 진정(ἐν
πνεύματι καὶ ἀληθείᾳ)으로 예배하는 새로운 "때"는 예수로 인하여 임하며,
"하나님은 영"이란 표현은 하나님께서 살리는 영을 주신다는 의미를 내포한
다. 결과적으로 하나님은 영원하시며, 생명이시고, 하나님 안에 있는 생명은
참 진리이다.

치신다. 요한은 이 부분에서도 표적을 행하심과 그에 따르는 믿음이란 주제를 다룬다. 첫 번째 표적은 예수께서 영광을 나타내심으로 따르는 제자들이 믿게 되었지만, 왕의 관원은 단지 예수의 말씀을 듣고 믿음으로 순종하였다. 예수께서 왕의 관원이 거의 죽게 된 아들을 고쳐달라고 했을 때, "너희는 표적과 기사를 보지 못하면 도무지 믿지 아니하리라"고 말씀하셨다. 표적을 보지 못하였음에도 불구하고 아픈 아이의 아버지는 예수의 말씀에 순종하였으며, 그 결과로 우선 아이의 병이 낫고,[118] 모든 집안 식구들이 예수를 구주로 믿게 되었다.

요한은 분명히 표적에 관한 이야기를 기록함으로써 이 복음을 읽는 모든 사람들이 믿음을 얻고 영생에 이르기를 기대한다. 그러나 요한이 유일하게 계수하고 있는 두 표적의 내용을 통하여 표적을 보고 믿는 믿음과 표적을 보지 않고도 믿는 믿음을 기록하는 의미는 무엇이겠는가? 요한은 무수히 많은 표적들 중 가장 극적이고 희한한 내용들을 기록하지 않았다. 마치 예수께서 도마를 가르치셨던 것처럼, 오히려 복음을 읽는 독자들로 하여금 예수와 그가 행하시는 표적을 볼 수 없어도 믿음으로 영생에 이를 것을 원하는 간절한 소원을 담아내고 있다. 요한은 믿음의 주된 관심이 표적에 있지 않고 예수께 있어야만 한다는 사실을 분명히 보여준다.

7) 절기와 관련된 이야기들(요 5:1-11:57) 읽기

표적의 책 안에서 두 번째 부분은 예수의 표적과 함께 유대교의 절

---

118) 마태복음 8:5 이하, 그리고 누가복음 7:1 이하에 기록된 백부장의 하인을 고치는 내용과 병행을 이룬다고 가정할 때, 요한복음의 내용은 다른 두 이야기들과 뚜렷한 차이점을 보인다. "네 아들이 살았다"는 구절이 반복되는 차이점을 볼 수 있다. 아이를 살리신 표적은 명백히 예수 안에 있는 생명을 반영한다.

기들과 관련된 이야기들로 구성된다. 유대교에서 절기란 창조주 하나
님께서 선택한 백성들을 위하여 역사하신 다양한 구원을 기념하는 날
들이다.[119] 요한은 하나님의 아들이신 예수께서 참 생명을 허락하시지
만, 유대인들은 더욱 예수를 적대적으로 대하는 모습을 절기와 관련된
이야기를 통하여 전개한다(요 5:1; 6:4; 7:2, 10, 14, 37; 10:22; 11:55;
12:1, 12, 20).[120] 하나님의 구원을 성취하시는 예수의 사역이, 이스라엘
의 역사 안에서 성취했던 하나님의 구원을 새롭게 성취하는 것임을 알
수 있다. 예수께서 행하신 표적에 대한 사람들의 오해를 불식시키는
예수의 가르침을 통하여 구원의 의미도 새롭게 드러난다. 이 내용들
안에서 표피적인 믿음과, 믿음대로 살아가는 삶 사이의 긴장관계를 보
게 된다.

(1) 이름을 적시하지 않은 절기(요 5:1-47)

이름이 붙여지지 않은 절기에 예수께서는 예루살렘에서 38년 된 병
자를 고치신다. "네가 낫기를 원하느냐?"라는 질문에서, 예수의 관심은
병의 정도와 종류에 있지 않고, 병자의 의중에 있음을 알 수 있다(요
5:6).[121] 병자가 말한 대답은 지난 38년 동안 경험했던 절망적인 상황

---

119) 유대교의 절기들 중 일부가 근동지방의 다른 민족들이 지키는 절기와 서로
계절적인 일치가 있다고 해도, 다른 민족들이 계절을 따라 행하던 절기와는
구별된다. 참고로 D. Freeman, "Feasts," in *New Bible Dictionary*, 3rd ed., eds. I. H.
Marshall, A. R. Millard, J. I. Packer & D. J. Wiseman (Leicester: Inter-Varsity Press,
1996), 365-367; E. D. Isaacs, "Feasts and Fasts," 2:1103-1104 in *International
Standard Bible Encyclopedia*.
120) 절기에 따른 해석을 좇는 내용들을 다음의 책들에서 볼 수 있다: R. E. Brown,
The Gospel according to John cxliv et passim; G. L. Borchert, *Assurance and Warning*
(Nashville: Broadman Press, 1987), 108-125; E. E. Ellis, *The World of St. John*, Bible
Guides (New York: Abingdon, 1965), 56-57; C. H. Dodd, *The Interpretation of the
Fourth Gospel*, 297.

에 대한 설명이었다. 그가 갖는 소망은 결코 성취될 수 없는, 그래서 절망에 가까운 것이었다.[122] 그러나 예수께서는 "일어나 네 자리를 들고 걸어가라"고 말씀하셨고, 병자는 그 즉시 일어나 자리를 갖고 걸어갔다. 그러나 그 날은 "안식일"이었다.[123] 유대교에서 지키는 가장 중요한 율법인 안식일 법을 예수께서 범하셨다고 유대인들은 생각했다.[124] 실제로 하나님께서 주신 율법이지만, 유대인들은 하나님의 주권적 사역을 오히려 율법에 구속시키고 제한하려는 오류를 범하고 있다. 그러므로 하나님의 백성으로 자처하는 유대인들이 오히려 하나님과 율법을 오해하고 있음이 명백하다. 이런 오해를 반영하는 율법주의적인 태도는 결과적으로 예수를 더욱 죽이려는 행동으로 이어진다(요 5:18).

일부 학자들이 예수를 유대인의 랍비(율법교사)로 보려는 시도는 역사를 다시 쓰려는 시도를 방불케 하는 것으로 보인다.[125] 예수와 동시대의 율법주의적 유대인들은 서로 충돌할 수밖에 없었다. 바로 이러한 유대인들의 적대적 행위를 통해서 신앙의 확신과 관련된 사안에 대한 하나님의 요구와 사람들의 요구 사이에 발생하는 갈등을 볼 수 있다. 유대인들이 주장하는 바처럼 예수는 하나님을 아버지로 부르실 뿐만

---

121) C. H. Dodd, *Historical Tradition in the Fourth Gospel*, 176-177.

122) 예수께서 병을 고쳐준 사람을 다시 만났을 때 하셨던 "보라 네가 나았으니 더 심한 것이 생기지 않게 다시는 죄를 범치 말라 하시니"(요 5:14) 말씀은 그 사람이 죄 때문에 병을 앓았다는 말이 아니라, 죄를 짓지 말라는 데 더 무게를 둔다.

123) 예를 들면, 신 5:12; 창 2:2-3; 출 20:8을 보시오.

124) 출애굽기 20:8-11은 안식일 규례를 제시한다. 뿐만 아니라 유대교의 가르침도 절기 중 한 날에도 일을 금한다(Mishnah Betzah 5:2).

125) A. Schweitzer, *The Quest of the Historical Jesus*; S. Libermann, "A Tragedy or a Comedy?" *Journal of Oriental Studies* 104.2 (1984): 315-319와 *Biblical Archeology Review* 11 (Mar.-Apr., 1985): 12-16.

아니라 신적 권위를 주장했다(요 5:18).[126] 그러나 예수께서는 스스로 의롭다 하지 않았으며, 오히려 아버지 하나님께 전적으로 순종하셨다 (요 5:19).[127] 이런 순종을 통해서 비로소 하나님의 아들이심이 입증되며, 유대인들이 아버지께 순종하는 아들인 예수를 인정하지 않는 행위는, 그를 보내신 아버지를 인정하지 않는 행위와 동일한 행위가 된다 (요 5:23).

나아가 예수께서는 아버지께서 심판의 권세를 선물로 자기에게 주신 사실을 주장하며(요 5:22), 임의로 행하지 않고 오직 아버지께서 맡기신 일만을 한다고 말한다(요 5:30). 진짜 중요한 가르침은 예수께서는 자신이 원하는 바를 행한 것이 아니라, 오직 자기를 보내신 아버지의 뜻에 전적으로 순종하셨다는 점이다. 그러므로 누구든지 예수의 말을 듣고 또 그를 보내신 하나님을 믿는 자는 영생을 얻었고 심판을 받지 않는다. 왜냐하면, 사망에서 생명으로 옮겼기 때문이다. 진정한 믿음의 확신이란 구원에 대하여 생각하는 것으로 생기는 것이 아니다. 오히려 하나님의 음성을 듣고 행하는 순종의 삶 안에서 찾을 수 있다. 유대인의 율법주의적 태도는 세례 요한의 말도 듣지 않았고, 예수의 표적을 깨닫지도 못했다. 그들은 하나님을 믿지 않았기 때문에 아들을 통해서 일하시는 하나님의 증거를 듣지도 받을 수도 없었다. 예수의 경고는 아주 간단하다. 유대인들은 스스로의 모순에 빠져 있으며, 그 모순은 하나님과 그의 뜻을 대신하는 율법에 대한 이해였다.[128] 그러

126) P. N. Anderson, *The Christology of the Fourth Gospel*, 266.
127) *Ibid.*, 267.
128) 예수께서 스스로 부활과 심판의 권세를 가졌다고 주장하셨으므로 당연히 그 주장의 진위여부를 밝힐 필요가 있다. 참고로 Mishnah Sanhedrin 3:1-8은 효력 있는 증인과 효력이 없는 증인에 대하여, 그들의 책무와 심사에 관한 내용을 담고 있으며, Mishnah Ketuboth 2:9은 "자기 스스로가 증언한다며, 아무도 믿지 않을 것이다"라고 한다. 그러나 예수께서는 자신의 증거가 정당한 이유를

나 역설적으로 유대인들은 그들이 해석했던 바로 그 말씀에 의해서 심판을 받게 된다. 그러므로 요한은 언제라도 하나님과 그의 구원에 대해서 추측하기 시작할 때, 신앙의 오류에 빠지게 될 위험이 있는 사실을 잘 보여준다.

(2) 유월절과 하늘에서 내린 참 떡 이야기(요 6:1-71)

공관복음의 기록과는 달리 요한은 오병이어의 표적과 물 위를 걸으신 표적을 유월절을 배경으로 해서 기록한다.[129] 물론 이 두 이야기들은 출애굽의 이야기를 회상케 한다.[130] 요한복음 6장 26절부터 시작되는 예수와 유대인 사이의 대화를 통해서 나타난 중요한 주제는 예수께서 행하신 표적의 의미를 올바르게 깨닫는 것이었다.[131] 사람들은 먹고 배가 불렀던 경험이 있었기 때문에 예수를 찾았다.[132] 안타깝게도 유대인들은 표적을 보고 경험했음에도 불구하고, 잘못된 것을 구하기 때문에 생명에 이르지 못하고 죽어가고 있었다(요 6:27). 그들은 예수께 표적을 구하였지만, 진심으로 예수를 믿지 않았다.

유대인들이 예수를 믿는 일에 실패한 이유는 만나를 주신 이가 누구인지를 파악하지 못했기 때문이다. 유대인의 조상들에게 만나를 주셨던(δέδωκεν) 이는 모세가 아니라 하나님이시며, 그 분은 그들에게 참 떡을 계속해서 주시기(δίδωσιν) 원하신다(요 6:32).[133] 비록 유대인들도 그

세례 요한(5:33-35), 그가 행하신 일(5:36), 하나님 아버지(5:37-38), 그리고 성경 (5:39-47)을 통해서 입증한다.

129) 마가복음 6:30-52와 마태복음 14:13-32를 참고하시오.

130) 출애굽기 14:13-30과 16:4-12를 참고하시오.

131) 유대인들의 기대에 관하여 E. Schuerer, rev. and ed. by Geza Vermes et. al., *The History of the Jewish People in the Age of Jesus Christ* (Edinburgh: T. & T. Clark, 1979), 2:448-554를 보시오.

132) Joachim Jeremias, *The Eucharistic Words of Jesus*, trans. N. Perrin (New York: Charles Scribner's, 1966), 55-62; R. E. Brown, *John*, 255을 보시오.

떡을 먹기를 원해서 "이 떡을 항상 우리에게 주소서(δὸς)"라고 요구는 하지만,[134] 그들은 예수께서 참 떡이신 사실을 결코 인정할 수 없었다. 왜냐하면 유대인들은 예수를 하나님의 아들이 아닌 요셉의 아들로만 보기 때문이다(요 6:42).

하나님 아버지께서 허락한 모든 것은 아들이신 예수께 돌아오게 되어 있는 사실은 명백하다. 예수께서는 자기에게 오는 사람은 결코 내쫓지 않을 것이라고 확증하신다(요 6:37). 뿐만 아니라, 예수께서 하늘에서 내려온 것은 자기의 뜻을 행하려 함이 아니고, 자기를 보내신 아버지의 뜻을 행함인데, 그 뜻은 "내게 주신 자 중에 내가 하나도 잃어버리지 아니하고 마지막 날에 다시 살리는 이것이라"고 말씀하셨다(요 6:39). 예수의 정체가 무엇인지에 대한 질문을 해결하는 열쇠는 요한복음 전반에 걸쳐서 나타난다. 그러나 요한은 특별히 "나는 ~이다"라는 예수의 표현을 통하여 정체성과 관련된 핵심적인 내용들을 담아낸다.

이런 맥락에서 물 위를 걸어서 제자들이 탄 배에 이르렀을 때, 무서워하는 제자들에게 "내니 두려워 말라"고 하신 말씀 중 "내니(ἐγώ εἰμι)"(요 6:20)라는 표현은 이어지는 동일한 표현의 출발점으로 보인다.[135] 요한에게 있어서 예수의 정체성은 다름 아니라, 출애굽 하나님

---

133) 모세 때, 하나님께서 만나를 주셨다는 헬라어 동사는 완료시제이며, 참 떡이신 예수를 주신다는 동사는 현재시제이다. 시제의 사용을 통하여 지속적으로 주시는 하나님의 주권적인 섭리를 볼 수 있으며, 이런 관점에서 떡이 중심이 아닌, 떡을 주시는 하나님과의 관계를 중심으로 신앙에 대한 이해를 정립할 필요가 있음을 알 수 있다.

134) "주소서"라고 번역된 헬라어 동사는 부정과거 명령형(verb imperative aorist active 2nd person singular)이다. 따라서 유대인들은 과거에 하나님께서 주신 떡을 지금도 먹기를 원하고 있음을 알 수 있다.

135) 사실 헬라어 ἐγώ εἰμι는 출애굽기 3장 14절에서 "스스로 있는 자"라고 하신 하나님의 말씀과 일치한다고 볼 수 있다. 이 책 제1장의 각주 23)을 참고하시오.

의 현현이었다. 그러므로 예수께서 자신을 광야에서 이스라엘이 먹었던 만나에 견주어 영생을 주는 "참 떡"이라고 말씀하신 표현은 다른 어떤 표현과도 비교할 수 없는 가장 적절한 표현으로 보인다. 누구든지 보고 믿는 자는 구원을 받을 것이란 약속은 바로 하나님의 약속이었다.

그런데 유대인들은 예수의 말을 듣고 수군거렸다. 마치 광야 40년간 하나님께서 구름기둥과 불기둥으로 인도하시고, 만나와 메추라기로 먹이셨지만, 이스라엘은 기회가 있을 때마다 수군거렸던 것과 같다. 불평과 원망으로 수군댔던 사람들은 다 광야에서 죽었으며, 그들은 불신앙의 전형이며 멸망의 결과는 장차 있을 심판의 확실한 예로서 인용된다.[136] 그러나 "나는 하늘로서 내려온 산 떡이니 사람이 이 떡을 먹으면 영생하리라"(요 6:51상)고 말씀하시는 예수는 영생으로 인도하시는 하나님이시다. 다만 영생을 얻기 위해서는 살을 먹고 피를 마셔야만 한다(요 6:35)는 예수의 말씀은 유대인을 포함한 어떤 사람이라도 받아들이기가 어려운 말씀이다. 실제로 많은 제자들이 이 말을 들은 후에 예수를 떠났다(요 6:66). 하나님께서 구원하시는 은혜를 믿음으로 수용하는 일은 결코 쉽지 않다. 남은 12제자들도 "너희도 가려느냐?"는 질문을 받았고, 이때 베드로가 "주여 영생의 말씀이 계시매, 우리가 뉘게로 가오리이까? 우리가 주는 하나님의 거룩하신 자신줄 믿고 알았삽나이다"(요 6:68-69)라고 대답한다. 누가 봐도 모범답안이며, 정답이다. 그러나 예수께서 택하시고 부르신 12제자 중에도 "마귀"인 유다가 함께 있었다. 만일 구원과 배교 중 하나를 선택하라면, 그 대답은 너무도 뻔한 것이라서 대답할 가치조차 필요하지 않을 것이다. 하지만 여전히 예수와 함께 동고동락을 할는지 혹은 떠날는지를 정해야 하는 선택의

---

136) 고전 10:9과 유 5, 참고로 민 14:29을 보시오.

긴장은 항상 남아 있으며, 또한 자기가 구원받은 사실을 확신하며 살아가야만 한다.

(3) 초막절과 소경의 눈을 고친 이야기(요 7:1-9:41)

초막절과 관련된 내용은 요한복음 7장에서 시작하여 9장에서 끝난다. 만일 유대인의 메시아가 온다면, 유대인이 지키는 절기 중 초막절이 가장 어울릴 것이다.[137] 어머니인 마리아도 그랬지만, 예수께서는 형제들의 의도대로 행동하지 않았다. 초막절 기간 중에 예수께서 메시아인 사실을 나타냄으로써 많은 사람들의 호응을 얻으려는 형제들의 의도는 하나님 아버지의 의도와 함께 때와도 상관이 없었다. 예수는 사람들 앞에서 십자가에 달리심으로 아버지의 뜻을 성취할 것이며, 그 때 인류의 역사는 진정한 전환점을 맞게 될 것이다. 예수의 때는 하나님께서 정하신 것이지만(요 7:6; 8:28), 그의 형제들의 때는 언제나 준비되어 있다. 다시 말해 누구든지 예수를 믿기 원하는 결정을 내릴 수 있는 기회는 살아있는 동안 항상 준비되어 있다. 초막절과 관련된 중요한 주제는 예수에 대하여 어떤 결정을 내릴 것인가에 있다.

초막절 중간에 예수께서 성경을 가르치셨다. 그러나 사람들은 예수를 배움이 없는 사람이라고 간주했다.[138] 사람들 사이에서 중요한 논쟁은 "과연 예수께서는 모세처럼 하나님께 속했는가, 아니면 귀신에게 속했는가"를 결정하는 데 있었다(요 7:16-20). 예수의 권위를 어떻게 인정할 수 있는가? 병자를 고치신 일은 놀랍지만, 안식일 날 그런 일을

---

137) G. W. MacRae, "The Meaning and Evolution of the Feast of Tabernacles," in *The Catholic Biblical Quarterly*, 22 (1960), 268-270: 스가랴 9장에서 14장을 배경으로 초막절 기간 중 유대인들이 기대하는 메시아에 의한 통치를 생각할 수 있다.
138) 예수는 유대인 랍비와는 달리 특정한 선생 아래서 배우지 않았다(R. E. Brown, John, 306).

행하는 행위는 안식일 법을 범하는 행위가 아닌가? 그렇다면, 모세의 율법을 따라서 예수를 그리스도로 볼 수 있는가? 어떻게 그런 일이 가능한가? 자신이 안식일 법을 범했다고 생각하는 유대인[139]을 향하여 예수께서는 안식일 날 할례를 행하는 사실을 지적하신다. 그렇다면 예수는 진정한 메시아이신가? 사람들은 예수의 정체성에 대하여 나름대로 판단하지만, 예수께서는 오히려 자신을 안다고 주장하는 유대인들을 향하여 자기를 보내신 이가 누구이신지를 모른다고 외치신다. 예수의 선포는 사람들의 의견을 나누는 효과를 낳았다. 어떤 사람들은 예수를 체포하려 했고, 또 다른 사람들은 예수를 믿었다(요 7:30-31, 43-52).

서로 의견이 나누어진 사람들을 향하여 예수께서 "나는 세상의 빛이니 나를 따르는 자는 어두움에 다니지 아니하고 생명의 빛을 얻으리라"(요 8:12)고 말씀하신다.[140] 출애굽 당시에 광야에서 어둠을 밝히던 불기둥의 빛처럼, 예수께서는 자신의 정체성에 관하여 유대인들을 사로잡고 있는 어둠을 밝히는 빛이셨다. 그러나 유대인들은 예수의 가르침을 받아들이지 않았다. 왜냐하면 그들은 아들이신 예수를 보내신 아버지 하나님을 모르기 때문이다(요 8:13-19). 자신을 거절하고 부인하는 유대인들을 향하여 예수께서는 강력한 경고의 말씀을 던진다. 예수께서 죽으신 후에야 유대인들은 예수를 찾으려 할 것이지만, 그들은 죄 가운데 죽을 것이라는 경고이다(요 8:21). 유대인들이 죄 가운데 죽는 이유는 그들이 세상(아래)에 속했기 때문이며, 하늘(위)에 속하지 않았기 때문이기도 하다(요 8:23). 그렇다면, 유대인들의 운명은 이미 정해진 것인가? 예수의 대답은 "너희가 만일 내가 그인 줄 믿지 아니하면

---

139) 여기서 유대인은 일반적인 유대인이기 보다는 유대인의 지도자로 보는 것이 옳다(R. E. Brown, John, 306-307).

140) L. Morris, 『요한신학』, 227-250을 참고하시오.

너희 죄 가운데서 죽으리라"(요 8:24하)이다. 예수의 가르침을 통하여 유대인들의 태도가 자신들의 운명을 결정짓는 잣대임을 알 수 있다.

긍정적인 내용은 이런 예수의 가르침을 듣고 많은 사람들이 믿었다는 사실이다. 그러나 믿는 자들도 예수의 경고를 들어야만 했다. 믿는 사람이라고 해도 예수의 말씀 안에 거해야만 진정한 제자가 될 수 있다(요 8:31). 따라서 8장 32절은 바로 앞의 31절 말씀을 전제로 해석해야 할 것이다. 믿음으로 예수를 따르는 삶을 지속할 때, 비로소 예수의 제자로서 살아갈 수 있으며, 동시에 죄로부터 자유롭게 하는 진리의 능력을 맛보며 살 수 있다는 해석이 가능하다. 예수와 상관이 없는 자유로운 삶이란 죄의 속박 아래서 살아가는 삶, 그 이상도 그 이하도 아니다. 왜냐하면 죄를 용서하실 수 있는 권능을 갖고 있는 예수를 부인하는 사람은 죄를 짓고, 죄를 짓는 사람은 죄의 노예로 살아가게 된다는 결론이다. 그러므로 그리스도 예수 안에서의 자유가 아닌, 그 어떠한 종류의 자유도 결코 진정한 자유가 아니다.

초막절 마지막 날에 예수께서는 사람들을 향하여 "누구든지 목마르거든 내게로 와서 마시라. 나를 믿는 자는 성경에 이름과 같이 그 배에서 생수의 강이 흘러나리라"(요 7:37하-38)고 외치셨다. 농사의 성패를 가늠할 수도 있는 가을 비를 기원하는 물 붓기 행사의 절정과 연관하여 예수께서는 자신의 사역의 의미와 그 결과를 선포했다. 하나님의 아들 예수를 메시아 왕으로 영접하면 예루살렘에서 생수가 흘러나리라는 말씀이 성취될 것이다.[141] 초막절을 기념하며 과거를 회상하는 것에서 그치지 않고 미래를 대망하는 모든 사람들의 바램은 예수를 진심으로 믿고 그의 가르침에 순종할 때에 비로소 성취되는 것이다. 언제나 그랬듯이 하나님의 자녀가 되는 방법은 예수를 사랑하고(요 8:42),

---

141) 스가랴 14:8

예수를 믿고(요 8:45-46), 예수의 말씀에 순종하는 것이다(요 8:51-52). 그러나 예수를 적대시하는 유대인들은 그들의 조상인 아브라함과는 달리 행동했다(요 8:39). 비록 혈통적으로 아브라함의 자손임을 입증할 수 있다 해도, 예수께서는 자기를 반대하는 사람들은 아브라함에게 속하지 않았고 오히려 마귀에게 속하였다는 의미심장한 내용을 지적한다. 그러므로 하나님의 구원을 받고, 또한 그 사실을 확신할 수 있는 결정적인 요소는 예수가 누구인지를 알고, 그를 사랑하고, 믿고, 그의 말씀에 순종하는 믿음의 행위에 있다는 점을 확증할 수 있다.

눈먼 자를 고친 표적은 하나님의 섭리에 대한 이해와 관련된 이야기이다.[142] 눈이 멀게 된 이유에 대하여 제자들은 추론적인 질문을 제기한다. 물론 하나님께서 원인을 제공하셨다고 제자들은 생각하지 않았다. 단지 눈먼 자 본인 혹은 그 부모들의 죄 때문일 것이라는 게 제자들의 추론이었다. 이에 대한 예수의 대답은 그들의 추론을 인정하지 않으신 것이었다. 오히려 하나님의 관심은 누구의 죄 때문에 눈이 멀었는가에 있지 않고, 눈먼 사람의 상태와 어떻게 하나님의 일, 즉 하나님의 영광을 그 사람을 통해서 나타내느냐에 있음을 말씀하신다(요 9:3). 추론에 근거한 비난과 저주가 아닌 하나님의 영광으로 인한 소망을 선포하시는 예수는 자신이 빛이 되심을 재차 천명하신다(요 9:5). 빛으로 광야의 밤을 밝혀서 이스라엘을 인도하시던 하나님께서 어둠 속에서 살아가도록 운명이 정해진 사람에게 빛을 다시 보게 하시는 표적을 행하신다. 하나님의 구원은 추론에 의한 결과물이 아니다. 비록 사람들은 이해할 수 없다 해도 예수께서는 빛 안에서 생명으로 인도하신다.

---

142) 소경을 고친 사건을 초막절과 연관시키든지 혹은 수전절과 연관시키든지, 어떤 경우라도 해석에 있어서 별로 차이가 없다. 왜냐하면 수전절은 초막절을 모형으로 하기 때문이다. 참고로 마카비 2서 10:6-8을 보시오.

그러나 눈먼 자를 구원하신 예수의 표적을 유대인들은 자기들의 방식으로 이해하려 한다. 당연히 그들 스스로는 충분히 납득할 만한 대답을 발견할 수가 없었다. 안식일에 병자를 고치신 일은 범죄에 해당하기에,[143] 그들은 고침을 받은 사람으로 하여금 예수가 죄인임을 시인하도록 요구한다(요 9:24). 그러나 만일 예수께서 죄인이라면 "어떻게 그런 표적을 행할 수가 있을까?"라는 질문이 뒤 따르게 된다. 죄인이 행하는 표적이란 아무리 좋게 봐도 어울릴 수가 없는 내용이다. 예수는 과연 누구이신가? 고침을 받은 사람은 자기를 고치신 이는 예수며 그는 선지자라고 증언한다. 그러나 회당에서 드리는 예배에 참석할 수 없는 죄인의 증거는 효력이 없다고 생각한 유대인들은 그의 부모의 대답을 요구한다. 사람들이 자신이 연루된 일로 인해서 지나친 대가를 치를 경우에 대부분 그러하듯이, 눈이 멀었던 사람의 부모는 자신들에게 주어진 질문에 대한 직접적인 답변을 피하고 다시 질문을 아들에게로 돌린다(요 9:21).

눈 고침을 받은 사람은 자기에게 주어진 질문인 예수의 정체성에 대하여, 유대인들이 자진해서 입에 담아 준 답을 거절하고 오히려 경험했던 사실만을 주장하기에 이른다: "그가 죄인인지 내가 알지 못하나 한 가지 아는 것은 내가 소경으로 있다가 지금 보는 그것이니이다"(요 9:25). 더욱이 그는 자신이 경험한 사실을 무시하고 오직 자신들의 원하는 의도만을 이루려는 유대인들의 집요한 추궁에 대하여 반문한다: "내가 이미 일렀어도 듣지 아니하고 어찌하여 다시 듣고자 하나이까? 당신들도 그 제자가 되려 하나이까?"(요 9:27).[144] 유대인들이 자기들의

---

143) Mishnah Shabbath 7:2. 반죽을 하는 일은 39가지 금기사항 가운데 하나이다.

144) 눈먼 사람을 고친 사건 속에 담겨진 암시의 이중적 의미를 통해서 눈먼 사람은 육적, 그리고 영적으로 빛을 보게 되었으나, 유대인들은 그와는 정반대의 위치에 있는 사실이 밝혀진다(R. E. Brown, John, 377).

뒤틀린 의도를 이루기 위한 지나친 관심을 희화화하는 질문으로 볼 수도 있지만, 사실은 누구든지, 심지어 대적자라도, 예수께 대한 관심이 있다면, 그리고 자기의 편견을 버리고 사실만을 인정할 수 있다면, 제자가 될 수 있다고 생각해 볼 수 있다. 분명한 사실은 유대인들은 모세의 제자라는 생각에 사로잡혀 예수를 보내신 하나님을 볼 수 없다는 점이고,[145] 고침을 받은 사람은 이런 유대인들의 완고함이 놀라울 뿐이라는 점이다.[146]

어떤 사람의 정체성이란 그 사람이 행하는 행위와 분리되지 않는 사실을 받아들이는 일이 구원을 이루는 신앙에 대한 올바른 이해로 발전하는 가르침의 배경을 이루게 된다. 예수의 표적을 통하여 자신에게 일어난 일은 한 때 눈먼 거지였던 이 사람으로 하여금 구원의 확신과 더불어 경고의 메시지를 동시에 깨닫게 하는 기회가 된다. 하나님께서는 죄인의 말을 듣지 않으시며, 만일 하나님께서 보내지 않으셨다면, 예수께서는 결코 표적을 행하실 수 없다는 깨달음을 공표한다. 나아가 고침을 받고 예수가 누구인지를 깨달은 사람을 대하는 유대인 지도자들의 태도와, 예수의 태도를 통해서 신앙의 역설적인 면을 살펴볼 수 있다. 유대인 지도자들은 그를 단순히 "죄인"으로 간주하여 자기들의 교제에서 분리시켰으나(요 9:34), 예수는 그를 찾아 주시고 그에게 다

---

145) *Yoma* 4a를 보면 바리새인들은 모세의 제자로서 사두개인들보다 우월하다고 한다. 또한 *Pirqe Abot* 5:19를 보면 유대인은 아브라함의 제자이며 그리스도인 들은 발람의 제자라고 한다[H. Strack and P. Billerbeck, *Kommentar zum Neuen Testament*, 4 vols. (Munich: Becksche, 1926-28), 2:235을 G. R. Beasley-Murray, *John*, 158에서 재인용함].

146) 3번의 질문이 전체 이야기의 중요한 내용을 간략하게 보여준다. 첫째, 이웃들의 질문에 고침을 받은 사람은 "예수"께서 고쳐주셨다고 대답한다(9:10-11). 둘째, 바리새인들은 하나님으로부터 오지 않았다고 말하나, 그는 선지자라고 대답한다(9:16-17). 마지막으로 유대인들은 예수를 죄인이라 하지만, 그는 예수께서 하나님으로부터 왔다고 주장한다.

시 한번 구원에 이르는 확신을 갖게 하신다(요 9:35, 38). 눈먼 자를 고치신 이야기의 결론은 심판을 배경으로 제시된다. 예수께서 행하신 표적을 보거나 혹은 그의 가르침을 받았음에도 불구하고 예수를 믿지 못하는 자들은 계속해서 죄를 지으며 살게 되는데, 이는 하나님의 구원하시려는 관심과 능력이 부족해서가 아니라, 스스로가 죄 가운데 살기를 더 원하기 때문이다.

⑷ 수전절과 목자 이야기(요 10:1-42)

10장은 수전절을 배경으로 구원의 하나님에 관한 내용을 그 중심에 놓고 있다. 전체의 구성은 선한 목자의 비유를[147] 시작으로 19절의 전환에 이어서 구약 에스겔 34장에 나타난 거짓 목자에 대한 비평으로 이어진다.[148] 실제 내용을 살펴보면, 문으로 들어가느냐 마느냐의 여부를 두고 참 목자와 거짓 목자 사이의 차이점을 제시하고, 거짓 목자들을 "절도" "강도" "타인" 그리고 "삯꾼"이라고 지적한다. 따라서 거짓 목자들이란 안전을 제공하지 못하고 도리어 양을 위험에 처하게 하는 자들이다. 거짓 목자의 음성은 알아들을 수가 없으며(요 10:5), 위험에 처한 양들을 버리고 도망하는 자들이다(요 10:12-13). 반대로 참 목자는 평안과 안전을 제공하여 양들로 하여금 안심할 수 있도록 한다. 그런데 이 안심의 상태란 양들이 목자를 알고 그의 음성을 들을 때 가능하다(요 10:3-4, 14). 선한 목자는 양들을 위하여 자기 목숨을 기꺼이 내준다(요 10:11, 15). 이스라엘이 양이고 하나님께서 목자가 되신다면,[149] 양들은 마땅히 목자이신 예수의 음성에 귀를 기울이고 그의 가르침에

---

147) 비유에 관한 내용은, R. E. Brown, John, 390-391을 참고하시오.

148) 이사야 40:10-11도 함께 참조하시오.

149) 목자에 관한 내용은 Joachim Jeremias, "ποίμνη et al," *Theological Dictionary of the New Testament*, 6:485-489를 참고하시오.

310

순종함으로써 구원의 평안과 안전을 선물로 받아야만 하지만, 현실은 결코 그렇지 못하다.

주의할 내용은 목자의 죽음이 이 비유의 결론이 아님은 분명하다는 점이다. 이 비유를 읽는 독자들은 예수의 죽음과 부활을 잘 알고 있었다. 더욱이 예수의 죽음과 부활은 단순히 역사상의 수많은 사건들 중 한 사건이 아니라, 하나님께서 이 세상에 구원을 성취하시는 역사였으며, 이 역사는 하나님의 주권적 섭리와 능력 안에서 이루어졌다. 사람들이 예수를 죽음으로 몰고 갈 수 있었다기보다는, 오히려 예수의 순종을 통하여 하나님께서 그를 내어주셨고 결과적으로 부활로 인도하셨다고 봐야 한다. 그러나 예수를 잡으려는 사람들은 하나님의 아들이신 예수 안에서 일어나고 있는 하나님의 주권적인 사역을 인정할 수 없었다. 그러므로 예수를 믿는 일에 있어서 사람들 사이에 나뉨은 불가피한 결과이다(요 10:19-21).

수전절은 유다 마카비가 셀루키드 왕조의 안티오쿠스 4세와의 전쟁에서 승리하고, 그 결과로 더럽혀진 예루살렘 성전을 회복하여 하나님께 다시 봉헌한 날을 기념하는 절기이다. 따라서 유대인들은 한껏 독립에 대한 기대와 흥분으로 들떠 있는 절기로서 메시아의 도래를 대망하는 열기가 가득한 때이다. 그러나 요한은 "때는 겨울이라"고 부연한다. 다시 말해, 예수와 적대 세력 사이의 긴장은 수전절의 열기를 식히기에 충분하여 겨울의 싸늘함이 감돌 정도라는 표현으로도 볼 수도 있다. 유대인들은 예수를 향해 그리스도라면 분명히 말해 달라고 주문한다(요 10:24). 실제로 이제까지 해 온 예수의 모든 행위는 그가 메시아인 사실을 충분히 보여주고도 남음이 있었지만, 그들은 예수를 메시아로 인정하고 싶지 않았다. 이제 예수께서는 지속적으로 적대감과 불신앙으로 대하는 사람들을 자기의 양이 아니라고 선언하신다(요 10:26). 예수의 양이 아니라는 지적을 받은 유대인들은 어떤 이론적 근거로 인해서 결정된 것이 아니다. 그들은 스스로 하나님의 구원을 거절하기 때문에 버림을 받는 것이다. 동일한 관점에서 예수의 양들도 목자의 음성을 듣기 때문에 영생을 얻고 영원히 멸망치 않는 것이다. 사람은 누구도 스스로 구원할 수 없다. 그러나 누구라도 목자의 음성을 "듣고", 그를 "알고", 또한 "따르는" 사람은 영생을 선물로 받는다.150)

예수의 양들의 행위는 요한복음 전체의 목적을 기록한 20장 31절의 내용과 병행을 이룬다고 볼 수 있다. 구원에 이르는 믿음의 행위는 따라서 구원의 주가 되시는 예수의 음성을 듣고, 그를 알고, 그의 명령을 따라서 순종하는 사람의 행위와 같다. 나아가 믿는 자에게 주시는 선물인 영생을 받게 되면 죽음을 더 이상 두려워하지 않게 된다. 도적이 훔쳐갈까(ἀρπάζειν) 두려워 할 필요가 없다는 말이다(요 10:29). 그러나 진정한 구원의 확신은 아버지 하나님과 아들 예수께서 하나이신 사실에 근거한다. 왜냐하면 하나님 아버지께서는 아들의 말을 들어 주시기 때문이다. 예수의 말을 들은 대적자인 유대인들은 예수를 돌로 치려 하였으나, 아직은 때가 아니었다(요 10:31-33).

(5) 유월절과 죽은 나사로를 살린 이야기(요 11:1-51)

표적의 책의 절정은 유월절 직전에 죽은 나사로를 살리신 이야기로부터 찾아볼 수 있다.151) 예수께서는 십자가의 영광을 향하여 아버지 하나님의 뜻을 따르는 자신의 확고한 결단을 통하여 순종하시는 모습으로 진행하신다. 도중에 나사로가 병들어 죽게 되었다는 소식을 들었

---

150) 물론 예수께서 자기의 음성을 듣는 자들을 안다고 하신다. 여기서 안다는 사실을 교제 혹은 관계를 배경으로 본다면, 일방통행적인 행위로만 볼 필요는 없다.

151) 죽은 나사로를 살리신 일은 예수의 죽음과 부활의 표적을 이루며, 이 표적 이야기는 유월절을 배경으로 한다(요 11:55; 12:1, 20; 13:1, 19:31을 참고하시오).

음에도 불구하고(요 11:4), 예수께서는 발걸음을 베다니로 향하지 않으
신다(요 11:6). 실제로는 나사로가 죽은 후에야 비로소 베다니로 향하
신다(요 11:11). 그런데 나사로의 죽음을 통하여 예수께서는 제자들에
게 믿음에 관하여 아주 중요한 교훈을 준다(요 11:14-16). 제자들은 아
직도 예수께서 받으실 영광에 대해 전혀 이해를 못하고 있다.152) 그러
나 예수는 자신이 죽은 나사로를 살리실 것을 잘 알고 계셨다. 나사로
를 살리시기 전에 마르다에게 자신이 부활과 생명이신 사실을 가르치
신다(요 11:23-26). 가르침을 받았음에도 불구하고 마르다는 여전히 부
활과 생명이신 예수를 온전히 믿지 못하였다(요 11:39-40). 뿐만 아니
라, 오히려 대제사장의 입을 통하여 예수께서 받으실 영광의 의미를
전달하게 한다(요 11:49-52). 이런 일련의 내용 안에서 구원을 성취하시
는 하나님의 숨결을 느끼는 일은 어렵지 않다.

영생에 대한 확신을 가르쳐 주셨지만, 제자들은 죽은 나사로를 살리
기 위해서 유대 베다니로 향하기를 두려워 했다. 왜냐하면 유대인들이
예수를 돌로 쳐 죽이려 하기 때문이었다(요 11:8). 여기서 예수께서 제
자들과 행하신 대화 안에서 반대에 직면해서 불안과 의혹에 떠는 제자
들을 구원의 확신으로 어떻게 이끄시는지를 잘 볼 수 있다. 부활과 생
명이신 예수께서 선한 목자로 자신들과 함께 있지만, 제자들은 여전히
적대세력에 의해서 위축되었다. 제자들 중에서 현실주의자인 도마는
자신도 죽을 수 있다는 사실을 감안하면서 선생이신 예수를 따라 나서
기로 작정한다(요 11:16). 예수께서는 생명으로 인도하시고 있지만, 제
자들은 죽으러 간다고 생각하는 모순된 모습을 보인다. 이 부분에 나
타난 구원과 관련된 내용을 정리해 보면, 영광을 통하여 영생에 이르

---

152) 브라운은 "예수께서 나사로에게 주신 육적인 생명은 아직 위로부터 오는 영
    생과는 다르지만, 아주 근접하기 때문에 표적의 사역을 마감하고 영광의 사
    역을 시작한다고 말할 수 있다"고 쓴다(R. E. Brown, *John*, 429).

기 위해서는 죽음의 두려움을 극복해야만 한다는 점이라 하겠다.

마르다와 마리아도 예수를 믿고 그의 능력을 알고 있었지만, 그들의 믿음도 아직은 성숙하지 못한 채로 있었다. 두 사람은 모두 "주께서 여기 계셨더면 내 오라비가 죽지 아니하였겠나이다"(요 11:21, 32)라고 말한다. 사실 마르다는 예수께서 "주는 그리스도시요 세상에 오시는 하나님의 아들이신 줄 내가 믿나이다"(요 11:27)라는 표적의 책 안에서 가장 완전한 신앙고백을 하는 인물이다. 그럼에도 불구하고 마르다가 나사로의 무덤 앞에서 행한 발언은 그녀의 믿음이 아직 부조한 사실을 보여준다(요 11:39). 신앙 고백과 그에 상응하는 행위로 살아가야만 함에도 불구하고 마르다가 실패하는 모습에서 구원의 확신에 찬 모습과 불신앙의 실패를 자초하는 모습이 함께 하는 삶의 실재를 볼 수 있다.

죽은 나사로를 살리신 표적은 유대인 지도자들에게는 도저히 묵과할 수 없는 일이었다. 그러므로 예수를 죽이려는 음모 또한 그 절정에 이른다. 이런 관점에서 예수의 몸에 기름을 붓는 행위는 그의 임박한 죽음을 암시하고 예비하기에 적절한 행위였다. 요한은 예수의 죽음이 유월절과 상당히 중요한 상관관계를 이루는 점에 주목한다(요 11:55; 12:1). 죽은 나사로를 살렸기 때문에 예수께서는 죽음으로 내몰리게 된다는 역사적 모순이 신앙에 대한 이해를 새롭게 한다.

(6) 절기와 관련된 이야기들의 결론(요 12:1-50)

유월질을 강조하면서 12장은 절기와 관련된 이야기들의 자연스러운 결론과 함께 복음서 전반부의 결론을 구성한다. 이제 예수의 사역은 성취의 때를 맞게 된다. 예수께서는 가룟인 유다가 기름붓는 것과 관련하여 말하는 것을 허락지 않으신다. 왜냐하면 유다는 가난한 사람을 생각하는 것이 아니고, 돈을 훔쳐가기 위해서 말했기 때문이다. 따라서

314

유다가 제시했던 가난과 돈의 문제가 이 문단의 주제가 아니다. 오히려 예수의 죽음이 중요한 주제이다(요 12:4-8). 예루살렘 입성의 장면도 예수의 죽음과 관련하여 살펴봐야 한다. 예수께서는 이스라엘이 기다리던 왕이신 메시아로서 예루살렘 성에 들어가신다.[153] 바리새인들은 예수와 그 제자들에 대하여 적대적이었지만, 많은 사람들이 환영하는 일을 막을 수가 없었다. 모두들 예수를 메시아로 만드는 일에 한 마음이 되었다. 그러나 결정적인 운명의 때, 즉 인자로서 영광을 받으실 때가 예수에게 임하였다(요 12:20-23). 예수께서는 자신의 죽음을 땅에 떨어진 한 알의 밀에 비유하시며 중요한 가르침을 제시하신다(요 12:24). 분명한 사실은 앞으로 예수를 따르는 제자들은 더 많은 일을 하게 될 것이라는 점이다.

예수께서 직면하신 운명은 피할 수 없는 숙명론과는 다르다. 선택의 여지가 아주 배제된 상태는 아니었지만, 예수는 자신을 구하기 위해서 자기의 운명을 포기하려는 갈등을 겪으시지는 않으셨다. 그렇기 때문에 아버지의 뜻에 전적으로 순종하실 수 있었다(요 12:27). 예수를 따르는 사람들은 항상 예수와 함께 하게 될 것이다. 요한은 공관복음서들과는 다르게 세례의 때가 아니라 공생애 마지막 부분에 하늘로서 음성이 있었던 사실을 기록한다(요 12:28). 하나님 아버지께서는 아들 예수 안에서 자신의 이름을 영광스럽게 했으며, 다시 영광스럽게 하실 것을 말씀하신다. 십자가상의 죽음은 역사를 심판하는 사건이었다.

예수께서는 세상을 심판하실 것이기 때문에, 사람들로 하여금 빛이신 자신이 있을 동안에 믿을 것을 권면하시고 동시에 경고하신다. 예수의 경고는 "자기 생명을 사랑하는 자는 잃어버릴 것이요 이 세상에

---

153) 사람들은 예수를 "이스라엘의 왕"(12:13)으로 환영했지만, 예수께서는 예언자의 말처럼 당나귀를 타고 입성한다(슥 9:9을 참고하시오). 실제로 메시아 사역에 대한 예수의 이해를 요한복음 18:3-38에서 찾아볼 수 있다.

서 자기 생명을 미워하는 자는 영생하도록 보존하리라"(요 12:25)였다. 이 말씀이야말로 구원의 확신을 가장 잘 뒷받침해 주는 말씀이다. 그러나 이 가르침을 실제로 따르는 일은 어렵다. 예수께서는 사람들의 마음을 잘 아셨기 때문에, 오히려 자신처럼 생명을 하나님의 손에 맡기고 믿음 안에서 순종할 것을 권면하신다. 그러기 위해서는 어둠의 일을 모두 버려야만 한다(요 12:44-46). 구원과 관련하여 예수께서는 세상을 심판하기 위해서가 아니라, 이 세상을 구원하려고 오셨다. 그러나 예수를 거절하는 사람은 예수의 말씀이 심판할 것이라고 경고한다(요 12:47-50).

표적의 책을 통하여 첫째로, 예수께서 율법주의적 태도로 성경을 이해하려는 사람들을 강력히 경고하시는 모습을 볼 수 있었다. 의문의 책이 아니라 살아있는 하나님의 말씀으로 읽어야 한다는 분명한 가르침을 통해서 구원의 확신은 죽은 문자에 있지 않음을 볼 수 있다. 율법주의적인 사람들은 결과적으로 하나님의 구원을 거부하게 된다. 둘째로, 절기를 배경으로 예수께서 행하신 표적에 대한 유대인들의 오해와 그와 관련된 예수의 가르침을 통해서 오직 예수만이 하나님의 참 구원이 되시며, 구원을 이루시기 위해 십자가에 죽으시고 부활 승천하셨음을 알 수 있다. 뿐만 아니라, 구원은 영생을 주시는 부활 승천하신 예수를 통해서만 이해가 가능한 사실을 볼 수 있다. 셋째로, 아브라함과 하나님의 자녀로서 자신들의 정체성을 주장하는 유대인들의 왜곡된 구원 이해는 하나님께서 은혜로 허락하시는 선물인 예수를 받아들일 수 없으며, 결과적으로 구원을 얻지 못한다. 넷째로, 잘못된 구원에 대한 이해는 예수를 반대하고 거절할 뿐만 아니라, 예수를 죽이려는 시도로 발전하게 된다. 외적으로는 이미 구원을 받은 것처럼 보이고 행동할지라도 구원은 오직 예수를 알고, 믿고, 따르는 삶 안에서만 경험된다. 마지막으로 세상을 구원하시는 예수께서 행하신 모든 표적은 십자가를 지향하는 목적성을 드러낸다. 그러므로 비록 세상에서는 구원을 받은 사람처럼 행동한다고 해서 경고를 받을 필요가 없는 것이 아니며, 지금 고난과 어려움을 당해도 십자가에 달려 죽고 부활하신 예수를 믿고 따르는 사람은 영생할 것이다. 그러므로 표적의 책을 통하여 구원에 대한 이해를 근거로 존재하는 확신과 경고의 긴장관계를 확인할 수 있다.

⑺ 절기와 관련된 본문 읽기의 결론

살펴본 본문의 내용들을 통하여, 예수께 대한 유대인들의 적대감과 거절, 그리고 제자들이 겪어야 하는 외로운 감정들을 볼 수 있다. 자세히 살펴보면, 요한은 누구보다도 예수를 따르는 제자들을 괴롭히고 귀찮게 함으로써 맡겨진 사명을 수행하는 데 있어서 걸림돌이 되거나 용기를 저하시키는 요인들에 대해서 잘 이해하고 있다. 실제로 그런 요인들을 발견한다고 해도, 요한이 제시하고 있는 해결책을 발견하는 일은 단순하지 않다. 특히 그런 해결책을 복음이 아닌 다른 것들, 즉 이 세상으로부터 혹은 사람들의 주장을 통해서 발견하려 한다면 결코 발견할 수 없을 것이다. 왜냐하면 요한이 보여주려는 해결책은 오직 온갖 종류의 거부와 대적의 상황 아래서도 흔들리지 않고 의연하신 왕이신 예수를 바라볼 때만 찾을 수 있기 때문이다.

요한은 하나님께서 아들을 세상에 보내주신 사실을 아주 심각하게 받아들인다. 하나님께서 보내주신 아들을 소홀히 생각하는 일은 하나님을 아는 일을 소홀히 하는 것과 마찬가지인 동시에 하나님의 구원을 소홀히 하는 결과를 낳게 된다. 죄에 대해서 무감각한 사람이 아니라면 마땅히 하나님께서 보내신 아들이신 예수께서 요구하신 것처럼 회개하고 구원을 받아야 하며, 나아가 예수 그리스도 안에서 영생을 누리되 풍성히 누려야 한다. 요한은 다음과 같이 기록하고 있다: "내가 이것을 너희에게 이름은 너희로 실족치 않게 하려 함이니"(요 16:1). 실족치 않게 한다는 단어 σκανδαλισθῆτε는 길에 장애물을 놓아서 넘어지게 한다는 뜻을 포함한다. 그러나 보다 중요한 의미는 복음으로부터 떨어져 나간다는 사실이다. 다시 말해 이 단어는 강력한 경고의 의미를 내포하고 있다고 볼 수 있다. 실제로 복음서에서 죄에 대한 회개의 필요성을 강조하고 있는 사실을 발견하는 일은 어렵지 않다. 더욱이 이런 경고를 소홀히 취급한다면 그런 사람은 자기의 삶을 망치게 될 뿐이기 때문이다. 따라서 복음서의 저자는 자신이 제시한 경고를 잘 받아들이고 누구든지 주님을 알고 따르는 일에 적극적으로 임해야 할 것을 강조한다.

요한복음의 저자는 구원에 대한 확신과 배교로부터의 안전함을 이론적으로 제시하기 위한 목적보다는 오히려 위험에 처해 있는 교회와 신자들에게 직접적인 해결책을 제시하기 위하여 이 복음서를 기록하였다. 그러므로 예수의 이름을 믿는다는 신앙고백은 신앙의 최소한 표현이 아니라 오히려 신앙을 최대화시킨 표현으로 봐야 한다. 요한에게 믿음은 단순히 지적인 작용 이상의 의미를 갖는다. 믿음이란 자기 자신을 전적으로 주님께 의탁하는 행위를 의미한다.

이런 관점에서 요한이 믿음이란 단어를 사용할 때, 명사인 πίστις를 사용하지 않고 동사인 πιστεύω를 사용한다. 아마도 요한은 의도적으로 명사가 아닌 동사를 사용했을지도 모른다. 구원은 그 무엇이 아니라, 그 분과의 관계 안에서만 확신이 가능한 내용이다. 하나님께서는 은혜라는 무엇을 주신 것이 아니라, 우리를 위하여 아들을 통하여 자신을 주셨다. 그러므로 신앙이란 예수 그리스도 안에서 지속적으로 양육되고 성장해야 할 필요성이 있음을 잘 보여준다. 즉 요한이 독자들로 하여금 이런 사실을 집중적으로 조망하려는 의도를 보이고 있는 사실을 찾는 일은 어렵지 않다. 그리스도 예수에 대한 신앙을 다시 시작하기보다는 오히려 예수 안에서 생명의 풍성함을 누리기를 원하고 있음이 분명하다. 표적의 책을 통하여 드러난 구원의 의미의 핵심인 예수를 알고, 믿고, 그리고 따르는 믿음 안에서, 구원을 지속적으로 이뤄나가고 계시는 은혜의 풍성함을 깨닫고 신앙의 위기에 처한 믿음의 이웃들을 권면하는 일에 더욱 힘써야 할 것이다.154)

만일 누구든지 구원을 단순히 임의로 그리고 임시방편적인 것으로 생각한다면, 이는 대단히 잘못된 이해이다. 이와는 대조적으로 구원을 이미 결정된 숙명처럼 이해하는 태도도 잘못된 것이다. 구원은 평생을 살아계신 하나님 앞에서 믿음으로 살아가는 모든 내용으로 때마다 새롭게 펼쳐지는 삶을 통하여 구원을 이루시는 성령과의 동행하는 모습으로 드러난다. 구원을 임시방편적인 것으로 혹은 임의적이고 편의적인 것으로 보아 자신의 욕구를 채우려는 수단으로 간주하는 행위는 예수 그리스도의 복음을 왜곡하게 되고, 필시 구원의 의미를 훼손하게 된다. 소위 감성세대라 일컫는 현대인들은 구원과 관련된 모든 내용을 단순히 현재의 상황을 근거로만 판단하려는 경향이 강하다. 이런 경우 대부분의 사람들은 영생의 의미를 축소하거나 왜곡시키는 잘못된 신학적 오류에 빠지게 된다.

실제로 사람들은 복음에 내포된 실천적 의미를 쉽게 망각하거나 상실한 채로 살아가는 데 익숙하다. 그런 사람들은 매일 매일의 삶 속에

---

154) M. R. Hillmer, "They Believed in Him: Discipleship in the Johannine Tradition," in *Patterns of Discipleship in the New Testament*, R. N. Longenecker ed. (Grand Rapids: William B. Eerdmans Publishing Company, 1996), 77-97. 힐머는 요한복음에 나타난 제자도의 특징을 예수를 주와 그리스도로 공적으로 고백하는 신앙과 예수와의 친밀한 관계, 그리고 예수께서 제자들에게 요구하신 일들을 행하는 것으로 본다.

서 살아있는 신앙인으로서 중요한 결정을 내려야 하는 일에조차 익숙
하지 못하다. 그렇기 때문에 복음의 메시지에 순종하려는 의지적인 결
단보다는 단지 형식적인 혹은 피상적인 수준에 머물게 된다. 이런 사
람들을 향하여 요한복음은 하나님께서 그 아들 예수를 통하여 베풀어
주신 구원의 의미를 다시 상기시켜 준다.

5. 영광의 책(요 13~20장)에 나타난 신앙이해

영광의 책에 해당하는 본문 읽기를 통하여 앞서 행했던 것처럼 하나
님의 성품에 대한 이해와 세상의 모순된 현실 사이의 차이점에 관한
설명을 살펴 볼 것이다. 이런 맥락은 성경 본문을 통하여 신앙의 시발
점인 칭의에 관한 이해뿐만 아니라 성화에 관한 이해를 살피면서 성도
의 견인의 의미도 찾아보려 한다.

구원에 관한 올바른 이해를 갖지 못하게 될 때, 신자들은 쉽게 현실
과 타협하거나 현실을 부인하는 태도를 취하게 된다. 요한복음은 그리
스도 예수의 가르침에 순종함으로써 바른 믿음으로 살아가도록 신자
들을 돕는 복음이다. 실제로 요한복음의 중요한 단어들 중 "생명",
"빛", 그리고 "사랑"을 발견할 수 있는 사실과 이런 단어들이 담고 있
는 의미를 드러내 주는 문맥 안에서, 그리스도 복음의 실체를 맛볼 수
있다. 복음의 내용 안에서 배교의 현실적 위험을 간과할 수도 없다. 따
라서 신앙에 대한 바른 이해를 추구하기 위하여, 구원의 확신과 더불
어 불신에 대한 경고를 심각하게 받아들이는 일이 성경의 가르침인 사
실을 확인해 볼 것이다. 선택한 본문을 근거로 오늘 그리스도인들 사
이에 기왕에 형성된 신앙에 관한 전제들과 관점들을 복음의 빛 아래
다시 조망할 수 있는 기회로 삼으려 한다.[155)]

320

1) 복음의 배경에 관한 이해156)

구약에 나타난 신학적 주제들과 이야기들을 이해하는 일은 복음을 이해하기 위하여 선행되어야만 하는 일이다. 하나님의 아들이신 예수를 통하여 이루신 하나님의 구원을 기록한 복음을 이해하려면 구약의 출애굽 사건을 알아야만 한다. 뿐만 아니라, 출애굽의 과정을 통하여 발생한 일련의 사건들의 내용들은 예수 그리스도의 복음에 담겨 있는 구원과 심판 사이의 긴장관계를 이해하는 중요한 단서를 제공한다.157) 하나님께서는 자기의 백성인 이스라엘을 애굽의 종살이에서 구원하시기 위하여 모세를 불러 세우시고(출 3~4장), 그들을 불기둥과 구름기둥으로 인도하시며(출 12:21-22), 홍해를 건너게 하시고(출 13~15장), 가나안으로 인도하신다(수 6장). 그러나 이스라엘은 인간적인 연약함과 불순종으로 하나님과 그 종인 모세를 원망하다가, 그에 따르는 하나님의 경고와 심판을 경험한다.

심지어 하나님의 선지자 모세도 예외가 아니었다.158) 특히 이스라엘 백성은 추격해 오는 바로의 군대를 보고 모세를 향하여 원망의 소리를 높였다(출 14:11-12). 광야에서 모세와 그의 형 아론을 대적하며 불평하고(출 16:1-12), 만나와 메추라기로 먹이셨음에도 불구하고 불순종하였

---

155) 참고로 G. R. O'Day, "The Gospel of John: Reading the Incarnate Words," in *Jesus in Johannine Tradition*, eds. R. T. Fortna and T. Thatcher (Louisville: Westminster John Knox, 2001), 25-32; O'Day, *Revelation in the Fourth Gospel*, 111-114을 보시오.

156) 앞에서 이미 제시한 복음 읽기의 배경이해와 중복되는 성격을 갖지만, 영광의 책을 읽기 위한 전제로 제시한다.

157) 신약성경의 저자들이 구약성경을 예수 그리스도의 십자가의 죽음, 그리고 부활의 관점에서 조망했던 내용을 살펴보는 일은 신약성경에 대한 바른 이해를 위해서 중요하다. 참고로 Klyne Snodgrass, "The Use of the Old Testament in the New," 209-229를 보시오.

158) "나는 본래 말에 능치 못한 자라 주께서 주의 종에게 명하신 후에도 그러하니 나는 입이 뻣뻣하고 혀가 둔한 자니이다"(출 4:10; 참고 출3:11; 4:1, 13).

다(출 16:20). 하나님의 종 모세가 시내 산에서 하나님을 대면하는 동안, 이스라엘은 황금 송아지상을 만들어 섬기려 하였다(출 32:1-10). 자신들을 인도하는 지도자인 모세를 향한 끊임없는 항의와 불평들은(출 15:24; 16:2; 민 11:1) 바란 광야 가데스에서 약속의 땅 가나안으로 들어가기를 거절하는 모습에서 그 절정을 드러낸다(민 13:24-14:28). 이후에도 약속의 땅 가나안을 정복하는 과정에서 일어난 하나님의 명령에 불순종했던 아간의 범죄는 이스라엘이 아이성 전투에서 패배하는 결과를 초래한다(수 7장).

구약성경의 전반에 걸쳐서 일어나는 일련의 사건들을 통하여, 신앙의 선조들은 모두 인간적인 연약함을 갖고 살아간 사실을 확인할 수 있다. 실제로 구약성경에서 진정한 신앙의 영웅은 다른 어느 누구도 아닌 하나님 오직 한 분이란 점을 깨닫기는 그리 어렵지 않다. 하나님께서는 이스라엘과 언약을 맺으시고 그 언약을 결코 포기하지 않으시고 성취하시는 왕이시다(사 40:1-11). 하나님께서는 자신의 사랑을 언약을 통하여 확정하시고, 비록 범죄한 자일지라도 회개하고 돌아오면 용서하시는 하나님이시다.

하나님께서는 언약을 결코 잊지 않으시고 다시 이스라엘을 회복시키기 위한 계획을 실행하신다. 언약사상 혹은 성전제사제도, 율법과 예언 등은 하나님께서 허락하신 은혜 안에서만, 이스라엘을 거룩한 하나님의 백성으로 만들기 원하시는 하나님의 뜻을 성취한다. 그럼에도 불구하고 이스라엘은 하나님의 계획과 의도를 자신들을 위한, 또는 자신들의 것으로 변질시키는 일에 능했다. 이스라엘이 바라는 것은 하나님이 아니라 그들 스스로가 성취할 수 있는 율법과 제도일 수도 있다. 이스라엘이 하나님 앞에서 겸손한 마음을 갖지 못한 채로, 가난하고 불쌍한 사람들을 돌아보지 않으면서 드리는 제사는 헛것이며, 하나님의 임재와 그 은혜를 느낄 수 없는 예배는 헛것이다(암 5:21-24; 호 6:6; 사

1:10-17; 미 6:6-8; 렘7:21-26; 시 51:16-17).

구약성경에 나타난 주요 가르침 중 하나는 하나님께서는 순종의 자녀들을 찾고 부르신다는 사실이다. 하나님께서는 이스라엘의 죄를 용서하시기 위해서 변함이 없으신 사랑으로 그들을 찾고 부르신다. 하나님께서는 당신의 종 모세를 향하여 진노하셨고(출 4:14), 이스라엘 백성을 향하여 진노하셨지만(민 11:1, 10; 25:4; 수 7:1; 삿2:14, 20), 실상은 언약 백성을 향하여 오랫동안 인내하시면서 진노 가운데 있기를 원치 않으셨다(시 103:8-9; 145:8-9). 이런 관점에서 보면 하나님의 진노는 그 의도가 범죄한 이스라엘을 심판하여 멸망시키는 데 있지 않고, 오직 구원하기 위함이란 사실이 명백해진다. 하나님께서는 자신이 거룩하고 신실하신 것처럼 당신의 백성들도 거룩하고 신실하기를 기대하신다. 이런 내용들은 신앙을 확신과 경고 사이의 긴장관계란 틀을 통하여 볼 수 있게 한다.

신약성경의 저자들은 불순종과 배반으로 치닫는 이스라엘을 다시금 회복시키시는 하나님을 보았으며, 이스라엘을 새롭게 하시려는 예언이(렘 31:31-34; 겔36:26-27), 예수를 통하여 성취되었음을 주장한다. 예수의 제자인 사도들은 자신들이 처한 상황 안에서 나타나는 신자들의 삶과 관련된 불신앙의 문제를 이해하고 그 문제들에 대한 답을 구약에 나타난 이스라엘의 신앙으로부터, 그리고 무엇보다도 예수의 가르침으로부터 찾아낸다. 따라서 사도들이 제공하는 답들 안에서 구원에 대한 확신과 경고 사이의 긴장을 발견하는 일은 어렵지 않다. 요한복음 또한 교회의 역사 안에서 드러난 성도의 견인과 구원의 확신을 뒷받침하는 위대한 원천임에 틀림이 없다(요 10:27-29; 17:11-12). 그러나 동시에 배교의 위험을 내포하고 있음을 발견할 수도 있다(요15:2, 6-7).

예수 그리스도로 인한 하나님의 구원의 기쁜 소식을 사도 바울은 복음이라고 부른다(롬 1:16).[159] 예수의 복음은 그 말씀을 듣는 사람들을 행복하게 하거나, 기쁘게 하고, 미소를 짓게 하며, 마음을 즐겁게 만들어주는 능력이 있다. 신약성경에서 복음이란 단어는 구약성경에서 기쁨의 소식, 특히 하나님의 구원을 알리고 선포하는 단어와 관련이 있다.160) 신약성경에서 복음이란 예수 그리스도의 복음이며, 하나님의 구원의 능력과 믿음과 생명이란 의미를 모두 나타내는 단어이기도 하다.161) 사도 요한은 이러한 예수 그리스도의 복음을 자신만의 독특한 방식으로 성육신과 십자가의 죽음 그리고 부활 사건을 중심으로 기록한다. 잘 알려진 것처럼 요한이 기록한 복음은 소위 공관복음이라고 불리는 다른 복음서들과는 상당한 차이를 보이는 형식과 구성으로 이루어졌다.162) 각각의 복음서는 나름대로 서로 다른 관점에서 예수의 생애와 관련된 사건들을 다루며, 결과적으로 독특한 관점에서 예수의 생애를 기록한다. 이는 마치 동일한 성경 본문의 의미가 이를 전달하는 사람에 따라서 다양한 의미로 전해지는 사실에 비유할 수 있다.

2) 영광의 책에 대한 개괄적인 이해

요한은 자신이 복음을 기록한 목적을 "예수께서 제자들 앞에서 이 책에 기록되지 아니한 다른 표적도 많이 행하셨으나 오직 이것을 기록

---

159) U. Becker, "Gospel, Evangelism, Evangelist," *The New International Dictionary of the New Testament Theology*, ed. Colin Brown, trans. and rev. (Grand Rapids: Zondervan, 1976), 2:107-115.
160) 참고로 F. F. Bruce, "Gospel," in *NBD* 를 보시오.
161) F. F. Bruce, *The Defense of the Gospel in the New Testament*, 3.
162) 요한복음을 바탕으로 마태복음에 상당부분 의존하는 타티안(Tatian)의 작업은 예수의 생애를 연대기적으로 알려는 욕심 때문에 이미 기록된 복음의 의미를 축소하거나 심지어 왜곡시킬 수 있으며, 결과적으로 예수의 생애에 대한 중요하고 독특한 이해를 간과하는 오류를 낳게 한다(S. P. Kealy, *John's Gospel and the History of Biblical Interpretation*, 1:31-32).

324

함은 너희로 예수께서 하나님의 아들 그리스도이심을 믿게 하려 함이
요 또 너희로 믿고 그 이름을 힘입어 생명을 얻게 하려 함이니라"(요
20:30-31)라고 분명히 밝힌다. 사도 요한이 기록으로 남긴 복음에서 찾
아볼 수 있는 "표적", "믿음", "생명" 그리고 "아들"과 같은 중요한 주
제어들을 이 문장에서 발견할 수 있다.[163] 요한은 이 복음서를 읽는 사
람들로 하여금 그들의 믿음과 삶 안에서 일어난 중요한 변화의 내용들
을 이해할 수 있는 근거를 제공해 준다. 관심을 가져야 할 내용은 복음
은 단지 지적인 수준에서의 변화가 아닌 전인격적인 삶의 변화를, 그
것도 일회적이 아닌 지속적인 변화를 지적한다는 점이다.[164] 사도의
관심은 그리스도인 개인이 구주이신 하나님의 아들 예수와 어떤 관계
로 살아가며, 그런 관계를 바탕으로 믿음의 증거가 어떻게 구체적으로
나타나느냐에 있는 것으로 보인다.[165] 따라서 예수 그리스도의 복음을
통하여 구원의 확신과 더불어 믿음의 변질에 따르는 경고를 다루는 내
용을 복음서 전반을 통해서 발견할 수 있다.

예수의 제자란 어떤 사람을 의미하며, 어떻게 신앙을 유지하고 성장
시킬 수 있는가를 다루고 있는 소위 "영광의 책"이라 이름을 붙인 요
한복음 13:1-20:31의 내용은 구원의 확신과 배교 사이의 긴장관계를 보
여준다.[166] 특히 복음서 전반에 걸쳐서 사랑이란 주제가 강조되고 있

---

163) 예를 들어 주제어 중 하나인 "생명"은 서론부인 1:14과 중심부인 11:25-26, 그
리고 결론부인 20:31로 이어져 나타난다. 실제로 "생명"은 요한복음 1장에서
4장 사이의 내용에서 드러나는 중요한 주제 중 하나이기도 하다. 요한복음에
기록된 중요한 주제어들에 관한 설명은 R. E. Brown, *The Gospel according to John
I-XII*, 497-518을 참고하시오.

164) L. Morris, 『요한신학』, 11-34을 참고하시오.

165) G. R. Beasley-Murray, *John*, lxxxviii-xc을 참고하시오.

166) 요한복음의 내용 구성에 대한 이해는 D. Guthrie, *New Testament Introduction*,
237-335; W. G. Kümmel, *Introduction to the New Testament*, 188-247; G. M. Burge,
Interpreting the Gospel of John, 76-79을 참고하시오..

으며, 무엇보다도 부활의 주님께서 더 이상 함께 계시지 않는 적대적인 세상에서 어떻게 살아갈 것인가를 제시하려는 복음서 저자의 의도에 주목할 필요가 있다. 나아가 예수께서 제자들에게 가르치신 성령에 대한 바른 이해가 복음 이해를 위한 결정적인 단서가 되고 있음도 함께 유의할 내용이다.[167]

내용 구조와 관련하여 좀 더 자세히 살펴본다면, 요한복음의 서론은 세상을 구원하기 위하여, 말씀이신 아들 예수를 보내주시는 하나님의 선취적 은혜를 잘 드러낸다.[168] 구원이란 하나님께서 시작하시고 또 끝마무리를 지으시는 섭리이고 역사인 점을 분명히 선언적으로 표현한다. 이런 하나님의 섭리와 관련하여 이 세상은 구원자이신 하나님의 아들을 미워하고, 심지어 아들을 믿는 사람들조차도 미워하지만, 누구든지 믿기만 하면 하나님의 아들이 되는 권세를 주신다는 주장을 통하여 하나님의 구원에 대한 균형 있는 바른 이해를 제시한다. 따라서 하나님의 섭리와 역사를 통한 구원의 확신을 확증하고 고취시킬 뿐만 아니라, 이 구원의 복음을 전하는 아들을 거절하는 자들에 대한 경고도 분명히 한다.

요한복음의 마지막 장인 21장에서 사도 베드로는 사랑받는 제자와는 대조적으로, 지속적으로 예수로부터 경고를 받고 회복됨으로써 제자로서의 삶을 살아가는 모습을 보여준다. 이상적인 제자인 사랑받는 제자와 비교되는 베드로는 부활의 주님으로부터 위임을 받는 장면에서 마치 만찬석상에서 발을 씻겨주셨을 때처럼(요 13:9-10), 다시금 자신을 겸손히 낮춘다(요 21:17-18). 이상적인 제자의 모습이란 예수의 말씀에 지속적이며 전적인 순종을 통하여 맡겨주신 사명을 감당하는 것

---

167) L. Morris, 『요한신학』, 195-225을 참고하시오.

168) J. Polhill, "John 1-4: The Revelation of True Life," in *Review & Expositor*. vol. 85, no. 3 (1988, Summer): 445-448.

이다. 이런 내용은 전적인 하나님의 은혜만이 아니라, 하나님의 부르심에 대한 신실한 믿음의 응답으로서 순종의 중요성을 잘 부각시킨다. 따라서 요한복음의 서론과 결론의 내용들은 신앙에 관하여 그리스도인들이 갖고 있는 질문들에 대한 사도 자신의 관점을 보여주는 중요한 근거를 제공하며, 소위 표적의 책과 영광의 책에 해당하는 부분들도 예외는 아닌 것으로 보인다.

3) 영광의 책에 나타난 확신과 경고 사이의 긴장관계

요한복음 13장에서 시작하여 20장에 이르는 내용을 영광의 책이라 부른다. 이 부분은 다시 13장에서 17장에 이르는 예수의 고별 가르침[169]과 18장에서 20장에 이르는 예수의 죽음과 부활에 관한 내용으로 구성된다.[170] 본문 안에서 확신과 경고 사이의 긴장관계를 찾는 일은 어렵지 않다. 사실 12장의 마지막 부분이 자연스럽게 예수의 십자가의 죽음과 부활로 연결되리라는 일반적인 예상을 뒤엎고, 다시금 복음서 전반에서 볼 수 있는 참된 제자도와 관련된 가르침으로서 예수의 고별 가르침이 등장한다. 실제로 이 부분은 그리스도인들에게 신앙이해와 관련하여 상당히 중요한 가르침을 제공한다. 간단히 말하면, 예수의 마지막 유언으로 볼 수도 있는 최종적인 가르침으로서, 그리스도인이라면 당연히 심각하게 받아들여야만 할 내용으로 보인다.

이 가르침의 전반부는 하나님의 영광을 주제로 구성된 느낌을 주는데, 그 이유는 13:31-32과 17:1-4, 24의 본문들로부터 예수께서 십자가

---

169) 위더링톤(B. Witherington)은 복음서가 기록될 당시의 사회상 안에서 선생이나 지혜자가 떠나기 전에 마지막 가르침을 주기 위하여 베푸는 만찬의 모습이 요한복음 13~17장의 배경을 이룬다고 주장한다(B. Witherington, *John's Wisdom*, 231-234).

170) G. M. Burge, *Interpreting the Gospel of John*, 79-82을 참고하시오.

위에서 죽으심으로 하나님의 영광이 드러난다는 사실을 문맥의 전후에 배치해 놓았기 때문이다. 뿐만 아니라, 도입부에서는 사랑하라는 명령으로, 그리고 종결부에서는 사랑 안에서 함께 하시려는 기도로 마감한다. 그러므로 순종을 위한 명령과 그 명령을 실천하기 위한 기도로 이루어지는 요한복음의 관심을 잘 보여준다.

4) 사랑의 계명(요 13:1-38).

요한복음 13장에서 주목할 내용은 예수께서 자신의 운명을 스스로 결정하신다는 것이다. 유월절을 앞두고 예수께서는 자신이 떠나갈 때를 아셨고, 자기를 따르는 사람들에게 사랑의 모든 것을 보여주셨다.[171] 제자 중 하나가 배반할 사실을 아셨지만, 손수 제자들의 발을 씻기셨다.[172] 이 장면에서 제자들을 대변하던 베드로는 선생이신 예수의 행위를 거절함으로써 예수께서 보이신 사랑의 모범을 받아들이는 일에 실패한다. 베드로는 자신의 실수를 예수께서 지적하자, 곧 바로 과장된 반응을 보이기조차 한다.[173] 이러한 베드로의 그릇된 행위는 섬기는 위치에서 이루어지는 제자도를 거부하는 일에 대한 경고의 한 예가 될 수 있다.

예수께서는 선생으로서 제자들의 발을 씻기셨을 뿐만 아니라, 제자

---

171) 요한복음 13:1에 기록된 "끝까지 사랑하시니라"고 하는 표현은 시간적 의미로서 마지막까지를 그리고 정도에 있어서 무한한 사랑을 의미한다고 볼 수 있다.

172) W. Schrage, *The Ethics of the New Testament*, trans. D. E. Green (Philadelphia: Fortress Press, 1986), 301. 예수께서 제자들의 발을 씻기신 행위가 구원 이해를 위한 상징적 행위이며, 제자들이 실천하는 사랑의 행위를 위한 전제가 된다는 슈라게(Schrage)의 주장은 일리가 있다.

173) 베드로의 반응은 종으로 오신 구세주를 부인하는 태도에서 그치지 않고 예수의 행위가 담고 있는 더 깊은 의미를 깨닫는 일에 실패하고 있음을 드러낸다.

들로 하여금 종이 주인보다 클 수 있다는 생각을 말도록 당부한다.[174] 나아가 제자들로 하여금 이 일을 실천하는 사람이 복이 있는 사람이라고 증거한다(요 13:16-17). 따라서 섬김이야말로 제자도의 중심주제이고 섬김을 통하여 하나님의 축복이 임하는 사실을 볼 수 있다. 그러나 모든 제자들이 이 섬김의 축복에 참여할 수는 없었다. 오히려 예수의 때는 유다가 배반하는 때이기도 했다. 요한복음 13장 20절의 내용은 예수와 그를 믿고 따르는 제자들의 사명이 하나님께로부터 온 것임을 암시한다.[175]

고통 가운데 예수께서는 유다의 배반을 선포하셨다. 배반의 아픔은 있었지만, 유다의 배반은 결과적으로 예수께서 하나님의 아들이심을 드러낸다. 예수께서 결단했던 것처럼 유다 또한 자신의 행위를 결행한다. 그러나 십자가의 때를 정하시고 성취하는 일은 여전히 예수의 몫이었다. 예수의 행위도 유다의 행위도 성경의 말씀을 성취하였지만, 각자의 행위에 대한 책임을 피할 수는 없다. 그렇기 때문에 예수께서는 유다에게 "네 하는 일을 속히 하라"고 말씀하셨다(요 13:27). 유다가 자리를 떠나 밖으로 나갈 때를 "밤이더라"고 표현함으로써 요한은 긴장을 고조시킨다.[176]

하나님의 아들이 영광을 받을 때가 제자들에게는 사랑의 계명을 받을 때이기도 했다. 종처럼 서로의 발을 씻기라는 명령을 통하여 서로 사랑하라는 계명이 이 세상 안에서 제자도의 진위를 가늠하는 기준이 된다(요 13:34-35). 요한복음에만 기록된 계명인 실천적인 사랑에 순종하면서 서로 사랑하는 삶이 곧 모든 사람들로 하여금 예수의 제자인

---

174) 마태복음 10:24에서 동일한 말씀이 예수를 따르는 사람들을 핍박하는 상황을 배경으로 나타나는데, 요한복음에서도 그런 가정을 배제할 필요는 없는 것으로 보인다.

175) 마가복음 9:37과 누가복음 10:16을 참고하시오.

176) 시간적으로 밤이었을 뿐 아니라 동시에 사탄의 역사하는 때를 암시한다.

사실을 깨닫도록 돕는 증거이다. 매일 매일의 삶 속에서 이 사랑의 계명에 순종할 수 있음을 감사할 뿐만 아니라, 이 계명을 삶의 목표로 삼고 이웃을 비방하고, 험담하고, 바르지 못하게 대하며, 미워하는 일에 대한 경고로 삼아야 한다. 사랑한다는 것은 단지 말로만 사랑하는 것이 아니라, 사랑을 실천하는 것을 의미한다. 예수께서 그런 차이를 아셨던 것처럼 그리스도인들도 그런 차이를 인식하고 믿음으로 그리스도 안에서 참된 사랑을 나누어야만 한다.

13장의 마지막 부분에서 베드로는 다시금 예수와는 대조적인 모습으로 등장한다. 예수께서 떠나시는 모습을 본 베드로는 목숨을 버려서라도 따르겠다고 했지만, 오히려 세 번씩이나 예수를 부인할 것이라는 예언의 말씀을 듣게 된다(요 13:36-38).[177] 제자도란 사랑과 마찬가지로 단지 의도나 말뿐 아니라, 구체적인 행위를 요구한다. 베드로의 섣부른 말은 결국 주님으로부터 경고와 심판을 초래한다. 이런 내용은 사람의 욕망과 현실 사이에 놓여 있는 틈새를 엿볼 수 있게 한다.

5) 평안의 위로와 확신(요 14:1-31)

14장에서 예수께서는 제자들을 소망이 없는 상태로 버려두지 않고 위로와 확신을 주신다. 제자들에게 주는 확신의 근거를 하나님 아버지와 아들 사이의 친밀한 관계 안에서 이해할 수 있다. 제자들은 마음에 근심할 필요가 없는데, 그 이유는 주님께서 거할 곳을 예비하기 위하여 가셨다가 다시 오실 것이기 때문이다. 그런데 도마의 반응은 달랐다. 그는 확실한 이정표가 필요하다고 주장한다(요 14:4-5).[178] 도마의

---

177) 요한복음 21:18-19을 보면 "나의 가는 곳에 네가 지금은 따라올 수 없으나 후에는 따라오리라"(요 13:36)는 말씀은 베드로가 예수를 부인함에도 불구하고, 다시 따르게 되고 결국에는 주님처럼 죽임을 당할 것임을 암시한다. 복음서의 독자들은 그런 사실을 쉽게 알 수 있다.

요구에 대한 예수의 답은 소위 "내가 ~이다"라는 말씀이었다.[179] 다시 말해 도마가 요구하는 이정표가 아니고 오히려 예수를 아는 것만이 예수께서 가시는 길에 대한 확신을 가져다 줄 수 있다는 가르침이었다. 예수께서는 길과 진리이시며, 예수를 알면 하나님 아버지를 알게 된다고 주장하신다(요 14:6-7).[180]

그러나 제자 중 한 사람인 빌립은 하나님 아버지를 보여 달라고 요구한다. 사실 빌립의 요구는 아직까지 그 어느 누구도 하나님을 본 적이 없었던 사실과는 배치되는 것이었다.[181] 또한 하나님의 사자를 만나는 일조차도 너무 위험한 경험일 수 있다.[182] 그러나 하나님 아버지께서는 아들이신 예수를 보내 주셔서 자신을 알게 하고, 보게 하심으로 제자들로 하여금 확신케 하신다. 제자들이 가질 수 있는 확신은 하나님 아버지께서 아들 예수를 통하여 허락하신 것이다. 여기서 하나님 아버지의 아들이신 예수 안에 하나님이 함께 계심을 믿는 것이 제자도에 관한 이해에 있어서 아주 중요한 요소임을 알 수 있다. 예수께서 행하신 일을 이해하기 어려운 제자들은 예수의 말을 되새겨 볼 필요가 있다(14:9-11). 나아가 만약 예수의 이름으로 기도하면 예수께서 행하신 일도 할 수 있고 그보다 더 큰 일도 할 수 있음을 확신시킨다.[183]

---

178) 도마는 이 장면에 앞서 예수의 사역에 관하여 확신에 찬 자기 의견을 제시했었다(요 11:16). 그러나 그런 사실과는 모순된 모습을 보여준다.

179) 복음을 통하여 드러나는 기독론의 내용이 신성과 인성이 함께 한 하나님의 아들을 소개하는 데 있으며, 특히 가현설을 막기 위한 의도가 있다면, 소위 "나는 ~이다"라는 표현이 단지 예수 그리스도의 신성만을 나타내려는 방식으로 생각해서는 안 될 것이다. U. Schnelle, *Antidocetic Christology in the Gospel of John*, 229을 보시오.

180) 참고로 M. Scott, *Sophia and the Johannine Jesus* (Sheffield: JSOT, 1992), 125-128과 B. Witherington, *John's Wisdom*, 249를 보시오.

181) 요 1:18을 참고하시오.

182) 사 6:5를 참고하시오.

183) 린다스(B. Lindars)는 "큰 것도"란 말의 의미는 질적인 의미가 아닌 양적인 의

세상 안에서 예수의 사역을 이어가는 제자들은 무엇보다도 예수께
서 하나님 아버지와 함께 나누고 계시는 관계처럼 서로 사랑해야만 한
다.[184] 기도를 통하여 제자들이 경험할 수 있는 구원의 확신은 하나님
의 임재를 체험하는 데까지 확장된다. 제자들은 고아처럼 버려지지 않
고 오히려 보혜사 성령을 받게 될 것이며, 근심하고 두려워하는 마음
에 평안을 얻게 된다(요14:26-27).[185] 세상은 예수의 부활을 이해할 수
도 믿을 수도 없지만, 제자들은 부활의 주님을 보고 예수께서 하나님
의 아들이심을 확신할 것이다(요 14:19-21).

이런 관점에서 예수의 부활과 성령 강림은 그리스도인들에게는 믿
음의 확신을 가져오는 강력한 증거들이다. 사실 구원의 확신이 결코
그리스도인들의 책임과 분리되지 않고 있음을 잘 알아야만 한다. 실제
로 예수께서는 "나의 계명을 가지고 지키는 자라야, 나를 사랑하는 자
니, 나를 사랑하는 자는, 내 아버지께 사랑을 받을 것이요, 나도 그를
사랑하여 그에게 나를 나타내리라"(요 14:21)고 말씀한다. 결국 하나님
의 사랑은 말씀에 대한 순종을 통하여 이루어진다.

6) 참 포도나무와 가지(요 15:1-17)

15장에 기록된 포도나무와 그 가지에 대한 비유는 10장에 기록된 선
한 목자와 양의 비유와 미묘한 균형을 이루는 것처럼 보인다. 예수께
서 오신 것은 양으로 생명을 얻게 하고 더 풍성히 얻게 하려는 것이요,
가지로 하여금 많은 과실을 맺게 하여 하나님께서 영광을 받도록 하기

미로 보아야 한다고 주장한다(B. Lindars, *The Gospel of John*, 475.).

184) G. M. Burge, *The Anointed Community: The Holy Spirit in the Johannine Tradition* (Grand
Rapids: William B. Eerdmans Publishing Company, 1987), 137-149.

185) 비록 고난과 핍박이 있다고 해도 제자들은 영원토록 주님을 믿고 아는 관계
안에서 살아갈 수 있다는 약속이다.

위함이다.186) 두 비유들은 요한복음을 이해하기 위하여 필요하고 적절한 내용들이다. 이제 예수께서는 포도나무이시며, 하나님 아버지는 농부이고, 그리스도인들은 포도나무에 붙어있는 가지들이다. 따라서 나무인 예수께서는 가지인 사람들의 필요를 채워주신다. 만일 가지가 나무에 붙어 있으면, 생명의 열매를 맺지만, 그렇지 않을 경우는 말라 죽고 만다.

여기서 하나님은 농부로서 마른 나뭇가지들을 잘라내어 남은 가지들로 하여금 더 풍성한 열매를 맺게 한다. 한 가지 유념할 내용은 풍성한 열매를 오직 물리적으로 보려는 관점이 내포한 문제점이다. 왜냐하면 이런 관점은 일시적인 현상에만 집착하는 오류에 빠질 가능성이 있다. 가지가 나무에 붙어 있으면 열매를 맺는 일은 지극히 당연한 일이다. 그러나 이 비유로 드러난 가르침은 무엇보다도 우선적으로 순종의 자세를 통하여 예수 안에 거하는 제자의 삶에 있다. 그러므로 열매란 새 계명인 서로 사랑하라는 말씀을 성취하는 일과 직접적인 관련이 있다고 볼 수 있다.

십자가를 몸소 감당하시는 예수를 따르는 제자도의 의미를 다시 한 번 생각하게 하는 이 비유는 결과적으로 다음과 같은 중요한 교훈들을 제시한다. 첫째로, 예수께서는 포도나무이시고, 예수를 따르는 제자의 정체성을 나무와 가지의 관계 설정을 근거로 나무에 붙어 있는 가지로 가르친다. 제자로서 이런 자기이해를 상실하게 되면, 창세기에 기록된 에덴동산에서의 추방, 그리고 바벨탑 사건들과 같은 전형적인 죄악에 빠지게 된다는 중요한 가르침이 담겨 있다. 이런 관점에서 비록 많은

---

186) 구약성경에서 포도나무는 주로 심판이란 주제와 관련하여 나타나지만(예를 들면, 사 5:1-7; 겔 15:1-8), 요한복음에서는 심판이란 주제가 전부가 아니다. 오히려 성육하신 지혜 혹은 말씀으로서 가지를 통하여 삶의 풍요로움과 충만함을 가져오는 하나님의 아들이신 예수를 지칭한다. 참고로 Scott, op. cit., 129-131을 보시오.

열매를 맺을 수 있어도, 제자는 결코 선생이신 예수가 아니라는 가르침을 통하여, 인간적인 자만이 초래하는 위험과 경고를 결코 잊어서는 안 된다. 사람을 그 열매로 알 수 있다고 해도, 그리스도인은 무엇보다 항상 예수 안에 있어야만 하는 사실을 우선적으로 기억해야만 한다.

둘째로, 예수 안에 있지 않는 제자들은 열매를 맺지 못하는 가지가 되고, 결국은 잘라 버린다는 가르침이다. 사람들이 잘라서 버린 가지들이 마르면 모아서 불에 태운다. 구원에 대한 이해를 단번에 영원한 구원이라 믿으면서 구원의 열매가 없다면 나무에 붙어 있노라고 말하지만, 열매가 없는 가지라면 이런 경고에 귀를 기울여야만 하지 않는가!187) 만약 요한복음의 가르침에 대한 올바른 신학적 관점을 세우려고 노력한다면 이 경고를 무시할 수는 없다. 왜냐하면 바로 이런 관점이 하나님과 성경과 그리고 제자도 자체를 바로 이해하는 데 있어서 중요한 역할을 하기 때문이다.

이와 같은 관점을 따르는 가르침에도 불구하고 그리스도 예수 안에 거하면 "무엇이든지 원하는 대로 구하라 그리하면 이루리라"(요 15:7b)고 예수께서 말씀하신다. 그러나 여전히 무엇이든지 구하는 대로 이루리라는 약속의 말씀은 "너희가 내 안에 거하고 내 말이 너희 안에 거하면"이라는 조건을 달고 있다. 따라서 요한복음 15장 7절은 확신을 약속하는 말씀이면서 동시에 경고의 내용도 함께 담고 있는 것으로 보인다. 요한복음 15장 16절에서 "내 이름으로 아버지께 무엇을 구하든지 다 받게 하려 함이라"고 하였지만, 실제로 이 약속의 말씀에 앞서 "너희가 나를 선택한 것이 아니요, 내가 너희를 택하여 세웠나니"라고 하는 말씀이 우선한다.

---

187) 요한복음은 "내가 저희에게 영생을 주노니 영원히 멸망치 아니할 터이요, 또 저희를 내 손에서 빼앗을 자가 없느니라"(요 10:38)라고 분명히 기록하고 있다.

그러므로 이 구절에서도 요한복음의 내용 전체를 통하여 발견하는 것처럼 하나님께서는 항상 사람들에 앞서 행동하신다는 사실을 볼 수 있다. 분명히 지적할 내용은 이 말씀의 배경은 제자들을 선택한 이유가 열매를 맺기 위한 것이며, 열매를 맺으면 하나님 아버지께서 영광을 받으신다는 15장 8절의 내용과 관련이 있다는 것이다. 결과적으로 열매를 맺는 일은 제자도와 직접 관련이 있으며, 이 제자도는 서로 사랑하라는 예수의 계명을 순종하는 일과 관련이 있다(요15:9-10).

예수께서 보이신 사랑은 모든 믿는 자들에게 모범이 된다. 그 이유는 친구를 위하여 자신의 생명을 주었기 때문이다(요 15:13). 이제 제자들은 예수의 명령에 순종하여 서로 사랑한다면, 예수께서 제자들에게 약속하신 말씀처럼 예수의 친구가 된다. 이와 같이 "만약"이라고 하는 조건을 통하여 예수께서는 제자들을 택하시고 세우시지만, 제자들은 예수의 선택에 대한 올바른 증거로서 서로 사랑해야만 한다는 명령에 전적으로 순종해야만 한다. 주님의 선택을 일견해 보면 아무런 조건이 없이 이루어지는 것으로 보이지만, 그러나 분명한 목적이 있으며, 이유가 있다. 이런 관점에서 하나님의 선택이 결코 인간 편에서의 책임이 있는 순종을 배제하지 않는다는 가르침을 찾을 수 있다.

7) 보혜사 성령과 세상의 핍박(요 15:18-16:33)

이 본문은 예수께 적대적이었던 세상이 결국은 예수를 믿고 따르는 제자들, 즉 예수 안에 머무는 제자들을 향하여 적대적인 태도를 취하는 내용을 다룬다.[188] 제자들을 향한 예수의 관심과 열심이란, 심판만 하기 위함이 아니고, 오히려 적대적인 세상에서 위로와 확신을 주기

---

188) 린다스(Lindars)가 주장한 것처럼 이 부분은 요한복음 13~14장에 대한 설명으로 보인다(Lindars, *The Gospel of John*, 493).

위한 것이다. 왜냐하면 말씀과 보혜사 성령에 관한 약속은 예수께서 제자들을 어떻게 대하는가를 보여주는 척도이기 때문이다. 성령께서는 오셔서 단지 제자들로 하여금 기억나게 하실 뿐만 아니라, 예수에 대해 증거를 한다. 여기서 제자들이 세상에서 미움을 받는 상태에서 겪는 체험을 예수께서는 결코 간과하지 않으심을 깨달을 수 있다. 예수의 가르침을 살펴보면 종이 주인보다 크지 못하며, 주인이 핍박을 받았던 것처럼 종들도 핍박을 받게 된다. 다시 말해 구약성경의 말씀을 이루시려고 예수께서 핍박을 받은 것처럼 제자들도 핍박을 받게 될 것이다.[189] 나아가 제자들을 박해하는 사람들은 자신들이 하는 행동이 오히려 하나님께 대한 순종이라고 주장할 것이다.

하나님을 알고 믿으며 함께 하나님을 섬기는 예로서 자신들을 정죄하고 핍박하는 유대인들을 대할 수밖에 없는, 정말로 혼란하고 견디기 힘든 상황에 처한 제자들로 하여금 실족하지 않도록 하기 위한 가르침을 16장에서 발견할 수 있다(요 16:1). 한 마디로 십자가로 향하는 예수의 모습이야말로, 그를 따르는 제자들로 하여금 적대적인 세상이 주는 고난의 길을 기꺼이 감당할 수 있는 명백한 가르침이다. 예수께서는 제자들과 함께 계실 때는 말씀하지 않으셨지만, 고난의 때에 주신 말씀을 기억나게 하실 것이며, 나아가 보혜사 성령이 오셔서 제자들을 인도하실 것이다. 그러므로 성령은 예수를 대신하여 제자들을 인도하고 세상을 심판할 것이다. 성령께서는 예수와 그를 따르는 제자들을 박해하는 세상을 다음과 같은 이유로 고발한다. 첫째로, 고의로 예수를 믿지 않는 죄에 대하여(요 16:9); 둘째로, 예수의 사역이 하나님으로부터 오는 사실을 인정하지 않는 불의에 대하여(요 16:10); 셋째로, 재판

---

189) 요 15:25에서 말한 성경이 시편 69:4 혹은 시 35:19를 반영한다면, 모든 일은 결코 우연히 일어나는 것이 아니라 전적으로 하나님의 섭리 안에서 일어난다는 사실을 반증하는 것으로 볼 수 있다.

을 통하여 죽음으로 몰아넣은 예수를 하나님께서 부활시킨 내용을 근거로 세상을 심판한다(요 16:11).

구원에 대한 확신은 고난과 핍박 가운데 살아가는 제자들에게 위로와 소망이 된다. 이전에는 그렇게 구체적이고 현실적인 내용이 아니었을지도 모르지만, 이제는 생존을 위협할 정도의 핍박을 당면하는 제자들에게 임하실 보혜사 성령은 그들의 근심을 기쁨으로 바꿔준다. 실제로 성령께서는 제자들이 감당하기 어려운 것을 감당할 수 있도록 한다(요 16:12-15). 그러나 "조금 있으면"으로 표현된 시간을 이해하는 일은 쉽지 않다. 다시 말해, 제자들이 슬픔이 기쁨이 되는 때를 아는 일은 결코 쉬운 일이 아니었다. 예수는 그런 제자들로 하여금 하나님의 때를 기다리고 분별할 수 있도록 모범을 보인다. 또한 "담대하라 내가 세상을 이기었노라"[190]는 말씀으로 예수께서는 제자들을 권고한다. 결론적으로 세상의 핍박을 견디면서 평안을 얻는 믿음이란 오직 예수 안에서만 가능하다.

8) 위대한 기도(요 17:1-26)[191]

고별을 위한 가르침의 결론에 해당하는 부분이 17장이다. 그런데 이 부분은 단순한 가르침이 아닌 기도로 이루어진다.[192] 여기서 이 기도

---

190) '이기다'는 요한복음에서는 단 한번 등장하지만, 요한일서에서는 2:13, 14; 4:4; 5:4, 5에서 요한계시록에서는 12번 이상 사용되며 특히 2장과 3장에서 소아시아의 7교회에 보낸 편지의 내용에서 여러 차례(2:11, 26; 3:5, 12, 21) 등장한다.
191) 이 부분을 다음과 같은 내용들로 나누어 생각할 수 있다. 자기 자신을 위한 기도(요 17:1-5), 제자들을 위한 기도(요 17:6-19), 그리고 제자들의 가르침을 믿는 사람들과(요 17:20-23), 그리고 믿는 사람들을 위한 영광으로 말미암는 확신과 하나 됨을 위하여 기도한다(요 17:24-26).
192) '대제사장 기도'(적어도 16세기부터 이렇게 불렀다)라고 한다[D. A. Carson, The Gospel according to John, 552-553; H. Ridderbos, The Gospel according to John, 546], 그러

는 새로운 가르침을 제공하기보다는, 오히려 예수의 속마음을 보여준다. 만일 확신이란 단지 지적인 작용에 의해서만이 아니라, 사랑을 받고 있다는 느낌에서 보다 분명해 진다면, 이 기도는 제자들로 하여금 예수의 사랑 안에서 온전한 확신을 깨닫게 할 것이다. 하나님의 때가 이르렀고,[193] 예수께서는 우선 자신을 영화롭게 함으로써 하나님 아버지께 영화를 돌릴 것을 기도한다.[194] 여기서 창세전에 계셨던 하나님의 아들의 관심은 이 세상에 있는 사람들을 구원하는 데 있었다. 실제로 하나님께서는 아들의 순종을 통하여 영광을 받으신다.

아버지께서 주신 사람들을 위한 기도 가운데, 예수는 하나님께서 주신 말씀을 그들에게 주신 사실을 말한다(요 17:7). 말씀을 주실 때, 사람들은 그 말씀을 듣고 믿었다. 예수의 관심은 단순히 세상에 있는 것이 아니고, 자신에게 주신 사람들에게 그 초점이 있음을 알 수 있다. 따라서 예수의 기도는 몇 가지 중요한 요소를 보여 준다. 첫째, 자기를 믿는 사람들을 보호하려 한다. "거룩하신 아버지에 내게 주신 아버지의 이름으로 저희를 보전하사"(요 17:11), 예수께서는 한 사람도 세상에서 실족하지 않고 모두 지켜지기를 원한다. 따라서 예수께서 세상을 떠나시는 일은 새로운 변화의 시작으로도 볼 수 있다. 예수의 부활은 제자들에게는 큰 기쁨이었다. 그러나 그들은 동시에 적대적인 세상과 맞서야만 했다.[195] 제자도란 고난과 박해가 없는 곳에서 보호를 받는

나 '고별(작별) 기도'(Ridderbos) 혹은 '예수의 기도'(Carson)라고 한다.

193) 하나님의 영광이 드러나는 때와 관련이 있으며, 이는 하나님의 주권을 의식하는 가운데 일어나는 행위인 십자가 처형, 장례, 부활, 승천으로 이어진다. 숙명적인 죽음 혹은 패배를 수용하는 태도가 아니라 중보자로 기도하는 모습에서 아버지 하나님께 자신을 맡기고 오직 하나님의 영광이 나타나기를 기대하는 진면목을 볼 수 있다.

194) 적어도 임박한 죽음을 넘어서는 부활의 소망을 기대하는 믿음의 모범을 볼 수 있다.

195) 참고로 이사야 45:22-23의 말씀을 보면, 오직 구원은 하나님으로 말미암으며,

338

삶을 의미하지 않는다.

둘째로, 제자들이 진리 안에서 거룩하게 될 것을 위하여 기도했다 (요 17:17). 아버지께서 예수를 세상에 보내신 것처럼 예수도 제자들을 세상에 보낸다. 보냄을 받은 제자들도 맡겨진 임무를 완수하기 위하여 무엇보다도 우선 예수께서 거룩한 것처럼 진리로 거룩해야만 했다. 거룩한 예수가 세상에 온 것은 하나님께서는 결코 세상을 버리지 않으셨다는 증거이다. 따라서 예수께서 제자들을 거룩하게 하신 이유도 역시 세상을 결코 버리지 않고 구원한다는 증거가 된다. 예수께서는 자신의 거룩함을 통하여 제자들도 거룩하게 한다. 이런 거룩함을 입는 구원의 역사는 제자들을 통하여 선포되는 예수의 말씀을 믿는 모든 사람들에게 동일하게 나타난다. 그러므로 거룩함의 근원은 오직 예수임을 명백히 알 수 있다. 따라서 거룩한 하나님의 역사는 아들과 그를 믿고 따르는 제자들을 통하여 일어난다.

셋째로, 예수께서는 제자들로 하나가 되게 함으로써 하나님께서 자기를 보낸 사실을 믿게 한다. 하나님의 보호와 거룩하게 하심, 그리고 하나 되게 하시는 모든 기도의 내용들은 구원을 확신케 하는 은혜의 역사이다. 여기서 하나가 된다는 의미는 단지 모임이나 조직으로 하나가 되는 것을 의미하지 않고, 오히려 사역 혹은 목적 안에서 하나를 이룬다는 의미로 보인다. 모임으로 하나가 되기 위함이 아니라, 오히려 서로 사랑함으로써 하나가 되며 이 세상을 구원하기 위한 헌신과 노력 안에서 하나가 되는 것을 의미한다. 실제로 그리스도 예수 안에서 형제와 자매로 서로 사랑하며 평안을 누리는 하나 됨이야말로 구원의 확신을 구체적으로 누리는 모습이다.[196] 비록 서로 간에 의견이 다르고 해도, 서로를 사랑하는 모습에서 차이를 이루는 것은 아니다. 예수

하나님의 입에서 나간 의로운 말씀이 그런 목적을 성취한다.
196) 사도행전 2장과 4장의 내용을 참고하시오.

를 믿는 사람들은 예수 안에서 마치 하나님 아버지와 아들 예수께서 하나이신 것처럼 서로 하나를 이루게 된다. 따라서 예수께서는 그런 사실을 염두에 두고 사랑할 것을 기도한다.[197] 이 사랑 안에서 하나가 되는 은혜의 기쁨은 그 어떤 것으로도 다 감당할 수 없음은 자명한 사실이다.

예수께서는 제자들을 보호하기 위하여 기도하신다. 뿐만 아니라 제자들이 거룩하며, 사랑 안에서 하나될 것을 기도한다. 그러나 이제 예수의 기도는 궁극적인 목적을 보여주는 내용으로 발전한다. 제자들을 아버지와 아들이 함께 하는 곳으로 이끌어서 하나님이신 아들의 영광을 보게 하는 내용이다(요 17:24). 구원을 받는 신앙을 위한 궁극적인 확신을 느끼게 하는 기도의 내용이 아닐 수 없다. 마지막 가르침의 내용이 제자들을 위한 예수의 기도로 마무리 되는 사실은 대단히 의미심장하다. 때가 이르렀으니, 서로 사랑하라고 명령하신 내용을 생각하면서, 하나님의 명령에 대한 사람의 순종을 요구하고 있음을 볼 수 있었다. 그럼에도 불구하고 인간 스스로는 자신을 구원할 수 없다는 사실은 명명백백하다. 그렇게 때문에 예수께서는 '포도나무와 가지의 비유'라고 하는 적절한 가르침을 통하여 구원의 확신을 이끌어 낸다. 바로 이 구원의 확신에 관한 가르침 또한 일방적이지 않아서, 심판의 경고를 동반하고 있음을 분명히 한다. 제자들은 비록 세상에서 미움과 핍박을 받을 것이지만, 예수께서는 성령으로 항상 함께 하심으로 구원의 확신을 보장한다. 더욱이 세상의 적대와 미움과 핍박이 비록 절정에 이른다고 해도, 예수께서 드리는 중보기도 안에서 주어지는 은혜의 풍

---

197) 카일렛(Emile Caillet)은 자신의 저서에서 대부분의 사람들은 실체를 단지 지적인 내용으로 환원하려는 경향이 있음을 지적하고 있는데, 이런 지적은 여기서 예수 안에서 하나가 되는 의미를 왜곡하려는 경향과도 무관하지 않다. Emile Caillet, *The Dawn of Personality* (Indianapolis: Bobs-Merrill, 1955)를 참고하시오.

성함을 결코 능가할 수는 없을 것이다.

9) 영광의 책의 결론 부분(요 18:1-20:29)

이 부분은 예수께서 이 세상에 오신 궁극적인 목적을 이루는 내용으로 예수의 죽음과 부활의 두 부분으로 구성된다.[198]

(1) 예수의 죽음(요 18:1-20:29)

예수께서 십자가에 죽임을 당하는 이야기 안에서 등장하는 인물들은 서로 대조적인 모습을 보인다. 특히 예수는 연관되는 다른 사람들과 아주 대조적인 모습을 보인다. 자신이 하나님의 때를 이루시기 위하여 오신 사실을 확신하신 예수께서는 이미 아버지 하나님의 이름을 영광스럽게 하였고, 하늘로부터 음성이 있어 두 번씩이나 반복적으로 확증하였다(요 12:28). 이런 사실은 예수의 죽음을 인자이신 하나님의 아들 예수께서 주관하시는 영광스러운 승리의 관점에서 바라 볼 수 있도록 한다.

요한복음에서 예수께서 겪으시는 십자가의 죽음을 단지 고난으로 바라보는 관점은 적절치 않은 것으로 보인다. 왜냐하면 고난이란 단어의 의미는 외적인 힘의 작용에 의한 결과로 받는 고통과 어려움을 의미하기 때문이다. 사실 마가복음(막 15:34)과 마태복음(마 27:46)에 기록되어 있는 예수의 부르짖음이 요한복음에서는 생략되었다. 누가복음에 기록된 모습과 마찬가지로 요한복음에서 보여지는 예수의 모습은 오히려 담담하고 확신에 찬 모습이다. 십자가를 지시기까지 매 장면마다

---

198) 이 부분의 순서는 공관복음서들과 별로 다르지 않다. 그러나 자세히 살펴보면 신학적 의미에서의 차이를 쉽게 발견할 수 있다. 특히 예수께서는 승리의 주가 되시며 모든 사건을 전적으로 통제하시며 능동적으로 임하시는 사실을 볼 수 있다.

확신에 찬 예수의 모습이 드러난다.

이런 예수의 모습과는 대조적으로 다른 사람들의 모습들은 결코 당당하지 못하다. 가룟인 유다가 최후의 만찬장을 떠날 때의 시간은 이미 밤이었다(요 13:30). 뿐만 아니라, 그가 다시 예수를 찾기 위하여 겟세마네 동산에 나타났을 때, 그는 횃불과 등을 앞세운 무장한 무리들과 함께 나타났다. 자기를 잡으려는 무리를 향하여 "내로라[ἐγώ εἰμι (I am)]"라고 자신의 정체를 말했을 때, 그들은 모두 뒤로 물러서 넘어졌다. 예수는 자신을 잡아가도록 허락했지만, 제자들이 그 장소를 떠날 수 있도록 요구했다. 그러나 베드로는 용기를 내어 칼을 사용하였는데, 예수께서는 즉시 그의 행동을 중지시키고 자신의 결정을 다시금 상기시킨다(요 18:10-11). 베드로의 행동은 스스로 하나님을 섬기는 최선이라는 판단 아래서 행해졌을 것이다. 그러나 베드로의 행위는 결과적으로 예수의 결정을 방해하는 위험을 낳는 그릇된 행위로 판명된다. 따라서 베드로의 행위는 바르지 못한 지식에 근거한 행위가 낳을 수 있는 잘못을 잘 보여주는 예가 될 수 있다.

베드로는 잡히신 예수를 따라나서 대제사장의 집의 뜰에서 자기를 제자 중 하나라고 지적한 여종의 질문에 답해야만 했을 때, 그는 "나는 아니라"고 대답한다(요 18:17; 참고 25절). 이미 예수께서 예언하셨던 대로 베드로는 자기를 예수의 제자로 물었던 질문에 대하여 세 번이나 스스로 아니라고 부인한다. 대제사장 앞에서 자신이 행하신 일에 대하여 당당하셨던 예수와는 달리 베드로는 자기의 정체를 밝힐 수조차 없는 자신을 탓하게 된다. "과연 누구를 의지해야만 할 것인가?"라고 하는 질문에 대한 답은 이미 정해진 것이리라. 유대인들은 자신을 더럽히지 않으려고 관정에 들어가기조차 꺼렸지만, 죄 없는 하나님의 아들을 고소하고 죽이기 위해 이방인의 손에 넘긴다. 유대의 총독 빌라도 앞에서도 예수는 유대인의 왕이실 뿐만 아니라, 자신의 나라는 이 세상에 속한 나라가 아님을 밝힌다. 사실 빌라도가 질문을 던졌을 때, 예수께서는 오히려 반문하신다: "네가 스스로 하는 말이뇨? 다른 사람들이 나를 대하여 네게 한 말이뇨?"(요 18:34). 어떻게 보면 예수께서 심문을 받는 것이 아니고, 마치 빌라도가 심문을 받는 것처럼 보인다.[199] "진리가 무엇이냐?"라고 하는 빌라도의 질문이 반영하듯이, 재판권을 행사하는 입장에 있는 빌라도는 실질적인 권위를 상실하는 역설적인 모습을 보인다.

참담한 결과가 웅변해 주듯이, 빌라도는 예수를 놓아주려 했지만, 그의 의도와는 반대로 죄수인 바라바를 놓아줘야만 했다(요 18:38-40).

빌라도는 유대인들의 동정에 호소하려 했지만, 그들은 더욱 성이 나서 피의 죽음을 요구하는 함성으로 대응한다. 빌라도 본인은 하나님의 아들로부터 직접적인 증언을 듣기를 원했지만, 예수께서 오히려 침묵하셨다.[200] 예수의 운명을 결정할 수 있는 권세가 있음을 빌라도가 알렸지만, 하나님의 허락이 없으면 자기를 죽일 수 없다는 예수의 답을 듣게 된다. 이 대답이 담고 있는 가르침이란, 진리에 근거한 심판의 권세는 오직 예수만 갖고 있으며, 세상의 권세도 심판의 대상일 뿐이라는 지적이다.[201] 예수는 놓아주기 위하여 유대인들에게 호소했던 빌라도는 뜻밖의 대답을 듣게 된다. 역설적으로 유대인들의 지도자들이 내뱉은 대답은 정녕 빌라도 자신의 그토록 바라던 것이었다: "가이사 외에는 우리에게는 왕이 없나이다"(요 19:15).[202] 대제사장들이 외쳤던 이

---

199) 빌라도 앞에서 받는 재판이야말로 요한복음에서 가장 많은 관심과 논의의 대상이 되는 부분들 중 하나이다.

200) 예수의 침묵은 빌라도의 모순된 인식을 촉발시킨다.

201) 빌라도의 역할이 오직 예수의 영광을 드러내는 일에 국한된 것임을 반영하는 내용으로 보인다.

202) 예수께서 메시아인 사실을 부인하기 위하여, 유대인의 지도자들은 하나님의 주권도 부인한다.

같은 대답은 얼마나 모순인가! 유대인을 대표하는 자들로서 유대인이
라면 결코 해서는 안 되는 가장 참람한 말을 거리낌 없이 뱉어내는 광
경 안에서 인간의 사악한 광기를 찾아볼 수 있다. 이런 관점에서 보면,
재판관인 빌라도와 고소인인 유대인들이 엮어내는 한 편의 드라마는
완전히 뒤틀어진 채로 불의와 부정으로 얼룩진 죄악으로 물든 인간의
모습을 그대로 보여준다.

때를 아시고 자신을 내어주어 십자가에 못 박게 하는 예수의 모습은
죄인이 아닌 왕의 모습이었다. 그러므로 요한에게 있어서 십자가의 죽
음은 슬픈 실패가 아니다! 자기 십자가를 지시기에 너무 약해졌던 예
수의 모습을 요한복음에서는 발견할 수 없다.203) 심지어 예수의 죄목
으로 붙인 명패도 "유대인의 왕"이었으며, 이 글은 당시 대부분의 사람
들이 알 수 있도록, 히브리와 로마와 헬라 말로 기록하였다. 예수를 조
롱하기 위하여 대제사장들은 빌라도에게, 명패에 쓴 죄목을 "자칭 유
대인의 왕"으로 다시 써 줄 것을 요구했지만, 그는 허락하지 않았
다.204) 사실 빌라도는 유대인들을 조롱하기 위하여 이런 명패를 써 붙
였을 것이다. 역설적으로 이 명패는 유대인의 지도자들이 감추기 위하
여 온갖 노력을 아끼지 않던 예수의 정체를 여실히 드러내는 기능을
한다.205)

나머지 장면들 안에서 로마 병정들이 예수의 옷을 깃으로 나누며,
속옷을 차지하기 위하여 제비를 뽑는 내용을 요한은 성경 말씀을 이루
는 한 예로 제시한다(요 19:23-24). 십자가에 달리신 예수는 육신의 어

---

203) 마가복음 15:21, 누가복음 23:26을 참고하시오.

204) 아마도 "자칭 유대인의 왕"으로 처형을 한다면, 반역죄로 처형한 것이 아니
라, 도리어 과대망상증이거나 혹은 분열증 환자를 재판의 과정을 통하여 죽
인 꼴이 될지도 모른다.

205) B. Lindars, *The Gospel of John*, 576. 린다스(Lindars)는 이 죄목을 기록한 명패가 십
자가형의 이유와 함께 복음의 선포의 내용을 포용하고 있다고 본다.

머니를 향하여 "여자여 보소서 아들이니이다"라고 말씀하셨을 뿐만 아니라, 사랑하는 제자에게 "보라 네 어머니라"하며 그녀를 부양할 것을 부탁한다.206) 하나님의 구원을 이루는 가장 힘들고 어려운 순간에도 예수께서 인간적인 책임의 영역을 감당하신다면, 그를 따르는 제자들도 인간적 책임을 감당해야만 하지 않는가?

성경의 말씀을 응하게 하기 위하여 "내가 목이 마르다" 말씀하시고 (요 19:28), 마지막으로 "다 이루었도다"고 하시며 죽으신다(요 19:30). 물론 요한복음이 십자가상의 모든 말씀을 다 기록하지는 않았어도, "다 이루었도다"는 마지막 말씀은 성육하셔서 이 세상을 구원하시는 하나님 아버지의 뜻을 완성하셨다는 결정적인 선언으로 보인다.207) 예수의 죽음은 하나님의 때에 일어났다. 그러나 그의 죽음은 사람들에 의한 죽음이 아니며, 오히려 예수께서는 자신의 영혼을 스스로 아버지께 맡겼다. 군병들이 예수의 다리를 꺾으려 했지만, 이미 죽었기 때문에 그럴 필요가 없었다. 다리뼈를 꺾지 않은 일도 또한 성경의 말씀을 이루기 위함이었다. 이 모든 사실이 기록된 하나님의 뜻을 다 이루는 모습임을 요한은 믿고 알게 된다(요 19:35).208) 예수께서는 하나님 아버지께 순종함으로써 성경의 말씀에 대한 응답을 다 이루시고, 그를 믿는 모든 사람들로 하여금 그가 가르치신 말씀 안에서 구원의 확신을 얻게 한다.

요셉이 빌라도에게 예수의 시체를 가져갈 것을 요구하고, 니고데모가 몰약과 침향을 섞어서 백근 정도 가져온 사실을, 요한은 예수의 제

---

206) Scott, *Sophia and the Johannine Jesus*, 219를 보면 스콧(Scott)이 대화의 내용을 통하여 예수께서 새로운 상호간의 관계로 인도하는 것으로 본다.

207) 공관복음에서 큰 소리를 지르셨던 모습과는 달리 승리의 주로서의 죽음을 잘 보여주는 내용이다.

208) 참고로 출 12:46과 민 9:12에 기록된 유월절 양의 뼈를 꺾는 내용, 그리고 슥 12:10에 기록된 "찌른 바"란 창으로 찌르는 내용을 연관해서 생각할 수 있다.

자로서의 행위로 본다.209) 예수께서 십자가에서 돌아가신 사건을 요한
은 제자들로 하여금 자신들의 사역을 감당하기 시작하는 신호로 간주
하는 것 같다. 제자들이 예수의 몸을 장사지내는 법대로 처리하여 십
자가에 못 박힌 동산에 있는, 아직 사용하지 않은 새 무덤에 두었으며,
그 날이 바로 유월절 예비일이었다.

이제까지의 내용들만 가지고도 예수께서 행하신 일들은 제자들에게
무엇인가 예상치 못했던 새롭고 놀라운 일이 일어날 것이라는 기대를
주기에 충분한 것으로 보일 수도 있다. 그럼에도 불구하고 다른 등장
인물들이 보여준 내용들은 실족할 수밖에 없는 인간 본성에 대한 적절
한 고발을 구성한다.

(2) 부활 이야기(요한복음 20:1-29)

빈 무덤을 발견하는 사건을 필두로 부활의 이야기는 시작된다. 다른
복음서들과 마찬가지로 빈 무덤을 찾은 첫 번째 방문자는 여자이
다.210) 그러나 요한복음은 곧 바로 이 여자의 보고를 받은 시몬 베드로
와 사랑받던 제자, 두 사람이 빈 무덤을 찾고 있음을 적시한다. 첫 번
째 목격자인 막달라 마리아는 예수의 시신을 사람들이 옮겨 갔으며 그
장소를 모른다고 말한다(요20:2). 그러나 제자들은 마리아의 근심스러
운 생각 같은 것에는 별로 관심이 없는 것처럼 행동한다.

사랑받는 제자가 첫 번째로 무덤에 도착해서 몸을 구부려 무덤 밖에
서 안쪽의 상황을 살펴 보았지만, 베드로가 와서 무덤에 들어갈 때까
지 기다린다. 베드로는 무덤에 도착해서 바로 안으로 들어가 정황을

---

209) 예수의 장례에 관한 내용은 L. Morris, *The Gospel according to John*, 825-26; R. E.
Brown, *The Gospel according to John XIII-XXI*, 941을 참고하시오.

210) E. L. Bode, *The First Easter Morning: The Gospel Accounts of the Women's Visit to the Tomb
of Jesus* (Rome: Biblical Institute Press, 1970)을 참고하시오.

확인한다. 베드로의 뒤를 따라서 무덤 안으로 들어갔던 제자는 그 사실을 보고 믿는다(요 20:8). 요한복음에 나타난 중요한 가르침 중에 하나는 "보고 믿는다"는 내용이다. 사랑받는 제자가 무덤 안에서 이미 일어난 일을 보고 믿었던 믿음은 그 후에 이루어진 믿음을 앞선 행위이기도 하다.[211] 이런 사실이 뒷받침해 주는 가르침은 부활 신앙은 예수께서 그들에게 다시 나타나신 후에 발생한다는 점이다. 그럼에도 불구하고 요한복음도 부활을 믿는 신앙에 관한 내용을 빈 무덤에서부터 시작한다.

부활 이야기는 앞서 등장했던 마리아와 관련된 내용으로 이어지면서 부활의 주께서 구원의 확신을 주는 장면을 이룬다. 무덤 밖에 몸을 구부리고 서서 울던 마리아는 두 천사가 무덤 안에 있는 사실을 목격한다. 그 후에 천사들과 마리아 사이에는 예수의 시신에 관한 대화가 이루어진다. 바로 그 순간 그녀는 자기 뒤에 서 있는 사람을 보게 되지만, 그 사람이 예수이신 줄을 깨닫지 못한다. 그러나 대화 중에 예수께서 마리아의 이름을 부르자마자 그녀는 자기와 대화를 하는 상대가 예수인 줄을 깨닫고 손을 내밀어 붙잡으려 했다. 얼마나 안타깝게 찾아다녔었는가! 당연히 그렇게 반응할 수밖에 없었다고 생각하던 마리아에게, "나를 만지지 말라"는 예수의 음성이 들린다. 이 장면은 육신의 형상으로 임하신 예수를 보는 것만으로는 결코 구원의 확신을 가질 수 없다는 가르침을 반영한다. 사실 육체로 임하는 모습을 목격하는 체험이 아니라, 예수께서 아버지에게로 올라가는 사실만이 참된 부활의 신앙을 뒷받침해 준다(요 20:17). 마리아는 제자들에게 가서 자기가 부활의 예수를 목격한 사실과 함께 예수께서 가르쳐 주신 말씀을 전한다

---

211) "저희는 성경에 그가 죽은 자 가운데서 다시 살아나야 하리라 하신 말씀을 아직 알지 못하더라"(요한복음 20:9)는 말씀이 반영하듯이 믿음의 공동체가 확신하고 이해한 믿음의 내용을 앞선 행위였다.

(요 20:18).

부활 이야기를 구성하고 있는 두 번째 주요 부분에서 제자들과 그들에게 나타난 부활의 예수 사이에서 일어났던 사실을 알 수 있다. 예수께서 나타나셔서, 성령을 받을 것을 명하시고, 제자들에게 사역을 위임하시고, 다시 나타나셔서 믿는 자가 될 것을 말씀하시고 곧 도마의 믿음의 고백으로 이어지는 일련의 내용들은 어둠 속으로부터 부활의 신앙으로 새롭게 변화되는 제자들의 모습을 드러낸다. 이런 일련의 사건들이 단지 부활의 주님을 처음 만날 수 있었던 제자들에게만 유익하였다는 점을 부각시키기 위해서 이 이야기들을 기록한 것이 아님이 명백하다. 비록 제자들에게 나타나셨던 예수께서 이제 다시는 그런 일을 반복하지 않으실지라도, 오직 믿음으로 예수를 따르는 모든 사람들에게 여전히 예수께서는 하나님의 아들이신 믿음의 주요, 그 이름을 힘입어 생명을 얻게 하신다는 사실을 보여주기 위한 목적이 있기 때문이다(요 20:31). 그러기에 "너는 나를 본 고로 믿느냐, 보지 못하고 믿는 자들은 복되도다"라고 도마에게 나타나신, 부활하신 예수께서 말씀하신다(요 20:29).

본론의 결론 부분은 맨 마지막에 제시한, 복음을 기록한 목적의 바로 앞에 위치한 예수의 나타나심과 관련된 제자들과 도마의 이야기를 주목해 보면 의미있는 가르침을 발견할 수 있다. 예수께서 앞서 제자들에게 나타나셨을 때, 도마는 그들과 함께 있지 않았었다. 그러나 여드레 후에 예수께서 다시 나타났을 때, 도마도 제자들 중에 함께 있었다. 예수께서는 나타나실 때마다, "너희에게 평강이 있을지어다"라고 말씀하신다(요 20:19-21, 26). 하나님께서 혹은 그가 보내신 사자가 나타날 때 피조물인 사람이 "두려움"을 느끼는 것은 잘 알려진 사실이다(삿 6:22-23; 눅1:13; 막 6:50). 그런데 예수께서는 두려워하는 제자들에게 평강을 전하시고, 두려워하지 말 것을 말씀하신다.

더욱이 첫 번째 만남에서 예수는 제자들을 향하여 숨을 내쉬며 성령을 받을 것과 죄사함의 사역에 동참할 것을 요구하신다(요 20:22-23). 예수께서 다시 나타나셨을 때, 도마는 예수의 몸의 상처를 보고 만짐으로 신앙을 고백하게 된다(요 20:25, 27-28). 예수께서 "네 손가락을 이리 내밀어 내 손을 보고 네 손을 내밀어 내 옆구리에 넣어 보라 그리하고 믿음 없는 자가 되지 말고 믿는 자가 되라"라고 요구하셨을 때, 도마는 "나의 주시며 나의 하나님이시니이다"라고 고백한다. 제자들을 찾아 주시고 그들에게 복음사역을 위임하시는 예수 그리스도의 모습 안에서 하나님의 구원의 능력을 볼 수 있다면, 도마를 향하여 믿음으로 구원을 받을 것을 요구하시는 모습 안에서 믿음에 의한 구원에 대한 확신을 요구하는 강력한 질문을 볼 수도 있다.

기독교 신앙이란 사실을 증명하는 것 이상의 의미를 갖는다. 사실 믿지 않는 사람에게는 아무리 많은 것을 증거하여도 여전히 부족할 뿐이다. 요한에게 있어서 믿음이란, 예수를 하나님의 아들로 믿고 전적으로 의지하며, 그의 말에 순종하며 살아가는 삶을 의미한다. 의심 많은 제자 도마도 그 마음을 열 수 있을 정도의 충분한 표적을 보이신 예수를 향하여 "나의 주시며 나의 하나님이시니이다"라고 고백한다(요 20:28). 그러므로 요한은 입증하기 위한 목적을 위해서가 아니라, 증인으로서 부활의 예수 외에는 다른 구원의 길을 제공하지 않고 있음을 보여주기 위해서 이 복음을 기록한다.

10) 영광의 책 읽기의 결론

영광의 책으로 분류된 부분을 통하여 지속적으로 볼 수 있는 내용 중 하나는 구원의 확신과 불신에 대한 경고 사이의 균형이 있는 가르침이다. 하나님의 아들 예수 그리스도를 믿는 제자들은 끊임없이 예수를 따르는 삶 안에서 확신과 경고 사이의 긴장관계를 경험한다. 이런 믿음으로 말미암는 구원의 확신과 불신앙의 경고 사이의 긴장관계는 예수의 공생애 기간 동안만이 아니라, 그 후로 예수를 주와 그리스도로 믿는 모든 사람들에게도 그대로 적용된다고 볼 수 있다. 이런 관점에서 보면, 하나님의 구원에 관한 이해에 있어서 어느 한 면만을 강조하거나 혹은 축소한다면 복음에 담겨 있는 진리를 왜곡하는 실수를 범하게 된다.

요한복음의 저자는 구원에 대한 확신과 배교로부터 안전함을 이론적으로 제시하기 위한 목적이 아니라, 오히려 핍박과 회유를 통한 위험에 항상 노출된 채로 살아가는 교회와 그리스도인들을 위한 직접적인 해결책을 제시하기 위하여 복음서를 기록했다. 그러므로 예수를 믿는다고 말하는 신앙고백은 신앙의 최소한의 표현이 아니다. 마치 믿음이란 단순한 지적인 행위 이상의 의미로서 자기 자신을 전적으로 주님께 의탁하는 행위인 것처럼, 신앙고백의 진정한 의미는 하나님의 아들 예수를 아는 믿음 안에서 공급되는 생명의 풍성함을 누리는 삶을 통하여 드러날 것이다.212)

사실 신앙으로 살아가면서 다양한 형태의 고난과 도전을 겪는 그리스도인에게 이런 가르침은 무엇보다도 예수께서 항상 함께 동행하시며, 주의 말씀 안에서 위로와 소망을 함께 누렸던 믿음의 형제와 자매들이 그들에 앞서 살아갔으며, 지금도 그런 동지들이 있음을 깨닫게 하는 근거를 제공한다. 특히 본문에 대한 이해를 통하여 예수께서 드렸던 기도의 내용은 보혜사 성령으로 인한 믿음의 회복을 보여준다. 뿐만 아니라, 범죄하며, 주님을 부인하고, 주를 떠나 살면서 믿음을 소

---

212) Melvyn R. Hillmer, "They Believed in Him: Discipleship in the Johannine Tradition," in *Patterns of Discipleship in the New Testament*, ed., Richard N. Longenecker (Grand Rapids: William B. Eerdmans Publishing Company, 1996), 77-97.

홀히 생각하는 모든 사람들로 하여금 마땅히 주께로 돌아갈 것을 경고하는 가르침을 제공한다.

요한복음 읽기 : 요약과 마감

요한복음 읽기란 흥미진진한 일임에 틀림이 없다고 해도 과장된 표현은 아니다. 신앙이란 살아계신 하나님을 만나고 동행하는 체험적인 삶을 그 내용으로 한다는 이해를 수용한다면, 진실한 사랑이야기에 갈증을 느끼는 사람의 욕구를 채우기 위한 최선의 방법이 바로 요한복음 읽기이다. 왜냐하면 오직 한분이신 하나님께서 이 세상을 사랑하는 이야기를 과거 이 땅에서 살아갔던 사람들이 목격했던 사실을 통하여 전하기 때문이다. 물론 과거의 체험담과 오늘의 현실 사이에는 시간과 공간의 차이가 있음이 분명하다. 다행히도 그와 같은 차이를 극복하는 일에 도움을 주기에 충분한 자료들이 있다. 그럼에도 불구하고 요한복음 읽기란 사랑을 필요로 하는 사람이 원하는 바를 채워주는 일을 넘어서 새로운 차원의 세계를 보여준다. 요한복음이 제시하는 사랑이야기는 현실에서 느끼는 욕구를 풀 수 있는 간편한 처방전을 얻기 위한 방편이 아닌 완전하신 하나님과 불완전한 존재인 인간에 대한 실존적인 갈등을 극복하기 위한 요한복음 읽기가 필요하고 가능한 사실을 일깨운다.

이런 맥락에서 그리스도인들의 신앙 실천의 한 내용인 요한복음 읽기를 초대교회로부터 현재에 이르는 역사를 간략하게 살피고, 요한복음의 저자와 독자, 본문의 배경에 대한 내용도 간단히 살폈다. 마지막 부분에서는 신앙의 의미를 결정하는 요소를 확신과 긴장이란 두 축 사이의 긴장관계를 근거로 하는 요한복음 읽기를 시도했다. 성경은 하나님의 계시를 기록한 책이다. 즉 성경은 하나님의 계시이기 때문에 성경 해석이 다른 문헌을 해석하는 일과 동일할 수 없음을 인식할 필요가 있다. 실제로 성경 읽기에 있어서 독자가 말씀을 대할 때, 성령 하나님의 조명을 기대하는 태도는 이런 인식을 반영한다. 그렇다면 성령의 조명을 인식하는 신앙의 자세가 성경 해석에 임하는 가장 바람직한 내용인가? 신앙적인 자세는 성경 읽기에 있어서 늘 잊지 말아야 하는 기본적인 실천의 내용이지만, 하나님의 계시로서 성경은 사람에 의해 사람의 언어로 역사 안에서 기록되었다는 사실도 바른 성경 읽기에서 고려해야만 하는 내용이다. 다시 말해 이와 같은 역사적이고 인간적인 요소들을 사용하여 하나님의 계시인 성경을 기록한 점이 성경 읽기에 상당히 중요한 의의를 제공한다. 성경은 특정한 사람들에 의해서 특정한 방법을 해석되는 것이 아니라, 최소한 성경의 언어를 이해하고 성경을 기록한 사람들, 성경에 등장하는 사람들, 성경의 독자들의 삶과 그들이 속했던 세계를 이해하면 비교적 납득할만한 해석이 가능하다는 사실이다. 이런 맥락에서 성경 읽기는 성경의 본문을 통하여 저자가 원래 독자에게 전하려고 의도했던 의미를 밝히고, 그 의미를 독자에게 설명하는 작업이다. 요한복음 읽기에 있어서 특정한 본문을 전체 내용과 상관이 없이 읽어내는 일은 상당한 주의를 필요로 한다.

부연하면, 성경 읽기란 분명하게 규정되고 체계화된 특정한 방법론을 따르는 작업이 전부가 아니다. 실제로 성경 읽기를 어떤 이론적인 근거 위에 행한다고 해도 아주 다양한 형태의 작업일 수밖에 없다. 그렇다고 정리할 수 없는 무질서한 작업은 결코 아니다. 성경 읽기의 요소로서 저자(author), 본문(text), 독자(reader), 그리고 이들 세 요소를 연계시키는 컨텍스트(context) 사이의 역동적인 관계에 대한 이해는 나름대로 어느 정도의 체계화가 가능한 작업이다. 다만 기계적으로 이루어지지 않고, 성경 읽기를 하는 당사자의 태도, 지식, 역량, 자질 등과 함께 기술적으로 적용을 통하여 이루어짐으로 예술과 같은 성격을 취한다. 전통적인 성경 읽기는 성경의 저자의 의도를 밝히는 데 있으며, 문법적－역사적 해석의 방법을 따른다. 그러나 20세기 중반 문학계에서 일반화된 신비평은 저자와 상관이 없이 본문 자체에서 의미를 찾는 노력을 경주한다. 신비평적인 관점은 저자의 손을 떠난 본문은 자체로 더 이상 저자와는 상관이 없는 독립적이고 자족적인 개체로 이해한다. 이런 관점에서 본문이 독자와 만날 때 "언어－사건"이 되며 본문의 지평과 독자의 지평을 동시에 강조하기도 한다. 구조주의(structuralism)와 서사비평(narrative criticism) 등은 본문 중심의 해석 방법을 따르는 예들이다.

20세기 후반에 행해진 성경 읽기는 독자를 단순히 저자와 본문이 의도하는 의미를 수용하는 수동적인 입장에서 어느 정도 능동적인 역할을 통하여 의미를 스스로 산출하는 독자반응비평(reader-response criticism), 저자, 본문, 독자 모두에게 영향을 준 포괄적인 요소로서 컨텍스트에 중점을 두는 사회과학비평(social scientific criticism), 그리고 저자, 본문, 독자, 그리고 컨텍스트 모두에 비중을 두면서 이들 상호 사이의 관계와 기능에 주목하는 담화분석(discourse analysis) 같은 방법들이 있다. 결과적으로 성경 읽기란 저자, 본문, 독자 중 어느 요소에 주된 관점을 두는가에 따라서 변화가 가능한 작업이기도 하다. 한 가지 더 지적할 내용은 성경 읽기의 주체로서 독자의 태도, 지식, 상황, 입장, 생각, 의도, 신앙과 신학과 같은 요소에 의해 의미를 다르게 읽을 수 있다는 점이다.

교회의 역사를 돌이켜 보면, 교회사를 교리의 역사로 정리하는 일과 분리시키기는 어렵다. 또한 교리의 역사는 신학의 역사이며 동시에 성경 해석의 역사라고 이름을 붙여도 무방하다. 과연 어떻게 성경 해석을 공정하고 객관적으로 할 수 있는가에 대한 답을 제시하는 일은 독자로서 해석자의 입장에 대한 이해를 염두에 두는 데서 출발해야만 한다. 사실 독자로서 해석자는 자신의 세계관과 가치관을 구성하는 모든 요소들을 분석하고 이런 요소들이 성경 읽기에 끼치는 영향을 평가하는 일에 결코 간단한 일이 아니다. 단지 독자로서 성경을 읽기는 하지만, 성경이 독자에게 영향을 끼칠 수도 있다는 점을 고려할 필요는 있다. 다시 말해 독자와 성경 본문 상호간의 역동적 관계에 대한 이해를 긍정적으로 받아들이고 언제든지 자신의 전제를 수정할 수 있다는 열린 태도는 바른 성경 읽기를 위해서 가장 필요한 요소로 보인다.

성경읽기란 단순한 작업일 수도 있지만, 결코 단순하지 않은 작업이다. 실제로 성경을 해석하는 작업은 기본적으로 언어, 역사, 사회, 철학, 문학, 신학과 같은 여러 분야를 이해하는 데 필요한 지식을 사용하기도 한다. 성경해석은 시대와 상황을 따라서 지속적인 변화를 겪어왔다. 오늘날 학문이 일반적으로 학제적(interdisciplinary)인 성향을 띠듯이, 성경 해석학도 예외는 아니다. 여러 관련학문들로부터 이론이나 모델을 차용하여 해석을 위한 도구로 사용한다. 그러나 신앙인으로 성경은 신앙을 위한 하나님의 말씀임을 우선 수용해야 한다. 성경은 읽는 사람의 반응을 요구하며 그 반응을 통하여 삶의 변화를 성취한다. 따라서 열린 자세로 적합한 이해를 전제로 성경 읽기를 해야 할 필요성은 아무리 강조를 해도 지나침이 없다. 요한복음 읽기도 성경해석의 한 부분임에 틀림이 없다. 그러나 본서는 특정한 방법이나 생각을 주장하기 위한 노력에서 기록하지 않았다. 단지 하나의 제안이며 독자 나름대로 성경 읽기에 흥미와 진지함을 갖고 임할 수 있도록 돕기 위한 실천이길 바랄뿐이다. 이런 관점에서 요한복음 읽기를 위한 제안으로서 본서는 교회 역사를 통하여 드러난 질문들과 읽기의 실제적인 내용들을 살펴보았다.

초대교회 이래로 네 개의 복음서들 가운데 요한복음은 유난히 독특한 복음으로 남아 다른 어느 성경의 책들보다도 더 영적인 깨달음의 깊이를 더하였다. 이미 2세기 알렉산드리아의 클레멘트는 요한복음에 영적이란 수식어를 기꺼이 사용했다. 실제로 요한복음의 내용은 그와 같은 수식어에 잘 어울리는 것으로 간주되었으며, 성경을 복사하던 사람들은 요한복음을 독수리로 표현하기도 했다. 심지어 요한복음의 구절을 호신용 표적으로 만들어 목걸이처럼 사용하기도 했다. 불과 몇몇의 예를 들어서 정당성을 입증하려는 의도는 없다. 요한복음을 신앙고백의 내용을 확정하는 기독교 교리를 형성하는 중요한 기초자료로 사용한 사실을 부정할 이유는 없다.

이와 같은 요한복음이 학자들의 호기심과 연구의 대상이 되는 것은 지극히 자연스러운 일이다. 오늘날에도 한 해 동안 수백 수천에 달하는, 요한복음을 대상으로 하는 연구결과가 다양한 형태의 인쇄물로 홍수처럼 쏟아져 나오고 있다. 요한복음의 출처와 의미, 구조와 메시지 등에 관한 여러 가설들을 발견하는 일은 결코 어렵지 않다. 이제까지 이뤄진 연구를 양으로 따져도 엄청난 사실은 물어볼 필요도 없다. 그래도 여전히 요한복음 읽기만큼 흥미진진한 일도 없을 것이다. 이 책은 자신을 비추어 보는 거울처럼 성경말씀을 읽는 사람들에게 보다 효과적인 요한복음 읽기를 위한 기회를 제공하기 위한 목적과 더불어 신앙의 확신과 경고 사이의 긴장관계를 본문에서 찾아보려는 시도를 반영한다.

유럽의 대학에서 성경 신학이 학문의 한 영역으로 자리를 잡으면서, 요한복음에 대한 역사적인 신뢰성은 상당히 부정적인 평가를 받기 시작한다. 예수의 생애를, 역사를 통하여 재구성하는 연구에 있어서 요한복음은 믿을 만한 역사적인 자료를 제공하지 않는다는 부정적인 견해가 뿌리를 내렸다. 앞서 살펴 본대로 초대교회는 요한복음을 예수의 제자인 사도 요한이 기록하였으며 가장 가치있는 복음서로 인정하였다. 2세기경 최초의 요한복음 주석서는 영지주의자 발렌티누스 (Valentinus)의 제자인 헤라클레온(Heracleon)이 기록했으며, 몬타누스 (Montanus)는 자신을 요한복음 14~16장에 기록된 보혜사로 자처했었다. 이런 사실 때문에 한 때 정통교회 지도자들 사이에서 요한복음 읽기를 주저하는 경향이 생겼지만, 여전히 정통교회와 이단적인 주장을 펴는 사람들 모두가 요한복음을 사랑했음에 틀림이 없었다. 4세기 가장 치열했던 이단논쟁을 마감하는 주장을 니케아 공회(The Council of Nicea)에서 폈던 아타나시우스(Athanasius)도 성육신(incarnation) 사상과 그리스도의 신성에 관한 교리를 요한복음에서 이끌어 내었다.

중세시대를 통하여 요한복음은 여전히 교회 안에서 사랑받는 복음으로 남아 있었다. 어거스틴(Augustine)으로부터 아퀴나스(Aquinas)에 이르기까지 요한복음은 하나님 아버지를 계시한 아들 예수를 묘사했다고 평가했다. 이 시기에 신비주의적 가르침들과 성례전에 관한 가르침들은 요한복음의 본문에서 필요한 언어와 상징적인 표현을 발견한다. 그러나 이런 긍정적이고 우호적인 요한복음 읽기에 갑작스러운 단절이 발생한다. 결정적인 이유를 든다면 18세기와 19세기에 걸쳐 발생한 계몽주의의 영향 때문이었다. 유럽의 대학에서 인간이성을 근거로 하는 학문으로 발전한 성경 신학은 당시 정신적인 사조에 직접 혹은 간접적인 영향을 받게 된다. 대표적인 사례로는 예수께서 메시아란 주장은 본인의 생각과는 무관하게 초대교회가 만들어낸 주장이며, 부활은 믿을 수 없다는 주장을 들 수 있다.

계몽주의의 영향은 이성적인 판단에 의한 실증적인 작업을 통하여 역사의 인물인 예수를 재구성하기 시작했으며, 오늘날에도 여전히 진행 중인 과제이기도 하다. 이런 맥락에서 라이마루스(Reimarus)가 1778

년 발간된 자신의 유고집에서 예수께서 메시아인 사실과 부활의 진실성을 부인한 점은 요한복음 읽기에도 상당한 영향을 끼친다. 그가 끼친 영향은 다음과 같은 질문으로 정리가 가능하다. 과연 초자연적인 현상을 역사적인 사실로 수용할 것인가? 복음서가 갖는 상대적인 가치는 무엇인가? 무엇인 진정한 예수의 가르침인가? 요한복음이 상대적으로 다른 복음서들과는 달리 예수께서 행하신 기적 이야기를 제한적으로 기록하고, 오히려 강화형식의 예수의 가르침을 제공하는 사실이 때로는 학자들에게 더 신뢰할 수 있는 자료로 평가되기도 했다.

그러나 스트라우스(Strauss)는 1835년 『예수의 생애』[1]란 자신의 작품을 통하여 모든 복음서들은 단지 예수를 신학적으로 묘사하며, 결코 역사적인 사실을 기록하지 않았으며, 요한복음은 더욱 그렇다는 주장을 편다. 요한복음은 2세기 교리를 바탕으로 기록되었으며, 문학적이며 신학적인 구도로 형성되었기 때문에 다른 복음서들보다 더 역사적인 신뢰성이 결여되었다고 본다. 심지어 스트라우스는 요한서신서들에 사용하는 단어를 근거로 요한복음에 기록된 예수의 말씀은 실제로는 요한의 말이라는 주장을 제기한다. 결과적으로 스트라우스는 요한복음과 다른 복음서들 사이에 현저한 차이가 있다는 가정을 강화시킨다. 사실 스트라우스는 스승이었던 바우르(Baur)가 헤겔의 변증법적인 방법론을 기초로 유대교와 헬레니즘을 두 축으로 사용하여 기독교의 발생을 설명한 연구로부터 영향을 받았다. 여기서 바우르는 요한복음이 예수 당시 유대지방의 유대교 혹은 사도에 의한 가르침을 반영하지 않으며, 오히려 2세기 중반에 해당하는 시기에 유대교의 영향을 받았던 헬라의 공동체가 요한복음을 기록한 것으로 이해한다.

비록 18세기와 19세기에 걸쳐서 요한복음의 역사적인 진실성에 대

---

1) David Friedrich Strauss, *Life of Jesus Critically Examined*, ed., Peter C. Hodgson and trans. by George Eliot, 2 vols. (Philadelphia: Fortress Press, 1972).

한 회의적인 견해가 지배적이었지만 모두가 그런 태도를 취한 것은 아니다. 영국 케임브리지 대학(Cambridge University)에 속한 트리니티 학부(Trinity College)의 교수인 라이트훗(Lightfoot)은 초대교부들에 대한 연구를 통하여 바우르의 견해가 잘못인 점을 밝혔다. 또한 그의 동료인 웨스트콧(Westcott)은 1880년 요한복음에 대한 주석서를 펴내면서 요한복음을 사도 요한이 기록했다고 주장한다. 독일의 신학자인 슐라터(Schlatter)도 바우르와 견해를 달리하였지만, 여전히 대부분의 학자들은 요한복음을 예수의 생애를 재구성하는 자료로 간주하지 않았다. 비록 요한복음이 예수에 관한 자료이기는 하지만 어디까지나 신학적이지 결코 역사적인 자료는 아니라는 주장이 힘을 받는다. 덧붙여 요한복음의 배경을 유대교가 아닌 헬레니즘에서 찾으며, 예수와는 거리가 먼 2세기 기독교 공동체의 산물이란 이해로 굳어졌다. 이 시기는 요한복음을 예수의 생애를 재구성하는 자료로 인정하지 않는 추세가 지배적으로, 요한복음은 사도 바울과 영지주의 사이의 범주에 속하며 예수의 역사적인 삶과 죽음과는 상관이 없이 순수하게 복음을 표현한다고 보았다.

요한복음이 2세기경에 헬레니즘의 영향을 배경으로 기록되었다는 주장은 상당한 기간 동안 학자들 사이에 인정을 받았지만, 사실과는 다른 주장이었음이 밝혀졌다. 요한복음을 기록한 시기와 관련하여 이전의 주장이 잘못되었음을 알리는 주목할 만한 내용은 P^{52}로 알려진 사본의 발견과 연구를 통하여 드러났다. 요한복음의 본문도 다른 복음서들과 마찬가지로 사본을 통하여 밝혀진 본문을 따랐다. 1920년 발굴되어 1935년 발표된 P^{52}는 요한복음 18장의 내용 중 5절을 포함하며, 이제까지 발견한 사본 중 가장 오래된 것으로 보인다.[2] 문제는 125년

---

2) 파피루스 P^{52}는 가로 약 9cm 세로 약 6cm 정도의 크기로 연대는 125년경으로 추정한다(J. Finegan, *Encountering New Testament Manuscripts* (Grand Rapids: William

경에 기록한 것으로 보이는 사본이 발견된 지역을 대상으로 복음이 전파된 역사적 경로를 추정하면, 요한복음은 적어도 1세기가 지나기 전에 기록되었으며 주후 80~95년 사이에 기록된 것으로 볼 수 있다는 점이다.

요한복음이 헬레니즘의 유산이라는 주장도 새로운 학문적인 성과들의 등장으로 힘을 잃게 되었다. 네일(Neill)은 1924년 정통 유대교에 속한 유대인이며 케임브리지 대학 신학부 교수들의 한 모임에서 유대교 율법을 연구하는 아브라함스(Abrahams) 교수로부터 "유대인들에게는 사복음서 중에서 요한복음이야말로 가장 유대교에 가깝다"[3]는 주장을 듣게 된다. 사실 조금만 주의를 기울이면 요한복음 읽기에서 구약성경의 내용과 관련된 암시와 언급을 발견하는 일은 전혀 어렵지 않다. 이미 라이트훗과 슐라터에 의하여 요한복음 읽기에 있어서 구약성경과 랍비들의 문헌의 중요성이 제기되었으며, 그들의 주장에 점점 더 무게가 실리게 된다. 요한복음의 저자는 독자들이 이미 구약성경의 내용을 잘 알고 있음을 암시하는 것처럼 보인다.[4] 요한복음은 예수께서 유대교의 절기에 담긴 상징적인 의미를 전제로 가르치시는 것처럼 묘사하며,[5] 요한복음 5장에서 자신의 가르침에 반대하는 사람들과의 논쟁에서 예수께서는 유대교 랍비들이 사용하던 방법을 사용하는 것으로 보인다. 요한복음 6장은 출애굽기 16:4, 그리고 요한복음 10:34은 시편

B. Eerdmans Publishing Company, 1974), 85-90].

3) Stephen Neill, *The Interpretation of the New Testament 1861-1986*, 2nd ed. (New York: Oxford University Press, 1988), 338.

4) D. A. Carson, "John and the Johannine Epistles," in *It Is Written: Scripture Citing Scripture: Essays in Honor of Barnabas Lindars*. eds. D. A. Carson and H. G. M. Williamson (Cambridge: Cambridge University Press, 1988), 245-64. 참고로 요한복음 10장과 에스겔서 34장, 요한복음 3:14와 민수기 21:9를 비교해 보시오.

5) 예를 들면, 요한복음 6장은 유월절, 7장은 초막절, 10장은 수전절에 담긴 상징적인 의미를 바탕으로 전해지는 가르침으로 보인다.

82:6에 대한 주석으로 보인다. 이런 예들은 요한복음이 유대교의 가르침과 상당한 연관성이 있음을 뒷받침한다. 심지어 그동안 헬라 철학에 대한 이해의 중요한 배경인 이원론적인 관점을 요한복음의 저자가 적용하고 있다는 점에 착안해서 요한복음을 헬레니즘의 산물로 보았던 견해도 사해문서에 대한 연구가 이루어진 이후로는 힘을 잃게 된다. 요한복음의 저자가 예수 시대의 유대지방을 잘 모르고 복음서를 기록했다는 주장도 설득력을 상실하기는 마찬가지이다. 고고학적인 발굴은 요한복음 5장에서 "예루살렘에 있는 양문 곁에 히브리 말로 베데스다라 하는 못이 있는데 거기 행각 다섯이 있고"란 묘사가 사실인 증거를 제공한다. 결과적으로 요한복음의 저자는 유대지역에 관한 신빙성이 있는 지식을 제공한다는 주장이 설득력을 얻게 되었다.[6] 요한복음의 출처와 배경은 여전히 주요 연구과제로 남아 있다. 그러나 요한복음의 출처와 배경에 유대교가 있다면, 사도 요한과 당시의 유대교를 배경으로 요한복음을 읽어야 할 것이다.

　요한복음의 배경을 이루는 요소들이 헬레니즘에서 왔다는 견해는 요한복음의 역사적인 신뢰성에 부정적인 영향을 끼치게 되고, 이런 영향은 요한복음과 공관복음 사이의 차이점에 대한 질문으로 발전했다. 가장 나중에 복음을 기록한 요한복음의 저자는 공관복음의 내용을 알고 있었으며 또한 자료로 사용했을 것이라고 추정한다.[7] 이런 추정을 뒷받침하는 논리는 동일한 내용을 기록한 경우, 공관복음이 요한복음보다 더 역사적으로 신뢰할 수 있다는 사고로 발전한다. 문제는 요한복음은 전체 본문 중 단지 8%만 공관복음과 공유하는 내용이고, 나머지 92%는 고유한 내용이며, 심지어 성전에서 장사꾼들을 물리친 사건

---

6) J. A. T. Robinson, *The Priority of John* (London: SCM Press, 1985), 48-67.

7) Craig L. Blomberg, *The Historical Reliability of the Gospels* (Downers Grove: Inter-Varsity Press, 1987), 153-89.

은 요한복음에서는 예수의 공생애 초기에 공관복음에서는 마지막 시기에 발생한 것이란 점이다. 그리고 오병이어의 기적이야기에서도 요한복음은 공관복음에는 없는 예수께서 "생명의 떡"이란 상당한 분량의 독백을 덧붙이는 점이다. 달리 설명을 한다면, 요한복음의 저자는 역사적인 사실과 무관하게 저자 자신이 임의로 내용을 기록할 수도 있다는 추측이 가능하다.

그러나 요한복음이 독자적인 전승에 의해서 기록한 복음일 수도 있다는 가설이 가드너-스미스가 요한복음이 공관복음을 이용했다는 주장에 대한 비판을 제시한 이후 새롭게 연구되기 시작한다.[8] 1953년 도드(Dodd)는 요한복음을 해석하면서 요한복음이 다른 복음서들과는 상관이 없이 독자적인 기록으로 유대의 남부지역과 관련성이 있으며 지명의 사용도 상징적이지 않고 사실적이라고 주장한다.[9] 도드는 10년 뒤에 요한복음의 역사적인 배경을 연구한 저작을 내놓으며 요한복음은 독자적일 뿐만 아니라, 예수에 관하여 공관복음서들보다 더 나은 역사적인 자료를 제공한다고 결론을 짓는다.[10] 물론 도드의 연구결과에 전적으로 동의하지는 않아도 그동안 지배적이었던 관점인 다른 복음서에 의존했을 것이라는 견해에 대한 대안을 제시하는 데 의미가 있다.[11] 다시 말해 요한복음은 예수에 관하여 독자적이며 공관복음에 뒤

---

8) P. Gardner-Smith, *St. John & the Synoptic Gospels* (Cambridge: Cambridge University Press, 1938).

9) C. H. Dodd, *The Interpretation of the Fourth Gospel* (Cambridge: Cambridge University Press, 1953).

10) C. H. Dodd, *Historical Tradition in the Fourth Gospel* (Cambridge: Cambridge University Press, 1963).

11) 도드(Dodd)의 주장에 대한 비평은 D. A. Carson, "Historical Tradition in the Fourth Gospel. After Dodd, What?" in *Gospel Perspectives*, eds. R. T. France and D. Wenham (Sheffield: JSOT Press, 1981), 83-145; 요한복음의 저자가 마가복음을 알고 있었다는 주장은 C. K. Barrett, "John and Synoptic Gospels," in *Expository*

지지 않는 목격자의 증거를 제시하고 있다는 주장에 무게를 실어준다. 실제로 요한복음의 저자도 다른 복음서의 저자들과 함께 복음서 이전에 존재했던 동일한 전승을 알고 사용했으나 공관복음을 직접 사용한 것은 아니라는 견해가 힘을 얻고 있다.12)

1957년 케임브리지 대학(Cambridge University)의 트리니티 학부(Trinity College)의 교수인 로빈슨(Robinson)은 옥스퍼드(Oxford)에서 행한 강연에서 요한복음 읽기에 관한 "새로운 견해(New Look)"을 제안한다. 그는 이제까지의 요한복음 연구의 학문적 성과들이 5가지의 전제들을 벗어나지 못하고 있었음을 지적한다.13) 로빈슨은 이어서 요한복음은 공관복음과 상관이 없는 독자적인 전승을 따르며, 유대지방과 유대교를 배경으로 하며, 요한복음도 다른 복음서들과 마찬가지로 역사적인 내용과 더불어 신학적인 설명을 함께 제시하며, 목격자의 증거를 제시한다는 내용의 5가지 전제를 새롭게 제시했다. 로빈슨은 도드가 주장했던 요한복음의 역사적인 전통을 근거로 자신의 연구를 신약성경 전체로 발전시켰다.14) 실제로 70년 로마군대에 의한 예루살렘 함락과 성전파

Times 85 (1973/1974): 228-33; 요한복음의 독자가 마가복음을 알고 있었다는 주장은 R. Bauckham, "John for Readers of Mark," in *The Gospel for All Christians: Rethinking the Gospel Audiences*, ed., R. Bauckham (Grand Rapids: William B. Eerdmans Publishing Company, 1998), 147-72.

12) S. S. Smalley, "Keeping Up with Recent Studies: XII. St. John's Gospel," in *Expository Times* 97 (1986): 103.

13) 로빈슨(J. A. T. Robinson)이 제시한 5가지 지배적인 전제들이란; (1) 요한복음의 저자는 자료를 사용했으며 무엇보다도 공관복음을 자료로 사용했다. (2) 요한복음의 저자는 자신이 기록한 주제와는 다른 배경을 갖고 있다. 저자는 헬라인이며 영지주의 영향을 심각하게 받고 있다. (3) 요한복음은 역사적인 예수에 대한 증거로 보기 어렵다. (4) 오히려 1세기 말경에 해당하는 신학적인 발전을 내용으로 제시한다. (5) 요한복음의 저자는 사도 요한도 목격자도 아니다. 로빈슨의 강연 본문은 *Saudia Evangelica* 73 (1959): 338-50을 보시오.

14) J. A. T. Robinson, *Redating the New Testament* (Philadelphia: Westminster Press, 1976).

괴에 대하여 요한복음의 저자가 침묵하는 사실을 근거로 로빈슨은 요한복음이 60년대에 기록된 것으로 보았다. 요한복음이 공관복음에 앞서 기록되었으며, 목격자의 증거로 역사적인 신빙성이 있으며, 유대교를 배경으로 한다는 주장을 로빈슨은 일관되게 이어갔다.[15]

　요한복음 읽기에 있어서 로빈슨의 공헌은 새로운 지평을 공개적으로 열어 놓은 데 있다. 예를 들어 요한복음의 배경을 헬레니즘에서 찾는다면, 가나(Cana) 혼인잔치에서 물로 포도주를 만드신 표적을 디오니소스(Dionysus) 신화를 배경으로 삼아 읽을 것이다. 그러나 유대교를 배경으로 읽는다면 구약성경과 유대교의 전승을 배경으로 삼아 읽게 된다. 요한복음의 전승이 역사적인 신뢰성을 갖는다면, 요한복음만의 독자적인 내용들인 니고데모 이야기, 사마리아 여인 이야기, 나사로 이야기들도 결코 꾸민 이야기가 아님이 분명하며 오히려 중요한 역사적인 가치를 지니게 된다. 그러나 근래에 와서 진정성과 역사성에 대한 질문과 상관이 없이 요한복음 읽기를 시도하는 움직임이 활발하게 진행되고 있다.[16] 새로운 문예비평적인 방법을 사용한 읽기,[17] 사회학에서 사용하는 연구방법을 사용하여 복음서를 당시의 정황을 살펴볼 수 있

---

15) J. A. T. Robinson, *The Priority of John* (London: SCM Press, 1985).

16) S. S. Smalley, "Keeping Up with Recent Studies: XII. St. John's Gospel," in *Expository Times* 97 (1986): 102-108; B. Lindars, "Some Recent Trends in the Study of John," in *Way* 30 (1990): 329-38.

17) R. A. Culpepper, *The Anatomy of the Fourth Gospel: A Study in Literary Design* (Philadelphia: Fortress Press, 1983); D. Moody Smith, *The Composition and the Order of the Fourth Gospel* (New Haven: Yale University Press, 1965); idem., *Johannine Christianity: Essays on Its Setting, Sources, and Theology* (Columbia: University of South Carolina Press, 1984); Robert T. Fortna, *The Gospel of Signs: A Reconstruction of Narrative Source Underlying the Fourth Gospel* (New York and London: Cambridge University Press, 1970); idem., *The Fourth Gospel and Its Predecessor: From Narrative Source to Present Gospel* (Philadelphia: Fortress Press, 1988).

는 창으로 보는 읽기[18]을 대표적인 예로 들 수 있다.

실제로 요한복음 읽기에서 본문을 구성하는 역사적인 과정에 대한 연구들은 본문의 흐름이 매끄럽지 못하다고 판단하는 데서 출발한다. 한 마디로 요한복음을 모순이 없는 하나의 완성된 형태의 문서로 재구성하는 작업이기도 하다. 물론 이런 지적에 대한 바른 이해를 얻기 위해서는 단순히 겉으로 드러난 현상이 아니라, 오히려 요한복음 읽기의 역사에 대한 이해를 살펴볼 필요가 있다. 요한복음 읽기를 하면서 학자들은 몇 가지 중요한 질문을 제기해 왔다. 예를 들면 요한복음 2장에서 가나 혼인잔치에서 행한 표적과 4장에서 왕의 신하의 아들을 고친 표적을 각각 첫 번째와 두 번째 표적이라고 하지만, 이런 번호 매기기는 더 이상 이어지지 않으며, 요한복음 3장과 7장 사이에서 예수의 행적은 장소이동과 관련하여 본문의 흐름이 원활하지 않은 것처럼 보인다.

요한복음 본문을 자료로 분리하여 재구성한 포트나(Fortna)는 바로 이런 현상을 분석하고 재구성한 예들 중 하나로서, "표적 자료(signs source)"가 본문들 중 가장 오래된 자료란 전제 위에 본문을 확정짓는 작업을 한다.[19] 브라운(Brown)도 현재의 요한복음 본문은 몇 단계의 과정을 거쳐서 완성된 것으로 보며, 그런 역사적인 과정을 재구성해 보인다.[20] 이런 연구가 가능한 이유는 요한복음의 본문이 단지 예수 그

---

18) Bruce Malina, *Christian Origins and Cultural Anthropology: Practical Models for Biblical Interpretation* (Atlanta: John Knox Press, 1986); Jerome Neyrey, *An Ideology of Revolt: John's Christology in Social-Science Perspective* (Philadelphia: Fortress Press, 1988); Bruce Malina, J. & Richard L. Rohrbaugh, *Social-Science Commentary on the Gospel of John* (Minneapolis: Fortress Press, 1998).

19) Robert T. Fortna, *The Gospel of Signs: A Reconstruction of Narrative Source Underlying the Fourth Gospel* (Cambridge: Cambridge University Press, 1970).

20) R. E. Brown, *The Community of the Beloved Disciple* (New York: Paulist, 1979).

리스도를 증거하는 일에 그치지 않고 복음을 전하는 신앙공동체의 삶을 반영하기도 한다는 전제가 성립되기 때문이다. 요한복음을 보존하고 새롭게 수정과 가필을 하면서 단계적으로 발전한다는 이론은 그 자체로 난해하고 결론을 내리기 어려운 과제로 남아 있다. 다만 이런 식의 연구에 선뜻 동의하지 않지만, 요한복음이 단번에 기록되지 않았다는 생각에 상당한 공감대가 형성된 것으로 보인다.

　복음서 본문이 신앙공동체의 삶을 반영한다는 전제는 본문을 근거로 그들의 가치관과 세계관, 공동체의 특징들을 재구성하는 연구를 가능하게 한다. 렌스버거(Rensberger)는 자신의 연구를 통하여 요한복음 3장과 9장은 요한복음을 전하는 신앙공동체의 현실을 상징적으로 반영하며, 요한복음 5장은 적대감과 의심에 직면하고 있는 상황을 반영한다고 설명한다.[21] 문제는 요한복음의 본문이 과연 신앙공동체가 처한 정황을 반영하기 위한 목적으로 기록했는지 여부를 묻지 않고도, 사회과학적인 방법을 적용할 수 있는 본문을 발견할 수 있다는 점이다. 본문을 전체와 분리시켜 읽는 태도에 상당한 주의를 요구하는 이유를 이런 맥락에서 발견할 수 있다. 사실 20세기 혹은 21세기의 방법론을 1세기에 기록된 본문에 그대로 적용하는 연구의 정당성을 질문하는 일은 요한복음 읽기에서도 예외가 아니다.

　최근의 요한복음 읽기는 본문을 재구성하는 작업과는 별도로 주로 의사소통을 이해하는 이론들을 적용하여 본문으로부터 의미를 찾아낸다. 이제까지 요한복음 읽기란 역사적인 진정성을 전제로 진리로서 복음을 읽었지만, 그런 전제를 우회하거나 무시할 수 있는 대안으로 마치 소설을 읽듯이 요한복음을 읽을 수 있는 가능성이 제시된다. 따라서 이전에 행해졌던 본문의 역사, 요한복음을 기록했던 혹은 수용했던

---

21) David Rensberger, *Johannine Faith and Liberating Community* (Philadelphia: Westminster Press, 1988).

신앙공동체의 정황, 요한복음의 역사적 진정성 등을 묻지 않는다. 왜냐하면 이런 질문들은 역사적인 내용을 재구성하게 되는데, 그런 작업은 궁극적으로 완전하지 못하거나 심지어 불가능하기 때문이다. 그러나 역사적인 재구성에 임하는 사람의 주관적인 지식과 가치관을 반영할 수밖에 없다는 인식과 마찬가지로 있는 그대의 본문을 인정하고 읽기에 임하는 작업도 역시 해석에 있어서 주관적인 편견을 완전히 벗어날 수는 없다. 심지어 역사와 무관한 요한복음 읽기는 복음서가 전하려는 역사적인 사실과 목격자의 증거, 그리고 하나님의 말씀인 진리로서의 가르침과는 무관한, 단지 개인이 필요로 하는 의미만을 수용할 위험을 볼 수 있다.

요한복음은 실존했던 예수 그리스도의 제자인 사도 요한이 기록하였다. 물론 요한복음 본문을 읽으면 이 사실을 알 수 있다는 주장은 아니다. 실제로 요한복음은 저자의 이름을 직접 드러내지 않는다. 온전한 형태의 현존하는 요한복음의 헬라어 사본은 "요한에 의한"이란 표현을 사용하지만, 과연 이 요한이 누구인가를 구체적으로 아는 일은 또 다른 질문에 대한 답을 구하는 일과 같다. 왜냐하면 요한복음에서 요한이란 이름은 단지 세례 요한에게만 사용하며, 이 경우 세례 요한이 요한복음의 저자가 아닌 사실은 명백하기 때문이다. 예수 그리스도의 제자인 사도 요한은 세베대의 아들이다.22) "세베대의 아들들"이란 표현이 요한복음에 나타나지만(요 21:2), 요한이란 이름은 전혀 언급되지 않는다. 단지 요한복음의 독자들에게 익숙한 '사랑하는 제자'(요 13:23; 19:26; 20:2; 21:7, 20)란 익명의 인물이 세베대의 아들인 사도 요한인 것으로 보인다.23) '사랑하는 제자'를 최초로 언급한 요한복음 13장은

---

22) 마가복음 1:19-20~ "조금 더 가시다가 세베대의 아들 야고보와 그 형제 요한을 보시니 저희도 배에 있어 그물을 깁는데; 곧 부르시니 그 아비 세베대를 삯군들과 함께 배에 버려두고 예수를 따라가니라."

12제자들과 함께 큰 다락방에 모여서 최후의 만찬을 나누는 장면에 해당한다.[24] 따라서 '사랑하는 제자'는 예수의 12제자들 중 한 사람이며 사도로 보인다.

예수께서 십자가 위에서 자신의 어머니를 모실 것을 '사랑하는 제자'에게 부탁하는 장면이 요한복음 19장에 등장한다.[25] 21장에서는 베드로와 비교되는 상대로 '사랑하는 제자'가 등장하고, 이때 예수께서 베드로에게 사랑하는 여부를 묻게 된다. '사랑하는 제자'와 관련하여 가장 중요한 본문은 요 21:20-24이다. 베드로의 운명에 대한 언급에 이어, '사랑하는 제자'의 역할에 대한 언급이 이어진다. 물론 여기서 '사랑하는 제자'가 예수의 재림 때까지 남아서 그의 오심을 증거할 것이라는 생각은 오해이다. 다만 자신이 기록한 내용에 대하여 다른 사람들의 입을 빌려서 진정성을 언급한 점은 왠지 어색하게 보일 수도 있다. 그러나 '사랑하는 제자'가 목격자로서 기록을 남긴 사실은 명백하다. 많은 사람들이 익명의 '사랑하는 제자'가 누구인가에 대하여 질문하고 답하였다. 그러나 여전히 열두 제자 중의 한 사람으로, 베드로와 늘 함께 등장하며, 예수와 함께 최후의 만찬을 나누었던 세베대의 아들 중 하나인 사도 요한을 '사랑하는 제자'로 본다. 사실 사도시대 이후 초대교회 안에서 요한복음의 저자가 사도 요한인 사실은 이레네이우스(Irenaeus)와 폴리캅(Polycarp) 등이 충분한 설명을 제공한다. 요한복음의

---

23) 요한복음은 예수의 어머니도 '마리아'란 이름으로 거명하지 않는다.

24) 마가복음 14:17-18~ "저물매 그 열둘을 데리시고 와서; 다 앉아 먹을 때에 예수께서 가라사대 내가 진실로 너희에게 이르노니 너희 중에 한 사람 곧 나와 함께 먹는 자가 나를 팔리라 하신대."

25) 요한복음 19:26-27~ "예수께서 그 모친과 사랑하시는 제자가 곁에 섰는 것을 보시고 그 모친께 말씀하시되 여자여 보소서 아들이니이다 하시고; 또 그 제자에게 이르시되 보라 네 어머니라 하신대 그 때부터 그 제자가 자기 집에 모시니라."

저자가 사도 요한인 사실을 간접적인 방법으로 증명하기도 한다. 웨스트콧(Westcott)과 라이트훗(Lightfoot)이 대표적인 학자들로 요한복음의 저자는 유대인이며, 팔레스틴 지역에 살았었고, 자신이 기록한 내용의 목격자였으며, 사도이며 요한 자신이라고 본다. 사실 새로운 증거가 나오지 않는 상황에서 사도 요한이 저자일 가능성이 없다는 가정을 입증하려는 시도는 더 이상 없다고 봐도 무방하다.

복음서란 예수 그리스도의 생애를 저자가 선택적으로 기록한 내용이다. 당시의 문헌들의 내용과 서로 비교해 보면 전기, 행전, 회상록이 가장 유사한 기록으로 보인다. 비록 복음서가 이런 문헌들과 유사한 점이 있다고 해도 어느 한 유형에 일치한다는 판단을 내리기는 어렵다. 다시 말해 복음서는 어떤 특정한 유형에 속하지 않는 독특한 형식의 기록이다. 그러나 학자들은 복음서를 비교분석하면서 복음서들 사이에 유사점과 차이점들이 있는 사실을 주목했으며, 뿐만 아니라 소위 공관복음(Synoptics)과 요한복음 사이의 유사점과 차이점들에 주목한다. 요한복음 읽기란 이런 유사점과 차이점들을 설명하는 노력을 무시하지 않지만, 그렇다고 인위적이고 작위적인 관점에 집착하지도 않는다. 이런 관점에서 공관복음과 요한복음을 나누어 역사적인 성격의 비중을 달리하거나, 신학적인 의미의 차이를 현격한 것으로 간주하려는 시도를 경계할 필요가 있다.

불트만이 문제를 제기한 이후로 요한복음 읽기를 위한 주요한 학문적인 연구의 대상이 되어버린 자료의 사용과 구성에 혹은 배열에 대한 이해가 논리적이고 사변적인 완결성을 추구하는 점을 부인하기는 어렵다. 그렇다고 해서 역사적 인물인 예수께서 하나님의 아들로서 주와 그리스도인 사실을 알리기 위한 목적으로 기록한 복음서의 내용이 역사적인 사실과 신학적인 해석을 동시에 담아내고 있으며, 여기서 역사와 신학을 분리하는 작업은 아무리 신중을 기해도 부족하지 않은 점을 잊어서는 안 된다. 심지어 복음의 내용을 역사적으로 재구성하는 작업을 주관주의와 상대주의에 대한 이해를 근거로 불가능하다고 단정을 짓고, 이런 시도와 노력의 결과를 처음부터 외면하거나 무시하는 자세는 결과적으로 요한복음 읽기를 주관적인 잣대 위에서 상대적인 의미를 찾는 노력으로 전락시킬 수 있음을 직시해야 한다. 그럼에도 불구하고 새로운 연구와 노력의 등장은 언제라도 환영할 일이다. 근래에 등장한 요한복음을 정경으로 인정하면서 있는 그대로의 본문 읽기를 통하여 신학적인 메시지를 발견하려는 노력들은 보다 나은 해석의 가능성을 보이는 긍정적인 면을 보인다.

　누구든지 하나님의 말씀인 요한복음을 읽을 수 있다는 생각에 동의한다. 또한 요한복음 읽기란 항상 새로운 도전이고 과제이어야 한다. 여기서 도전과 과제로서 요한복음 읽기란 무엇보다도 독자 스스로가 올바른 자기이해가 필요한 점을 인정하는 데서 출발한다. 더불어 요한복음 읽기의 역사를 통하여 알려진 유산에 대한 바른 이해와 지식을 갖는 일도 선결과제로서 중요한 의미를 갖는다. 이런 일련의 전제조건을 해결하려는 노력을 실천에 옮긴다면, 요한복음 읽기는 더욱 흥미진진한 신앙의 실천이 될 것이다. 왜냐하면, 전체를 통하여 부분을 읽든지 부분을 통하여 전체를 읽든지, 과거로부터 오늘에 이르기까지 엄청난 사랑과 관심을 통하여 이루어진 냉철한 분석과 엄밀한 해석의 결과물들을 통하여 친절한 안내를 받을 수 있기 때문이다. 이 뿐만 아니라, 새롭게 하는 성령의 도우심을 통하여 요한복음에 담겨진 독특한 의미와 가치를 더욱 깊이 맛볼 수 있기 때문이다. 이 책이 그런 동기를 부여하기 원하며, 동시에 도움이 될 수 있기를 기대한다.

참고문헌

김세윤. *The Origin of Paul's Gospel.* 『바울복음의 기원』. 홍성희 역. 서울: 엠마오, 1990.

Aalen, S. "Glory, Honour." 2:45 in *New Internaitonal Dictionary of New Testament Theology.* ed. Colin Brown. Grand Rapids: Zondervan, 1976.

Achtemeier, Paul J. & Green, Joel B. & Meye-Thompson, M. *Introducing the New Testament: Its Literature and Theology.* Grand Rapids: William B. Eerdmans Publishing Company, 2001.

Aland and Aland. *The Text of the New Testament.* Grand Rapids: William B. Eerdmans Publishing Company, 1989.

Aland, K. *Synopsis of the Four Gospels.* Stuttgart: United Bible Society, 1971.

Alexander, D. and Rosner, B. eds. *New Dictionary of the Biblical Theology.* Downer Grove, Ill.: Inter-Varsity Press, 2000.

Alexander, Loveday. "Luke's Preface in the Context of Greek Preface Writing." *Novum Testamentum* 28 (1986): 48-72.

_____. *The Preface to Luke's Gospel.* Cambridge: Cambridge University Press, 1993.

Anderson, P. N. *The Christology of the Fourth Gospel.* Valley Forge, Penn.: Trinity Press International, 1996.

Ashton, John. "Introduction: The Problem of John." in *Interpretation of John.* ed., John Ashton. Philadelphia: Fortress Press, 1986.

_____. *Understanding the Fourth Gospel.* Oxford: Clarendon Press, 1991.

Attridge, H. W. "Genre Bending in the Fourth Gospel." in *Journal of Biblical Literature* 121 (2002): 3-21.

Augustine, *De consensu evanglistarum* 6. cited in Volfing, A, *John the Evangelist in Medieval German Writings: Imitating the Inimitable.* Oxford: Oxford University Press,

2001.

Aune, David E. *The New Testament in Its Literary Environment*. Philadelphia: Westminster Press, 1987.

_____. ed., *Greco-Roman Literature and the New Testament*. Atlanta: Scholars Press, 1988.

Barrett, C. K. "The Old Testament in the Fourth Gospel." in *Journal of Theological Studies* 48 (1947): 155-69.

_____. *New Testament Essays*. London: SPCK, 1972.

_____. *The Gospel according to St. John: An Introduction with Commentary and Notes on the Gospel Text*. Philadelphia: Westminster Press, 1978.

Beasley-Murray, G. R. *John*. 2nd ed., Word Biblical Commentary 36. Nashville: Thomas Nelson Publisher, 1999.

Becker, U. "Gospel, Evangelism, Evangelist." 2:107-115 in *The New International Dictionary of the New Testament Theology*. ed. Brown, Colin. trans. and rev. Grand Rapids: Zondervan, 1976.

Bilezikian, Gilbert. *The Liberated Gospel: A Comparison of the Gospel of Mark and Greek Tragedy*. Grand Rapids: Baker, 1977.

Black, Matthew. *An Aramaic Approach to the Gospels and Acts*. Oxford: Oxford University Press, 1967.

Blomberg, Craig L. "Midrash, Chiasmus, and the Outline of Luke's Central Section." 3: 217-61 in *Gospel Perspectives*. eds. France, R. T. and Wenham, David. and Blomberg, Craig L. 6 vols. Sheffield: JSOT, 1980-1986.

_____. *The Historical Reliability of the Gospels*. Downers Grove, Ill.: Inter-Varsity Press, 1987.

_____. "To What Extent Is John Historically Reliable?," 27-56 in *Perspectives on John: Method and Interpretation in the Fourth Gospel*. ed. Sloan, Robert B. and Parsons, Mikeal C. Lewiston: Mellen, 1993.

_____. *Jesus and the Gospels: An Introduction and Survey*. Nashville: Broadman & Holman, 1997.

_____. "The Historical Reliability of John: Rushing in Where Angels Fear to Tread?," 71-82 in *Jesus in Johannine Tradition*, eds. Fortna, R. T. and Thatcher, T. Louisville, KY.: Westminster John Knox Press, 2001.

Bode, E. L. *The First Easter Morning: The Gospel Accounts of the Women's Visit to the Tomb of Jesus*. Rome: Biblical Institute Press, 1970.

Borchert, G. L. *The Dynamics of Evangelism*. Waco: Word Books, 1976.

_____. *Assurance and Warning*. Nashville: Broadman Press, 1987.

_____. *John 12-21*. New American Commentary 25B. Nashville: Broadman & Holman, 2002.

Borgen, Peder. *Bread from Heaven: An Exegetical Study of the Concept of Manna in the Gospel of John and the Writings of Philo*. Leiden: Brill, 1965.

_____. "The Gospel of John and Hellenism, Some Observations.," 98-123 in Culpepper, R. A. and Black, C. C. eds. *Exploring the Gospel of John*. Louisville: Westminster/John Knox Press, 1996.

Boyd, Gregory A. *Cynic Sage or Son of God?* Wheaton: Victor, 1995.

Braun, Francois-Marie. *Jean le Theologien*. Paris: Gabalda, 1959.

Brown, R. E. *The Gospel according to John I-XII*. Anchor Bible Commentary 29. Garden City: Doubleday & Company, 1966.

_____. *The Gospel according to John XIII-XXI*. Anchor Bible Commentary 29A. Garden City, N.Y.: Doubleday, 1970.

_____. *The Community of the Beloved Disciple: The Lives, Loves, and Hates of an Individual Church in the New Testament Times*. New York: Paulist Press, 1979.

_____. *The Churches the Apostles Left Behind*. New York: Paulist Press, 1984.

_____. *An Introduction to the New Testament Christology*. London: Chapman, 1994.

_____. *An Introduction to the Gospel of John*. ed. Francis J. Moloney. New York: Doubleday, 2003.

Bruce, F. F. *The New Testament Documents: Are They Reliable?* 5th ed. Downers Grove, Ill.: Inter-Varsity Press, 1960.

_____. *The Defense of the Gospel in the New Testament*. rev. & ed. Grand Rapids: William B. Eerdmans Publishing Company, 1977.

_____. "Gospels." 427-30 in *New Bible Dictionary*. 3rd ed., eds. Marshall, I. H. & Millard, A. R. & Packer, J. I. & Wiseman, D. J. Leicester: Inter-Varsity Press, 1996.

Bultmann, R. "Der religions-geschichtliche Hintergrund des Prologs zum Johannesevangelium." in *Eucharisterion, Studies zur Literatur des Alten und Neuen Testaments*. Göttingen: Vandenhoeck & Ruprecht, 1920.

_____. "Die Bedeutung der neuerschlossen mandaïschen für das Verständnis des

Johannesevangelium." *Zeitschrift für die neutestamentliche Wissenschaft und die Kunde die älteren Kirche* 24 (1925): 100-146.

_____. *The History of the Synoptic Tradition*. trans. Marsh, John. New York, 1963.

_____. *The Gospel of John: A Commentary*. trans. Beasley-Murray, G. R. Hoare, R. W. N. & Riches, J. K. Philadelphia: Westminster Press, 1971; 3rd 1976.

Burge, G. M. *The Anointed Community: The Holy Spirit in the Johannine Tradition*. Grand Rapids: William B. Eerdmans Publishing Company, 1987.

_____. *Interpreting the Gospel of John*. Grand Rapids: Baker Book House Company, 1992.

_____. *The Gospel of John. NIV Application Commentary*. Grand Rapids: Zondervan, 2000.

_____. "Interpreting the Gospel of John," 357-83 in *Interpreting the New Testament: Essays on Methods and Issues*. Black, David Alan & Dockery, David S. eds. ? Nashville: Broadman and Holman Publishers, 2001.

Burney, C. F. *The Aramaic Origin of the Fourth Gospel*. Oxford: Oxford University Press, 1922.

Burridge, Richard A. *What Are the Gospels? A Comparision with Graeco-Roman Biography*. Cambridge: Cambridge University Press, 1992.

Caillet, Emile. *The Dawn of Personality*. Indianapolis: Bobs-Merrill, 1955.

Calvin, John. *The Gospel according to St. John*. vol 1. trans. Parker. T. H. L. Grand Rapids: William B. Eerdmans Publishing Company, 1959.

Carson, D. A. "The Purpose of the Fourth Gospel: John 20:31 Reconsidered." in *Journal of Biblical Literature*. 106 (1987): 639-51.

_____. "John and the Johannine Epistles." 245-64 in *It Is Written: Scripture Citing Scripture: Essays in Honor of Barnabas Lindars*. eds. Carson, D. A. and Williamson, H. G. M. Cambridge: Cambridge University Press, 1988.

_____. *The Gospel according to John, Pillar New Testament Commentary*. Grand Rapids: William B. Eerdmans Publishing Company, 1991.

_____. "Reflections on Christian Assurance." *Westminster Theological Journal* 54 (1992): 1-29.

_____. *The Gagging of God: Christianity Confront Pluralism*. Grand Rapids: Zondervan, 1996.

Cassem, N. H. "A Grammatical and Contextual Inventory of the Use of kosmos in the

Johannine Corpus with Some Implications for a Johannine Cosmic Theology." in *New Testament Studies* 19 (1972): 81-91.

Charlesworth, J. H. "A Critical Comparison of the Dualism in 1QS 3:13-4:26 and the 'Dualism' Contained in the Gospel of John." 76-106 in *John and Qumran*. ed. Charlesworth, J. H. London: Geoffrey Chapman, 1972.

_____. ed., *John and the Dead Sea Scrolls*. New York: Crossroad, 1990.

Corley, Bruce. "Trials of Jesus." 841-854 in *Dictionary of Jesus and the Gospels*. eds. Green, J. B. & McKnight, S. and Marshall, I. H. Downers Grove: InterVarsity Press, 1992.

Crosman, R. "Is There Such a Thing as Misreading?" in *Criticism and Critical Theory*. ed., Hawthorn, J. London: Edward Arnold, 1984.

Cullmann, Oscar. *The Christology of the New Testament*. rev. ed., trans. Guthrie, Shirley C. and Hall, Charles A. M. New Testament Library. Philadelphia: Westminster Press, 1963.

_____. *The Johannine Circle*. trans. Bowden, John. Philadelphia: Westminster Press, 1976.

Culpepper, R. A. *The Johannine School. Society for Biblical Literature Dissertation Series* 26. Missoula: Scholars Press, 1975.

_____. "The Pivot of John's Prologue." *New Testament Studies* 27 (1981): 1-31.

_____. *Anatomy of the Fourth Gospel: A Study in Literary Design*. Philadelphia: Fortress, 1983.

_____. *John, The Son of Zebedee, The Life of a Legend*. Columbia, S.C.: The University Press of South Carolina, 1994.

_____. *The Gospel and Letters of John. Interpreting Biblical Texts*. Nashville: Abingdon Press, 1998.

Cunningham, P. A. *Jesus and the Evangelists*. New York: Paulist Press, 1988.

Danker, F. W. rev. & ed. based on Bauer, W. W. *A Greek-English Lexicon of the New Testament and Other Early Christian Literature*. 3rd ed. trans. by Arndt, W. F. & Gingrich, F. W. and Danker, F. W. Chicago and London: The University of Chicago Press, 2000.

Davies, Margaret. "Which Is the Best Commentary? XI: The Fourth Gospel." *Expository Times* 99 (1987): 73-78.

de Boer, M. C. "Narrative Criticism, Historical Criticism, and the Gospel of John." in

Journal for the Study of the New Testament 47 (1992): 35-48.

_____. "Narrative Criticism, Historical Criticism, and the Gospel of John." 95-108 in *The Johannine Writings: A Sheffield Reader*. Porter, S. E. & Evans, C. A. eds. Sheffield, England: Sheffield Academic Press, 1995.

de Jonge, M. *Jesus, Stranger from Heaven and Son of God*. Missoula, MT: Scholars Press, 1977.

Dodd, C. H. *The Authority of the Bible*. London: Nisbet & Company, 1928.

_____. *The Present Task of New Testament Studies*. Cambridge: Cambridge University Press, 1936.

_____. *The Interpretation of the Fourth Gospel*. Cambridge: Cambridge University Press, 1953.

_____. *Historical Tradition in the Fourth Gospel*. Cambridge: Cambridge University Press, 1963.

Dods, Marcus. *The Gospel of St. John in The Expositor's Greek Testament*. London, 1897.

Domeris, W. R. "The Johannine Drama." in *Journal of Theological Studies in Asia* 21 (1983): 29-35.

Draper, J. A. "Temple, Tabernacle and Mystical Experience in John," in *Neotetamentica* (1997): 263-88.

Drummond, J. *An Inquiry into the Character and Authorship of the Fourth Gospel* (n.a. 1903)

Duke, Paul D. *Irony in the Fouth Gospel*. Atlanta: John Knox Press, 1985.

Dungan, David L. *A History of the Synoptic Problem*. New York: Doubleday, 1999.

Dunn, J. D. G. *Christology in the Making: A New Testament Inquiry into the Origins of the Doctrine of the Incarnation*. London: SCM Press, 1980.

Eckhardt, K. A. *Der Tod des Johannes*. Berlin: De Gruyter, 1961.

Edwards, Ruth B. "χάριν ἀντὶ χάριτος (John 1:16): Grace and the Law in the Johannine Prologue." in *Journal for the Study of the New Testament* 32 (1988): 3-15.

Ehrhardt, Arnold. "The Gospels in the Muratorian Fragment." in *The Framework of the New Testament Stories*. Cambridge: Harvard University Press, 1964.

Ehrman, Bart D. *The Text of the New Testament in Contemporary Research*. Grand Rapids: William B. Eerdmans Publishing Company, 1995.

Ellis, E. E. *The World of St. John. Bible Guides*. New York: Abingdon, 1965.

Eusebius, *The History of the Church*. Greek: E. Schwarz (ed.), Leipzig 1914, reprinted 1955; H. J. Lawlor and J. E. L. Oulton (eds.), 2 vols., London 1927; G. A. Williamson (ed.), Harmondsworth 1987.

Evans, Craig A. "Jewish Exegesis." 380-84 in *Dictionary for the Theological Interpretation of the Bible*. general editor Vanhoozer, Kevin J. Grand Rapids: Baker Academic, 2005.

Filson, Floyd. "Who Was the Beloved Disciple?" *Journal of Biblical Literature*. 68 (1949): 83-88.

Finegan, Jack. *Encountering New Testament Manuscripts: A Working Introduction to Textual Criticism*. Grand Rapids: William B. Eerdmans Publishing Company, 1974.

Fiorenza, E. Schussler. "The Quest for the Johannine School: The Apocalypse and the Fourth Gospel." *New Testament Studies* 23 (1977): 402-427.

Flanagan, Neal. "The Gospel of John As Drama." in *Bible Today* 19 (1981): 264-270.

Fortna, Robert T. *The Gospel of Signs: A Reconstruction of Narrative Source Underlying the Fourth Gospel*. New York and London: Cambridge University Press, 1970.

_____. *The Fourth Gospel and Its Predecessor: From Narrative Source to Present Gospel*. Philadelphia: Fortress Press, 1988.

France, R. T. and Wenham, David. and Blomberg, Craig L., eds. *Gospel Perspectives*. 6 vols. Sheffield: JSOT, 1980-1986.

Francois. "The Johannine School: A Gnostic Tradition in Primitive Christianity." *Biblica* 69 (1988): 371-385.

Freeman, D. "Feasts." 365-67 in *New Bible Dictionary*. 3rd ed., eds. Marshall, I. H. & Millard, A. R. & Packer, J. I. & Wiseman, D. J. Leicester: Inter-Varsity Press, 1996.

Frye, Northrop. *The Great Code: The Bible and Literature*. New York and London: Harcourt Brace Jovanovich, 1982.

Gardner-Smith, P. St. *John and the Synoptic Gospels*. Cambridge: Cambridge University Press, 1938.

Gaventa, B. R. "The Archive of Excess: John 21 and the Problem of Narrative Closure." 240-51 in *Exploring the Gospel of John: In Honor of D. Moody Smith*. eds. R. A. Culpepper and C. C. Black. Louisville: Westminster John Knox, 1996.

Guelich, Robert A. "The Gospel Genre." 173-208 in *The Gospels and the Gospel*. ed.

Stulmacher, Peter. Grand Rapids: William B. Eerdmans Publishing Company, 1991.

Guilding, A. *The Fourth Gospel and Jewish Worship*. Oxford: Clarendon. 1960.

Gundry, Robert H. *Matthew: A Commentary on His Literary and Theological Art*. Grand Rapids: William B. Eerdmans Publishing Company, 1982.

_____. *Matthew: A Commentary on His Handbook for a Mixed Church Under Persecution*. Grand Rapids: William B. Eerdmans Publishing Company, 1994.

Guthrie, Donald. *New Testament Introduction*. Downers Grove, IL: Inter-Varsity Press, 1973: 『신약개론』. 나용화 & 박영호 공역. 서울: 기독교 문서 선교회, 1988.

Haenchen, E. *John: A Commentary on the Gospel of John*. Hermeneia 2 vols., eds. Funk, R. W. & Busse, U. trans. Funk, R. W. Philadelphia: Fortress Press, 1984.

Hanson, Anthony T. "John I.14-18 and Exodus XXXIV." *New Testament Studies* 23 (1977): 90-101.

Harrison, E. "A Study of John 1:14." 23-26 in Guelich, R. ed. *Unity and Diversity in New Testament Theology*. Grand Rapids: William B. Eerdmans Publishing Company, 1978.

Harvey, A. E. *Jesus on Trial: A Study in the Fourth Gospel*. Atlanta: John Knox Press, 1977.

Hengel, Martin. *Acts and the History of Earliest Christianity*. London: SCM Press, 1979.

_____. "The Titles of the Gospels and the Gospel of Mark." 64-84 in *Studies in the Gospel of Mark*. Philadelphia: Fortress Press, 1985.

_____. *The Johannine Question*. trans. Bowden, John. London: SCM Press, 1989.

Hill, J. H. *The Earliest Life of Christ Ever Compiled from the Four Gospels, Being the Diatessaron of Tatian*. Edinburgh: T. & T. Clark, 1894.

Hillmer, Melvyn R. "They Believed in Him: Discipleship in the Johannine Tradition," 77-97 in *Patterns of Discipleship in the New Testament*. ed., Longenecker, R. N. Grand Rapids: William B. Eerdmans Publishing Company, 1996.

Hirsh Jr. E. D. *Validity in Interpretation*. New Heaven and London: Yale University Press, 1967.

Hooker, Morna D. "John the Baptist and the Johannine Prologue." in *New Testament Studies* 16 (1969-1970): 354-58.

_____. "The Johannine Prologue and the Messianic Secret." in *New Testament*

Studies 21 (1975): 40-58.

_____. *The Gospel according to St. Mark*. London: A & C Black, 1991.

Hoskyns, E. C. *The Fourth Gospel*. ed. F. N. Davey. London: Faber and Faber, 1940, 2nd ed. 1947.

Howard, W. F. *The Fourth Gospel in Recent Criticism and Interpretation*. rev. Barrett, C. K. London: Epworth, 1955.

Hull, W. E. *John*. Broadman Bible Commentary. ed. Allen, C. J. Nashville: Broadman Press, 1970.

Hunter, A. M. "Recent Trends in Johannine Studies," in *Expository Times* 71 (1960): 164-67.

_____. *According to John*. London: SCM Press, 1968.

Hurtado, Larry W. "Gospel(Genre)." 276-82 in *Dictionary of Jesus and the Gospels*. eds. Green, Joel B. and McKnight, Scot and Marshall, Howard I. Downers Grove: InterVarsity Press, 1992.

Isaacs, E. D. "Feasts and Fasts." in *International Standard Bible Encyclopedia*, general ed., James Orr (Grand Rapids: William B. Eerdmans Publishing Company, 1978), 2:1103-1104.

Jackson, H. M. "Ancient Self-Referential Conventions and Their Implications for the Authorship and Integrity of the Gospel of John." in *Journal of Theological Studies* 50 (1999): 1-34.

Jeremias, Joachim. "ποίμνη et al." in *Theological Dictionary of the New Testament*, ed., Gerhard Kittel, trans. Geoffrey W. Bromiley (Grand Rapids: William B. Eerdmans Publishing Company, reprint, 1993), 6:485-489.

_____. *The Eucharistic Words of Jesus*. trans. N. Perrin. New York: Charles Scribner's, 1966.

Käsemann, Ernst. "The Structure and the Purpose of the Prologue to John's Gospel." in *New Testament Questions of Today*. London: SCM Press, 1969.

_____. *The Testament of Jesus: A Study of the Gospel of John in the Light of Chapter 17*. Philadelphia: Fortress Press, 1968.

Kealy, Sean P. *John's Gospel and the History of Biblical Interpretation*, Book 1 & Book 2. New York, Ontario, Wales: The Edwin Mellen Press, 2002.

Keener, Craig S. *The Gospel of John: A Commentary*. 2 vols. Peabody: Hendrickson, 2003.

Kelber, Werner. *The Oral and the Written Gospel*. Philadelphia: Fortress Press, 1983.

380

Kelly, J. N. D. *Early Christian Doctrine.* New York: Harper and Row, 1978.

Kendall, R. T. *Once Saved, Always Saved.* Chicago: Moody Press, 1985; originally published by Houghton & Stoddard, 1983.

Kermode, Frank. *The Genesis of Secrecy: On the Interpretation of Narrative.* Cambridge: Harvard University Press, 1979.

Koester, Helmut. *Ancient Christian Gospels.* Philadelphia: Trinity Press International, 1990.

Koester, Helmut. *Introduction to the New Testament.* 2 vols. Philadelphia: Fortress Press, 1982.

Köstenberger, A. *The Missions of Jesus and the Disciples according to the Fourth Gospel.* Grand Rapids: William B. Eerdmans Company, 1998.

_____. "Jesus as Rabbi in the Fourth Gospel," *Bulletin of Biblical Research* 8 (1998): 97-128.

_____. *Encountering John: The Gospel in Historical, Literary, and Theological Perspective.* Grand Rapids: Baker Academic, 1999(『요한복음 총론: 역사적, 문학적, 신학적 관점』. 김광모 역. 서울: 크리스챤 출판사, 2005).

_____. *John,* Baker Exegetical Commentary on the New Testament. Grand Rapids: Baker Academic, 2004.

Kümmel, W. G. *The New Testament: The History of the Investigation of Its Problems.* Nashville: Abingdon Press, 1972.

_____. *Introduction to the New Testament.* trans. Kee, H. Nashville: Abingdon Press, 1975.

Kysar, R. *The Fourth Evangelist and His Gospel: An Examination of Contemporary Scholarship.* Minneapolis: Augsburg Publishing House, 1975.

_____. "The Gospel of John in Recent Research," in *Religious Studies Review* 9 (1984): 314-23.

_____. "Expulsion from the Synagogue: A Tale of Theory." 237-45 in *Voyages with John: Charting the Fourth Gospel.* Waco, TX: Baylor University Press, 2005.

Ladd, G. E. *The New Testament and Criticism.* Grand Rapids: William B. Eerdmans Publishing Company, 1967.

Lee, Dorothy A. *The Symbolic Narratives of the Fourth Gospel: The Interplay of Form and Meaning.* Journal for the Society of the New Testament Supplement Series

95, S. E. Porter ed. Sheffield: JSOT Press, 1994.

Lightfoot, J. B. and Harmer, J. R. trans. and eds. *The Apostolic Fathers*. London: MacMillan, 1889; 2d ed. M. W. Holmes, ed. and trans. Grand Rapids: Baker, 1992.

Lincoln, A. T. *Truth and Trial: The Lawsuit Motif in the Fourth Gospel*. Peabody, M.A.: Hendrickson, 2000.

Lindars, Barnabas. *The Gospel of John. New Century Bible*. Grand Rapids: William B. Eerdmans Publishing Company, 1972.

Lohmeyer, Ernst. "Uber Aufbau und Gliederung des vierten Evangeliums." in *Zeitschrift fur die neutestamentliche Wissenschaft und die Kunde der alteren Kirche* 27 (1928): 11-36.

Louw, J. P. & Nida, E. A. *Greek-English Lexicon of the New Testament: Based on Semantic Domains*. electronic ed. of the 2nd edition. New York: United Bible Societies.

Luthardt, Christoph Ernst. *St. John the Author of the Fourth Gospel*. trans. Casper Rene'Gregory. Edinburgh: T & T Clark, 1875.

MacRae, G. W. "The Meaning and Evolution of the Feast of Tabernacles." in *Catholic Biblical Quarterly*. 22 (1960): 268-76.

MacRae, G. W. "Theology and Irony in the Fourth Gospel." 83-96 in *The Word and the World: Essays in Honor of F. L. Moriarty*. eds. Clifford, R. J. and MacRae, G. W. Cambridge: Harvard University Press, 1973.

Malatesta, E. "John in the History of Exegesis," in *St. John's Gospel 1920-1965*. Rome: Pontifical Institute, 1967.

Malina, Bruce J. & Rohrbaugh, Richard L. *Social-Science Commentary on the Gospel of John*. Minneapolis: Fortress Press, 1998.

Martin, R. *New Testament Foundations: A Guide for Christian Students, The Four Gospels*. Grand Rapids: William B. Eerdmans Publishing Company, 1975.

Martyn, J. L. *History and Theology in the Fourth Gospel*. 2nd ed. Nashville: Abingdon Press, 1979.

Matthews, K. A. "Literary Criticism of the Old Testament." 205-54 in *Foundations for Biblical Interpretation*. eds. Dockery, D. S. and Matthews, K. A. and Sloan, R. B. Nashville: Broadman & Holman, 1994.

McCarthney, Dan. & Clayton, Charles. *Let the Reader Understand: AA Guide to Interpreting and Applying the Bible*. Wheaton, Ill.: Victor Books, 1994.

382

Metzger, Bruce. *The Canon of the New Testament: Its Origin, Development, and Significance.* Oxford: Clarendon, 1987.

_____. *A Textual Commentary on the Greek New Testament.* 2nd ed. New York: American Bible Society, 1994.

Meye-Thompson, Marianne. *The Humanity of Jesus in the Fourth Gospel.* Philadelphia: Fortress Press, 1988.

_____. *The Incarnate Word: Perspectives on Jesus in the Fourth Gospel.* Peabody: Hendrickson, 1993.

Miller, L. ed. *Salvation-History in the Prologue of John: The Significance of John 1:3-4.* Novum Testamentum Supplements 60. Leiden: Brill, 1989.

Mills, Watson E. *The Gospel of John.* vol. 4. Bibliographies for Biblical Research: Periodical Literature for the Study of the New Testament. ed., Watson E. Mills, 11 vols. Lewiston: Mellen, 2002.

Minear, P. S. "The Origin and Function of John 21." in *Journal of Biblical Literature* 102 (1983): 85-98.

Moismard, M.-E. *St. John's Prologue.* London: Blackfriars, 1957.

Moloney, F. J. *Belief in the Word: Reading John 1-4.* Minneapolis: Fortress Press, 1993.

_____. *The Gospel of John.* Sacra Pagina 4. Collegeville, M.N.: Liturgical Press, 1998.

Morris, L. *Studies in the Fourth Gospel.* Grand Rapids: William B. Eerdmans Publishing Company, 1969.

_____. *The Gospel according to John.* NICNT. Grand Rapids: William B. Eerdmans Publishing Company, 1971.

_____. *Jesus Is the Christ: Studies in the Theology of John.* Grand Rapids: William B. Eerdmans, 1989 (『요한신학』. 홍찬혁 역. 서울: 기독교 문서 선교회, 1995).

Moule, C. F. D. *The Phenomenon of the New Testament.* Cambridge: Cambridge University Press, 1973.

Murphy-O'Connor, Jerome. *The Ecole Biblique and the New Testament.* Cedar Falls, Iowa: Freiburg, 1990.

Neill, S. C. *The Interpretation of the New Testament. 1861-1986.* 2nd ed. New York: Oxford University Press, 1988.

Neyrey, Jerome H. "'My Lord and My God': The Divinity of Jesus in John's Gospel."

Society of Biblical Literature Seminar Papers (1986): 152-71.

_____. "'Without Beginning of Days or End of Life'(Hebrews 7:3): Topos for a True Deity." in *Catholic Biblical Quarterly* 53 (1991): 439-55.

_____. *The Gospel of John*. New York: Cambridge University Press, 2007.

Nicholson, Godfrey C. *Death as Departure: The Johannine Descent-Ascent Schema*. Chico: Scholars Press, 1983.

Nicol, W. *The Semeia in the Fourth Gospel*. Leiden: Brill, 1972.

Noack, Bent. *Zur Johanneischen Tradition*, Copenhagen, 1954.

O'Day, Gail R. *Revelation in the Fourth Gospel: Narrative Mode and Theological Claim*. Philadelphia: Fortress Press, 1986.

_____. "The Word Because Flesh: Story and Theology in the Gospel of John." 67-76 in *Literary and Social Readings of the Fourth Gospel*. vol. 2. "What Is John?" ed. Fernando F. Segovia, Society of Biblical Literature Symposium Series 7. Atlanta: Scholars Press, 1998.

_____. "The Gospel of John: Reading the Incarnate Words." 25-32 in *Jesus in Johannine Tradition*. eds. R. T. Fortna and T. Thatcher. Louisville: Westminster John Knox, 2001.

Osborne, G. R. "John 21: Test Case for History and Redaction in the Resurrection Narrative." 293-328 in *Gospel Perspectives. vol. 2: Studies of History and Tradition in the Four Gospels*. ed., R. T. France and D. Wenham. Sheffield: JSOT Press, 1981.

_____. "Genre Criticism- Sensus Literalis." *Trinity Journal of Theology* 4 (1983): 1-27.

Pagels, Elaine. *The Johannine Gospel in Gnostic Exegesis: Heracleon's Commentary on John*. SBL Monograph Series. Nashville: Abingdon Press, 1973.

Painter, John. "Christology and the History of the Johannine Community in the Prologue of the Fourth Gospel." in *New Testament Studies* 30 (1984): 460-74.

_____. *The Quest for the Messiah: The History, Literature and Theology of the Johannine Community*. 2nd ed. Nashville: Abingdon Press, 1993.

Parker, Pierson. "Two Editions of John." *Journal of Biblical Literature* 75 (1956): 303-314.

_____. "John and John Mark." *Journal of Biblical Literature* 79 (1960): 97-110.

Paroschi, Wilson. *Incarnation and Covenant in the Prologue to the Fourth Gospel (John*

1:1-18). New York: Peter Lang, 2006.

Patterson, Stephen J. "The Prologue to the Fourth Gospel and the World of Speculative Jewish Theology." in *Jesus in Johannine Tradition*. ed., Fortna, Robert T. and Thatcher. Tom. Louisville: Westminster John Knox Press, 2001.

Patzia, A. G. & Petrotta, A. J. *Pocket Dictionary of Biblical Studies*. Downers Grove, Ill.: Inter-Varsity Press, 2002.

Petersen, Norman R. *Literary Criticism for New Testament Critics*. Philadelphia: Fortress Press, 1978.

Polhill, J. B. "The Revelation of True Life." in *Review & Expositor*. vol. 85, no. 3 (1988, Summer): 445-57.

Porton, Gary G. "Midrash: Palestine Jews and the Hebrew Bible in the Greco-Roman Period." ANRW 2.19.2 (1979): 103-38.

Preiss, Theo. *Life in Christ*. London: SCM Press, 1954.

Reinhartz, Adele. *The World in the World: The Cosmological Tale of the Fourth Gospel*. Atlanta: Scholars Press, 1992.

Reitzenstein, Richard. *Hellenistic Mystery-Religions: Their Basic Ideas and Significance*. trans. Steely, John E. Pittsburgh Theological Monograph Series, 15. Pittsburgh: Pickwich Press, 1978.

Rhoads, David and Michie, Donald. *Mark as Story: An Introduction to the Narrative of a Gospel*. Philadelphia: Fortress Press, 1982.

Ricoeur, P. *Interpretation Theory: Discourse and the Surplus of Meaning*. Fort Worth: Texas Christian University Press, 1976.

Ridderbos, H. "The Structure and Scope of the Prologue to the Gospel of John." in *Novum Testamentum* 8 (1966): 180-201.

_____. *The Gospel according to John*. trans. Vriend. Grand Rapids: William B. Eerdmans Company, 1997.

Rissi, Mathias. "Der Aufbau des vierten Evangeliums." in *New Testament Studies* 29 (1983): 48-54.

Ritt, H. "λόγος" 2:356-359 in *Exegetical Dictionary of the New Testament*. Balz, H. & Schneider, G. eds. 3 vols. Grand Rapids: William B. Eerdmans Publishing Company, 1991.

Robbins, Vernon. "Prefaces in Greco-Roman Biography and Luke-Acts." *Perspectives in*

Religious Studies 6 (1979): 94-108.

Roberts, Colin H. *An Unpublished Fragment of the Fourth Gospel in the John Rylands Library.* Manchester: Manchester University Press, 1935.

Robinson, J. A. T. *The Gospels Reconsidered.* Oxford: Basil Blackwell, 1960.

_____. *Twelve New Testament Studies.* Naperville., Ill.: A. R. Allenson, 1962.

_____. *Redating the New Testament.* London: SCM Press, 1976.

_____. *Twelve More New Testament Studies.* SCM, 1984.

_____. *The Priority of John.* ed., J. F. Coakley. London: SCM Press, 1985.

Ryken, Lelands. *Words of Life: A Literary Introduction to the New Testament.* Grand Rapids: Zondervan Press, 1987.

Sanday, William. *The Criticism of the Fourth Gospel.* New York: Scribner's Sons, 1905.

_____. *The Morse Foundation Lectures for 1904.* Union Theological Seminary. New York: Scribner's Sons, 1905.

_____. *The Criticism of the Fourth Gospel, The Morse Foundation Lectures for 1904.* Union Theological Seminary. Oxford: Clarendon Press, 1910.

Sanders, E, P. *The Historical Figure of Jesus.* Harmondsworth: Penguin, 1993.

Sanders, J. N. *The Fourth Gospel in the Early Church: Its Origin and Influence on Christian Theology up to Irenaeus.* Cambridge: Cambridge University Press, 1943.

Schlatter, A. *Der Evangelist Johannes.* 2nd ed. Stuttgart: Calwer, 1948.

Schleiermacher, Friedrich. *The Life of Jesus.* ed. by Jack C. Verheyden. Philadelphia: Fortress Press, 1975.

Schlier, Heinrich. "αμην," in *Theological Dictionary of the New Testament*, ed., Gerhard Kittel, trans. Geoffrey W. Bromiley (Grand Rapids: William B. Eerdmans Publishing Company, reprint, 1993), 1:335-338.

Schnackenburg, Rudolf. *The Gospel according to St. John.* 3 vols. trans. K. Smith. New York: Crossroad, 1982.

_____. *Jesus in the Gospels.* Louisville: Westminster John Knox, 1995.

_____. *The Gospel according to St. John.* trans. C. Hastings, et al. New York: Crossroad, 1990.

Schnelle, Udo. *Antidocetic Christology in the Gospel of John: An Investigation of the Place of the Fourth Gospel in the Johannine School.* trans. L. M. Maloney. Minneapolis: Fortress Press, 1992.

Schrage, W. *The Ethics of the New Testament.* trans. Green, D. E. Philadelphia: Fortress

Press, 1986.

Schuerer, E. rev. and ed. by Vermes, Geza. et. al. *The History of the Jewish People in the Age of Jesus Christ*. Edinburgh: T. & T. Clark, 1979.

Schwartz, Eduard. "Aporien im vierten Evangelium I." 342-72 in *Nachrichten von der Königlichen Gesellschaft der Wiessenschaften zu Göttingen*. Berlin: Weidmannsche Buchhandlung, 1907.

_____. "Aporien im vierten Evangelium II." "Aporien im vierten Evangelium III." "Aporien im vierten Evangelium IV." 115-88, 497-650 in *Nachrichten von der Kö?niglichen Gesellschaft der Wiessenschaften zu Göttingen*. Berlin: Weidmannsche Buchhandlung, 1908.

Schweitzer, A. *The Quest of the Historical Jesus: A Critical Study of Its Progress from Reimarus to Wrede*. trans. W. Montgomery. London: A&C Black. reprinted with a new Introduction by Delbert R. Hillers. Baltimore: Johns Hopkins University Press, 1998.

Scott, M. *Sophia and the Johannine Jesus*. Sheffield: JSOT, 1992.

Silva, Moises. "How to Read a Letter: The Meaning of the Epistles." 121-37 in Kaiser, Walter C. and Silva, Moises. *An Introduction to Biblical Hermeneutics: The Search for Meaning*. Grand Rapids: Zondervan, 1994.

Smalley, S. S. *John: Evangelist and Interpreter*. London: Paternoster, 1978.:2nd ed. Downers Grove: Inter-Varsity Press; Carlisle: Paternoster, 1998.

Smith, Dwight Moody. *The Composition and the Order of the Fourth Gospel*. New Haven: Yale University Press, 1965.

_____. "Prolegomena to a Discussion of Aretalogies, Divine Men, the Gospels and Jesus." *Journal of Biblical Literature* (1971): 174-199.

_____. "Johannine Studies," 271-96 in *The New Testament and Its Modern Interpreters*, eds. E. J. Epp and G. MacRae S.J. (Atlanta: Scholars Press, 1989).

_____. *John Among the Gospels: The Relationship in Twentieth-Century Research*. Minneapolis: Fortress Press, 1992.

_____. *John*. Abingdon New Testament Commentaries. Nashville: Abingdon Press, 1999.

Smyth, H. W. *Greek Grammar*. rev. edn G.M.,. Messing; Cambridge, MA: Harvard University Press, 1956.

Snodgrass, Klyne. "The Use of the Old Testament in the New." 209-29 in *Interpreting the New Testament: Essays on Methods and Issues*. eds. Black, D. A. & Dockery, D. S. Nashville, Tenn.: Broadman & Holman Publishing, 2001.

Sparks, H. F. D. *The Johannine Synopsis of the Gospels*. New York: Harper & Row, 1976.

Stauffer, E. *Jesus and His Story*. London: SCM Press, 1960.

Stibbe, M. W. G. *John as Storyteller: Narrative Criticism and the Fourth Gospel*. Society for New Testament Studies Monograph Series 73. Cambridge: Cambridge University Press, 1992.

Strauss, David Friedrich. *Life of Jesus Critically Examined*. 2 vols., 1835-1836. reprint 1969. English trans. 1846. ed. by Peter C. Hodgson and trans. by George Eliot, 2 vols. Philadelphia: Fortress Press, 1972.

Streeter, B. H. *The Four Gospels*. Oxford: Oxford University Press, 1924.

Stuart, Douglas. & Fee, Gordon D. *How to Read the Bible for All Its Worth*. Grand Rapids: Zondervan Press, 1994.

Talbert, C. H. *What Is a Gospel? The Genre of the Canonical Gospels*. Philadelphia: Fortress Press, 1977.

_____. "The Gospels and the Gospel." 14-26 in *Interpreting the Gospels*. ed. Mays, J. L. Philadelphia: Fortress Press, 1981.

_____. *Reading John*. New York: Crossroad, 1992.

Tatum, W. Barnes. *In Quest of Jesus*. 2nd ed. Nashville: Abingdon Press, 1999.

Teeple, Howard M. *The Literary Origin of the Gospel of John*. Evanston: Religion and Ethics Institute, 1974.

Theissen, G. *The Miracle Stories of the Early Christian Tradition*. trans. F. McDonagh. Philadelphia: Fortress Press, 1983.

Torgovnick, M. *Closure in the Novel*. Princeton: Princeton University Press, 1981.

Trudinger, L. Paul. "The Prologue of John's Gospel: Its Extents, Content, and Intent." in *Reformed Theological Review* 33 (1974): 11-17.

Valentine, Simon R. "The Johannine Prologue: A Microcosm of the Gospel." in *Evangelical Quarterly* 68 (1996): 291-304.

Vanhoozer, Kevin J. *Is There Meaning in This Text?: The Bible, The Reader, and The Morality of Literary Knowledge*. Grand Rapids: Zondervan, 1998.

Via Jr., Dan O. *Kerygma and Comedy in the New Testament*. Philadelphia: Fortress Press, 1975.

Viviano, B. T. "The Structure of the Prologue of John (1:1-18): A Note." *Revue Biblique* 105 (1998): 176-84.

Wallace, D. B. "John 5,2 and the Date of the Fourth Gospel." *Biblica* 71 (1990): 177-205.

_____. *Greek Grammar Beyond the Basics: An Exegetical Syntax of the New Testament.* Grand Rapids: Zondervan Publishing House, 1996.

Walker, P. W. L. *Jesus and the Holy City: New Testament Perspectives on Jerusalem.* Grand Rapids: William B. Eerdmans Publishing Company, 1996.

Wead, David W. *The Literary Devices in John's Gospel.* dissertation, Basel University, 1970.

Wellhausen, Julius. *Erweiterungen und Anderungen im vierten Evangelium.* Berlin: Reimer, 1907.

_____. *Das Evangelium Johannis.* Berlin: Reimer, 1908.

Westcott, B. F. *The Gospel according to St. John: The Greek Text with Introduction and Notes.* 2 vols. London: Murray, 1908.

_____. *Commentary according to St. John: The Authorized Version with Notes.* London: John Murray, 1882: repr. ed., Grand Rapids: William B. Eerdmans Publishing Company, 1973.

Wilder, Amos. *Early Christian Rhetoric: The Language of the Gospel.* Cambridge, Mass.: Harvard University Press, 1971.

Wiles, M. *The Spiritual Gospel: The Interpretation of the Fourth Gospel in the Early Church.* Cambridge: Cambridge University Press, 1960.

Wilkins, Michael J. and Moreland, J. P. eds. *Jesus Under Fire: Modern Scholarship Reinvents the Historical Jesus.* Grand Rapids: Zondervan, 1995.

Witherington III, B. *John's Wisdom: A Commentary on the Fourth Gospel.* Louisville: Westminster John Knox, 1995.

Wolfe, Kenneth R. "The Chiastic Structure of Luke-Acts and Some Implications for Worship," *South Western Journal for Theology* 22 (1980): 60-71

찾아보기

주성준(Joo, Sung Joon) | 1952년 11월 14일 생, 총신대학교 신학과 졸업 B.A.(1981), 미국 남침례신학원 졸업 M.Div.(1986), 미국 남침례신학원 졸업 Ph.D.(신약신학 전공)(1992), 현재 총신대학교 부교수

논저 | 『예수와 하나님나라 : 민중신학과의 비판적 대화』(1995), A Study on the "Poor in Spirit" in the Gospel of Mattew(2002), 「요한복음 서문에 나타난 신학적 이해에 관한 연구」(2006), 「예수의 공생애 사역과 관련한 누가복음 9장 연구」(2006), 「히브리서에 나타난 예수 그리스도의 구속에 대한 조망」(2007), A Study on Paul's Teachings of Sin and Death Based on the Letter to rhe Romans(2008)

요한복음 확신과 경고

주 성 준 지음

2008년 5월 10일 초판 1쇄 발행

펴낸이 · 오일주
펴낸곳 · 도서출판 혜안
등록번호 · 제22-471호
등록일자 · 1993년 7월 30일

⊕ 121-836 서울시 마포구 서교동 326-26번지 102호
전화 · 3141-3711~2 / 팩시밀리 · 3141-3710
E-Mail hyeanpub@hanmail.net

ISBN 978 - 89 - 8494 - 346 - 9 93230

값 15,000원